비즈니스를 위한 데이터과학

비즈니스 애널리틱스 with Python + Tensorflow

서용원 지음

생능

비즈니스를 위한 데이터과학

비즈니스 애널리틱스 with Python+Tensorflow

초판인쇄 2022년 9월 1일
초판발행 2022년 9월 15일

지은이 서용원
펴낸이 김승기, 김민정
펴낸곳 (주)생능 / **주소** 경기도 파주시 광인사길 143
출판사 등록일 2014년 1월 8일 / **신고번호** 제406-2014-000003호
대표전화 (031)955-0761 / **팩스** (031)955-0768
홈페이지 www.booksr.co.kr

책임편집 김민보 / **편집** 신성민, 이종무, 유제훈 / **디자인** 유준범, 표혜린
마케팅 최복락, 김민수, 심수경, 차종필, 백수정, 송성환, 최태웅, 명하나
인쇄 성광인쇄(주) / **제본** 일진제책사

ISBN 979-11-86689-45-5 93000
정가 30,000원

머·리·말

마부작침(磨斧作針).

도끼를 갈아 바늘을 만든다는 뜻인데, 필자의 느낌이 딱 그랬다. 경영에 데이터 과학을 적용하는 것이 중요하다는 생각에서 비즈니스 애널리틱스 과목을 개설하여 강의하면서, 좋은 책과 자료는 많지만 한 권의 분량으로 길잡이가 되어 줄 수 있는 책이 있으면 좋겠다는 가벼운 생각으로 시작한 일이었다. 그랬던 것이 지난 2년간 주말을 반납하고 휴가에도 노트북을 들고 다니면서 원고를 쓰고 코드를 작성하며 써도 써도 끝나지 않는 분량에 마치 사포로 바위를 갈아 없애는 느낌이었다.

이제 교정본을 출판사에 송고하고 머리말을 쓰면서, 책 한 권에 들어가는 공이 이렇게나 크다는 생각에, 훌륭한 저술을 남기신 앞선 저자들의 노고와 열정에 다시 한번 고개가 숙여진다.

비즈니스 애널리틱스(Business Analytics)는 매력적이지만 쉽게 진입하기 어려운 분야이다. 비즈니스라는 대상과 통계학(statistics), 경영과학(management science), 그리고 데이터과학(data science) 등의 학제적 방법론이 교차하는 지점에 있는 특성상, 비즈니스 애널리틱스는 접근 관점도 다양하고 범위도 넓으며, 어디서부터 시작해서 공부해야 할지 방향을 잡기도 무척 어렵다. 더군다나 수학과 컴퓨터 언어 등 필요한 사전 지식이 어느 정도여야 하는지도 막연하다 보니, 이 분야에 관심을 가진 학생이나 비즈니스 실무자들로부터 어떻게 시작하면 좋을지, 참고할 만한 책이나 자료가 있는지 자주 질문을 받게 된다.

이 책은 그래서, 경영의 관점에서 비즈니스 애널리틱스를 공부하려는 학생과 실무자들을 염두에 두고 쓰여졌다. 비즈니스 애널리틱스를 데이터과학에 중점을 두고 개관하면서, 현상을 요약하여 정리하기 위한 기술적 애널리틱스(descriptive analytics), 이로부터 미래를 예측하기 위한 예측적 애널리틱스(predictive analytics), 그리고 의사결정과 계획을 위한 처방적 애널리틱스(prescriptive analytics)에 이르는 비즈니스 애널리틱스의 전체 사이클을 다루었다. 모델들의 개념과 이론적 기반에 대한 상세한 설명과 더불어, 피상적 이해에 그치지 않고 직접 적용할 수 있는 역량을 체득할 수 있도록 실제 응용에 필수적인 파이썬(Python) 언어의 기초로부터 시작하여 딥러닝 적용을 위한 텐서플로우(Tensorflow)와 케라스(Keras) 패키지를 활용하여 비즈니스의 문제에 적용하는 방안을 다루었다.

비즈니스 애널리틱스 분야의 공부를 시작해보고자 하는 사람들에게 실제 적용에 이르기까지의 길잡이가 되는 책으로 구성하다 보니 난이도의 스펙트럼이 넓어진 것 같다. 파이썬 언어에 이미 익숙하다면 파이썬 기초를 설명하는 앞부분은 건너뛰고 4장 이후부터 참고하면 될 것이다. 반대로, 경영과학 분야의 정량적 의사결정모델에 익숙하지 않다면 16장은 다소 어려울 수 있으므로 시간이 부족하다면 개념적으로만 파악하는 정도로도 충분할 것으로 생각된다.

모델의 이해와 적용을 위한 풍부한 예제를 포함하였으므로, 시간을 가지고 책에 포함된 프로그램 코드를 직접 실행하면서 설명을 따라가 보면 비즈니스 애널리틱스의 다양한 모델에 대한 깊이있는 이해와 적용 능력을 갖게 될 것으로 믿는다.

광활한 영역에 나름대로의 지도를 그리고 줄을 잡아 한 권으로 정리하여 세상으로 내보내려고 하니 부끄럽고 두려운 마음이 앞선다. 독자 제현들의 많은 피드백을 부탁드린다. 아울러, 비즈니스 애널리틱스를 공부하기 위해 이 책을 집어 드는 학생과 비즈니스 실무자들을 응원한다.

처음에는 막막하겠지만, 최대한 친절하게 설명하려고 노력하였으니 차근차근 책의 설명을 따라가면서 시간을 두고 여행하다 보면 언젠가는 비즈니스 애널리틱스라는 대지의 전체 그림이 보일 것으로 믿는다. 마부작침. 갈고 다듬다 보면 언젠가는 빛나지 않겠는가.

끝으로, 이 책이 나올 수 있도록 해 준 많은 이들에게 감사드린다. 먼저, 강의자료와 코드를 정리하고 검토하는 데 아낌없는 정성과 노력을 기울여준 연구실 석사과정 제자 최동엽 군과 학부 연구생 권예진 양에게 감사의 뜻을 전한다. 이들의 역량과 도움이 없었다면 이 책을 시작하지도 못했을 것이다. 또한, 함께 토론해준 연구실의 제자들과 동료 연구자들, 책의 아이디어에 많은 도움을 준 기업 관계자들, 그리고 이 책의 출간까지 고생을 마다하지 않은 생능출판사 관계자 여러분께도 깊은 감사의 말씀을 드린다.

무엇보다도, 집필 과정에서 변함없는 따뜻한 격려와 응원을 보내준 가족들에게 깊은 감사의 마음을 표한다.

2022. 8. 30.

흑석동 연구실에서 저자 씀

차·례

PART I 개요

PART II Python을 활용한 분석 기초

CHAPTER 7 모델의 성능지표

CHAPTER 8 의사결정나무

CHAPTER 9 Tensorflow 기초와 회귀분석

CHAPTER 12 인공신경망 구현과 Keras 패키지

CHAPTER 13 순환신경망과 시계열 예측

CHAPTER 14 자연어 처리 기초

PART V 처방적 분석모형(Prescriptive Analytics)

CHAPTER 15 추천 시스템

CHAPTER 16 비즈니스 계획

비즈니스 애널리틱스

PART I

개요

1 CHAPTER Business Analytics란?

1.1 비즈니스 애널리틱스의 정의

비즈니스 애널리틱스(Business Analytics)는 말 그대로 해석하면 비즈니스에 애널리틱스를 적용하는 학문이라고 할 수 있다. 애널리틱스(analytics)를 사전에서 찾아보면 "수학적 방법론을 활용하여 컴퓨터로 정보를 조사하여 유용한 패턴을 찾아내는 프로세스[1]"로 설명되고 있다. 그렇다면 비즈니스 애널리틱스는 수학적 방법으로 비즈니스의 데이터를 분석하여 유용한 패턴을 찾아내는 방법론이라고 말할 수 있겠는데, 위키피디아에서는 "비즈니스 애널리틱스는 과거의 비즈니스 성과를 계속적으로 탐색 및 조사하여 인사이트를 얻고 비즈니스를 계획하도록 하기 위한 기법, 기술과 실무를 말하며, 데이터와 통계적 방법론에 기반한다"고 설명하고 있다. 또한, Gartner는 "솔루션으로 구성되어 있으며 모델을 세우고 시뮬레이션을 통해 시나리오를 수립하고 현상을 이해하고 미래를 예측하는 것"이라고 좀 더 실무적인 정의를 제시하고 있다.

이외에도 다양한 정의가 제시되고 있지만, 대체로 비즈니스 애널리틱스에 대한 정의에는 공통적으로 데이터 또는 정보를 대상으로 하고, 방법론적으로는 수학 및 통계학과 컴퓨터를 활용하고, 모델을 수립하고 데이터를 조사 · 분석하는 활동이 수반되며, 이를 통해 비즈니스의 계획과 예측을 수행하고자 한다는 정도의 의미가 포함되고 있음을 알 수 있다. 결국은 비즈니스에 활용하고자 함인데, 최근에는 전통적인 수학 및 통계적 방법론 이외에도, 최근 폭발적으로 발전하고 있는 인공지능(AI) 및 기계학습(machine learning) 등을 포함하는 데이터 과학(data science) 방법론도 적극적으로 활용되어 많은

1) Cambridge dictionary online

성과를 낳고 있다. 따라서, 우리는 비즈니스 애널리틱스를 다음과 같이 정의할 수 있을 것이다.

"비즈니스 애널리틱스는 수학, 통계학, 데이터 과학 등의 방법론을 기반으로 데이터를 활용하여 모델을 수립하고 분석함으로써 현상을 이해하고 예측하여 비즈니스의 의사결정과 계획을 수행하는 일련의 프로세스와 기술을 말한다."

1.2 모델에 대한 이해

비즈니스 애널리틱스에 대한 정의에는 모델을 수립하여 분석한다는 내용이 포함되어 있다. 이 말이 무슨 뜻인지 명확히 알고 넘어갈 필요가 있다. **모델(model)**은 우리말로 **모형**으로서 둘 다 자주 사용되지만, 원래의 의미를 좀 더 살리기 위해 여기서는 모델이라고 일컫기로 하자. 모델은 일반적으로 "현상의 추상화(an abstraction of reality)" 또는, 조금 더 구체적으로 "현상의 단순화, 이상화된 표현(a simplified and idealized representation of reality)"이라고 설명된다. 모델의 가장 대표적인 예가 지도이다. 지도는 지표에 있는 길과 건물들을 그림 위에 나타낸 것이지만, 지표 위에 있는 모든 것을 다 나타낸 것은 아니다. 길 찾기용 지도를 생각해보자. 여기에는 우리가 관심 있는 사항들, 길이 어떻게 생겼는지, 중요한 건물이나 지하철이 어디에 있는지 등이 주로 나타나고, 길가의 가로수나 우체통, 도로 위의 작은 틈 같은 자잘한 디테일은 다 무시한다. 무엇이 중요하고 덜 중요한 것인지에 절대적인 기준은 없고, 지금 나에게 필요한 것이 중요한 것이라는 관점에서 중요한 것에 맞추어 지도를 만든다. 예를 들어, 내비게이션의 지도는 길을 찾는 것이 목적이기 때문에 길을 찾는 데에 중요한 것이 나타나 있다. 도로 굴착용 지도라면 땅속에 수도관이나 가스관이 어떻게 지나가는지 등이 나타날 것인데, 내비게이션에는 이런 정보는 당연히 표현되지 않는다.

모델이 '**현상의 추상화**'라는 것은 바로 이러한 이유에서이다. 세상에 있는 수많은 데이터 중에서 내가 관심 있는 것들을 단순화해서 나타낸 것이 지도라는 모델이다. 즉, 현실에 있는 복잡다단한 현상 중에서 나에게 관심 있는 것을 뽑아서 단순화시키고 이상화하여 추상화시켜놓은 것이 모델이다. 추상화는 중요한 것만 남기며, 남겨지는 중요한 것은 나의 관점에서 필요한 것이다. 이처럼 중요하다는 것은 나의 관점과 필요에 따라 바뀌고, 나의 관점과 필요는 결국 활용하려는 목적에 의해 결정된다. 나의 활용 목적에 부합하지 않는 정보는 단순화되거나 생략된다.

모델은 현상을 추상화한 것이므로 본질적으로 불완전하다. 따라서 모델은 현실이 아니다. 그러면 현실을 직접 사용하지 않고 번거롭게 모델을 수립하여 사용하는 이유가 무엇일까? 왜 지도가 필요한지 생각해보면 알 수 있다. 지도가 없이 직접 돌아다니며 길을 찾는 것보다 지도가 있으면 훨씬 효율적으로 길을 찾을 수 있다. 지도라는 것이 없는 시대의 사람이 우리가 지도를 들고 처음 가는 곳에서 척척 길을 찾는 것을 보면 너무 신기하게 생각할 것이다. 이처럼 모델은 목적에 부합하게 현실을 요약하여 나타냄으로써 현실을 직접 다루는 것보다 훨씬 효율적으로 문제를 해결할 수 있도록 해준다.

1.3 정량적 모형의 필요성

일상에서 무엇인가를 결정해야 할 때, 사람들은 보통 현실을 영상이나 언어 같은 익숙한 모델로 이해하고, 주로 언어적인 추론을 통해 결정한다. 비즈니스 의사결정에서도, 사람들이 무엇을 좋아하고 무엇이 안 팔리는지에 대해 이야기하고 생각을 공유하는 등 언어를 통한 의사소통과 추론을 수행하곤 한다. 이렇게 주로 언어적인 표현을 중심으로 추론하고 판단하는 방식을 정성적 추론(qualitative reasoning)이라고 한다. 정성적 추론은 빠르고 익숙하며 많은 경우에 훌륭한 판단을 만들어 주는 장점이 있지만, 경험에 편향되어 있어 선입견에 사로잡힐 수 있고, 때때로 얼토당토않은 황당한 결론으로 인도하기도 한다. 아날로그 필름시대의 절대강자였던 코닥(Kodak)이 디지털 포토그래피로 전환된 현실에서 존재감을 잃은 것처럼(그림 1-1), 위대한 기업이 성공 과정에서 사용한 내재화된 성공 모델에 익숙해진 나머지, 현실의 환경 변화를 제대로 인지하지 못하고 쇠락해간 사례는 너무나 많다.

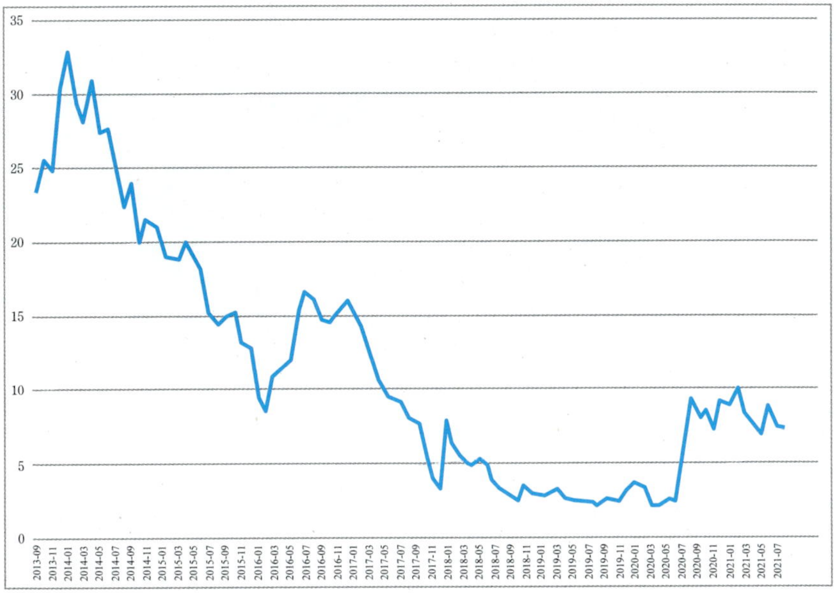

[그림 1-1] Kodak의 주가 추이

나의 경험의 편향이나 의사결정의 객관성을 잃어버리기 쉬운 정성적 의사결정의 단점을 보완하는 방법으로 정량적 추론(quantitative reasoning)이 있다. 정량적 추론은 기본적으로 모델에 기반하며, 정량적 추론에 사용하는 모델은 현실을 숫자로 표현하는 모델, 즉 정량적 모델(quantitative model)이다. 현상을 경험에 의존한 직관으로 이해하는 대신, 현상을 측정하여 이를 설명하는 값으로 바꾼 후, 이를 숫자나 기호 등으로 구성된 모델로 만들어 현상을 추상화하는 과정을 거친다. 이를 모델링(modeling) 또는 모형화라고 한다. 앞 절에서 설명했듯이 모델은 현실이 아니지만 현실에서 나에게 관심 있는 부분을 뽑아내어 추상함으로써 다루기 쉽게 만든 그림이라고 할 수 있다. 이렇게 모델로 만든 후 이 모델을 기반으로 추론을 하여 예측과 의사결정을 할 수 있는데, 이런 방식의 추론을 정량적 추론이라고 하며, 다른 말로는 분석(analysis)이라고 한다. 모델을 분석하면 결과가 나오고, 이 분석 결과도 숫자로 되어 있을 테니, 분석 결과를 현실에 적용하기 위해서는 결과를 해석하는 과정을 거쳐서 결론을 얻고 의사결정과 비즈니스 계획에 활용하게 된다. 이러한 일련의 과정이 그림 1-2에 표현되어 있다.

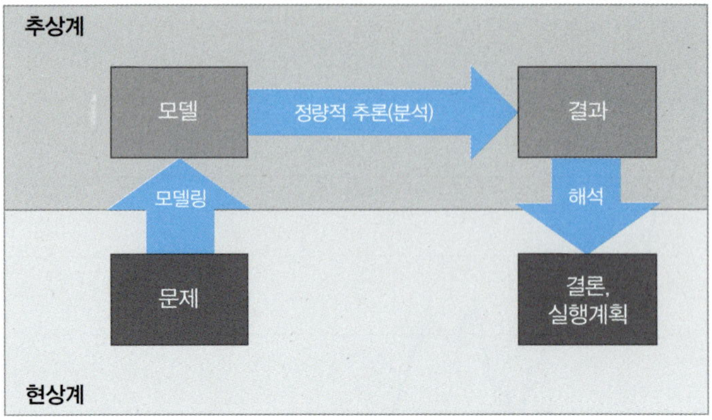

[그림 1-2] 정량적 의사결정의 과정

그림 1-2의 아래쪽은 현상계, 위쪽은 추상계이다. 현실의 문제, 현실에 적용할 결론은 모두 현상계에 존재하고 있다. 현상에는 복잡하고 다양한 데이터가 존재한다. 반면, 추상계에 있는 모델과 분석 및 결과는 모두 현상에서 필요한 사항만 요약하여 나타낸 단순화되고 이상화된 표현이다. 이는 마치 플라톤의 동굴의 비유에서, 동굴 벽에 복잡한 현상이 나타나지만, 그 현상을 만들어 낸 원리가 되는 동굴 바깥의 오토마타 인형은 이상적이고 규칙적이며 아름다우리라는 것과 같은 맥락이다. 현상은 복잡하여 이해하고 다루기 힘들지만, 내가 관심있는 움직임만 추출하면 그 속에서 규칙을 찾아내고 앞으로의 움직임을 예측할 수 있을 것이라는 개념의 접근이 모델링과 정량적 추론이다.

정량적 의사결정은 이와 같이 현상의 문제에서 결론으로 직접 가는 대신, 정량적 모델링과 정량적 분석을 통해 정량적 결론을 이끌어내고, 이를 다시 해석하여 현실의 의사결정에 활용하는 우회과정을 거친다. 이러한 과정은 번거롭고 시간과 비용이 들지만, 정성적 의사결정에서 일어날 수 있는 오판의 문제, 즉 선입견과 경험적 주관의 편향이 개입하여 잘못된 결론을 이끌어내는 문제를 방지하고 객관적인 결론을 이끌어내도록 도움을 준다. 그 결론이 원하던 것이든 원하지 않던 것이든 말이다. 따라서, 이전에 경험했던 상황이나 환경과 다른 새로운 환경에서 중요하고 큰 규모의 책임이 따르는 결론을 내야하는 경우에는 정량적 의사결정이 활용되어야 하는 경우가 많다. 기술 환경이 급변하고 비즈니스의 범위가 글로벌 스케일로 확대된 현재의 상황에서 정량적 의사결정의 중요성이 점점 더 강조되는 이유가 여기에 있다. 여기에 빅데이터로 대표되는 데이터량의 폭발적 증가와 컴퓨팅 파워의 혁신으로 점점 더 현실의 많은 것을 담아내는 모델링이 가능해지면서 정량적 의사결정의 활용도는 더욱 증가하고 있다.

1.4 비즈니스 애널리틱스의 구분

앞의 장에서 설명한 비즈니스 애널리틱스에 대한 포괄적 이해를 기반으로, 보다 구체적으로 비즈니스 애널리틱스의 방법론을 이해하려면 그 세부적인 쓰임새를 살펴보는 것이 도움이 된다. 비즈니스 애널리틱스의 방법론들은 활용 목적에 따라 **기술적 애널리틱스**, **예측적 애널리틱스**, **처방적 애널리틱스**의 3가지로 구분될 수 있다. 각각에 대해 살펴보자.

기술적 애널리틱스(descriptive analytics)는 현상을 기술하기 위한 방법론이다. 현실의 복잡한 데이터를 정리해서 몇 가지 값으로 요약하여 리포팅(reporting)하거나, 그래프 등으로 **시각화(visualization)**하여 보여주는 방법론이라고 할 수 있겠다. 특히, 기술적 분석의 강력한 도구가 시각화이다. 단순하지만 강력한 시각화의 좋은 예로서 인구 피라미드를 살펴보자. 특정 시점에 존재하는 연령별 인구를 세로축 히스토그램으로 나타낸 도표가 인구 피라미드로서, 국가의 인구 구조를 살펴보는 데 널리 활용된다. 우리나라의 인구 피라미드를 살펴보면, 출산율과 사망률이 모두 높았던 1960년도와, 평균수명이 길어지고 출산율이 낮아진 2022년도의 인구 피라미드는 극명한 인구구조의 변화를 보여주고 있다(그림 1-3). 1960년의 인구 피라미드는 나이가 많을수록 인구가 줄어드는 그야말로 피라미드의 모양을 보여주고 있지만, 2022년의 인구 피라미드는 피라미드라고 할 수 있을까 싶다. 인구 항아리라고 해야 할까? 흔히 586세대라고 일컬어지는 전후 베이비붐 세대인 50대의 인구가 매우 두텁고, 유소년으로 갈수록 인구가 급격히 줄어드는 양상을 한눈에 잘 정리하여 보여주고 있다.

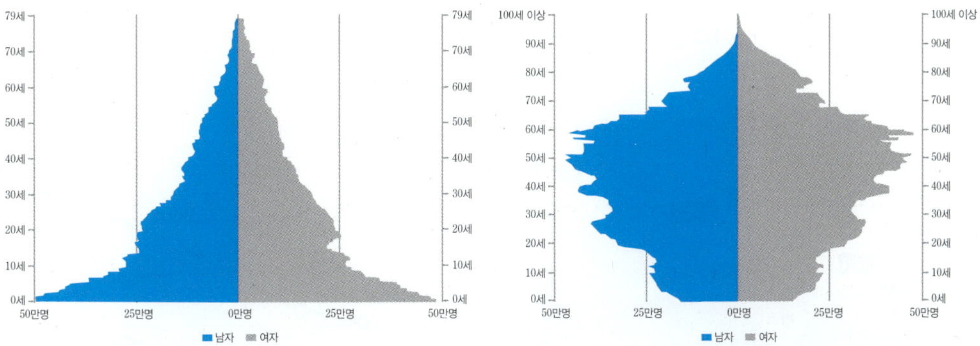

[그림 1-3] 1960년(좌)과 2022년(우)의 인구 피라미드 비교 (자료:통계청)

인구 피라미드는 시각화를 통한 기술적 애널리틱스의 좋은 사례를 제시한다. 이렇게 현상을 잘 시각화하고 나면 자연스럽게 미래를 예측하고 싶어질 것이다. 현상에서 수집된 데이터를 기반으로 미래를 예측하는데 사용되는 분석적 방법론을 **예측적 애널리틱스(predictive analytics)**라고 한다. 많은 경우에 미래를 예측하지만, 현재의 보이지 않는 값을 예측하는 데에도 사용된다. 주식의 내재가치를 예측하는 것은 현재의 미지의 값을 예측하는 예가 될 것이다. 앞서 기술적 애널리틱스의 예에서 인구 피라미드 시각화를 바탕으로 하여, 여기에 출산율 전망을 적용하면 우리나라의 노령화 추이를 쉽게 예측할 수 있다(그림 1-4, 그림 1-5). 출산율을 획기적으로 높이거나 이민 유입을 활성화하는 등의 특단의 대책이 없다면 극단적 초고령사회의 도래가 예측됨을 시사하고 있다.

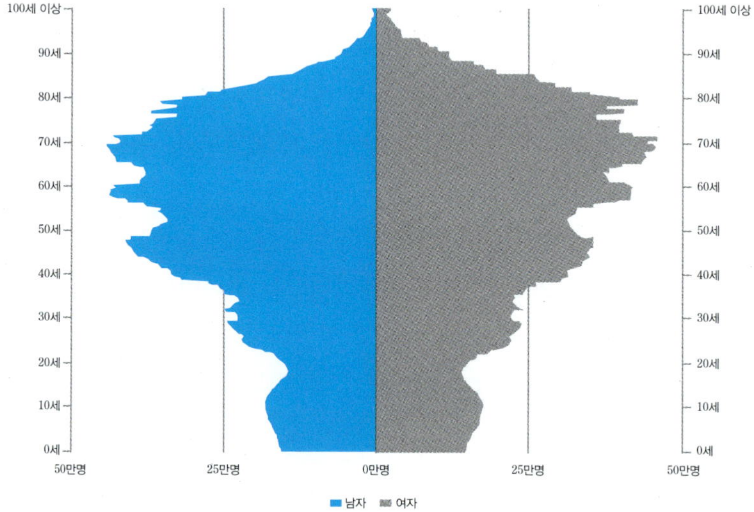

[그림 1-4] 2040년의 인구구조 예측 (자료:통계청)

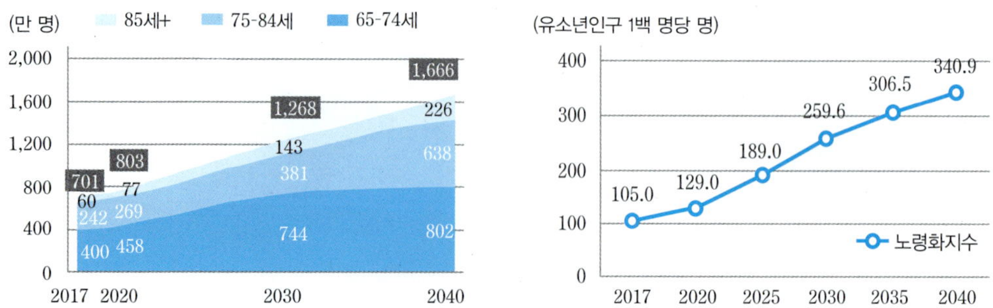

[그림 1-5] 우리나라의 노령화 추이 예측 (자료: 통계청)

모델을 통해 현상을 관찰하여 정리하고, 이를 바탕으로 원리를 이해하고 미래를 예측하게 되면, 앞으로 해야 할 일에 대한 처방, 즉 계획을 할 수 있게 된다. 이를 위한 방법론을 **처방적 애널리틱스(prescriptive analytics)**라고 한다. 앞서의 인구구조 전망을 바탕으로 생각해보면, 고령사회 진입에 따른 부동산이나 주식의 투자계획이나 국가의 복지정책 계획 등을 수립할 수 있을 것이다. 처방적 애널리틱스의 대표적인 다른 예로는 공급사슬의 판매와 생산운영을 통합적으로 계획하는 S&OP(Sales & Operations Planning)를 들 수 있다. S&OP를 위해서는 재고상황, 인력 및 장비현황, 시장상황 등의 다양한 데이터를 정리한 기술적 애널리틱스를 기반으로 하여, 수요예측, 수율예측 등의 예측적 애널리틱스를 거쳐 최적의 생산계획 및 운송계획 등을 수립하는 처방적 애널리틱스가 적용된다. 이러한 계획을 위해서는 데이터에 기반한 시뮬레이션(simulation), 최적화(optimization) 등의 다양한 기법이 활용된다.

1.5 비즈니스 애널리틱스와 관련 개념과의 관계

비즈니스 애널리틱스는 비슷한 의미를 가지고 있는 듯한 관련 단어들이 많이 있음으로 인해 개념의 혼동이 일어나기 쉽다. 비즈니스 애널리틱스와 관련이 깊은 용어들을 나열해보면 **데이터 과학(data science)**, **데이터 애널리틱스(data analytics)**, **데이터 마이닝(data mining)**, **빅데이터(bigdata)**, **통계학(statistics)**, **인공지능(artificial intelligence)**, **머신러닝(machine learning)**, **의사결정과학(decision science)**, **비즈니스 인텔리전스(business intelligence)**, **경영과학(management science)**, **운영연구(operations research)** 등을 들 수 있겠다. 이것들이 어떻게 연관되는 것인가? 이 용어들은 교집합이 상당히 크고 경우에 따라 혼용되어 쓰이고 있어 용어 정리, 개념 및 영역 이해를 어렵게 만들고 있는 상황이다.

이 용어들을 정리하기 위해 먼저 적용 대상을 생각해보자. 쉽게 말하자면, 비즈니스 애널리틱스는 적용 대상을 기반으로 정의되는 용어이다. 비즈니스 애널리틱스는 당연히 비즈니스에 활용하기 위한 분석이며, 이를 위해 다양한 방법론을 활용한다. 비즈니스 애널리틱스에 적용되는, 특히 기술적 애널리틱스와 예측적 애널리틱스에 적용되는 방법론은 상당부분 통계학과 데이터 과학에 기반하고 있다. 즉, 통계학이나 데이터 과학은 방법론적으로는 비즈니스 애널리틱스와 겹치지만, 적용 대상을 특정하지 않으므로 생물학, 사회학, 기상예측이나 광물탐사 등에 범용적으로 쓰인다. 이에 비하여, 비즈니스 애널리틱스는 통계학이나 데이터 과학 등의 방법론을 비즈니스 문제에 적용하는 데 초점을 둔다고 할 수 있겠다. 데이터 마이닝, 빅데이터, 인공지능, 머신러닝 등은 현대적 데이터 과학의 주요 기법으로 활용되며, 대상 중립적 방법론으로서 비즈니스 애널리틱스의 방법론의 한 축을 형성한다고 할 수 있다.

동일한 맥락에서 의사결정과학과 비즈니스 애널리틱스의 관계도 살펴볼 수 있다. 의사결정과학은 주어진 상황에서의 최적의 의사결정을 찾아내거나 인간의 의사결정의 패턴을 이해하는 등 의사결정의 구조와 본질을 이해하는 데 초점을 두고 있으며, 역시 적용 대상을 한정하지 않는다. 이러한 의사결정과학의 방법론은 비즈니스 애널리틱스의 처방적 애널리틱스에 활용된다.

다음으로, 비즈니스 애널리틱스와 동일하게 비즈니스를 주요 대상으로 하고 있는 경영과학, 운영연구와의 관계를 살펴보자. 운영연구와 경영과학은, 운영연구가 조금 더 기법적 측면을, 경영과학이 조금 더 활용적 측면을 강조하는 느낌이 있지만, 광의에서 거의 동일한 의미로 사용된다. 경영과학 및 운영연구는 주로 비즈니스의 최적 계획 수립에 초점을 두는 분야라고 할 수 있으며, 따라서 경영과학 및 운영연구와 비즈니스 애널리틱스는 비즈니스라는 동일 분야를 대상으로 하고 있다는 공통점이 있다. 다만, 활용 목적에 있어서 경영과학, 운영연구는 경영 문제의 최적 계획 수립에 초점을 두고 있고, 방법론적 측면에서 전통적인 수학적, 통계학적 모형이나 수리최적화모형을 주로 활용해 오고 있음에 비해, 비즈니스 애널리틱스는 계획 뿐 아니라 문제의 기술이나 예측에도 초점을 두며, 빅데이터와 인공지능 등 데이터 과학의 방법론을 보다 많이 활용한다는 점에서 차이를 말할 수 있다. 그러나, 경영과학 분야에서도 최근 데이터 과학의 방법론이 보다 많이 활용되는 추세이고, 비즈니스 애널리틱스의 처방적 애널리틱스가 상당부분 경영과학 및 운영연구의 방법론에 기반하고 있다는 점에서 양 분야는 서로 융합되는 방향으로 진화하고 있다고 말할 수 있다.

또한, 적용 대상의 측면에서 동일한 비즈니스 인텔리전스와 비즈니스 애널리틱스의 관계를 살펴보자. 위키피디아에서는 두 분야에 대해, 비즈니스 인텔리전스는 전통적으로 질의, 리포팅, 실시간 분석적 처리(OLAP)을 통한 경고 생성 등 기술적 모형에 초점을 두는 반면, 비즈니스 애널리틱스는 모델링과 수리적 분석을 통한 예측과 데이터 기반의 의사결정 등 예측적, 처방적 모형에 초점을 둔다고 비교하고 있다[2]. 또한, 하버드 비즈니스 애널

2) https://en.wikipedia.org/wiki/Business_analytics

리틱스 프로그램의 소개 자료에서는 비즈니스 인텔리전스는 전통적으로 데이터를 활용하여 운영현황 파악, 업무흐름 최적화, 리포트 생성 등의 비즈니스의 일상운영을 관리함으로써 비즈니스 목표 달성을 목표로 하는 반면, 비즈니스 애널리틱스는 보다 통계 기반의 분야로서 정량적 도구를 활용하여 예측을 수행하고 미래 전략을 수립하는 데 초점을 둔다고 비교하고 있다[3]. 그러나, 비즈니스 인텔리전스 분야에서도 예측과 최적화 모형의 활용이 확대되는 등 상호 융합의 추세를 보이고 있다.

1.6 비즈니스 애널리틱스 트렌드

비즈니스 애널리틱스의 트렌드를 살펴보자. 구글 검색엔진에서의 검색어 빈도 추이를 비교하여 나타내는 **구글 트렌드(Google Trends)**[4]에서 "business analytics"(파란색 선)와 "management science"(회색 선)의 추세를 비교한 결과가 그림 1-6에 나타나 있다. 대략 2017년을 기점으로 하여 비즈니스 애널리틱스에 대한 관심도가 경영과학이라는 용어를 넘어서고 있음을 확인할 수 있다.

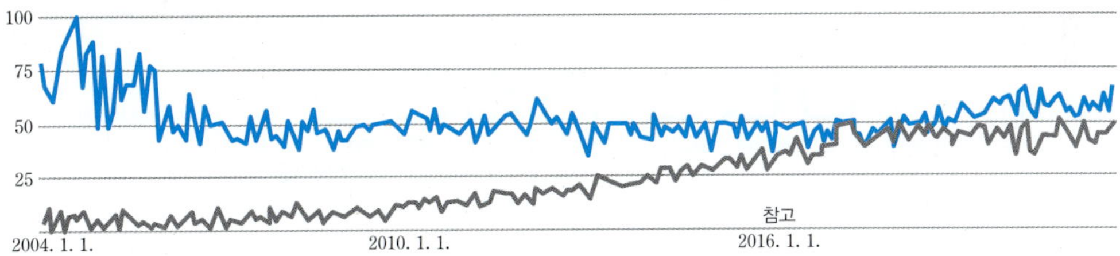

[그림 1-6] Google trends에서 business analytics(파랑)의 검색 빈도 추이

또한, Power 등(2018)은 **Google Ngram**을 통한 연대별 출판물에서의 언급 빈도에 대한 분석에서도 최근 비즈니스 애널리틱스에 대한 언급이 운영연구(operations research) 및 경영과학(management science)을 넘어서고 있는 경향을 지적하고(그림 1-7), 비즈니스 애널리틱스에 대한 실무적 정의들에 나타난 연관 단어들로서 data, analytics, insight, future, method, model, optimize, statistic이 언급되고 있음을 **워드클라우드**로 시각

3) https://analytics.hbs.edu/blog/business-intelligence-vs-business-analytics/

4) https://trends.google.com

화하여(그림 1-8) 비즈니스 애널리틱스의 개념 범위를 잘 보여주고 있다.

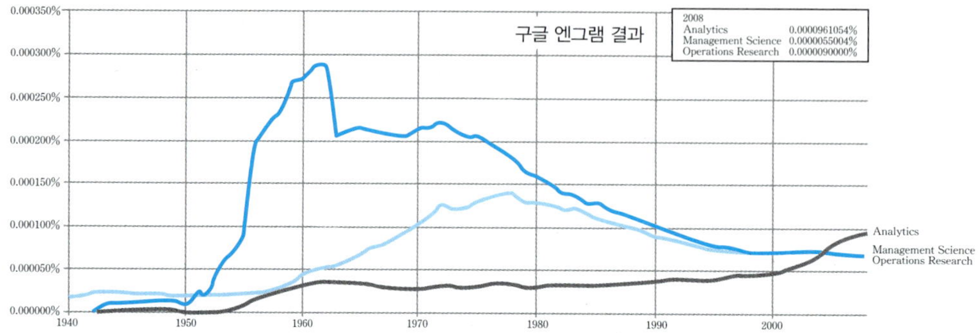

[그림 1-7] Google Ngram에 나타난 출판물에서의 analytcs의 언급빈도 추이 (자료: Power 등, 2018)

[그림 1-8] 비즈니스 애널리틱스 연관어 워드클라우드 (자료: Power 등, 2018)

1.7 이 책의 범위

종합적으로 비즈니스 애널리틱스는 비즈니스의 문제해결을 목적으로 하며, 방법론으로 크게 통계학과 데이터 과학의 두 개의 기둥을 활용한다고 말할 수 있다. 전통적 통계학의 방법은 방대하고 강력하며, 한편으로 머신러닝, 인공지능 등 데이터 과학의 중심이 되는 방법론들은 유연하며 적용 범위가 넓다. 동일한 비즈니스 문제를 통계학적 방법론으로도, 머신러닝이나 인공지능의 방법론으로도 접근할 수 있는 경우가 많다. 통계적인 방법은 일단 모델이 수립되고 나면 강력하고 우수한 성과를 보이는 경우가 많지만, 한편으로는 통계적 방법이 적용되지 않는 문제들에 대해서 머신러닝, 인공지능이 유연하게 의사결정을 도와주기도 하며 통계적 방법보다 더 좋은 성과를 내기도 한다. 두 방법론은 상호 영향을 주고받으며 발전하고 있다.

전통적인 통계적 방법론을 모두 포괄하여 다루기에는 방대하기에, 이 책에서는 비즈니스 애널리틱스의 방법론적 측면에서 데이터 과학, 특히 그 중에서도 머신러닝과 인공지능적인 방법에 초점을 두어 설명하고자 한다. 다만 이러한 방법론들을 이해하기에 필요한 기본이 되는 통계적 지식을 함께 설명하여 이해를 돕고자 한다. 또한, 활용 목적에 따른 비즈니스 애널리틱스의 3가지 영역인 기술적, 예측적, 처방적 모형으로 구분하여 모델과 분석방법을 살펴보게 된다.

연·습·문·제

1. 모델의 예를 들고, 해당 모델이 어떤 관점에서 현상을 추상화하였는지 설명하시오.

2. 정성적 추론과 정량적 추론의 장단점을 비교하여 설명하시오.

3. 정량적 의사결정의 과정을 설명하시오.

4. 비즈니스 애널리틱스를 활용 목적에 따라 구분하고, 각각의 의미를 설명하시오.

5. 비즈니스 애널리틱스와 다음 연관분야와의 관계를 설명하시오
    - 통계학 및 데이터 과학
    - 의사결정과학
    - 경영과학 및 운영관리
    - 비즈니스 인텔리전스

비즈니스 애널리틱스

PART II

Python을 활용한 분석 기초

2장 Python 기초

3장 데이터 처리와 수치 연산 기초

2 CHAPTER Python 기초

앞 장에서 비즈니스 의사결정에 대한 데이터 분석의 중요성과 여기에 인공지능이 제공한 새로운 무궁무진한 가능성을 살펴보았다. 이번 장에서는 우리가 데이터 분석을 위해 사용할 도구인 파이썬(Python) 언어의 기초를 살펴보겠다.

파이썬은 컴퓨터 프로그래밍 언어의 일종이다. 컴퓨터와 대화하기 위해 사용하는 여러 언어 중 하나라고 생각하면 된다. 컴퓨터 언어에는 아주 오래전에 사용되던 언어들 이외에도, 오래되었지만 지금도 게임과 같이 기계와 밀접한 개발에 널리 사용되는 C언어, C 언어의 객체지향[1] 버전인 C++, 기업 비즈니스 시스템에 널리 사용되는 Java, 통계처리 및 대량 수치 연산에 특화된 R 등 수많은 언어가 존재한다. 우리는 여기서 파이썬을 사용할 것인데, 파이썬은 문법이 간결하고 유연하며 외부 패키지 연계성과 확장성이 높은 장점이 있어 최근 널리 사용된다. 특히, 구글(Google)의 기계학습 패키지인 텐서플로우(Tensorflow) 등 최신 분석패키지들이 파이썬에 연동되도록 제공되는 경우가 많아서 실용성이 높다.

다만, 파이썬 언어의 문법과 기능을 모두 설명하는 것은 방대한 분량이 필요하므로, 이번 장에서는 이 책의 실습을 따라가기 위해 가장 기본적인 최소한의 필수 문법만 설명하도록 하겠다. 우선, 바로 설치해서 프로그래밍을 시작해 보자.

1) 객체지향 프로그래밍(Object-Oriented Programming)이란 프로그램에서 사용하는 기능과 데이터를 객체(object) 단위로 나누어지도록 설계하여 구현하는 프로그래밍 방식이다. 파이썬도 객체지향 언어의 일종이다.

2.1 Python 설치

파이썬 설치를 위해서는 먼저 다음과 같은 것이 필요하다.

① 내가 관리자 권한을 가지고 있는 PC
② 인터넷 접속
③ 윈도우나 맥OS 등 OS의 기본적인 사용능력

위의 셋 중에서 가장 중요한 것을 고르라면 단연코 3번이라고 하겠다. 프로그래밍을 하려면 생각보다 OS 수준에서의 문제에 부딪히는 경우가 많은데, 이 때 OS에 대한 이해가 부족하면 에러메시지를 보고 쉽게 해결할 수 있는 문제도 무엇을 할지 몰라서 공포에 휩싸이게 되기 쉽다. 기본적으로 폴더, 경로(path), 파일 확장자, 터미널(속칭 도스창), 관리자 권한 등이 어떤 뜻인지 정도는 알고 있을 필요가 있다. 필요한 내용은 이 책에서도 설명하면서 진행하겠지만, 만약 이 말들이 무슨 말인지 잘 모르겠다면 빠른 시간 안에 인터넷을 검색하거나 윈도우(또는 맥OS) 기본서를 보고 이해하는 것을 강력히 권장한다.

그러면, 먼저 파이썬을 다운로드해서 설치해보도록 하겠다. 여기서는 윈도우 10을 기준으로 설명한다. 먼저, 파이썬 다운로드 페이지에 접속한다. 링크는 https://www.python.org/downloads/ 이다.

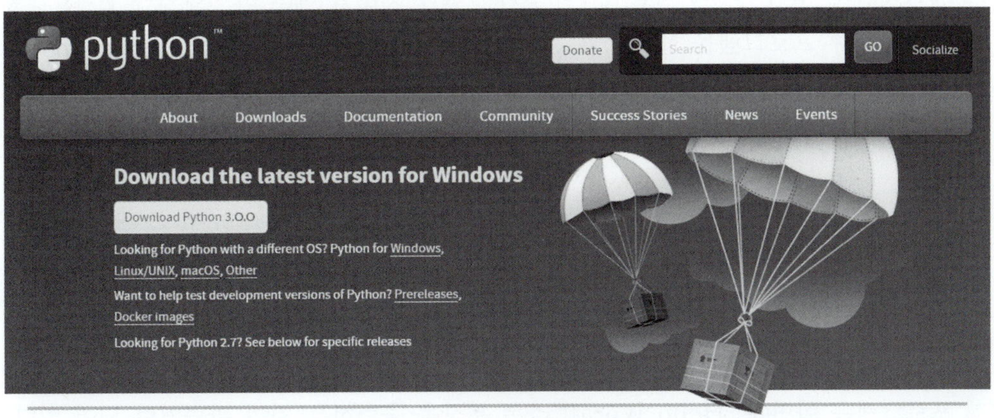

[그림 2-1] 파이썬 다운로드 페이지

노란색으로 나타나 있는 “Download Python 3.0.0” 버튼의 버전 번호는 다운로드 링크 시점에 따라 해당 시점의 최신 버전 번호로 달라져 있을 것이다. 버튼을 클릭해서 설치 파일을 다운로드 한다. 다운로드 완료된 설치 파일을 클릭하여 실행하면 그림 2-2와 같은 화면이 나온다.

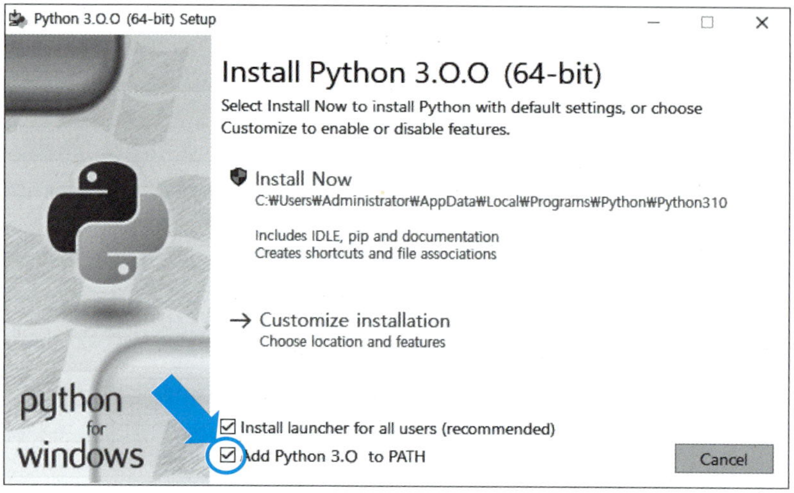

[그림 2-2] 설치 옵션 선택

이 화면이 나왔을 때, 반드시 그림에서 빨간색 화살표로 표시한 “Add Python 3.0 to PATH”(3.0은 설치 시점의 버전에 따라 달라져 있을 것임)을 체크 표시하여야 한다. 그렇지 않으면 이후 프로그램을 실행할 때 문제가 생길 수 있다. 체크 표시한 다음에, “Install Now”를 클릭하면 자동으로 설치가 진행된다.

2.2 첫 번째 Python 프로그램

그러면, 나의 첫 번째 파이썬 프로그램을 만들어 보자. 프로그래머의 세계에서 나의 첫 번째 프로그램은 화면에 “Hello World!”라는 문장을 출력하는 것이 관습처럼 되어 있다. 우리도 해보기로 하자.

파이썬을 설치하면 기본적인 프로그램 작성 도구로서 IDLE라는 것이 함께 설치된다.

바탕 화면에 그림 2-3과 같은 아이콘으로 표시되어 있을 것이다. IDLE 아이콘을 더블클릭하여 실행해 보자.

[그림 2-3] IDLE 아이콘

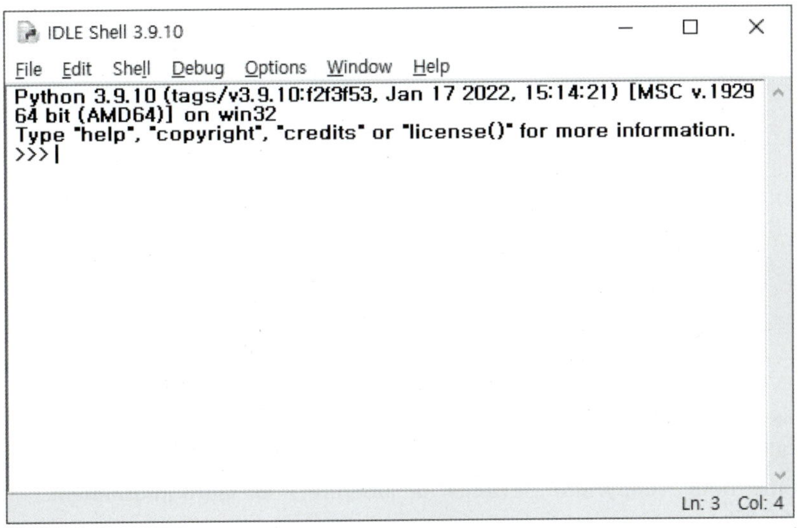

[그림 2-4] IDLE 실행 화면

IDLE를 실행하면 그림 2-4와 같이 빈 화면에 버전 정보가 나오고 그 아래 〉〉〉 표시와 깜박이는 밑줄(_)이 나타난다. 〉〉〉는 **프롬프트(prompt)**라고 하고, 여기 옆에 깜박이는 것을 **커서(cursor)**라고 하는데, 프롬프트 옆에 커서가 깜박이는 것은 컴퓨터가 이제 사용자의 명령을 기다리고 있다는 뜻이다.

여기서 1+2라고 입력하고 엔터 키를 눌러보자.

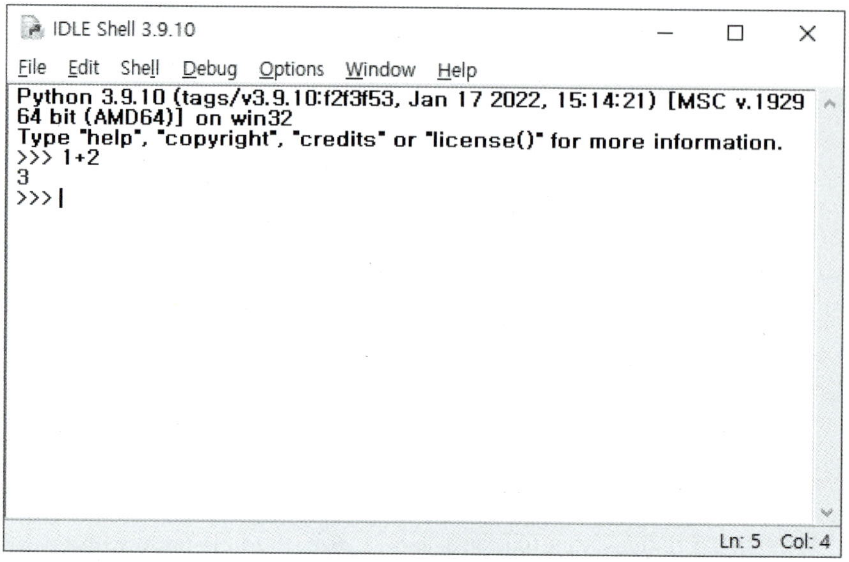

[그림 2-5] 1+2를 계산한 화면

화면에 3이라고 표시된다. 좀 더 복잡한 수식으로 (3+2)*8+2**3 이라고 입력하고 엔터를 쳐보자. 여기서 2**3은 2의 3승이라는 뜻이다.

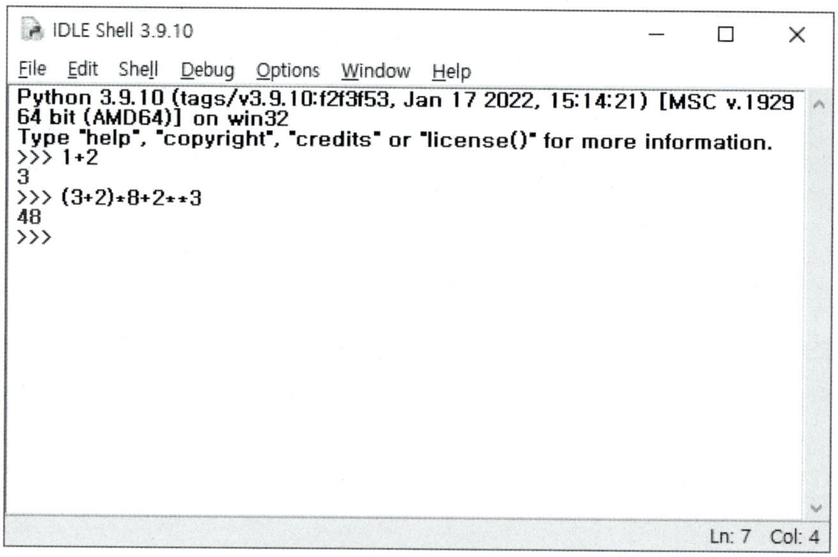

[그림 2-6] 복잡한 수식을 계산한 화면

우리가 머리로 계산해본 결과와 동일한(?) 48이 출력될 것이다. 이와 같이, 기본적인 산술식은 파이썬 프로그래밍 기본 문법에 포함되어 있다.

지금처럼 프롬프트 옆에 명령어를 입력하고 엔터를 누르면 바로 그 행이 실행되는 방식으로 사용하는 것을 **커맨드라인 인터페이스(command-line interface)**라고 하는데, 결과를 바로 볼 수 있으니까 편리하다고 생각할 수도 있겠지만 복잡한 로직을 차근차근 구현하기에는 매우 불편하다.

이 때문에 거의 대부분의 프로그래밍은 여러 줄의 **스크립트(script)**를 작성해서 한꺼번에 실행하는 방식으로 작성한다. IDLE에서 파이썬 스크립트를 작성하기 위해, 그림 2-7과 같이 메뉴 바에 있는 File메뉴를 클릭하고 추가로 나타난 하위 메뉴의 첫 번째 줄에 있는 New File을 클릭하여 선택해 보자. 그러면 그림 2-8과 같이 새로운 창이 하나 열리고, 빈 화면에 커서가 깜박이고 있을 것이다.

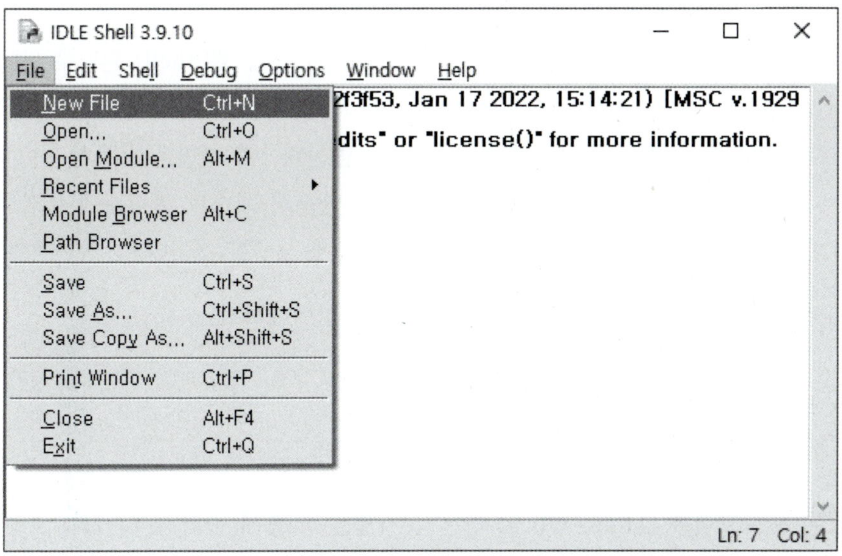

[그림 2-7] 새 스크립트 작성 메뉴

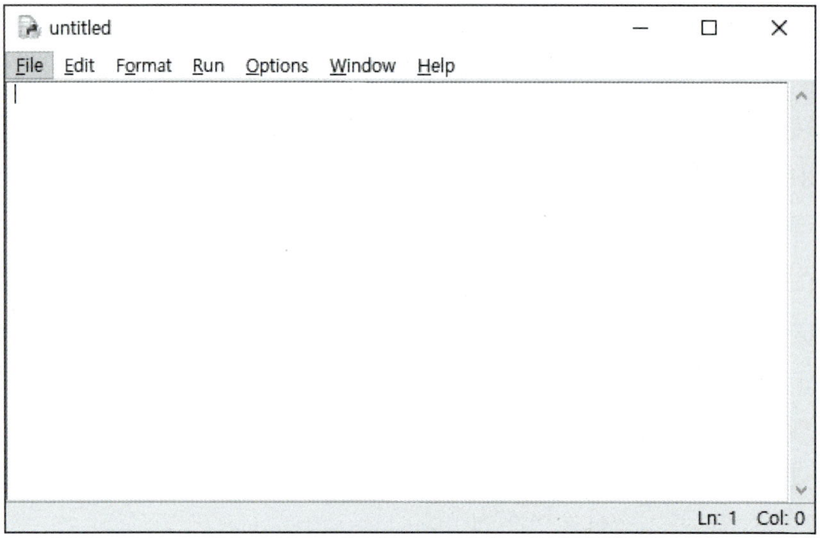

[그림 2-8] 새 스크립트 창

조금 전에 그림 2-5나 그림 2-6과 같이 원래 있었던 창을 **셸(Shell)** 윈도우, 새로 열린 그림 2-8과 같은 창을 **스크립트(Script)** 윈도우라고 한다. 스크립트 윈도우에 어떤 수식을 입력하고 엔터를 눌러도 아무 변화가 일어나지 않는다. 이 화면은 사용자가 입력한 내용을 즉시 실행하도록 준비되어 있는 것이 아니라, 단순히 텍스트 편집기에 불과하다. 여기에 이제 프로그램 명령 문장들을 입력하여, 한꺼번에 실행할 것이다.

먼저, 첫 번째 프로그램으로, 다음과 같은 문장을 입력해보자.

```
print("Hello world")
```

이 짧은 프로그램은 "Hello world"라는 문자열을 화면에 출력하라는 의미이다. 입력 후에는 반드시 저장해야 한다. File 메뉴의 아래에서 Save As..를 선택하면 그림 2-9와 같이 프로그램 파일 저장을 위한 창이 열릴 것이다. 저장할 폴더를 선택하고 파일 이름을 정하여 저장하면 된다. 예를 들어 바탕화면에 ex1.py라는 이름으로 저장하려면 그림 2-9와 같이 바탕화면 폴더를 선택하고 파일 이름 입력란에 ex1이라고 입력하고 저장을 선택하면 된다. (확장자 .py는 자동으로 파일 이름에 붙는다.)

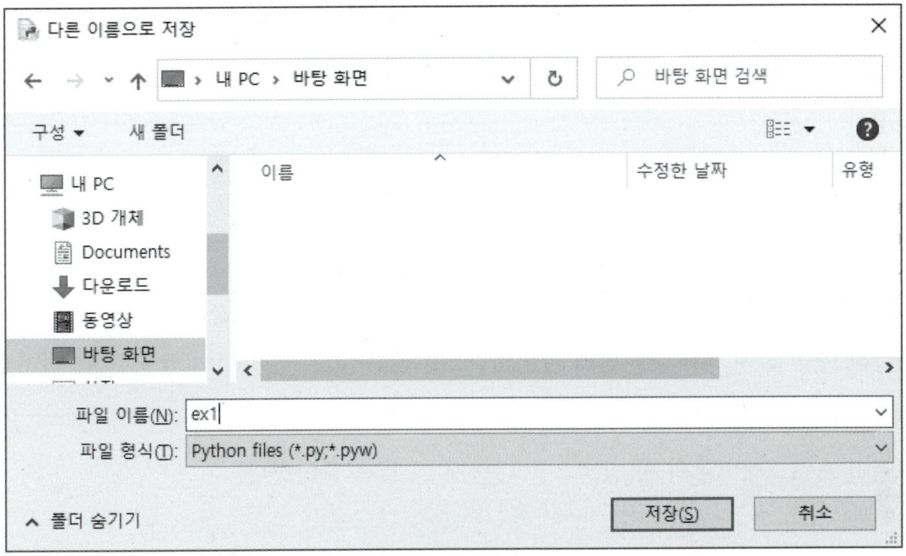

[그림 2-9] 프로그램 저장 화면

저장이 완료되었으면 프로그램을 실행해 보자. 메인 메뉴의 Run 아래에 있는 Run module을 선택하거나, 그냥 단축키 F5 키를 눌러도 된다. 실행하면 그림 2-10과 같이 Shell 화면에 실행 결과가 표시될 것이다.

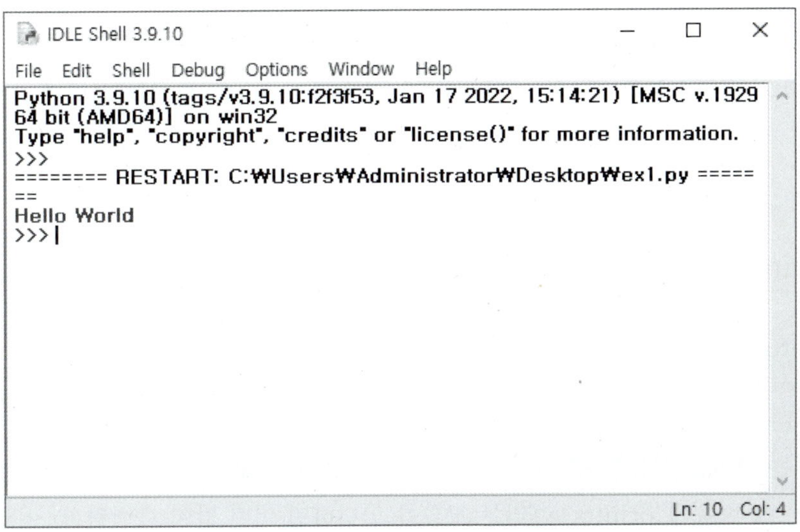

[그림 2-10] Hello world 프로그램 실행 화면

위의 코드에 몇 줄을 더 추가해보자. 앞에서 작성한 print("Hello world")라는 문장의 다음 줄에 print("나의 첫 번째 파이썬 프로그램")이라는 문장을 추가한다.

```
print("Hello world")
print("나의 첫 번째 파이썬 프로그램")
```

프로그램을 저장하고 F5키를 눌러서 실행하면, 그림 2-11과 같이 "Hello world"라는 문자열의 다음 줄에 "나의 첫 번째 파이썬 프로그램"이라는 문자열이 출력된다. 여기서 보는 것처럼, 프로그램은 기본적으로 위에서부터 순차적으로 실행된다.

파이썬 프로그래머로의 첫 발걸음을 내딛게 된 것을 축하한다!

2.3 Python의 기초: 변수

이번 절에서는 변수(variable)에 대해 알아보자. 변수는 값을 집어넣는 상자라고 생각하면 이해가 쉽다. 예를 들어, 'x=3'이라는 코드가 있다면, 이는 x라는 상자를 만들고, 그 안에 3이라는 값을 집어넣었다는 의미다. 그 다음으로 'print(x)'를 실행하면, print라는 명령문은 괄호 안의 값을 화면에 출력하라는 뜻이므로, x라는 상자 안에 들어있는 내용인 3이 출력된다. 'y=5'라는 코드를 작성하고 그 다음에 'print(y)'를 실행한다면 5가 출력될 것이다.

```
x=3
print(x)
y=5
print(y)
```

변수에는 연산을 적용할 수 있다. 앞서 우리는 변수 'x'와 'y'에 각각 3과 5라는 값을 입력하였다. 그 다음에 'print(x+y)'라는 코드를 입력하면 어떤 값이 출력될까? 우리 예상대로 3과 5를 더한 값인 8이 출력된다. 이를 응용하면 변수의 연산을 자유롭게 활용할 수 있을 것이다.

```
1 x=3
2 print(x)
3 y=5
4 print(y)
5 print(x+y)
```

예제를 하나 더 보자. 앞서 작성한 코드에 이어서 'x=7'과 'print(x+y)'라는 문장을 추가하여 실행해보자. 전체 코드는 아래와 같을 것이다.

```
1 x=3
2 print(x)
3 y=5
4 print(y)
5 print(x+y)
6 x=7
7 print(x+y)
```

코드를 실행한 결과는 다음과 같을 것이다.

```
>>>
=================== RESTART: C:/Users/00000/Desktop/ex1.py ===================
3
5
8
12
>>>
```

생각을 해 볼 때가 되었다. 프로그램에서 print 명령문은 총 4번 등장했다. 그러니까 결과도 4개가 출력되는 것이 당연하다. 처음부터 차례로 보면, print(x)가 3을, print(y)가 5를 출력시킨 것은 당연하다. 그런데, 그 다음 두 개의 print문은 모두 print(x+y)로 동일한데, 왜 그 다음 출력들은 8과 12로 다를까?

그렇다. 프로그램의 5번째 줄에 나타난 print(x+y)가 실행되는 시점에는, x와 y에 각각 3과 5의 값이 들어가 있었으니 8이 출력되었다. 그런데, 그 다음 6번째 줄에서 x=7이라는 문장이 실행되면서, 원래 있던 x의 값을 7로 덮어쓴 것이다. 그러니 그 다음줄인 7번째 줄의 print(x+y)가 실행되는 시점에는, x의 값은 7이고 y의 값은 여전히 5이므로 print(x+y)는 12의 값을 출력하게 된 것이다.

그렇다면, 변수에는 숫자만 넣을 수 있을까? 그렇지 않다. 변수에는 다양한 형식의 값을 넣을 수 있는데, 문자열 또한 넣을 수 있다. 앞에서 연습해 보았던 'Hello world'를 출력하는 프로그램을 변수와 연산을 이용하여 만들어보자. 지금까지 입력한 내용을 지워버리고, 다음과 같은 프로그램을 작성해보자.

```
1  s1 = "Hello"
2  s2 = "world"
3  print(s1)
4  print(s2)
5  print(s1+s2)
```

이 프로그램을 실행해보면, 결과는 다음과 같이 나타난다.

```
Hello
world
Helloworld
```

한 줄씩 이해해보자. 첫 번째 줄에서는 s1이라는 이름의 변수에 Hello라는 문자열을 대입했다. 문자열은 앞의 프로그램과 같이 따옴표(")로 둘러싸거나, 또는 작은따옴표(')로 둘러싸야 한다. 그렇지 않으면 파이썬 실행기가 Hello라는 글자들이 문자열인지 또 다른 변수이름인지 구분할 길이 없다. 따옴표나 작은따옴표로 둘러쌈으로써 파이썬에게 이것은 문자열 값임을 알려줄 수 있는 것이다. 따옴표와 작은따옴표 중 어느 것을 사용해도 무관하지만, 따옴표로 문자열을 시작했으면 따옴표로 닫아야 하고, 작은따옴표로 시작했으면 작은따옴표로 닫아야 한다.

두 번째 줄에서는 s2라는 이름의 변수에 world라는 문자열을 대입했다. 여기서와 같이 변수 이름은 x, y처럼 로마자 알파벳을 쓸 수도 있고, 알파벳에 숫자를 결합하여 만들 수도 있다. 파이썬에서는 대소문자를 엄격히 구분함을 명심하자. 즉, s1과 s2는 다른 변수인 것처럼, 만약 우리가 S1이라는 변수를 만들어서 어떤 값을 넣었다면, s1과 S1도 완전히 다른 변수이다.

세 번째와 네 번째 줄에서는 print(s1)으로 s1의 값을, print(s2)로 s2의 값을 각각 출력한다. 이에 따라서 출력 결과에서도 Hello와 world가 각각 출력되었다.

프로그램의 다섯 번째 줄에서는 print(s1+s2)라는 명령을 주었고, 의미상 Hello와 world를 더한 값이 출력되어야 할 것 같다. 출력 결과를 보면 Helloworld가 출력되었음을 알 수 있다. 즉, 문자열에 더하기(+) 연산을 하면, 두 문자열을 이어붙이게 된다.

만약, 출력 결과를 Hello와 world 사이에 한 칸을 띄도록 하고싶으면 어떻게 하면 될까? 두 단어의 중간에 공백 하나를 더해주면 될 것 같다. 앞의 프로그램의 마지막 줄에 print(s1+" "+s2)라는 내용을 추가해보자. 보이지 않지만 따옴표 사이에 스페이스가 한 칸 있어야 한다.

```
1 s1 = "Hello"
2 s2 = "world"
3 print(s1)
4 print(s2)
5 print(s1+s2)
6 print(s1+" "+s2)
```

F5로 실행해본 결과는 다음과 같다.

```
Hello
world
Helloworld
Hello world
```

새로 추가한 마지막 print문의 출력결과는, 우리의 예상대로, Hello world가 되었다. 성공이다.

2.4 Python의 기초: 리스트

파이썬은 쉽지만 강력한 언어이다. 파이썬이 강력한 언어가 된 중요한 이유 중 하나가 이번 절에서 설명하는 리스트(list)이다.

리스트는, 쉽게 말해서, 그냥 값의 나열이다. a라는 변수를 정의해서 숫자의 나열을 넣어보자. 리스트를 만들기 위해서는, 숫자들 사이를 콤마(,)로 구분하고, 나열된 숫자들을 하나의 리스트로 묶었다는 표시를 하기 위해서 앞 뒤를 대괄호([ ])로 묶어준다. 다시 말해서, 대괄호(bracket, [ ])로 묶여 있는 값의 나열을 리스트라고 한다. 리스트를 이용하면 여러 값을 묶어서 한 단위로 취급할 수 있다.

예를 들어서, 10, 30, 50, 70, 90이라는 다섯 개의 숫자를 하나로 묶어서 리스트로 만들어 a라는 변수에 대입하고, 그 내용을 출력한다면, 다음과 같이 코드를 작성한다.

```
a = [10, 30, 50, 70, 90]
print(a)
```

프로그램의 첫 번째 줄에서 = 기호 앞뒤에 한 칸씩의 공백을 추가하였고, 콤마(,) 기호 뒤에도 한 칸씩을 띄었는데, 이러한 공백은 없어도 프로그램의 실행 결과에는 아무런 차이가 없다. 그래도 이렇게 한 칸씩 띄어 두면 보기에 훨씬 깔끔하다.

프로그램의 실행 결과를 보면, 당연히 다음과 같이, a라는 변수 안에 다섯 개의 값이 순서대로 잘 보관되어 있음을 확인할 수 있다.

```
[10, 30, 50, 70, 90]
```

우리의 예제에서는 다섯 개의 값을 리스트에 넣었지만, 프로그래밍을 하다 보면 리스트에 수십만 개의 값이 들어가 있는 경우도 많고, 당연히 리스트 안에서 특정 위치의 값을 확인하거나 변경해야 하는 경우도 자주 일어난다. 리스트에서 값의 위치를 인덱스(index)라고 한다. 리스트의 첫 번째 값의 인덱스는? 파이썬에서는, 생각하기 귀찮게도, 인덱스가 0부터 시작한다. 인덱스가 0부터 시작하는 것이 처음에는 귀찮고 헷갈리지만, 나중에 보면 매우 효율적인 방법임을 알 수 있다. 그러면, 첫 번째 숫자의 인덱스는 0, 두 번째 숫자의 인덱스는 1이고, 우리의 예제에서 마지막 숫자의 인덱스는 4가 된다. a라는 변수에 저장되어 있는 우리의 리스트에서, 첫 번째 숫자와 세 번째 숫자를 출력하는 프로그램을 만들어보자. 첫 번째 숫자의 인덱스는 0이고, 세 번째 숫자의 인덱스는 2이므로, 프로그램은 다음과 같이 된다.

```
a = [10, 30, 50, 70, 90]
print(a[0])
print(a[2])
```

실행 결과는 다음과 같다.

```
10
50
```

인덱스 0은 리스트 a의 첫 번째 숫자이니 10이 출력되었고, 인덱스 2는 리스트 a의 세 번째 숫자이니 50이 출력되었다. 리스트 a에는 다섯 개의 숫자가 들어있으니, 마지막 숫자의 인덱스는 4가 된다고 앞에서 설명하였다. 그러면 리스트 a에는 5라는 인덱스가 없는데, 만약 print(a[5])와 같은 명령문을 넣으면 어떻게 될까? 다음과 같은 프로그램을 만들어보자.

```
a = [10, 30, 50, 70, 90]
print(a[0])
print(a[2])
print(a[5])
```

실행해보면, 다음과 같이 될 것이다.

```
10
50
Traceback (most recent call last):
  File "C:/Users/00000/Desktop/ex1.py", line 4, in <module>
    print(a[5])
IndexError: list index out of range
```

a[0]은 10, a[2]는 50으로 정상적으로 출력되는데, 그 다음에 print(a[5])의 결과가 나와야 하는 순서에서 출력 대신 보기에도 무시무시한 에러 메시지가 나타난다. 초심자들은 에러메시지를 만나면 긴장하는 경우가 많은데, 당황하지 말고 파이썬이 걸어오는 대화라고 생각하고 차근차근 메시지를 읽어보는 습관을 들이자. 에러 메시지의 마지막 줄에서는 "IndexError"라고 해서 인덱스에 관련된 오류가 있다고 말하고 있고, "list index out of range", 즉, "리스트 인덱스가 범위를 벗어났습니다"라고 친절하게 설명해주고 있다. 그리고, 두 줄 위에 보면 "line 4", 네 번 째 줄이라고 말하고 있고, 그 다음 줄에서는 해당 문장이 "print(a[5])"임을 친절히 알려주고 있다. 프로그램의 네 번째 줄에서 print(a[5])라고 써 두었는데, 5라는 인덱스가 a 변수에 저장된 리스트의 범위 바깥에 있으니, 지극히 당연한 내용을 친절하게 알려주는 에러메시지가 되겠다.

프로그램의 네 번째 줄을 print(a[4])로 고쳐서 새로 실행해보면, 에러메시지는 사라지고 인덱스 0, 2, 4에 해당하는 값 10, 50, 90이 잘 출력된다.

```
1 a = [10, 30, 50, 70, 90]
2 print(a[0])
3 print(a[2])
4 print(a[4])
```

```
10
50
90
```

이번에는 더하기 연산자(+)를 리스트에 적용해보자. 리스트에서 더하기는 문자열에서와 비슷하게, 이어붙이라는 의미이다. 앞서 작성한 코드를 일부 수정하여, 'b = [100,

200, 300]'과 print(a+b)를 추가해보자.

```
a = [10, 30, 50, 70, 90]
b = [100, 200, 300]
print(a+b)
```

그러면, 실행 결과로 다음과 같이 출력될 것이다.

```
[10, 30, 50, 70, 90, 100, 200, 300]
```

출력문 print(a+b)에 해당하는 실행결과로 리스트 a와 b를 이어붙인 [10, 30, 50, 70, 90, 100, 200, 300]이 출력되었음을 알 수 있다. 이와 같이, 더하기(+)를 이용하여 여러 리스트를 얼마든지 이어붙일 수 있다.

리스트에 값을 추가할 수도 있다. 리스트 a에 110이라는 값을 추가하려고 한다. 다음과 같이 코드를 수정해보자.

```
1 1 a = [10, 30, 50, 70, 90]
2 print(a)
3 a.append(110)
4 print(a)
```

실행 결과는 다음과 같다.

```
[10, 30, 50, 70, 90]
[10, 30, 50, 70, 90, 110]
```

프로그램의 첫 번째, 두 번째 줄은 쉽게 이해할 수 있고, 이에 따라 실행 결과의 첫 번째 줄은 원래 리스트 a의 내용과 동일하게 출력되는 것을 확인할 수 있다. 그 다음에, 프로그램의 세 번째 줄에서 a.append(110)이라는 문장을 주의깊게 살펴보자. 명령문의 의미는 영어 단어 append의 뜻에 부합하게, a에 110이라는 값을 추가하라는 의미이다. 여기서 a 다음에 점(.)이 찍혀있는데, 이 점에는 객체지향 프로그래밍의 철학과 관련한 깊은 의미가 숨어있다. IDLE 스크립트 창에서 프로그램을 작업하고 있다면, a 뒤에 점을 찍고 1~2초정도 기다리면 그 뒤에 붙을 수 있는 명령어의 목록이 자동으로 나타나는 것을 확인할 수 있을 것이다. 좀 어렵게 말하자면, a 뒤에 점(.)을 찍고, 그 뒤에는 a라는 객체에 대해 정의되어 있는 **메소드(method)**를 호출하는 식으로 사용하는데, 여기서는 쉽게 'a에 대해 append라는 함수를 적용한다' 정도의 의미로 이해하는 것으로 충분하다. 즉, a라는 리스트에 대해 110이라는 값을 추가하라는 의미가 되겠다. 따라서 그 다음에 다시 print(a)를 실행하게 되는 시점에 와서는, 리스트 a에는 10, 30, 50, 70, 90, 110이 들어가 있게 된다.

리스트에는 숫자뿐 아니라, 문자열을 비롯한 다양한 자료의 형태가 들어갈 수 있음을 앞에서 보았다. 예를 들어 x라는 변수에 문자열 리스트를 넣어보자.

```
x = ['apple', 'banana', 'lemon']
print(x)
y = ['strawberry', 'grape']
print(x+y)
```

위의 코드를 실행해보면

```
['apple', 'banana', 'lemon']
['apple', 'banana', 'lemon', 'strawberry', 'grape']
```

와 같이, 첫 번째 print(x)에서는 리스트 x의 내용이, 두 번째 print(x+y)에서는 리스트 x와 y를 이어붙인 내용이 출력된다. 여기서, 리스트 x와 y에는 각각 여러 개의 문자열들이 들어가 있고, 각 문자열은 작은따옴표(')로 둘러싸여 있는 것을 확인하자. 앞서도 언급했지만, 파이썬에서는 문자열 값은 따옴표(") 또는 작은따옴표(')로 둘러싸야 한다. 따옴표와 작은따옴표 중에서 아무 거나 사용해도 무관한데, 필자는 개인적으로 작은따옴표를 사용하는 것을 조금 더 선호한다. 왜냐고? 시프트 키를 안 눌러도 되니까.

2.5 조건문

파이썬 프로그램은 — 대부분의 프로그래밍 언어가 그렇듯이 — 명령문이 써 있는 순서대로 한 줄씩 순차적으로 실행된다. 그런데, 프로그램이 조금 더 지능적인 일을 수행하게 하려면 컴퓨터로 하여금 조건을 주고 판단을 하게 하여, 특정 조건이 만족되면 어떤 일을, 아니면 다른 일을 하도록 하는 것이 필요하다. 이런 일을 위해 조건문이라는 것이 있다.

조건문은 기본적으로 특정한 조건이 충족되면 지정된 명령문들을 수행하되, 조건이 만족되지 않으면 해당 명령문들을 수행하지 않도록 하는 일을 가능하게 해준다. 파이썬에서는 조건문은 if라는 키워드로 시작한다. if 문의 기본적인 형태는 다음과 같다.

문법 **if 문**

```
if (조건):
    (조건이 만족되면 실행할 명령 블록)
```

if 라는 키워드 다음에 체크할 조건이 나오고, 콜론(:) 기호가 있다. 그 다음줄부터는 약간 들여쓰기가 되어 있고, 조건이 만족될 때 실행할 명령문들이 나타난다. 조건이 만족될 때 실행할 명령문들은 한 줄일 수도 있고, 여러 줄이 될 수도 있어서, 이것을 코드 블록(code block)이라는 표현을 쓴다. 보통은 조건이 만족될 때 실행할 명령 블록을 줄여서 if 블록이라고 한다.

예시를 보면서 이해해보자. 다음 프로그램을 작성하여 실행해본다.

```
age=int(input('나이를 입력하세요 : '))
print('<Drink Menu>')
print('1. 콜라')
print('2. 사이다')
if age>=20:
    print('3. 맥주')
    print('4. 소주')
print('메뉴를 선택해 주세요')
```

IDLE 스크립트창에서 'if age>=20:' 문장을 쓰고 엔터 키를 누르면 자동적으로 그 다음줄부터는 들여쓰기가 계속되는데, 마지막 줄과 같이 더 이상 들여쓰기를 하지 않으려면 문장 처음에서 백스페이스 키를 눌러주면 들여쓰기가 해제된다. 실행해보면, '나이를 입력하세요 : '라는 말이 출력되고 프로그램이 기다리고 있다. 첫 번째 문장의 input 명령이 이 일을 수행하는데, 사용자의 키보드 입력을 기다리도록 한다. '나이를 입력하세요 : ' 옆에다가 20이라고 입력하고 엔터키를 눌러보자. 그러면, 결과는 다음과 같을 것이다.

```
나이를 입력하세요 : 20
<Drink Menu>
1. 콜라
2. 사이다
3. 맥주
4. 소주
메뉴를 선택해 주세요
```

메뉴에 콜라, 사이다, 맥주, 소주가 표시된다. 20세부터는(만 나이 기준이다) 음주가능연령이니 주류가 메뉴에 표시되어 있어도 문제 없을 것 같다. 프로그램을 다시 실행해서, 나이를 19세로 넣어보자.

```
나이를 입력하세요 : 19
<Drink Menu>
1. 콜라
2. 사이다
메뉴를 선택해 주세요
```

오오~ 음주가 허용되지 않는 19세 청소년에 대해서는 자동적으로 메뉴에서 맥주가 사라지고 콜라와 사이다로만 메뉴가 구성되었다. 일종의 지능형 메뉴판이랄까. 프로그램을 한 줄씩 보면서 어떻게 이렇게 되는지 알아보자.

프로그램의 첫 번째 줄은 '나이를 입력하세요 : '라는 문자열을 보여주면서 사용자의 입력을 기다려서, 입력 결과를 age라는 변수에 저장하는 일을 한다. 엄밀하게 말하면, input('나이를 입력하세요 : ') 부분이 '나이를 입력하세요 : '를 보여주면서 사용자 입력을 기다리는 부분이고, 사용자 입력은 일반적으로 문자열로 취급하기 때문에 이 결과를 int

라는 함수를 통과시켜서 숫자로 바꾸어서 age 변수에 대입하는 것인데, 여기서는 그냥 age에 입력값을 대입한다는 것으로 이해해도 충분하다.

두 번째부터 네 번째 줄까지는 순차적으로 '〈Drink Menu〉', '1. 콜라', '2. 사이다'를 출력하고 있다. 여기까지는 입력한 나이 값에 관계없이 순차적으로 실행된다.

다섯 번째 줄의 'if age〉=20:'이 조건문이다. 이 문장은 age 변수의 값이 20보다 크거나 같은지(〉=)를 체크한다. 만약 조건문이 만족되면, 즉 age 값이 20 이상이면, if문에 부속된 **명령 블록**, 즉 if 블록을 수행하도록 하는데, if 블록은 여러 줄로 되어 있을 수 있다. 그러면 어디서 어디까지가 if 블록인지를 파이썬에 알려줘야 하는데, 파이썬에서는 이것을 들여쓰기(indentation)으로 표시한다. IDLE 스크립트창에서 'if age〉=20:'과 같이 콜론(:)으로 끝나는 문장을 쓰고 엔터 키를 누르면 자동적으로 그 다음줄부터는 들여쓰기가 만들어진다. 들여쓰기가 유지되고 있는 문장은 모두 if문에 부속된 명령 블록이 된다. 우리의 프로그램에서는 print(3, '맥주')와 print('4. 소주')가 모두 들여쓰기로 되어 있으니, 이 두 문장은 if 조건문에 부속되어 있음을 알 수 있고, 따라서 age〉=20의 조건이 만족될 때에만 실행되도록 되어 있다.

마지막 줄의 print('메뉴를 선택해 주세요')를 보자. 이 문장은 들여쓰기가 되어 있지 않다. 들여쓰기가 되어 있지 않은 문장을 만나면, 파이썬은 이 문장부터는 if 블록 바깥인 것으로 이해한다. 즉, 여기부터는 조건 만족 여부에 관계없이 일상적으로 순차 실행해야 하는 문장이 되는 것이다. 그래서 실행 결과를 보면 '메뉴를 선택해 주세요'는 입력한 나이에 관계없이 출력되고 있음을 확인할 수 있다.

다음으로, 매우 자주 사용되는, if와 **else**의 결합 구조를 살펴보자. 기본 문법은 다음과 같다.

문법 **if … else 문**

```
if (조건):
    (조건이 만족되면 실행할 명령 블록)
else:
    (조건이 만족되지 않을 때 실행할 명령 블록)
```

else는 반드시 if문의 다음에 나와야 하고, else만 독립적으로 존재하는 경우는 없다.

우리의 프로그램에 적용해보자. 그렇지 않아도 미성년자에 대한 메뉴가 너무 단출한 느낌이 있었다. 콜라 사이다는 공통으로 하고, 나이가 20세 이상이면 주류 메뉴를 표시하고, 그렇지 않으면 오렌지주스를 메뉴에 나타내어 주도록 하자. 그러려면 프로그램을 다음과 같이 수정하면 되겠다.

예제 **ex2-1.py**

```
age=int(input('나이를 입력하세요 : '))
print('<Drink Menu>')
print('1. 콜라')
print('2. 사이다')
if age>=20:
    print('3. 맥주')
    print('4. 소주')
else:
    print('3. 오렌지주스')
print('메뉴를 선택해 주세요')
```

프로그램을 실행해서 나이를 20세와 19세로 각각 입력하여 결과를 확인하면 다음과 같다.

```
나이를 입력하세요 : 20
<Drink Menu>
1. 콜라
2. 사이다
3. 맥주
4. 소주
메뉴를 선택해 주세요
```

```
나이를 입력하세요 : 19
<Drink Menu>
1. 콜라
2. 사이다
3. 오렌지주스
메뉴를 선택해 주세요
```

조건에 관계없이 공통적으로 출력되는 부분이 있고, age>=20의 조건이 만족되면 주류 메뉴가, 그렇지 않으면 오렌지주스가 나타나고 있다. 훨씬 지능적인 적응형 메뉴판 프로그램으로 보인다. 이와 같이 if..else의 문법은 매우 유용하고 강력하며, 프로그래밍 로직의 근간으로서 매우 자주 사용되므로, 이 절에서 충분히 이해하고 다음으로 넘어갈 것을 권장한다.

2.6 반복문 1 : while

반복문(loop)은 파이썬뿐 아니라 모든 프로그래밍 언어에서 필수적인 기능 중 하나이다. 우리가 컴퓨터에 일을 시키는 것은 대개 반복적인 일을 자동화하고 싶을 때가 많다. 그러면 프로그램이 뭔가 반복적으로 일을 하도록 만드는 것이 필요할텐데, 이럴 때 사용되는 것이 반복문이다. 대표적인 반복문으로 while과 for가 있는데, 여기서는 while 문을 먼저 살펴보자. while 문의 문법은 다음과 같다.

문법 **while 문**

```
while (조건):
    (조건이 만족되면 실행할 명령 블록)
```

문법은 간단하다. 의미는, while 뒤에 쓰여 있는 조건이 만족되는 동안 while에 부속된 코드 블록을 반복 실행하라는 뜻이다. 예제를 통해 while문을 이해해보자. while문을 이용하여 1부터 10까지를 출력하는 프로그램을 구현하였다. 예제코드는 다음과 같다.

```
1 i = 1
2 while i <= 10:
3     print(i)
4     i = i + 1
5 print('end!')
```

첫 번째 줄부터 한 줄씩 살펴보자. 첫 번째 줄에서는 i라는 변수에 1을 대입했다. 그런

다음에 while 키워드가 등장하고, 조건에는 i 〈= 10이라고 쓰여있다. while이 영어로 '~하는 동안' 정도의 의미가 되니까, 영어식으로 말 그대로 해석하면, 'i가 10보다 작거나 같은 동안' 정도로 해석되겠다. 즉, i〈=10인 동안 while 아래에 들여쓰기로 쓰여져 있는 블록을 반복 실행하라는 뜻이다.

while의 부속 블록을 보자. 블록 안에서 첫번째 줄은 print(i)로 i의 값을 출력하라는 의미이다. 처음에는 i가 1이므로 화면에 1이 출력된다. 그 다음에 나오는 i=i+1이라는 문장은, 기본적으로는 변수 i에 어떤 값을 대입하는 명령인데, = 기호가 파이썬에서는 오른쪽에 나오는 값을 왼쪽으로 대입하라는 뜻이고, = 기호의 오른쪽에는 i+1이 쓰여 있으므로, i+1을 계산해서 i에 덮어쓰라는 의미가 된다. 처음에는 i가 1이었을테니 i+1은 2가 될 것이고, 따라서 i=i+1이 수행되고 나면 i의 새로운 값은 2로 덮어쓰여져 있을 것이다.

들여쓰기한 부분은 print(i)와 i=i+1의 두 문장으로 끝났으니, 이 두 문장이 while 문의 부속 코드 블록이 되겠다. while은 조건이 만족하는 동안 반복하도록 하므로, 코드 블록이 끝나면 다시 while의 조건을 확인하게 된다. i가 현재 2가 되었고, 이것은 i〈=10의 조건에 부합하므로, 다시 while의 부속 코드 블록을 수행하게 된다. 그러면, print(i)를 만나서 2가 출력되고, i=i+1을 만나서 i는 3이 된다.

4행에서 부속 블록이 끝나면 2행으로 되돌아가 다시 while의 조건을 체크한다. i의 값이 3이어서 i〈=10의 조건을 만족하므로, 다시 i를 출력해서 3이 출력되고, i=i+1을 만나서 i는 4가 된다. 이런 식으로 'i를 출력하고 하나 증가시키고'를 i〈=10이 만족되는 동안 계속 반복하게 된다.

반복하다가 i=i+1에서 i가 10이 되었다고 해보자. 그러면 i〈=10이 만족되므로 print(i)가 실행되어 10이 출력된다. 그 다음에 i=i+1을 만나면 i는 11이 된다. 그리고 다시 while의 조건을 체크하러 가는데, i가 11이면 i〈=10에 부합하지 않는다! 그러면 더이상 부속 코드 블록을 수행하지 않고, while의 반복을 벗어나서 코드 블록의 다음 문장으로 진행하게 된다. while 블록 바깥의 첫 문장은 print('end!')로서 'end!'를 화면에 출력하라는 의미가 되므로, 결과적으로는 1부터 10까지 차례로 출력된 다음에 마지막에 'end!'가 출력되는 프로그램이 될 것이다. 직접 실행해보면 결과는 다음과 같다.

```
1
2
3
4
5
6
7
8
9
10
end!
```

이렇게 코드가 반복 실행되는 부분을 **루프(loop)**라고 한다. while 문으로 반복 실행시키므로 이 부분을 while 루프라고도 종종 일컫는다.

while의 특수한 형태로서, 조건 자리에 **True**를 써 넣어서 'while True:'와 같은 형태도 자주 사용된다. 여기서 'True'는 논리값 '참'을 나타내는 상수값이다. 마치 0, 1, 2 등이 숫자를 나타내는 상수값인것처럼, 'True'는 '참'이라는 논리값을 나타내는 상수이다. 당연히 '거짓'을 나타내는 상수는 '**False**'가 되겠다. 그러면, 'while True:'는 조건이 나타날 자리에 '참'이라는 값이 아예 쓰여있으므로, 조건이 항상 만족된다는 뜻이 되겠고, 따라서 while에 부속된 코드 블록이 무한히 반복된다. 다음 프로그램을 실행해보자.

```python
i = 1
while True:
    print(i)
    i = i + 1
print('end!')
```

앞의 프로그램과 동일한데, while의 조건에 True가 쓰여져 있어서, i를 출력하고 하나 증가시키는 일을 무한히 반복한다. 직접 실행해보면 내 컴퓨터가 얼마나 빠른지 알 수 있을 것이다. 순식간에 1,2,3,4,......식으로 줄을 바꾸어 출력되면서 값이 계속 증가할 것이다. 언제 끝나냐고? 그냥 내버려두면 파이썬이 처리할 수 있는 숫자의 한계에 다다를때까지 계속 실행될텐데, 시간과 전기료가 아까우므로 프로그램을 중단시키도록 하자. 프로그램을 강제로 중단시키기 위해서는 Ctrl–C, 즉 Ctrl키와 C키를 동시에 누른다. 몇 번 Ctrl–C를 누르면 프로그램이 강제종료될 것이다.

이렇게 사용자가 강제중단하지 않는 한 무한반복하는 코드블록을 무한루프(infinite loop)라고 하는데, 일상용어로도 어느 정도 정착되고 있는 것 같다. 진정한 무한루프가 필요한 경우도 있겠지만, 많은 경우에는 무한루프 안에서 어떤 조건이 만족되면 해당 루프를 빠져나와서 그 다음 문장을 실행해야 하는 경우가 많다. 앞의 무한루프를 이용한 프로그램에서 print(i)가 10을 출력했다면 바로 while 루프를 빠져나오도록 해보자. 루프를 빠져나오는 명령어는 **break**이다. 그러면, 프로그램은 다음과 같이 될 것이다.

```
1 i = 1
2 while True:
3     print(i)
4     if i==10: break
5     i = i + 1
6 print('end!')
```

실행해보면 1에서 10까지 출력되고 'end!'가 출력되고 프로그램이 종료된다. 이렇게 while 루프를 빠져나오게 하는 역할을 하는 문장은 4행의 'if i==10: break'이다. if문은 앞의 절에서 보았듯이 조건이 만족하면 if문에 부속된 코드 블록을 수행하도록 하는 명령어이다. 코드 블록은 보통 'if (조건):'의 다음 줄부터 들여쓰기로 나오지만, 앞에 예제에서처럼 코드 블록이 한 줄로만 구성된다면 간단하게 콜론(:)기호 오른쪽에 쓰기도 한다. 그러면, if문의 조건이 만족되면 실행되어야 하는 코드 블록은 'break'인데, 'break'는 자기가 속해 있는 루프의 바깥으로 탈출하는, 즉 루프를 깨는(break) 역할을 한다. 여기서는 print(i)가 실행된 다음에, if문에서 i의 값이 10과 같은지를 비교한다. 이 때, 두 값이 같은지를 비교하는 연산자는 ==이다. 대입문으로 쓰이는 =기호와 구분하기 위해 = 기호를 두 개 붙여서 ==과 같이 쓰도록 정해져 있다. if i==10:이므로, i가 10이 되면 부속된 코드 블록인 break가 실행되어 while 블록을 빠져나오고 'end!'가 출력된다.

기능적으로는 앞서 while i<=10:을 이용한 프로그램과 완전히 동일하지만, 논리의 흐름은 약간 다르다는 것을 확인하기 바란다. 무한루프가 필요없는 기능이라고 생각할 수 있겠지만, 생각보다 많이 사용된다. 특히, 원하는 조건을 만족할 때까지 무수히 반복해야

하는 경우 유용하게 사용된다. 다음 예제를 통해 무한루프의 활용법을 알아보자.

예제 ex2-2.py

```
1  # Fibonacci 수열로 황금비 계산
2  a = 1
3  b = 1
4  print(a)
5  print(b)
6  while True:
7      c = a + b
8      print(c, c/b)
9      if c > 100000: break
10     a = b
11     b = c
12 print('프로그램 끝')
```

프로그램의 첫 줄에 #으로 시작되는 부분은 **주석문(comment)**라고 하는데, 코드 안에 메모를 남겨놓을 때 사용한다. #으로 시작하는 문장은 파이썬 인터프리터에서 그냥 실행하지 않고 무시하고 넘어간다. 주석문을 충분히 많이 체계적으로 잘 써놓아야 나중에 내가 다시 보거나 다른 사람이 나의 코드를 볼 때 이해하기가 쉽다.

피보나치(Fibonacci) 수열은 1, 1로 시작해서 앞의 두 숫자의 합이 그 다음 숫자가 되도록 하는 특수한 수열이다. 충분히 큰 값이 되면 어떤 값에서 그 직전의 값을 나눈 비율이 황금비율(1.618...)로 수렴함이 알려져 있다. 주석문 다음의 프로그램을 한 줄씩 살펴보면, 2~5 라인에서는 a와 b에 각각 1의 값을 대입하고, 두 값을 출력한다. 그 다음에 while 무한루프가 시작되는데, c=a+b를 계산해서 print(c, c/b)에서 c의 값과 더불어 c와 그 직전의 값인 b의 비율 c/b를 출력하도록 한다. print명령어 안에서 콤마(,)로 구분하면 여러 값을 한 줄에 출력할 수 있다. 그 다음 줄에서 c의 값이 100,000을 넘어가면 break로 무한루프를 빠져나오도록 해 두었다. 만약 c의 값이 10만 이하였다면 if 문을 통과해서 그 다음 줄로 가게 되고, 지금까지 나온 값 a,b,c를 한 칸씩 옮겨서, b를 a에 덮어쓰고, c를 b에 덮어써서 최종의 두 값이 a와 b가 되게 만든 다음에 다시 while 코드블록을 반복한다. 실행 결과는 다음과 같을 것이다.

```
1
1
2 2.0
3 1.5
5 1.6666666666666667
8 1.6
13 1.625
21 1.6153846153846154
34 1.619047619047619
55 1.6176470588235294
89 1.6181818181818182
144 1.6179775280898876
233 1.6180555555555556
377 1.6180257510729614
610 1.6180371352785146
987 1.618032786885246
1597 1.618034447821682
2584 1.6180338134001253
4181 1.618034055727554
6765 1.6180339631667064
10946 1.6180339985218033
17711 1.618033985017358
28657 1.6180339901755971
46368 1.618033988205325
75025 1.618033988957902
121393 1.6180339886704431
프로그램 끝
```

c의 값이 출력된 후에, 이 값이 10만을 넘어서는 것이 확인되자 무한루프를 빠져나와서 '프로그램 끝'을 출력하고 프로그램이 종료되었음을 알 수 있고, c/b의 비율은 점차 황금 비율로 수렴해가는 것을 확인할 수 있다.

이처럼, while문을 활용함으로써 루프를 설계하고 조작하여 반복적인 일을 컴퓨터가 수행하도록 하는 프로그램을 만들 수 있다. 다음은 또 다른 반복문인 for문을 알아보자.

2.7 반복문 2 : for

루프를 만들어서 특정 코드를 반복시키기 위한 또 하나의 흔히 사용하는 명령어가 for이다. for는 영어 표현으로 해석하자면 '...에 대해서' 정도의 의미를 가질텐데, 파이썬 프로그램에서도 그런 의미로 쓰인다. for문의 문법은 다음과 같다.

문법 **for 문**

```
for (변수이름) in (리스트):
    (리스트 안에 있는 각 요소에 대해 실행할 명령 블록)
```

예제를 보면 이해가 쉽다. 다음 프로그램을 실행해보자.

```
1  fruits = ['apple', 'banana', 'lemon']
2  for x in fruits:
3      print(x)
4  print('프로그램 끝!')
```

실행 결과는 다음과 같다.

```
apple
banana
lemon
프로그램 끝!
```

코드를 이해해보자. 첫 번째 줄은 apple, banana, lemon의 3개의 요소를 가진 리스트를 만들어서 fruits라는 변수에 대입했다. 두 번째 줄이 for문인데, 영어 표현대로 이해하자면 'fruits 안에 있는 x에 대해서' 정도의 뜻이 되겠는데, 실제로도 말 그대로 fruits 리스트 안에 있는 각각의 요소를 x라는 변수에 하나씩 순차적으로 넣어서, 그 x를 가지고 for에 부속된 코드블록을 실행하게 된다. for의 아래에 있는 들여쓰기로 되어 있는 코드블록은 print(x) 한 줄뿐인데, x를 출력하라는 내용이다. 그러면, fruits 리스트 안에 있는 값을 순서대로 하나씩 꺼내 와서 print(x)를 반복하게 되므로, apple, banana, lemon을 순차적으로 출력하고 루프 반복이 끝나고 그 다음 문장에서 '프로그램 끝!'을 출력하게 될 것이다.

for 문은 특정 숫자의 구간에서 값을 하나씩 증가시키면서 반복할 때에도 매우 흔하게 사용된다. 예를 들어서, 0부터 10까지 차례대로 숫자를 출력하는 프로그램을 생각해보자. **range**(n)이라는 명령이 있는데, 이 명령어는 0에서 시작해서 n−1까지의 정수로 구성된 리스트를 생성한다[2]. 그러면, 다음 프로그램을 실행해보자.

```
for i in range(11):
    print(i)
```

예제 코드를 실행시키면, 0부터 10까지의 숫자가 출력될 것이다. range는 0부터 시작해 괄호 안의 숫자 바로 앞의 숫자까지 들어있는 리스트를 만들어주는 기능을 하므로, 'range(11)'은 0부터 10까지의 리스트를 만들어주는 것이다. 파이썬에서 첫 번째 숫자는 0임을 다시 한번 기억하자. 그러면 for i in range(11)은 0에서 10까지의 숫자를 순서대로 하나씩 i에 대입시키고, 이어지는 코드 블록에서는 이것을 출력하라는 내용이므로, 0에서 10까지 출력되는 결과가 나오게 됨을 쉽게 이해할 수 있다.

그렇다면, 이것을 응용해서 0에서 100까지의 합을 구하는 프로그램을 구현해보자. 예제 코드는 아래와 같다.

```
1 s = 0
2 for i in range(101):
3     print(i)
4     s = s + i
5 print('합계는',s)
```

조금 프로그램다운 프로그램이 만들어졌다. 첫 줄에서는 s라는 변수에 0을 대입했다. s에다가 0부터 100까지의 합계 값을 담을 예정이다. 두 번째 줄에서 for문이 나왔고, i에다가 range(101), 즉 0부터 100까지의 숫자를 하나씩 순차적으로 담아서 코드블록을 반복

2) 엄밀한 의미에서는 range 객체를 생성하는데, 여기서는 리스트로 이해해도 충분하다.

하게 된다. 세 번째 줄에서는 i를 출력한다. 네 번째 줄에 나와있는 s=s+1이 중요한데, s에 i를 더해서 다시 s에 덮어쓰라는 의미가 된다. 처음에는 s도 0, i도 0일테니 s에 덮어쓴 값도 0이겠다. 그 다음 i의 값은 1을 가지고 루프를 반복하므로, 1을 출력한 다음에는 s에 0+1, 즉 1이 덮어쓰여진다. 그 다음 i는 2가 되고, s는 현재 1의 값이 들어있으므로, s+i는 3이 될 것이다. 이 값을 s에 덮어쓴다. 그 다음은 i=4이고, s는 현재 3이므로 s+i는 7이 되고, 이 값을 다시 s에 덮어쓰고... 이런 식으로 i가 100이 될 때까지 반복하게 된다. 이 작업은, 잘 살펴보면, s에 각각의 i값을 누적해서 더하는 결과를 초래하게 될 것임을 이해할 수 있겠다. 그래서 s=s+i 같은 문장은 i의 합계를 s 변수에 담거나 하는 경우에 매우 자주 사용되는 표현이다. 잘 이해하고 넘어가도록 하자.

따라서, 예제 코드를 실행해보면 0부터 100까지 순차적으로 출력된 후에 '합계는 5050'이 출력될 것이다. 1000까지나 10000까지 합계를 계산하려면? range의 괄호 안에 있는 값만 바꾸어주면 된다. 직접 한번 해보기 바란다.

for문을 중첩하여 활용할 수도 있다. 형식은 다음과 같다.

```
for (변수1) in (리스트1):
    for (변수2) in (리스트2):
        (반복 실행 코드 블록)
```

여기서 반복 실행 블록의 반복 횟수를 이해하는 것이 중요하다. 중첩 for문에서는 리스트1의 요소를 하나 꺼내서 변수1에 넣은 다음, 리스트2의 각 요소에 대해 코드 블록을 반복한다. 리스트2의 요소 전체에 대해 반복이 완료되면, 리스트1의 두 번째 요소를 꺼내서 다시 리스트2의 각 요소에 대해 반복한다. 반복문 안에 반복문을 넣는다고 생각하면 되겠다.

예제를 보면 더 쉽게 이해가 될 것이다. 중첩 for문을 활용하여 구구단을 출력하는 예제를 보자.

```
for i in range(2,10):
    for j in range(1,10):
        print(i,'*',j,'=',i*j)
```

실행 결과는 다음과 같을 것이다. 실행 결과가 길어서 중간 부분은 생략하였다.

```
2 * 1 = 2
2 * 2 = 4
2 * 3 = 6
2 * 4 = 8
2 * 5 = 10
2 * 6 = 12
2 * 7 = 14
2 * 8 = 16
2 * 9 = 18
3 * 1 = 3
3 * 2 = 6
(...)

9 * 5 = 45
9 * 6 = 54
9 * 7 = 63
9 * 8 = 72
9 * 9 = 81
```

예제 코드를 실행해보면 구구단이 출력된다. 실행 순서를 따라가보자. 먼저 i에 2가 들어가 있는 상태에서 j를 1에서 9까지 바꾸어가면서 print문을 실행한다. print 문장에서는 i 값, 곱하기 기호(*), j 값, 등호(=), i와 j를 곱한 값을 출력하도록 되어 있다. 그러면 2*1=2부터 2*9=18까지가 출력될 것이다. j가 9까지 다 돌고 나면, i가 3이 되고, 다시 j는 1에서 9까지 바뀌면서 출력문을 반복한다. 이것을 i=9, j=9가 될 때까지 반복할테니, 결과적으로는 우리가 잘 아는 구구단이 출력되는 결과가 나온다.

여기서 한 가지만 더, 만약 구구단의 2단, 3단, 4단 등 각 단 사이에 한 줄을 띄도록 하고 싶다면? j가 9까지 완료된 다음에, for j 블록을 빠져나오고 나서 한 줄을 띄는 출력문을 추가하면 된다. 그러면 다음 코드와 같이 될 것이다.

```python
for i in range(2,10):
    for j in range(1,10):
        print(i,'*',j,'=',i*j)
    print()
```

마지막 줄의 print()는 아무 내용 없는 한 줄을 출력하므로, 한 줄을 띄는 효과를 나타낸다. 마지막 줄 print()는 for i와 for j 중에 어느 for문에 부속된 코드 블록일까? 파이썬에서는 들여쓰기로 해당 코드가 소속된 블록을 표시함을 기억하자. print()가 for j의 부속 블록이었다면 for j보다 한 단계 더 들여쓰기가 되어 있었어야 할 텐데 그렇지 않으므로 for j에 부속된 것이 아님은 확실하다. 반면, for i에 대해 확인해보면 한 단계 들여쓴 것이 확인된다. 따라서, 마지막 줄 print() 문장은 for i의 부속 코드 블록이고, 그러므로 각각의 i의 값에 대해 for j 블록이 완료된 다음에 한 번씩 실행되어, 각 단의 다음에 한 줄씩 띄는 역할을 하게 된다.

2.8 함수

이번에는 함수(function)에 대하여 알아보자. 이론적으로는, 이전까지 설명한 대입문, 출력문, 조건문, 반복문만으로도 상상 가능한 모든 프로그램을 다 만들어낼 수 있지만, 이것들만으로 프로그램을 만들면 조금만 길어져도 매우 난해하고 관리가 어려워진다. 따라서 프로그램을 특정 모듈(module) 단위로 나누어서 계층적으로 구현하는 것이 필요하고, 이러한 모듈화 프로그래밍(modular programming)에 필요한 것이 바로 함수의 개념이다[3].

함수는 입력값을 넘겨주면, 해당 입력값을 이용해서 어떤 처리를 수행하고 그 결과값을 내보내주는 블랙박스로 이해할 수 있다. 함수에 넘겨주는 입력값을 인자(argument)라

3) 더욱 큰 프로그램의 구현을 효율적으로 하기 위해 기능적 모듈에다 관련 데이터까지 함께 묶어서 한 단위로 만들도록 한 개념이 객체(object)이며, 이를 활용한 프로그래밍 기법이 객체지향 프로그래밍(object oriented programming)이다. 파이썬은 객체지향 언어이며, 파이썬의 본격적인 프로그래밍을 위해서는 객체의 개념에 대한 이해가 필요하지만, 이 장에서는 비즈니스 애널리틱스 모형의 분석에 필요한 최소한의 파이썬 문법만 설명하는 것을 목적으로 하고 있어 객체에 대한 설명은 이후에 필요한 부분에서 간략하게 다루도록 하겠다. 어느정도 익숙해진다면 파이썬의 객체지향 프로그래밍을 깊이 있게 공부해보기를 권장한다.

고 하고, 함수의 처리 결과로 내보내주는 결과값을 **반환값**, 혹은 **리턴값**(return value)라고 한다. 예를 들어 내가 어떤 값을 보내면 그 값에 100배를 해서 되돌려주는 도깨비방망이같은 함수가 있다고 해보자. 이 함수의 이름을 이 함수의 이름을 multiplier라고 해보겠다. 이를 구현한 코드는 다음과 같다.

```
1 def multiplier(a):
2     a = a*100
3     return a
```

def는 함수를 정의할 때 사용하는 명령어이다. 그 뒤에 'multiplier'는 함수의 이름이고, 이어서 '(a)'가 나온다. 함수를 정의하거나 호출할 때에는 반드시 함수 이름 뒤에 괄호를 붙이고 그 안에 입력값을 써 주게 되어 있는데, (a)이므로 괄호 안에 입력값이 하나 들어가야 하고, 함수 정의 안에서 이 값을 a라고 명명해서 함수 내용을 설명하겠다는 뜻이 된다. 따라서 def multiplier(a)는, "이제부터 multiplier라는 함수를 만드는데, 이 함수를 호출할 때 하나의 값을 입력해 주어야 한다. 이제부터 함수 내용을 설명할 때 이 입력값을 a라고 부른다고 하자" 정도의 의미가 된다.

그 다음에 **콜론(:)**이 붙어있다. 콜론의 의미는, 조건문이나 반복문에서와 동일하게, 이 다음 줄부터 이 함수 정의 명령어 'def multiplier(a)'에 부속된 코드 블록이 나타난다는 의미이다. 따라서 두 번째 줄부터는 부속 코드 블록이므로 들여쓰기가 되어 있음을 볼 수 있다.

두 번째 줄부터는 함수 내용의 설명이 나온다. 앞의 줄에서, 함수를 호출할 때 괄호 안에 입력해온 값을 a라는 변수로 부르기로 했다는 점을 기억하자. 함수의 내용은 단순하다. a에 100을 곱해서 a에 다시 덮어쓴다. 세번째 줄에서는 'return a'가 나오는데, 지금까지 계산된 a를 돌려보내 주라는 뜻이다. 종합하면 a라는 값을 받아와 a를 100배 한 값을 반환해주라는 뜻이 되겠다.

이렇게 하나의 함수가 정의되었다. 아직 이 코드를 실행해도 아무 결과가 안 나온다. 함수를 내부적으로 정의한 것이기 때문이다. 즉, 아직까지는 함수를 정의해 놓고 누군가가 사용해 주기를 기다리고 있는 상황이다. 이제 프로그램의 어디에서든지 함수 이름을 부르면서 인자를 넣어서 호출하면 함수는 약속된 처리를 수행하여 결과값을 출력할 것이다. 이제 구현한 함수를 실행시켜보자. 인자 a에 2를 넣어 multiplier 함수를 호출해보자.

```
1 def multiplier(a):
2     a = a*100
3     return a
4 print('출력결과 : ',multiplier(2))
```

함수 정의가 끝나고 네번째 줄부터는 들여쓰기가 더이상 되고 있지 않으므로 코드 블록을 벗어난 것이다. 여기서부터 프로그램을 실행할 내용을 써넣고 있는데, 출력문 print가 나오고, '출력결과 : '라고 나온 다음에 multipler 함수를 2라는 값을 인자로 하여 호출하였다. 그러면 이 함수는 200을 되돌려줄 것이고, 결과는 '출력결과 : 200'라고 나올 것이다.

함수를 사용하면서 혼동하기 쉬운 부분은 변수의 유효 범위(scope)에 대한 부분이다. 다음 코드에서 어떤 결과가 나올지 생각해보자.

```
1 def multiplier(a):
2     a = a*100
3     return a
4 print('hello')
5 a=30
6 print(multiplier(a))
7 print(a)
```

언뜻 생각하기에는 네 번째, 여섯 번째 줄에서 hello, 3000이 차례로 출력된 다음에, 마지막 줄에서는 a가 100배가 된 다음이니까 3000이 출력될 것 같다. 그러나 출력해보면 hello, 3000, 30이 출력됨을 볼 수 있다. 왜 이런 일이 발생할까?

그 이유는 multiplier 함수 정의 내에서의 a와 전체 코드에서의 a는 같은 변수가 아니기 때문이다. 함수의 인자에 사용된 변수나 함수 정의 내용 안에서 새로 만들어진 변수는 그 함수 안에서만 생명력을 가진다. 즉, 함수 내에서 정의된 함수의 유효범위는 그 함수 이내로 한정되며, 그 함수 안에서 변수 이름을 어떻게 바꿨든 바깥에 있는 변수에 영향을 주지 않는다. 그렇게 해야 우리가 함수를 불러 쓸 때, 함수를 블랙박스로 간주하고 그 안에서 일어난 사건은 마지막의 리턴값만으로 이야기하지, 그사이에 일어난 것들은 알 필요가 없게 되는 것이다. 다시 한번 강조하지만, 함수 안에서 정의된 변수는 그 함수 안에서만 생명력을 가진다.

다른 예시를 살펴보자. 다음과 같은 함수를 만들자. 이번에는 두 변수를 더하고, 그 곱도 더해서 리턴하는 함수이다. 이해를 더 확실히 하기 위해서, 함수를 다음과 같이 수정하고 그 아래의 코드를 작성해보자.

```
def multiplier(a, b):
    y = a+b+a*b
    return y
print('hello')
a=10
b=20
print(multiplier(a,b))
```

이번에는 multiplier 함수가 두 개의 인자 a,b를 받는다. 첫 번째 들어가는 것을 a, 두 번째 들어가는 것을 b라고 이름 붙였다. 이 안에서 a+b+a*b를 계산하면 10+20+10*20=230이 될 것이다. 이때, 함수 안에서 우리가 y라는 것을 사용했지만, 이 y는 함수 안에서만 말하는 y이며 바깥에 있는 y와는 아무런 관련이 없다. 이는 다음 코드를 통해 알 수 있다.

```
def multiplier(a, b):
    y = a+b+a*b
    return y
y=1
a=10
b=20
print(multiplier(a,b))
print('hello y=', y)
```

print(y)를 실행하면, 1이 출력된다. 함수 안에 있는 230의 값을 가진 y와는 관계가 없다는 것이다. 함수 안에서 사용한 변수는 계산의 결과가 그 안에서 끝나고, 함수 밖에 있는 변수의 값에 영향을 주지 않는다. 이름이 같더라도 같은 이름이 아니라는 것이다. 하나는 전체 코드에서, 다른 하나는 함수 안에서만 사용하는 이름이다. 이렇게 함수 내에서만 사용되는 변수는 **유효 범위**를 함수 안으로만 한정하게 됨으로써, 우리는 만들어진 함수를 호출해서 사용할 때 그 안에 무슨 이름의 변수를 사용했는지 몰라도 되는, 즉 블랙박스로 취급한 구현이 가능하게 되는 것이다.

지금까지 출력, 변수의 대입, 반복문, 조건문, 연산, 함수를 살펴보았다. 이론적으로는 이 기능들만 있으면 상상할 수 있는 어떠한 프로그램도 만들 수 있다. 분석에 필요한 계산의 절차와 논리적 알고리즘을 만드는 것이 어렵지, 프로그램으로 이를 구현하는 데 프로그래밍 언어가 그다지 장벽이 되는 것은 아니다. 본 장에서 학습한 프로그래밍 문법과 활용법을 이용하여 여러가지 시도를 해보면서 확실한 이해를 갖게 되기를 바란다.

실·습·예·제

1. 임의의 수를 입력받아 해당 숫자가 소수(prime number)인지를 판별하는 프로그램을 작성하시오.

풀이

소수는 1과 자기 자신 이외의 약수를 갖지 않는 숫자를 말한다. 즉, 2부터 시작해서 (자기 자신 − 1)까지의 수를 가지고 나누어 보았을 때 나누어 떨어지는 숫자가 하나도 없다면 해당 수는 소수라고 할 수 있다. 먼저, 임의의 숫자를 입력 받아 n이라는 변수에 저장하고, 2부터 (n−1)까지 숫자로 나누어 떨어지는지를 체크하면 된다. 파이썬에서는 나눗셈의 나머지를 구하는 연산자가 '%'이다. 2부터 (n−1)까지의 숫자 중에 나머지가 0인 것이 하나라도 있으면 소수가 아닌 것이므로, if문을 이용해서 나머지가 0인 순간 소수가 아니라고 출력하고 프로그램을 끝내면 된다. 만약 for문을 다 돌아갈 때까지 나머지가 0인 것이 하나도 나오지 않으면 소수라고 결론 내릴 수 있다. 이를 반영한 전체 프로그램은 다음과 같다.

practice_2-1.py

```python
n = int(input("숫자를 입력하세요: "))
prime = True
for i in range(2,n):
    r = n%i
    if r==0:
        prime=False
        break
if prime:
    print("소수입니다.")
else:
    print("소수가 아닙니다.")
```

```
숫자를 입력하세요: 6
소수가 아닙니다.

숫자를 입력하세요: 7
소수입니다.
```

2. 임의의 연도가 윤년인지를 판별하는 함수를 작성하고, 이 함수를 이용하여 임의의 연도를 입력받아 해당 연도가 윤년인지 평년인지 출력하는 프로그램을 작성하시오.

풀이

윤년은 2월이 29일까지 있는 해이다. 일반적으로 해당 연도가 4의 배수라면 윤년이다. 그렇지만 100으로 나누어 떨어지되 400으로 나누어 떨어지지 않는 해는 평년으로 한다. 즉, 100으로 나누어떨어지는 해는 보통 평년이지만, 또 400으로 나누어 떨어지면 윤년인 것이다. 이렇게 함으로써 400년마다 97회의 윤년이 있게 되어 지구 공전주기와 365 자전주기 사이의 오차를 교정하도록 되어 있다.

이 논리를 정리하자. 임의의 연도를 x라고 할 때, x가 4로 나누어 떨어지지 않으면 평년이다. 4로 나누어 떨어지면서 100으로 나누어 떨어지지 않으면 윤년이다. 그런데 100으로 나누어 떨어지면, 다시 400으로 나누어 보아서 나머지가 0으로 떨어지지 않으면 평년, 나머지가 0이면 윤년이다. 이를 함수로 구현해본다. 함수 이름은 check_leap이라고 해 보고, 윤년이면 1, 평년이면 0을 리턴하도록 하고, 임의의 연도를 입력받아 해당 함수를 호출하여 리턴값이 0이면 평년, 1이면 윤년이라고 출력하도록 하면 된다.

practice_2-2.py

```python
def check_leap(x):
    if x%4 == 0:
        if x%100 == 0:
            if x%400 == 0:
                y=1
            else:
                y=0
        else:
            y=1
    else:
        y=0
    return y

x = int(input("연도를 입력하세요: "))
leap = check_leap(x)
print(leap)
if leap==1:
    print("윤년입니다.")
else:
    print("평년입니다.")
```

```
연도를 입력하세요: 2002
평년입니다

연도를 입력하세요: 2004
윤년입니다.

연도를 입력하세요: 2100
평년입니다.

연도를 입력하세요: 2000
윤년입니다.
```

연·습·문·제

1. 구구단 프로그램을 수정하여 다음과 같이 3개씩의 단이 병렬적으로 동시에 나타나도록 하고, 단의 끝에 구분선이 표시되도록 하시오.

```
 2 * 1 = 2      3 * 1 = 3      4 * 1 = 4
 2 * 2 = 4      3 * 2 = 6      4 * 2 = 8
 2 * 3 = 6      3 * 3 = 9      4 * 3 = 12
    ...            ...            ...
 2 * 9 = 18     3 * 9 = 27    4 * 9 = 36
-----------    -----------   -----------
 5 * 1 = 5      6 * 1 = 6      7 * 1 = 7
 5 * 2 = 10     6 * 2 = 12     7 * 2 = 14
 5 * 3 = 15     6 * 3 = 18     7 * 3 = 21
    ...            ...            ...
 5 * 9 = 45     6 * 9 = 54     7 * 9 = 63
-----------    -----------   -----------
    ...            ...           ...
```

2. 다음의 오일러의 공식으로 원주율을 계산하는 프로그램을 작성하시오.

$$\frac{\pi^2}{6} = \sum_{n=1}^{\infty} \frac{1}{n^2} = \frac{1}{1^2} + \frac{1}{2^2} + \frac{1}{3^2} + \cdots$$

3. 임의의 문자열을 넘겨주면 그 문자열을 역순으로 리턴하는 함수를 만들고, 이 함수를 이용하여 임의의 문자열이 회문(palindrome)인지를 판별하는 프로그램을 작성하시오. 단, 공백은 무시하시오. (회문: 거꾸로 읽어도 바로 읽은 것과 동일한 문자열. 예: 다시 올 이월이 윤이월 이올시다)

4. 파이썬에는 리스트(list)와 비슷한 자료구조로서 튜플(tuple)이 있다. 두 자료구조의 유사성과 차이점을 설명하시오.

5. 파이썬의 자료구조 중에는 딕셔너리(dictionary)가 있다. 딕셔너리 자료구조를 활용하여 전화번호부 프로그램을 작성하시오. 10명 이상의 연락처를 저장해두고 이름을 입력하면 전화번호가 출력되도록 하시오.

3 CHAPTER 데이터 처리와 수치 연산 기초

이번 장은 데이터 처리에 대해 알아보겠다. 데이터 처리는 데이터 분석을 위해 필수적인 과정이다. 우리가 실제로 분석하게 될 데이터들은 잘 정리되어있지 않거나, 우리의 분석 목적에 적합하지 않은 구조인 경우가 많다. 이를 분석하기 쉽게 만드는 것이 데이터 처리이다. 데이터 분석이 요리라면, 데이터 처리는 재료 손질이라고 할 수 있다. 미리 재료를 요리하기 좋게 손질한다면, 요리하기 훨씬 쉬울 것이다.

데이터 처리는 다양한 종류가 있다. 필요한 데이터와 그렇지 않은 데이터를 나눌 수 있고, 데이터를 분석하기 쉬운 형태로 바꿀 수도 있다. 비정형 데이터를 분석 가능한 형태로 변환하는 것도 데이터 처리이고, 데이터 속 불필요한 중복을 제거하거나 중간에 값이 없는 데이터의 값을 지정하는 것도 데이터 처리에 속한다. 즉, 데이터 처리는 데이터를 분석하기 위한 준비과정이다. 데이터를 어떻게 분석할 것인가에 따라서 데이터 처리의 방법도 달라진다.

이번 장에서는 데이터 처리에서 가장 많이 사용되는 패키지인 pandas와 numpy를 살펴보고 실습하겠다. Pandas는 데이터를 읽고, 원하는 조건의 데이터만 추출하거나 데이터를 병합하는 등의 다양한 기능을 제공한다. Numpy는 데이터를 배열로 변환하여 여러가지 수학적 연산을 적용할 때 사용되는 패키지이다. Pandas와 numpy는 데이터 처리에서 가장 기본이 될뿐 아니라 실무적으로도 가장 많이 사용되는 패키지인 만큼, 충분한 이해와 연습이 필요하다.

3.1 Pandas를 이용한 csv 파일 입력

Pandas는, 보통 '**판다스**'라고 읽으며, 데이터를 파일에서 읽어들이고 각종 처리를 수행하며 파일로 써넣는 등의 기능을 제공한다. 예제를 통해 먼저 이해해보자. 그림 3-1과 같은 데이터 파일이 'scores.csv'라는 이름으로 준비되어 있다고 해보자.

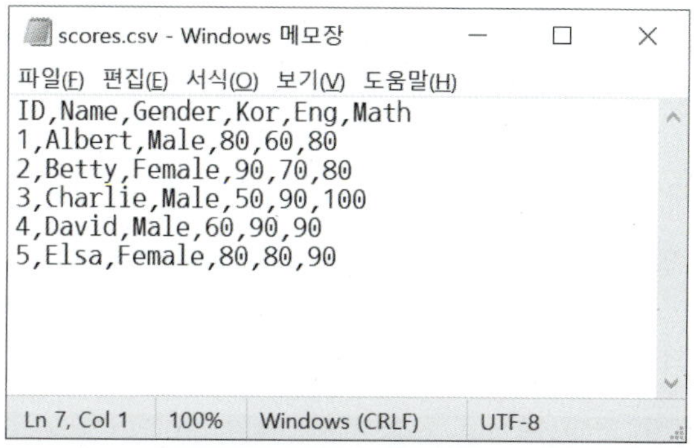

[그림 3-1] csv 파일의 구조

이 파일은 기본적으로 값들을 콤마(,)로 구분해 놓은 일반적인 텍스트 파일이다. **csv**라는 확장자 자체가 'comma separated values(콤마로 구분해놓은 값들)'이라는 뜻이다. 이렇게 단순한 구조이지만, csv 확장자 파일은 엑셀에서도 열어서 내용을 볼 수 있고, 또한 엑셀 시트를 csv 형식으로 저장할 수도 있기 때문에, 엑셀과 다른 프로그램들간의 자료교환을 위한 포맷으로 널리 사용된다.

이 파일을 pandas 패키지를 사용하여 파이썬 프로그램으로 읽어들여보자. 파이썬을 설치할 때 가장 기본적인 라이브러리는 자동으로 설치되는데, 이를 기본 라이브러리라고 한다. 그러나, 파이썬의 강력함은 다양한 외부 패키지가 계속 공급되어서 활용할 수 있다는 점에 있다. 이러한 외부 패키지들을 나의 프로그램에서 사용하기 위해서는 먼저 해당 패키지를 나의 컴퓨터 안에 있는 파이썬 개발환경에 설치해야 한다.

우리는 지금 IDLE를 사용하여 실습하고 있으므로, 설치를 위해서는 불편하지만 흔히 도스창이라고 하는, 터미널 윈도우를 열어야 한다. 윈도우에서는 이 창을 '**명령 프롬프트**'라고 하고, Mac에서는 '**터미널**'이라고 한다. 윈도우에서는 그림 3-2와 같이 '윈도우키+R' 키조합을 눌러서 나오는 실행 윈도우에 '**cmd**'라고 입력하면 명령 프롬프트가 열린다.

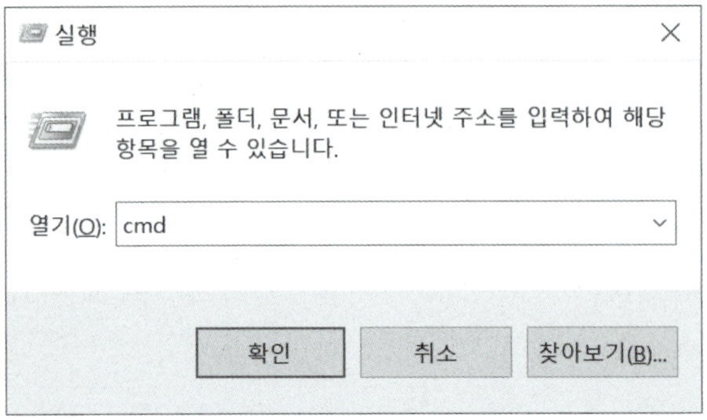

[그림 3-2] 명령 프롬프트 실행

이렇게 하면 검은색 바탕의 터미널 윈도우가 나오는데, 여기서 그림 3-3과 같이 'pip install pandas'라고 입력해보자. (맥OS에서는 pip3 install pandas)

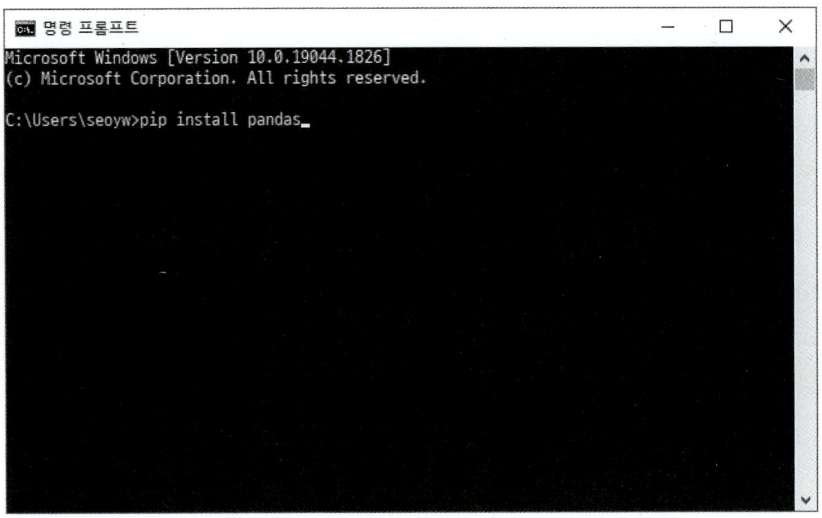

[그림 3-3] pip를 이용한 pandas 설치

'pip install OOO'는 OOO이라는 이름의 외부 패키지를 설치하라는 명령이다. 성공적으로 설치되었다면, 이제 pandas 패키지를 나의 프로그램으로 들여와서 활용하면 된다. 설치가 완료된 후에, 다음 코드를 작성하여 'ex3-1.py'라는 이름으로 저장해보자. 여기서 주의할 점은 'scores.csv'가 위치한 동일한 폴더에 프로그램도 저장해야 한다는 점이다[1].

1) 프로그램과 데이터 저장 경로가 다르면 프로그램 내의 데이터 파일 이름 앞에 경로를 써주면 된다.

예제 ex3-1.py

```
1 import pandas as pd
2 data = pd.read_csv('scores.csv')
3 print(data)
```

프로그램을 한 줄씩 살펴보자. 첫 번째 줄은 'import (패키지 이름) as (짧은 이름)'의 형식이다. 영어 식으로 해석하면 'pandas를 pd라는 이름으로 들여와라' 정도로 해석될 수 있을텐데, 말 그대로이다. pandas 패키지를 프로그램으로 불러오는데, 이름이 길면 불편하니까, 이후에는 pd라는 짧은 이름으로 부르도록 하겠다는 뜻이다.

문법 import … as문

```
import(패키지명) as (별명)
```

여기서 짧은 이름이 꼭 pd가 아니라 abc같은 아무 이름이어도 되지만, 보통 관습적으로 사용하는 짧은 이름들이 있다. pandas는 pd라고 줄여서 쓰는 경우가 많다.

두 번째 줄에서는 'pd.read_csv(파일이름)'의 형식이 나타나고 있다. 파일이름 자리에 데이터파일의 이름이 들어가면 되는데, 파일명을 그대로 적어넣을 때 따옴표로 둘러쌌음을 주의해서 보자. 기능은 파일이름에 명시된 csv 형식의 데이터파일을 읽어들이는 것이고, 이렇게 읽어들인 파일을 data라는 변수로 대입하고 있다. read_csv명령어는 파이썬에서 기본적으로 제공하는 라이브러리가 아니고, pandas 패키지에서 새롭게 제공하는 기능이다. 그러므로, 여기서 나타난 바와 같이, 외부 패키지 내에 있는 명령어를 불러올 때에는 패키지 이름 옆에 점(.)을 찍고 해당 패키지 내의 명령어를 명시하는 방식을 사용한다. 우리는 pandas 패키지를 pd라는 짧은 이름으로 부르고 있으므로, pd 옆에 점을 찍고, read_csv를 호출하였다.

세 번째 줄에서 읽어온 데이터를 담고 있는 data라는 변수의 내용을 출력해보았다. 그러면, 아래와 같이 데이터 파일의 내용이 잘 정돈되어 출력됨을 확인할 수 있다.

```
   ID     Name  Gender  Kor  Eng  Math
0   1   Albert    Male   80   60    80
1   2    Betty  Female   90   70    80
2   3  Charlie    Male   50   90   100
3   4    David    Male   60   90    90
4   5     Elsa  Female   80   80    90
```

이렇게 읽어들여 온 data 변수는 '데이터프레임(dataframe)'이라는 형태의 자료구조를 갖게 된다. 데이터프레임은 마치 엑셀의 워크시트와 같은 구조라고 생각하면 된다. 행과 열을 가지고 있고, 행단위나 열단위로 찾고 자르고 붙이는 작업을 자유롭게 할 수 있도록 다양한 기능이 제공된다.

이제 엑셀 등 다른 프로그램들과 우리의 파이썬 프로그램 사이에서 데이터를 주고받을 수 있게 되었다. 그러면, 데이터를 가공하기 위한 다양한 방법들을 살펴보자.

3.2 데이터 추출과 그룹화

데이터 중 특정 조건을 만족하는 행만 뽑아내는 방법을 알아보자. 수많은 데이터 중 우리가 원하는 데이터만을 뽑는 것은 데이터 분석에서 필수적인 작업이다. 데이터프레임에서 특정 조건을 만족하는 행을 추출하기 위한 명령어의 일반적인 문법은 다음과 같다.

문법 데이터프레임에서 특정 조건을 만족하는 행을 추출하기 위한 명령어

```
(데이터프레임 이름).loc[ (행 조건문) ]
```

보통은 조건문을 적용해 데이터프레임에서 특정 열의 값이 해당 조건을 만족하는 행만 뽑아내는 방식으로 사용되는 경우가 많은데, 이 문법이 처음 보기에 좀 까다로울 수 있다. 예제를 통해 차근차근 이해해보자. 예를 들어 앞의 절에서 data라는 변수에 읽어들은 데이터프레임에서 국어점수가 80점 이상인 사람의 자료만 뽑아낸다고 해보자. 앞의 프로그램에서 출력문을 다음과 같이 수정하면 된다.

```python
import pandas as pd
data = pd.read_csv('scores.csv')
print(data.loc[ data['Kor']>=80 ])
```

결과는 다음과 같을 것이다.

```
   ID    Name  Gender  Kor  Eng  Math
0   1  Albert    Male   80   60    80
1   2   Betty  Female   90   70    80
4   5    Elsa  Female   80   80    90
```

국어점수 80점 이상인 사람의 행만 추출되어 출력되었다. print문 내에 있는 'data.loc[data['Kor']>=80]'라는 표현을 잘 보면, 기본적으로 data.loc[(조건문)]의 형태를 띠고 있고, (조건문)에 해당하는 조건이 'data['Kor']>=80'인 구조이다. 조건을 잘 보면, data['Kor']이 80 이상인 것으로 명시하고 있는데, 여기서 data[(열이름)]은 data 변수에서 (열이름)에 해당하는 열의 값을 가리킨다. 즉, 'data['Kor']>=80'은 data 변수에서 'Kor' 열의 값이 80 이상인 조건을 명시하고 있다. 매우 자주 사용되는 형태이므로 잘 기억해 두도록 하자.

만약, 국어 점수가 80점 이상인 사람의 이름만 뽑고 싶다면 어떻게 할까? data.loc에 행 조건과 더불어 열 이름을 명시하면 된다. 행과 열을 모두 지정하는 일반적인 문법은 다음과 같다.

문법 loc을 사용한 특정 행, 열 선택

(데이터프레임 이름).loc[(행 조건문), (열 이름)]

이름 열의 이름은 'Name' 이므로, 국어 점수가 80점 이상인 학생들의 이름 열의 정보만 뽑아오려면 다음과 같이 된다.

```python
print(data.loc[ data['Kor']>=80, 'Name'])
```

앞에서 우리가 작성한 코드에서 출력문을 위의 명령어로 대체하면 다음과 같은 코드를 작성할 수 있을 것이다.

```
import pandas as pd
data = pd.read_csv('scores.csv')
print(data.loc[ data['Kor']>=80, 'Name'])
```

이 코드를 실행시키면 'Name' 열의 내용만 출력되므로, Albert, Betty, Elsa가 나온다. 이를 응용하면 특정 조건에 부합하는 사람의 성별이나 다른 과목의 점수 등도 자유롭게 출력할 수 있다. 즉, 지금 배운 명령어를 통해 우리는 데이터 안에서 필요한 정보를 자유롭게 추출할 수 있다.

여기서 한 발짝 더 나아가서, 국어 점수가 80점 이상인 학생들에게 보너스로 1점씩을 국어 점수에 더해 주고 싶다면 어떻게 하면 될까? 먼저, 국어 점수가 80점 이상인 학생들의 행은 data.loc[data['Kor']>=80]임을 앞에서 살펴보았고, 이 학생들의 국어점수 열은 data.loc[data['Kor']>=80, 'Kor']이 될 것이다. 이 점수에 1점씩 더해주려면

```
data.loc[ data['Kor']>=80, 'Kor']+=1
```

이라고 하면 된다. += 연산자는 왼쪽에 있는 변수를 오른쪽 값만큼 증가시켜준다. 그러면, 앞의 코드에 이 부분을 추가해보자.

```
import pandas as pd
data = pd.read_csv('scores.csv')
print(data)
data.loc[ data['Kor']>=80, 'Kor']+=1
print('<보너스 점수 반영>')
print(data)
```

출력 결과를 보면 국어점수 80점 이상인 학생들만 국어점수가 1점씩 늘어나 있음을 확인할 수 있다.

```
   ID     Name  Gender  Kor  Eng  Math
0   1   Albert    Male   80   60    80
1   2    Betty  Female   90   70    80
2   3  Charlie    Male   50   90   100
3   4    David    Male   60   90    90
4   5     Elsa  Female   80   80    90
<보너스 점수 반영>
   ID     Name  Gender  Kor  Eng  Math
0   1   Albert    Male   81   60    80
1   2    Betty  Female   91   70    80
2   3  Charlie    Male   50   90   100
3   4    David    Male   60   90    90
4   5     Elsa  Female   81   80    90
```

이번에는 또 다른 유용한 기능인 'groupby'를 알아보자. 데이터에는 숫자가 아닌 남성, 여성, 지역 등의 분류가 있을 것이다. 이런 데이터를 성별이나 지역별로 집계하고 싶을 때 사용하는 것이 'groupby'이다. 형식은 간단하다.

문법 groupby를 이용한 데이터 집계

(데이터프레임 이름).groupby(열이름)

다음과 같은 명령문을 생각해보자.

```
groups = data.groupby('Gender')
```

groupby 옆의 괄호에는 데이터를 분류할 때 기준이 되는 열의 이름이 들어간다. 'Gender'라는 열을 기준으로 분류하도록 하였으므로, groups라는 변수에는 원래 있던 데이터가 성별로 구분되어 저장되어 있을 것이다. 이제, groups 안에서 각 그룹을 확인해보자.

각 그룹의 내용을 보기 위해 2장에서 배운 for문을 사용할 것이다. 이전에 우리가 배운 for문은 'for (변수) in (리스트)'의 형식이었는데, 이번에는 in 뒤에 리스트가 아닌 그룹 변수의 이름 groups가 들어간다. 또 하나의 다른 점은, for (변수)에 해당하는 자리에 하나의 변수가 아니라 두 개의 변수를 명시해 주어야 한다는 점이다.

문법 **groups 안에서 각 그룹 확인**

```
for (변수1),(변수2) in (그룹 변수 이름)
```

groups에서 각각의 요소가 하나씩 나올 때, for에 명시된 두 개의 변수에 두 개의 값이 대입된다. 변수1에는 각 그룹의 구분자의 값, 변수 2에는 해당되는 데이터프레임이 들어가게 된다. 다음의 예제 프로그램을 통해 이해해보자. 프로그램을 'ex3-2.py'로 저장하고 실행해본다.

예제 **ex3-2.py**

```python
import pandas as pd
data = pd.read_csv('scores.csv')
groups = data.groupby('Gender')
for g, d in groups:
    print('성별:', g)
    print(d)
    print('------------------------------------')
```

실행 결과는 다음과 같다.

```
성별: Female
   ID   Name  Gender  Kor  Eng  Math
1   2  Betty  Female   90   70    80
4   5   Elsa  Female   80   80    90
------------------------------------
성별: Male
   ID     Name Gender  Kor  Eng  Math
0   1   Albert   Male   80   60    80
2   3  Charlie   Male   50   90   100
3   4    David   Male   60   90    90
------------------------------------
```

프로그램을 살펴보면, 세 번째 줄에서 'Gender' 열을 기준으로 그룹화하여 groups라는 변수에 대입하였고, 네 번째 줄에서 groups의 각 요소의 구분 기준값을 g에, 구분된 데이터프레임을 d에 저장하였다. 첫 번째 그룹은 성별 'Female'이 변수 g에, 해당 성별인 여학생들의 자료가 변수 d에 추출되어 들어가 있어서 출력되었고, 두 번째 그룹은 성별 'Male'이 변수 g에, 해당 성별인 남학생들의 자료가 변수 d에 추출되어 출력되었다. 각 그룹 내용이 출력된 다음에 보기 좋게 하기 위해 구분선을 넣어보았다.

이번 실습에서는 성별을 기준으로 나누어봤지만, 이를 응용하면 데이터를 다양한 기준으로 구분할 수 있을 것이다.

3.3 데이터프레임에서 통계량 산출

만약 데이터프레임의 행 갯수를 알고 싶을 때는 어떻게 할까? 작은 데이터에서는 그냥 세어보면 되겠지만, 큰 데이터에서는 행의 갯수를 산정하는 것이 쉬운 일이 아니다. 이때에는 데이터의 길이를 알려주는 명령어인 '**len()**'을 이용하면 된다. 앞에서 사용한 'scores.csv'를 이용해보자. 다음 코드를 실행시키면 행의 갯수인 5가 출력될 것이다.

```
import pandas as pd
data = pd.read_csv('scores.csv')
print(len(data))
```

이번에는 각 학생의 국어, 영어, 수학 세 과목의 평균 점수를 계산해보자. 한 줄씩 각 학생에 대해 평균을 계산하려고 한다. 그러면 먼저 한 행씩 꺼내와야 한다. 특정 번호의 행 전체를 꺼내오는 명령어는 '**iloc**'를 이용한다. iloc 옆의 대괄호에 행 번호를 지정하면 된다. 행 번호는 0,1,2,3,4로 부여된다. 파이썬에서는 모든 인덱스 숫자는 0부터 시작함을 기억하자.

```
print(data.iloc[2])
```

위 코드를 실행하면 3번째 행이 출력된다. 그렇다면 전체 행의 내용을 순차적으로 모두 출력하고 싶다면 어떻게 할까? 우리가 2장에서 배운 for문을 활용하면 된다. 행 번호를 'iloc'에 입력해주면 해당하는 행이 출력되므로, 행 번호를 0부터 끝까지 iloc에 입력하면 모든 행이 출력될 것이다. 행 개수는 len(data)이므로, range(len(data))는 0에서 (행 개수-1)까지의 숫자를 담고있는 리스트를 생성해 줄 것이다. 그러면, for을 활용하여 다음과 같은 코드를 통해 모든 행을 출력할 수 있을 것이다.

```
for i in range(len(data)):
    print(data.iloc[i])
```

그냥 print(data) 이렇게 해도 전체 데이터가 출력되는데 뭘 이렇게 하냐 싶겠지만, for문을 이용한 방법은 데이터를 한 행씩 순차적으로 접근할 수 있다는 점이 중요하다. 이렇게 한 행씩 접근하는 방법을 응용하여 각 학생의 평균점수를 계산해보자. 앞에서 작성한 for문의 응용이다. 평균 점수는 국어, 영어, 수학 점수를 합쳐서 3으로 나눈 값이다. 이를 avg라는 변수에 대입하여 출력하려면 다음과 같이 하면 된다. 다음의 코드를 'ex3-3.py'라는 이름으로 저장하여 실행해보자.

예제 **ex3-3.py**

```
import pandas as pd
data = pd.read_csv('scores.csv')
for i in range(len(data)):
    row=data.iloc[i]
    avg=(row['Kor']+row['Eng']+row['Math'])/3
    print(avg)
```

실행 결과는 다음과 같을 것이다.

```
73.33333333333333
80.0
80.0
80.0
83.33333333333333
```

각 학생에 대해 평균점수를 구한 값이 나온다. 이 학생이 누구인지 이름을 알고 싶어진다. 간단하다. avg를 출력할때, 이름도 같이 출력하면 된다. 마지막 출력문을 print(row['Name'], avg)로 조금 수정하면 다음과 같이 출력될 것이다.

```
Albert 73.33333333333333
Betty 80.0
Charlie 80.0
David 80.0
Elsa 83.33333333333333
```

이번에는 계산한 평균값을 데이터프레임에 추가해보자. 보통 이럴 때에는 계산한 값들을 리스트로 만들고, 만들어진 리스트를 기존 데이터프레임에 새로운 열로 추가하는 방법을 쓴다.

먼저, 계산된 평균값을 담는 리스트를 하나 만들어야 한다. avgList이라는 이름의 빈 리스트를 만들어보자. 그 후, 리스트에 차례로 각 학생의 평균점수를 append 함수를 이용하여 추가하자. 마지막으로 이 리스트를 기존 데이터프레임에 새로운 열로 추가한다. 새로 추가하는 열의 이름을 'Average'라고 한다면, 코드는 다음의 'ex3-4.py'와 같이 될 것이다.

예제 ex3-4.py

```python
import pandas as pd
data = pd.read_csv('scores.csv')
print(data)
print('--------------------------------------------------')
avgList = []
for i in range(len(data)):
    row=data.iloc[i]
    avg=(row['Kor']+row['Eng']+row['Math'])/3
    avgList.append(avg)
print(avgList)
print('--------------------------------------------------')
data['Average']=avgList
print(data)
```

실행 결과는 다음과 같을 것이다.

```
   ID     Name  Gender  Kor  Eng  Math
0   1   Albert    Male   80   60    80
1   2    Betty  Female   90   70    80
2   3  Charlie    Male   50   90   100
3   4    David    Male   60   90    90
4   5     Elsa  Female   80   80    90
------------------------------------------------
[73.33333333333333, 80.0, 80.0, 80.0, 83.33333333333333]
------------------------------------------------
   ID     Name  Gender  Kor  Eng  Math    Average
0   1   Albert    Male   80   60    80  73.333333
1   2    Betty  Female   90   70    80  80.000000
2   3  Charlie    Male   50   90   100  80.000000
3   4    David    Male   60   90    90  80.000000
4   5     Elsa  Female   80   80    90  83.333333
```

코드를 한 줄씩 살펴보자. 두 번째 줄에서 scores.csv를 data라는 변수에 읽어들였다. 세 번째 줄에서 data의 내용을 출력하고, 그 다음 줄에서 구분선을 길게 넣어보았다. 출력 결과에서 구분선 이전에 나타난 내용은 scores.csv에 들어있던 내용과 동일하다.

다음, 5번째 줄에서 avgList라는 이름으로 빈 리스트를 하나 생성하였다[2]. 그 다음, for 문을 통해 data를 한 줄씩 접근하면서 8번째 줄에서 avg라는 변수로 평균을 계산하였고, 9번째 줄에서 append 함수를 이용하여 avgList 리스트에 차례대로 계산된 평균값을 추가하였다.

for 문이 모두 돌아가고 나면 avgList라는 변수에는 데이터의 각 행에 대해 계산된 평균값이 순차적으로 들어가 있을 것이다. 10번째 줄에서 avgList의 내용을 출력해보았더니, 계산된 평균값이 순차적으로 들어가 있음을 확인할 수 있다. 그 다음에 다시 구분선을 하나 넣었다.

이제 12번째 줄이 중요하다. data['Average']=avgList라는 명령문이 등장하는데, 말 그대로 해석하면 data 데이터프레임의 Average라는 이름의 열에 avgList를 대입하라

2) 리스트와 append 등의 함수에 대한 내용을 복습하려면 2.4절을 보면 된다.

는 뜻이 된다. 그렇지만 기존의 data에는 Average라는 이름의 열이 없으므로, 이 명령은 data에 새로운 열을 Average라는 이름으로 생성하고, 해당 열의 값을 avgList의 값으로 채워준다. 마지막 줄에서 print(data)를 통해 data의 내용을 출력해본 결과, 새로 만들어진 Average라는 열이 추가되어 있다.

이제, 이렇게 평균까지 계산하여 만들어진 데이터프레임을 새로운 엑셀 파일로 저장해보자. csv 파일로 저장하는 명령어는 **to_csv**(파일이름)이다. 앞의 코드에 data.to_csv('score2.csv')라는 명령문을 추가하면 전체 코드는 다음과 같이 된다.

예제 ex3-5.py

```python
import pandas as pd
data = pd.read_csv('scores.csv')
print(data)
print('--------------------------------------------------')
avgList = []
for i in range(len(data)):
    row=data.iloc[i]
    avg=(row['Kor']+row['Eng']+row['Math'])/3
    avgList.append(avg)
print(avgList)
print('--------------------------------------------------')
data['Average']=avgList
print(data)
data.to_csv('score2.csv')
```

프로그램을 실행해보면 동일한 폴더에 scores2.csv라는 새로운 파일이 생성되어 있을 것이다. 해당 파일을 엑셀에서 열어보면 다음과 같이 보인다.

	A	B	C	D	E	F	G	H
1		ID	Name	Gender	Kor	Eng	Math	Average
2	0	1	Albert	Male	80	60	80	73.33333
3	1	2	Betty	Female	90	70	80	80
4	2	3	Charlie	Male	50	90	100	80
5	3	4	David	Male	60	90	90	80
6	4	5	Elsa	Female	80	80	90	83.33333

[그림 3-4] 파이썬에서 계산하여 저장한 csv 파일

이제 파이썬에서 파일을 불러들여 계산을 통해 데이터를 추가하고 이를 다시 파일로 저장하는 방법을 이해하게 되었다. 이렇게 엑셀에서 계산하기 복잡한 계산을 파이썬으로 불러와서 처리하고 이것을 엑셀로 다시 내보내는 등의 작업은 매우 빈번하게 일어난다. 엑셀로 구현하기 매우 복잡한 연산을 파이썬을 활용해 수행할 수 있게 됨에 따라 얻을 수 있는 무한한 가능성에 주목해 주기 바란다.

3.4 행렬과 numpy 패키지

행렬(matrix)은 1개 이상의 숫자 또는 문자가 직사각형의 형태로 배열된 것을 말한다. 가로를 행, 세로를 열이라고 한다. 행렬의 형태를 이용하는 대표적인 소프트웨어로는 엑셀이 있을 것이다. 엑셀에서 각 칸은 행과 열이 지정되어있는 형태를 가지고 있다.

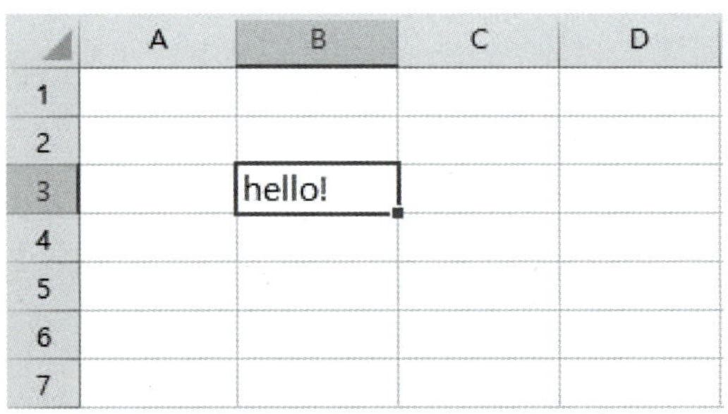

[그림 3-5] 엑셀의 행과 열

이러한 형태의 장점 중 하나는 값의 위치를 행과 열로 쉽게 나타낼 수 있다는 것과 더불어, 복잡한 식을 쉽게 표현하고, 빠르게 계산할 수 있다는 점이다. 연립방정식을 예시로 보겠다.

$$\begin{aligned} x + 2y &= 5 \\ 2x + y &= 4 \end{aligned} \qquad \text{(식 3-1)}$$

위의 두 식을 만족하는 x와 y의 값을 구하려면 우리는 보통 대입법이나 소거법을 사용할 것이다. 하지만 행렬을 이용하면 더욱 간결하게 표현할 수 있다. 위 방정식을 행렬 형태로 표현하면 다음과 같다.

$$\begin{bmatrix}1 & 2\\2 & 1\end{bmatrix}\begin{bmatrix}x\\y\end{bmatrix}=\begin{bmatrix}5\\4\end{bmatrix} \quad \text{(식 3–2)}$$

식 (3–2)에 행렬의 곱셈을 적용하면 식 (3–1)과 완전히 동일하다[3]. 그런데, 식 (3–2)와 같은 표현에서는 각각의 행렬을 기호로 나타냄으로써 매우 간결하게 형태를 표현할 수 있다. 식 (3–2)에서 $\begin{bmatrix}1 & 2\\2 & 1\end{bmatrix}$를 A로, $\begin{bmatrix}x\\y\end{bmatrix}$를 X로, $\begin{bmatrix}5\\4\end{bmatrix}$를 B로 나타내기로 해보자. 그러면, 다음 식과 같이 나타낼 수 있다.

$$\mathrm{AX}=\mathrm{B} \quad \text{(식 3–3)}$$

식 (3–3)에서, X를 구하기 위해 식의 양변에 A의 역행렬을 곱하면 다음과 같이 된다.

$$\begin{aligned}\mathrm{A}^{-1}\mathrm{AX}&=\mathrm{A}^{-1}\mathrm{B}\\ \mathrm{X}&=\mathrm{A}^{-1}\mathrm{B}\end{aligned} \quad \text{(식 3–4)}$$

식 (3–4)는 방정식의 해를 구하기 위한 일반적인 방법론을 제공한다. x와 y의 값을 구하기 위해 A의 역행렬과 B를 곱하면 된다는 말이 되는데, 행렬 $\begin{bmatrix}1 & 2\\2 & 1\end{bmatrix}$의 역행렬은 $\begin{bmatrix}-0.33 & 0.67\\0.67 & 0.33\end{bmatrix}$이고, 여기에 $\begin{bmatrix}5\\4\end{bmatrix}$를 곱하면

$$\mathrm{X}=\begin{bmatrix}5\\4\end{bmatrix}=\begin{bmatrix}-0.33 & 0.67\\0.67 & 0.33\end{bmatrix}=\begin{bmatrix}1\\2\end{bmatrix} \quad \text{(식 3–5)}$$

가 되어, x와 y는 각각 1과 2가 됨을 알 수 있다. 이렇게, Ax = B의 형태를 가진 연립방정식에 A의 역행렬을 곱하면 변수 x를 구하는 절차를 쉽게 정리할 수 있다. 이는 데이터 분석에서 행렬이 중요한 이유를 제공한다. 복잡한 식을 행렬과 변수로 정리하고, 행렬을

---

3) 두 행렬을 곱할 때는 왼쪽의 각 행과 오른쪽의 각 열을 곱한다. 예를 들어 식 (3–2)에서는 왼쪽의 첫번째 (1, 2)행이 오른쪽의 (x, y)열과 곱해져서 (1x+2y)가 되고, 왼쪽의 두번째 (2, 1)행이 오른쪽의 (x, y)열과 곱해져서 (2x+1y)가 된다. 3.7절에서 다시 설명한다.

계산하면 변수의 값을 쉽게 계산할 수 있기 때문이다.

Numpy(넘파이라고 읽는다) 패키지는 이러한 행렬을 생성하고, 값을 수정하거나 계산을 하는 등의 연산을 처리할 수 있는 기능을 제공한다. Numpy는 'Numerical Python'의 약자로, 각종 수치 연산을 위한 라이브러리를 내장한 패키지이다. 벡터와 행렬 연산에 대한 여러 기능을 제공하며, 데이터 처리와 분석에서 필수적으로 쓰이는 패키지이다. 이어지는 절에서 본격적으로 numpy를 설치하고 여러가지 기능을 실습해보자.

3.5 Numpy를 활용한 배열 생성과 기초

실습을 위해 **numpy**를 설치하자. 앞의 3.1절에서 pandas를 설치하였을 때와 마찬가지로, 명령 프롬프트를 열어 'pip install numpy' 명령을 통해 numpy를 설치한다. (맥OS에서는 pip3 install numpy)

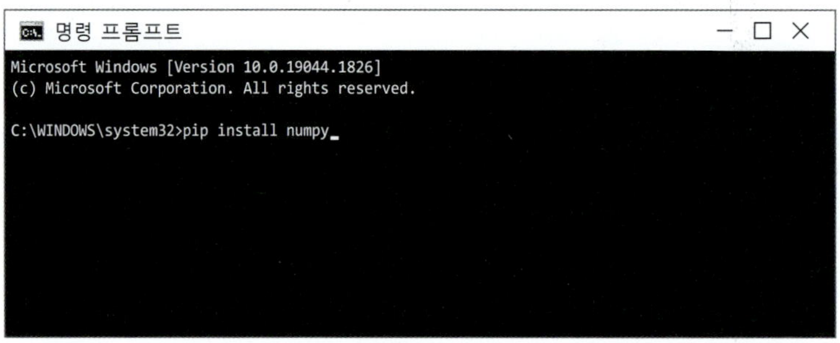

[그림 3-6] pip를 이용한 numpy 설치

설치가 완료되면 우리의 프로그램 안으로 numpy를 불러들여 사용해보자. 다음 프로그램을 실행해보자.

```
import numpy as np
a1 = [2,3,5]
print(a1)
a2 = np.array(a1)
print(a2)
```

실행 결과는 다음과 같다.

```
[2, 3, 5]
[2 3 5]
```

프로그램을 한 줄씩 살펴보자. 첫 번째 줄에서는 numpy를 불러와서 **np**라는 짧은 이름을 부여하였다. Pandas를 pd라고 줄여 부르는 관습이 있는 것처럼, numpy는 보통 np라고 줄여서 부른다. 두 번째 줄에서는 a1에 2,3,5로 구성된 리스트를 만들어 넣었고 세 번째 줄에서 a1을 출력했다. 그 결과 '[2,3,5]'라고 출력되었다.

그 다음에 4번째 줄에서 np.**array**( )라는 함수가 등장한다. np.array는 괄호 안에 있는 리스트를 numpy 배열(numpy array)이라는 자료형으로 변환해준다. 즉, 4번째 줄의 np.array(a1)은 a1 변수에 들어있는 리스트를 numpy 배열로 변환하여 a2에 대입하라는 얘기인데, 5번째 줄에서 print(a2)를 통해 a2의 내용이 [2 3 5]라는 것을 확인할 수 있다.

[2,3,5]나 [2 3 5]나 내용은 동일한데 표현되는 형식이 살짝 다르다. 넘파이 배열이 출력되는 5번째 줄의 print(a2)의 결과에는 숫자 사이에 쉼표가 표시되지 않는다. a1과 a2가 조금 다르다는 뜻인데, a1과 a2 변수의 자료형을 출력해보자. **type**( ) 명령어는 괄호 안에 있는 변수가 어떤 형태의 자료인지를 보여준다. 프로그램은 ex3-6.py라는 이름으로 저장하자.

예제 **ex3-6.py**

```
import numpy as np
a1 = [2,3,5]
print(a1)
print(type(a1))
a2 = np.array(a1)
print(a2)
print(type(a2))
print(a2.shape)
```

출력 결과는 다음과 같다.

```
[2, 3, 5]
<class 'list'>
[2 3 5]
<class 'numpy.ndarray'>
(3,)
```

결과에서 나타난 대로, type(a1)은 〈class ‘list’〉로, type(a2)는 〈class ‘numpy.ndarray’〉로 출력되었다. 즉, a1의 자료형은 리스트이고, a2의 자료형은 numpy.ndarray라는 형태라는 뜻인데, numpy.ndarray가 우리가 말하는 numpy 배열이다.

우리는 앞으로 대량의 데이터를 처리함에 있어 numpy 배열을 자주 사용할 것이다. 리스트 대신 numpy 배열을 사용하는 것에는 여러 이유가 있다. Numpy의 다양한 기능을 적용할 수 있는 장점도 있겠지만, 중요한 장점 중 하나는 numpy 배열의 처리 속도가 리스트에 비해 훨씬 빠르고 메모리도 적게 차지한다는 점이다. 이는 numpy 배열이 대량 데이터의 수치 연산에 최적화되어 있기 때문이다.

출력 결과의 마지막 줄은 print(a2.shape)의 결과인데, (numpy 배열 이름).**shape**는 해당 numpy 배열의 크기를 나타내 준다. 우리의 ex3-5.py 프로그램에서는 그냥 3개짜리 1차원 배열을 만들었는데, 이것은 보통 **벡터(vector)**라고도 일컫는다. 3개의 값을 가진 벡터의 형태(shape)는 ‘(3,)’라고 표시되었다. 만약 차원이 증가해서 2차원 배열이 되면 행 갯수와 열 갯수를 나타내 주는데, 이는 나중에 관련 내용이 나올 때 다시 살펴보도록 하자.

이번에는 배열의 값을 수정해보자. 방법은 간단하다. 리스트에서와 비슷하게, 내가 원하는 요소의 인덱스를 지정하고, 그 값을 다른 값으로 덮어씌우면 된다. 배열 a2의 첫 번째 값을 7로 수정해보자. 코드는 다음과 같다.

```
import numpy as np
a1 = [2,3,5]
a2 = np.array(a1)
print(a2)
a2[0]=7
print(a2)
```

코드를 실행해보면 4번째 줄에서 [2 3 5]가 출력되었다가 6번째 줄에서 [7 3 5]가 출력되어 첫 번째 요소가 7로 변경되었음을 알 수 있다.이를 이용하면 복잡한 차원의 배열에서도 값을 수정할 수 있다. 배열에서는 값의 위치를 차원의 조합으로 지정할 수 있기 때문이다.

3.6 Numpy 배열의 사칙연산

Numpy를 이용하여 배열을 만들고, 조작하는 법을 살펴보았다. 이번에는 두 배열의 사칙연산을 다루어보겠다. 우선 배열의 덧셈과 뺄셈을 살펴보자. np.array로 생성한 배열을 더하고 빼는 것이다. 다음 코드를 실행해보자.

```
import numpy as np
c = np.array([1,2,3])
d = np.array([2,3,5])

print(c)
print(d)
print(c+d)
print(c-d)
```

실행 결과는 다음과 같다.

```
[1 2 3]
[2 3 5]
[3 5 8]
[-1 -1 -2]
```

실행결과를 살펴보면 개별 요소별로 산술 연산이 적용되고 있음을 알 수 있다. 즉, 두 배열을 더하면 각 요소가 더해지고, 두 배열의 뺄셈은 각 요소별로 뺀 값이 나타나고 있다. 리스트에서는 두 리스트를 더하면 리스트가 이어붙여졌었음을 기억하는가? 리스트의 연산과 numpy 배열의 연산은 이와 같은 차이가 있다.

다음은 배열의 곱셈과 나눗셈을 다루어보자. 코드는 다음과 같다.

```
import numpy as np
c = np.array([1,2,3])
d = np.array([2,3,5])

print(c*d)
print(c/d)
```

실행 결과는 다음과 같다.

```
[2 6 15]
[0.5 0.66666667 0.6]
```

역시 덧셈 뺄셈과 크게 다르지 않게, 각 요소별로 곱셈과 나눗셈이 수행된다. 즉, 배열의 사칙연산은 같은 위치에 있는 개별 요소끼리의 사칙연산으로 수행된다.

3.7 Numpy를 활용한 행렬 연산

이번에는 행렬 연산을 구현해보자. 행렬의 덧셈과 뺄셈은 개별 요소별로 이루어진다는 점에서 앞에서 배열의 경우와 동일하다. 그렇지만 두 행렬의 곱은 왼쪽 행렬의 각 행과 오른쪽 행렬의 각 열에 대해 각 요소별 곱의 합으로 정의된다. 만약 $\mathrm{A} = [a, b, c]$이고 $\mathrm{B} = \begin{bmatrix} x \\ y \\ z \end{bmatrix}$라면, $\mathrm{AB} = ax + by + cz$가 되는 방식이다.

Numpy에서는 요소별 곱셈과 행렬곱을 구분하기 위해 행렬의 곱하기는 dot( )이라는 함수로 표시한다. A와 B 행렬을 곱한다면 np.dot(A,B) 혹은 A.dot(B)로 표현할 수 있다. 예제 코드를 보자

```python
import numpy as np
c = np.array([1,2,3])
d = np.array([2,3,5])

print(np.dot(c,d))
print(c.dot(d))
```

실행 결과는 두 print문 모두 23을 출력할 것이다. 1*2+2*3+3*5는 23이 맞다. 그런데, 엄밀한 의미에서 c와 d의 행렬곱을 수행하려면 c는 가로로 표시되는 열벡터, d는 세로로 표시되는 행벡터이고 c의 가로폭, d의 세로높이가 동일해야 하는데, 여기서는 그냥 둘 다 가로로 표시되는 벡터형태 같은데 행렬곱이 정상적으로 수행되었다. 이것은 c와 d가 행과 열의 각각의 갯수가 정의되지 않은 그냥 단순한 1차원 벡터여서, numpy가 자동적으로 차원을 조정하여 행렬곱을 수행해 주었기 때문이다.

2차원 배열은 본격적인 **행렬**이라고 할 수 있다. 2차원 행렬부터는 곱해지는 두 행렬의 행과 열 차원이 정확히 맞춰져야 한다. 먼저 행렬을 만들고 요소의 값과 행렬의 형태를 출력해보자.

```python
1 import numpy as np
2 a = np.array([[2,4,6], [3,5,7]])
3 print(a)
4 print('행렬 형태: ', a.shape)
```

출력 결과는 다음과 같다.

```
[[2 4 6]
 [3 5 7]]
행렬 형태:  (2, 3)
```

2차원 배열, 즉 행렬을 정의하기 위해서는 코드의 두 번째 줄에 나타난 것처럼 **리스트의 리스트(list of lists)**를 사용한다. [[2,4,6], [3,5,7]]은 [2,4,6]이라는 리스트와 [3,5,7]

이라는 리스트를 요소로 가지는 하나의 리스트이다. 이것을 np.array( )로 numpy 배열로 변환하면 전체 리스트 안에 있는 각 요소들을 각각의 행으로 만들어서 행렬을 생성해준다. 3번째 줄의 print(a)에서 생성된 행렬의 내용을 볼 수 있고, 4번째 줄에서 a.shape를 출력해보니 2행 3열임을 확인할 수 있다.

행렬의 특정 요소를 출력하기 위해서는 '행렬변수[행 인덱스, 열 인덱스]'로 위치를 지정하면 된다. 앞의 코드에 몇 줄 추가해보자.

예제 **ex3-7.py**

```
1 import numpy as np
2 a = np.array([[2,4,6], [3,5,7]])
3 print(a)
4 print('행렬 형태: ', a.shape)
5 print(a[0,0])
6 print(a[0,2])
7 print(a[1,1])
```

출력 결과는 다음과 같다.

```
[[2 4 6]
 [3 5 7]]
행렬 형태:  (2, 3)
2
6
5
```

새로 추가한 마지막 3개의 print문은 행렬의 개별 요소를 지정하는 방법을 설명하는 예이다. 행렬의 특정 위치의 값은 행렬 변수의 옆에 대괄호를 쓰고 행번호와 열번호를 콤마(,)로 구분한다. 즉, a[0,0]이라면 행렬 a의 첫 번째 행, 첫 번째 열의 요소의 값이므로, 우리의 예제에서는 2가 된다. a[0,2]는 첫 행의 세 번째 열의 값이므로 3이고, a[1,1]은 두 번째 행의 두 번째 열의 값이므로 5가 된다.

두 행렬에 대해 기본적 사칙연산을 적용하면 numpy는 이것을 다차원 배열로 해석해서 일차원 배열과 마찬가지로 각 요소별로 사칙연산을 적용한다. 다음의 코드 예제 'ex3-8.py'를 실행해 보자.

예제 ex3-8.py

```
import numpy as np
a = np.array([[1,2,3],[4,5,6]])
b = np.array([[2,4,6],[3,5,7]])
print(a+b)
print(a-b)
print(a*b)
print(a/b)
```

실행 결과는 다음과 같다.

```
[[ 3  6  9]
 [ 7 10 13]]
[[-1 -2 -3]
 [ 1  0 -1]]
[[ 2  8 18]
 [12 25 42]]
[[0.5        0.5        0.5       ]
 [1.33333333 1.         0.85714286]]
```

실행 결과를 보면 1차원 배열과 마찬가지로 각각의 요소에 대해 사칙연산을 적용한 결과가 나옴을 확인할 수 있다.

그러면, 행렬곱을 적용하면 어떻게 될까? 앞서 행렬의 곱은 각 요소의 값을 단순히 곱하는 것이 아니라, 왼쪽 행렬의 각 행과 오른쪽 행렬의 각 열에 대해 각 요소별 곱의 합을 구하는 것임을 설명한 바 있다. 또한, numpy에서는 dot( )함수로 행렬 곱을 표현함을 살펴보았다. dot( ) 함수를 이용해 a와 b를 행렬곱을 구해보자. 앞의 코드를 조금 수정하여 다음과 같은 코드를 만들어서 실행해보자.

```python
1 import numpy as np
2 a = np.array([[1,2,3],[4,5,6]])
3 b = np.array([[2,4,6],[3,5,7]])
4 print(np.dot(a,b))
```

실행 결과는?

```
Traceback (most recent call last):
  File "D:/Dropbox/2.Lecture/BusinessAnalytics_2021년_2학기/202108_BA_book/draft_v0.2/
BA_code/ch03_Pandas,numpy/ex3-7.py", line 4, in <module>
    print(np.dot(a,b))
  File "<__array_function__ internals>", line 6, in dot
ValueError: shapes (2,3) and (2,3) not aligned: 3 (dim 1) != 2 (dim 0)
```

에러가 발생해 있다. 에러 메시지는 친절하게 설명되어 있으므로 차분하게 읽어보자. 4번 라인의 print(np.dot(a,b))에서 에러가 발생했고, 마지막에 보면 (2,3)과 (2,3)의 형태가 서로 맞지 않다고 써 있다. 에러의 이유는 명백하다. 행렬 간의 곱에서는 앞 행렬의 열 갯수와 뒷 행렬의 행 갯수가 동일해야 곱의 계산이 가능하기 때문이다. 이를 위해 뒤 행렬을 **전치(transpose)**하여 (2,3)의 형태에서 (3,2)로 바꾸어준 후 곱해보자. 행렬의 전치는 행과 열의 값을 서로 바꾸어 주는 것이다. Numpy에서 행렬의 전치는 np.transpose( ) 함수를 이용한다. 행렬을 전치시킨 결과도 함께 출력해보자. 수정된 코드는 다음과 같다.

```python
import numpy as np
a = np.array([[1,2,3],[4,5,6]])
b = np.array([[2,4,6],[3,5,7]])
b = np.transpose(b)
print(a)
print(b)
print(np.dot(a,b))
```

실행 결과는 다음과 같다.

```
[[1 2 3]
 [4 5 6]]
[[2 3]
 [4 5]
 [6 7]]
[[28 34]
 [64 79]]
```

마지막의 세 줄의 출력문을 살펴보자. 첫번째 출력문은 a 행렬의 값을 나타내 주었다. 두 번째 출력문은 행렬 b의 내용을 보여주는데, 3번째 줄에서 만들어진 2행 3열의 행렬을, 3번째 줄에서 전치하여 3행 2열의 행렬로 만들었으므로 표시된 바와 같이 나타나 있다. 마지막 출력문에서는 이 두 행렬에 대해 곱을 계산하여 보여주었다. 하나만 검산해보자. a 행렬의 첫 번째 행 [1,2,3]과 b 행렬의 첫 번째 열 [2,4,6]의 곱은 1*2+2*4+3*6이고, 계산해보면 28이다. 이 값이 출력된 결과의 첫 행의 첫 번째 열에 나타나 있음을 확인할 수 있다.

3.8 단위행렬, 역행렬과 특수 행렬의 표현

Numpy를 이용하여 단위행렬, 역행렬과 모든 요소가 0인 행렬, 모든 요소가 1인 행렬, 특정 값으로 채워진 행렬을 만드는 방법을 살펴보자.

우선 **단위행렬(identity matrix)**을 보자. 행렬 수학에서 단위행렬은 'I'로 주로 표현된다. 단위행렬의 가장 큰 특징은 단위행렬을 어떤 행렬에 곱해도 그 행렬의 값은 변하지 않는다는 것이다. 즉, $A \cdot I = A$ 의 관계가 성립한다. 단위행렬은 항상 **정방행렬**, 즉 행과 열의 갯수가 동일하며, numpy에서는 np.**eye**(단위행렬 크기)의 함수로 만든다. 다음 예제 코드를 실행해보자.

```
import numpy as np
id = np.eye(3)
print(id)
```

출력 결과는 다음과 같다.

```
[[1. 0. 0.]
 [0. 1. 0.]
 [0. 0. 1.]]
```

대각선의 요소가 1이고, 나머지 요소는 0으로 구성된 3행 3열의 단위행렬이 생상되어 출력되었음을 확인할 수 있다.

다음은 역행렬(inverse matrix)을 만들어보자. 역행렬은 특정한 행렬에 곱했을 때 단위행렬이 되게 하는 행렬을 말한다. 역행렬은 앞서 3.4절에서 설명한 방정식의 풀이에서 살펴보았고, 이외에도 선형계획법의 최적화 알고리즘 등 광범위한 응용에서 매우 중요하게 사용된다. 역행렬을 만드는 함수는 np.linalg.inv()이다. 행렬 a를 만들어서 역행렬을 구하고, 이 두 행렬을 곱해서 단위행렬이 나오는지 확인해보자. 코드는 다음과 같다.

```
import numpy as np
a = np.array([[1,2],[3,4]])
b = np.linalg.inv(a)
print(a)
print(b)
print(np.dot(a,b))
```

실행 결과는 다음과 같다.

```
[[1 2]
 [3 4]]
[[-2.   1. ]
 [ 1.5 -0.5]]
[[1.0000000e+00 0.0000000e+00]
 [8.8817842e-16 1.0000000e+00]]
```

a가 출력되고, a의 역행렬인 b의 내용이 출력된 것까지는 알겠는데, 두 행렬의 곱이 뭔가 복잡해보인다. 잘 보면 1.0000000e+00과 같은 숫자가 있는데, 이것은 '**지수적 표기법(exponential notation)**'이라고 하는, 컴퓨터에서 자주 사용되는 숫자 표현의 특수한 방식으로서, 1.0000000이라는 값에 e+00이 붙어있고, e+00은 10^0을 곱하라는 의미이다. 10^0은 1이므로 1.0000000e+00=1.0000000*10^0=1이다. 뭐 이렇게 복잡하게 쓰나 싶지만, 매우 작은 수를 나타내려면 소수점 다음에 0을 수십 개 쓰는 것보다는 이 방법이 훨씬 간결하다. 마찬가지로 0.0000000e+00은 0이다. 그런데, 2행 1열의 값은 0이 되어야 할 것 같은데 8.8817842e−16이라는 숫자가 쓰여 있다. 의미대로 해석하면

$$8.8817842e-16 = 8.8817842*10^{-16} = 0.00000000000000088817842 \quad \text{(식 3-6)}$$

이 되는데, 이 값은 매우 작은 값. 거의 0이다. 정확히 0으로 안 떨어지고 이렇게 작긴 하지만 지저분한 숫자가 되는 이유는 컴퓨터의 계산 방식에 기인한다. 컴퓨터는 수치 연산에 소수점이 붙어있는 값들을 사용하는데, 상당히 많은 자리수를 이용하여 정확도 높은 연산을 수행하기는 하지만 작은 값으로 나누거나 큰 값을 곱하거나 하는 과정에서 수치 오차가 조금씩 쌓이게 되어 정확한 정수 값으로 나타나지 않는 경우가 자주 있다. 이러한 **수치오차**의 문제는 컴퓨터로 복잡한 알고리즘을 구현하는 사람들에게 중요한 골칫거리인데, 다행히 많은 기법이 있어서 우리가 활용하는 패키지들에는 비교적 안정적인 결과를 제시하도록 구현되어 있다. 그래도 결과를 이해할 때에는 이것이 0이라는 의미인지, 의미 있는 숫자인지를 구분할 필요가 종종 있다.

다음은 모든 구성요소가 0으로 이루어진 **영행렬**을 만들어보겠다. np.**zeros**(행 갯수, 열 갯수)를 이용하는데, 모든 값을 0으로 초기화하기 위해 자주 사용된다. 3*5의 영행렬을 만들어보자. 코드는 다음과 같다.

```
import numpy as np
zero = np.zeros((3,5))
print(zero)
```

실행 결과는 모든 요소가 0인 3행 5열의 행렬이 표시될 것이다. 비슷하게, np.**ones**(행 갯수, 열 갯수)는 모든 구성요소가 1으로 이루어진 행렬을 만들어준다.

때로는 모든 요소가 0이나 1은 아니지만 동일한 값으로 구성된 행렬을 만들어야 할 때가 있다. 이 때에는 np.**full**(행렬 차원, 초기화 값)을 이용하는데, 행렬 차원이 들어가야 할 자리에는 '(행 갯수, 열 갯수)'와 같이 괄호 안에 숫자 두 개가 기입되어야 한다. 예를 들어, 모든 요소가 7의 값을 가지는 3행 5열의 행렬을 만들려면, 코드는 다음과 같다.

```
import numpy as np
full = np.full((3,5), 7)
print(full)
```

```
[[7 7 7 7 7]
 [7 7 7 7 7]
 [7 7 7 7 7]]
```

3.9 데이터의 통계치 추출

다음은 numpy를 이용해 데이터 값들에 대한 통계치를 계산해보자. 예로서 평균과 표준편차 및 중앙값을 계산해보자. **평균**, **표준편차**, **중앙값** 등을 대표값이라고 하는데, 이는 4장에서 자세히 다루도록 하겠다. 평균값은 np.**mean**(배열이름) 함수를 통해 구할 수 있고, 표준편차는 np.**stdev**(배열이름), 중앙값은 np.**median**(배열이름)으로 구할 수 있다. 예제 코드를 보자.

예제 ex3-9.py

```
import numpy as np
a = np.array([1,2,3,5,9])
print('평균: ', np.mean(a))
print('표준편차: ', np.std(a))
print('중앙값: ', np.median(a))
print('최소값: ', np.min(a))
print('최대값: ', np.max(a))
```

실행 결과는 다음과 같다.

```
평균:   4.0
표준편차:   2.8284271247461903
중앙값:   3.0
최소값:   1
최대값:   9
```

코드를 실행시키면 평균과 표준편차, 중앙값이 각각 4, 2.828, 3으로 나옴을 확인할 수 있으며, 이외에도 np.**min**(a)은 a의 **최소값**을, np.**max**(a)는 a의 **최대값**을 나타내 주고 있음을 확인할 수 있다. 이외에도 분산, 백분위수, 상관계수 등 거의 모든 주요 통계 함수가 numpy에서 제공되고 있다.

이번 장에서는 데이터 분석을 위한 데이터의 사전 처리에 가장 중요하게 사용되는 pandas와 numpy 패키지의 사용 방법을 다루었다. Pandas는 데이터프레임을 불러오고, 합치거나 분리하는 등 데이터프레임을 조작하는 패키지로서 우리가 필요로 하는 데이터셋을 구축하는 것에 유용하다. Numpy는 배열을 생성하고, 조작하며 연산하는 기능을 제공하며, 데이터 처리와 분석에 핵심적인 역할을 수행하는 함수들을 포함하고 있다.

데이터 분석을 원활하게 수행하기 위해서는 데이터의 사전 처리가 잘 되어 있어야 한다. 재료 손질이 잘 되어 있어야 좋은 요리를 할 수 있는 것과 마찬가지라고 할 수 있겠다. 이번 장에서 배운 내용과 실습을 충분히 이해하여 앞으로 다룰 데이터 분석에서 적재적소에 필요한 기능을 활용할 수 있길 바란다.

실·습·예·제

1. 이 장에서 연습에 사용했던 `scores.csv' 데이터파일을 이용하여 특정 학생의 특정 과목 점수에 보너스 점수를 부여하는 프로그램을 작성하시오. 변경 전 성적 리스트를 보여주고, 학생의 이름 및 과목명을 입력받으면 해당 과목 점수를 보여준 후, 부여할 보너스 점수를 입력받아 이를 해당 과목 점수에 더하고 변경된 성적 리스트를 출력하도록 하시오.

풀이

practice_3-1.py

```
import pandas as pd
d = pd.read_csv('scores.csv')
print('<변경전>')
print(d)
name = input("\n이름 입력 : ")
subj = input("과목명 입력 : ")
print(name,'의',subj,'점수는',d.loc[d['Name']==name, subj].values[0],'입니다.')
bonus = int(input("보너스 점수를 입력하세요 : "))
d.loc[d['Name']==name, subj]+=int(bonus)
print('\n<변경후>')
print(d)
```

```
<변경전>
   ID     Name  Gender  Kor  Eng  Math
0   1   Albert    Male   80   60    80
1   2    Betty  Female   90   70    80
2   3  Charlie    Male   50   90   100
3   4    David    Male   60   90    90
4   5     Elsa  Female   80   80    90

이름 입력 : Betty
과목명 입력 : Eng
Betty 의 Eng 점수는 70 입니다.
보너스 점수를 입력하세요 : 5
```

```
<변경후>
   ID     Name  Gender  Kor  Eng  Math
0   1   Albert    Male   80   60    80
1   2    Betty  Female   90   75    80
2   3  Charlie    Male   50   90   100
3   4    David    Male   60   90    90
4   5     Elsa  Female   80   80    90
```

2. 다음 두 행렬

$$A = \begin{bmatrix} 3 & 4 & 2 \\ 1 & 5 & 3 \end{bmatrix}, \quad B = \begin{bmatrix} 1 & 2 & 4 \\ 6 & 4 & 2 \end{bmatrix}$$

에 대해 numpy를 이용하여 다음 각각을 계산하여 출력하는 프로그램을 작성하시오.

1) $A + B$
2) $A - B$
3) A^T (A의 전치행렬)
4) B^T (B의 전치행렬)
5) A^TB
6) AB^T

풀이

practice_3-2.py

```python
import numpy as np
a = np.array([[3,4,2],[1,5,3]])
b = np.array([[1,2,4],[6,4,2]])

print('<A>')
print(a)
print('<A>')
print(b)
print('<A+B>')
print(a+b)
print('<A-B>')
print(a-b)
print('<A^T>')
```

```python
print(np.transpose(a))
print('<B^T>')
print(np.transpose(b))
print('<A^T*B>')
print(np.dot(np.transpose(a), b))
print('<A*B^T>')
print(np.dot(a, np.transpose(b)))
```

```
<A>
[[3 4 2]
 [1 5 3]]
<A>
[[1 2 4]
 [6 4 2]]
<A+B>
[[4 6 6]
 [7 9 5]]
<A-B>
[[ 2  2 -2]
 [-5  1  1]]
<A^T>
[[3 1]
 [4 5]
 [2 3]]
<B^T>
[[1 6]
 [2 4]
 [4 2]]
<A^T*B>
[[ 9 10 14]
 [34 28 26]
 [20 16 14]]
<A*B^T>
[[19 38]
 [23 32]]
```

연·습·문·제

1. scores.csv의 내용을 x라는 이름의 데이터프레임으로 읽어들여서, Betty의 수학 점수를 90점으로 수정해야 한다. 이 때, 다음 여섯 가지 방식 중 옳은 방법과 작동되지 않는 방법을 구분하고, 어떤 차이가 있는지를 설명하시오.

```
x[x['Name']=='Betty']['Math']=90
x.loc[x['Name']=='Betty']['Math']=90
x.loc[x['Name']=='Betty', 'Math']=90
x.iloc[1]['Math']=90
x.iloc[1, 'Math']=90
x.iloc[1, 5]=90
```

2. scores.csv의 내용을 데이터프레임으로 읽어들이고, 각 학생의 평균점수에 따라 학점을 부여하여 새로운 열로 추가하시오. (단, 학점은 70점 이상은 C, 75점 이상은 C+, 80점 이상은 B, 85점 이상은 B+, 90점 이상은 A, 95점 이상은 A+임)

3. Numpy를 활용하여 다음을 구현하시오.

   1) A라는 변수에 $\begin{bmatrix} 1 & 1 \\ 1 & 2 \end{bmatrix}$, B라는 변수에 $\begin{bmatrix} 5 \\ 8 \end{bmatrix}$이라는 행렬을 저장하시오.

   2) A와 B의 행렬곱을 구하시오.

   3) 역행렬을 구하는 np.linalg.inv 함수를 이용하여 다음 방정식을 만족하는 X의 값을 구하시오.

4. np.max()와 np.argmax()의 차이를 예를 들어 설명하시오.

5. Numpy에는 정렬을 위한 두 가지의 함수 np.sort()와 np.argsort()가 있다. 둘 사이의 차이를 설명하고 두 기능을 적절히 활용하여 다음의 두 numpy 배열에서 점수의 내림차순으로 이름(names)를 출력하는 프로그램을 작성하시오.

```
names = np.array(['A','B','C','D','E'])
scores = np.array([10,8,6,9,7], dtype='int32')
```

비즈니스 애널리틱스

PART III

기술적 분석모형 (Descriptive Analytics)

4 CHAPTER

데이터의 대표값

이번 장부터는 기술적 분석(descriptive analytics)에 대해 살펴보겠다. 기술적 분석은 현상을 기술(describe) 또는 설명하는 방법론이다. 현상을 현상 그대로 보면 될텐데 왜 이것을 기술하는 별도의 방법론이 필요한가? 이것은 우리의 뇌(brain)와 인지(recognition) 용량의 한계 때문이라고 할 수 있다. 수백만건 나열되어 있는 데이터 값들을 순식간에 읽고 경향을 한번에 인지할 수 있다면 이런 별도의 방법이 필요없을 것이다. 하지만 우리는 그렇지 못하다. 단위 시간당 눈으로 보거나 귀로 듣고 이해할 수 있는 데이터 량이 얼마나 될까? 또 머리속에 넣고 그 경향을 인지할 수 있는 데이터량은 얼마나 될까? 이러한 한계를 극복하기 위해서는, 대량의 데이터를 일목요연하게 정리해서 우리가 인지할 수 있도록 하는 방법론이 필요할 텐데, 이러한 방법론을 기술적 분석이 제공한다.

기술적 분석의 대표적인 방법론으로 대표값과 시각화(visualization)가 있다. 본 장에서는 대표값 중에서 가장 많이 사용되는 평균, 중앙값, 표준편차 등과 이를 활용한 신뢰구간의 의미에 대해 살펴본다.

4.1 대표값

대표값은 데이터 더미를 전반적으로 표현하는 어떤 값이라고 할 수 있다. 이 데이터를 대표하는 값은 무엇인지, 데이터의 전반적인 분포는 어떻게 나타나는지 등을 이해하고 표현하기 위한 값이다.

데이터를 혹은 집단을 대표할 수 있는 값으로는 무엇이 있을까? 한국 성인남성의 키를 데이터로 가지고 있다면, 아마 수천만 개의 숫자로 이루어져 있을 것이다. 이 데이터로부터, 그래서 전반적으로 한국 성인남성의 키가 얼마인지를 나타내는 하나의 숫자를 제시해 보라고 하면, 아마도 평균(mean)을 말하게 될 것이다.

평균은 가장 보편적으로 사용되는 대표값이다. 평균을 구하는 방법은 간단하다. 전체 데이터를 더하고, 데이터의 수로 나누면 된다. 간단한 숫자로 예시를 들어보자. '1, 2, 3, 4, 5'의 평균은 (1+2+3+4+5)/5이므로 3이다. 숫자가 조금 많아지더라도, 모두 더하고 그 수로 나누면 되기 때문에 편리하다는 장점이 있다.

하지만 평균에는 치명적인 단점이 있다. 극단적인 값에 매우 취약하다는 것이다. 예시를 들어보자. 어떤 학교의 MBA 졸업생 첫 해 연봉이 '7천만 원, 6천만 원, 8천 5백만 원, 6천 5백만 원, 6천만 원, 5억 원'이었다고 해 보자. 평균을 구해보면 (7천만 + 6천만 + 8천 5백만 + 6천 5백만 + 6천만 + 5억)/6이므로 평균은 1억 4천만원이다. 그러나 이 숫자를 가지고 '우리 학교의 MBA 졸업생 연봉은 보통 1억 4천정도 됩니다'라고 말하는 것은 좀 사실에서 거리가 먼 느낌이다. 극단적인 5억원이라는 값에 의해 평균이 크게 변하였고, 1억 4천만원은 대부분의 연봉을 전혀 대표하지 못하는 상황이다. 이렇게 데이터에 극단적인 값이 분포한 경우 단순히 평균을 계산하여 데이터의 전반적 경향을 파악하는 것은 바람직하지 않다.

비슷한 문제를 가구소득 평균에서도 볼 수 있다. 우리나라의 가구당 평균소득은 2019년 기준 거의 6천만 원(5,924만 원)으로 나타나 있지만, 사실은 가구 중 절반이 4,652만 원 이하의 소득을 가지고 있다. 소득의 분포가 왼쪽으로 치우치고 오른쪽 꼬리가 긴 비대칭적 분포를 가지고 있음에 따라 높은 값들로 인해 평균이 치우쳐지기 때문이다.

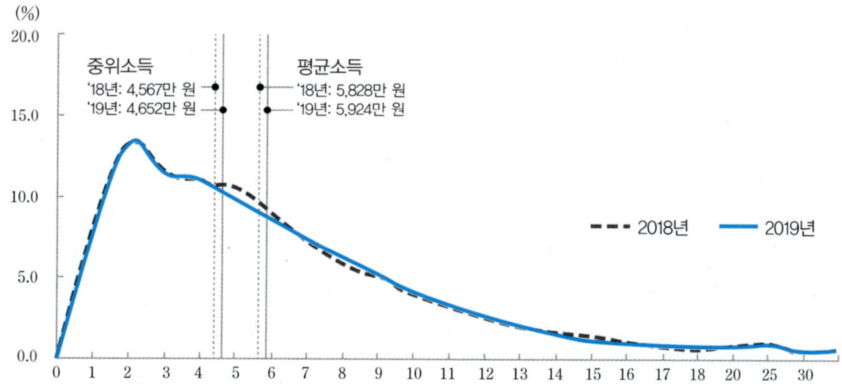

[그림 4-1] 가구소득의 비대칭적 분포 (자료: 통계청 2020년 가계금융복지조사)

극단값이나 분포의 비대칭에 크게 영향을 받는 평균의 이러한 문제를 방지하기 위해 사용할 수 있는 대표값으로 중앙값(median)이 있다. 중앙값은 말 그대로 자료의 중앙에 있는 값을 대표값으로 사용하는 것이다. '1, 2, 3, 4, 5'의 경우 중앙값은 평균과 같은 3이 나올 것이고, '7천만 원, 6천만 원, 8천 5백만 원, 6천 5백만 원, 6천만 원, 5억 원'의 경우 데이터의 수가 짝수이므로, 중간 크기의 두 값 6천만 원과 6천 5백만 원 두 값 평균인 6,250만 원이 중앙값으로 나온다. 이 데이터의 평균값 1억 4천만 원에 비하면, 중앙값 6,250만 원이 연봉 데이터를 더 잘 설명하는 것으로 보인다.

중앙값의 특징은 극단적인 값에 큰 영향을 받지 않는다는 것이다. 극단적으로 높은 것이 있어도 순서대로 가다가 중간을 찾는 것이기 때문에 극단값들의 크기에 많이 영향받지 않는다. 이렇게 극단값에 대해 견고한(robust) 특성 때문에, 비대칭적인 데이터가 많은 비즈니스 환경에서 데이터 분석가들은 많은 경우에 평균보다는 중앙값을 선호한다. 다시 한국의 가구소득을 살펴보자. 한국의 가구당 소득의 중앙값은 4,652만 원이다. 가구 평균 소득인 5,924만 원과 비교하면 현실과의 괴리감이 훨씬 적다. 또한, 가구소득 분포가 오른쪽 꼬리가 긴 형태이므로, 중앙값이 평균보다 낮게 나타나고 있다.

또 다른 대표값으로 최빈값(mode)이 있다. 최빈값은 가장 자주 나타난 값을 대표값으로 두는 것이다. '1, 2, 3, 3, 4, 5'의 경우 최빈값은 3이다. 최빈값은 단어별 출현 빈도를 보고 가장 자주 등장한 단어를 알아보는 경우처럼 범주형 자료에서 유용하게 사용된다.

4.2 데이터의 변동성

앞의 절에서 데이터의 대표값에 대해 알아보았다. 하지만 대표값만 가지고 데이터를 이해하는 것은 위험하다. 예시를 통해 그 위험성을 알아보자.

어떤 공정이 있는데 평균 소요시간이 5분이라고 해보자. 지금 공정의 설계방식 A, B, C 세 가지가 있는데 모두 평균 소요시간이 5분이다. 그러면 세 공정의 소요시간은 동일하다고 판단해도 되는 것일까? 세 번 시간을 측정한 데이터가 각각 A는 '5, 5, 5', B는 '4, 5, 6', C는 '3, 5, 7' (단위:분)이었다고 하면, 그래도 세 공정의 소요시간은 동일하다고 판단할 수 있는가? 아마 이 공정을 포함한 후속 공정이나 전체 공정통제의 관점에서, A와 C는 판이하게 다른 고려가 필요할 것이다. 평균이 같다고 이 데이터가 같다고 볼 수 없다는 것이다.

A, B, C 세 데이터를 다르게 만드는 것은 값들의 변동성(variability)이다. '평균이 5분'이라는 표현 안에는 데이터 값의 전반적인 크기에 대한 정보만 있을 뿐, 값의 변동성에 대한 정보는 담겨있지 않다. 값의 크기와 변동성 중에 어느 것이 더 중요한가 하는 질문을 해 본다면, 많은 경우에 변동성이 더 비즈니스 의사결정에 중요한 영향을 미친다. 따라서 우리에게는 변동성을 표현하는 또 다른 지표가 필요하다.

값의 변동성, 즉 값들이 평균을 중심으로 얼마나 모여있는지 흩어져있는지를 나타내는 지표로서 가장 널리 사용되는 것은 분산과 표준편차이다. 분산(variance)은 각 데이터 값에서 평균을 뺀 값을 제곱하여 더한 뒤, 이를 데이터의 수로 나눈 것으로 표현된다[1]. 즉, 편차 제곱의 평균이다. 편차는 + 또는 −의 부호를 가질 수 있으므로, 제곱을 함으로써 편차의 부호를 +로 통일할 수 있게 된다.

분산은 값의 변동성을 나타내는 좋은 지표이지만, 편차를 제곱했기 때문에 실제 값이 퍼져있는 정도의 규모에 비해 훨씬 큰 값을 제시하게 되어 다소 직관에 부합하지 않는다. 따라서, 분산에 제곱근(square root)을 취한 값인 표준편차(standard deviation)가 널리 쓰인다. 앞에서 예시로 든 A, B, C 세 데이터들의 분산과 표준편차를 구해보자.

A: (5, 5, 5)
- 평균: $(5+5+5)/3=5$
- 분산: $\{(5-5)^2+(5-5)^2+(5-5)^2\}/(3-1)=0$
- 표준편차: $\sqrt{0}=0$

B: (4, 5, 6)
- 평균: $(4+5+6)/3=5$
- 분산: $\{(4-5)^2+(5-5)^2+(6-5)^2\}/(3-1)=1$
- 표준편차: $\sqrt{1}=1$

1) 전체 데이터에 대한 분산은 모평균 대비 편차 제곱의 합을 데이터의 개수로 나눈다. 그러나, 데이터에서 일부를 추출한 표본에서 데이터 모집단의 분산을 추정할 때에는 표본 내에서 나타난 표본평균 대비 편차 제곱의 합을 (데이터 개수−1)로 나누는 것이 적합한 추정치가 된다.

C: (3, 5, 7)

- 평균: $(3+5+7)/3=5$
- 분산: $\{(3-5) \ +(5-5)^2+(7-5)^2\}/(3-1)=4$
- 표준편차: $\sqrt{4}=2$

대략 말해서, A 공정은 5±0, B는 5±1, C는 5±2 정도의 변동폭을 갖는다고 생각할 수 있겠다. 보다 엄밀히 말하면, 표준편차를 평균에 더하고 뺀 범위는 해당 데이터값의 변동범위의 약 70% 정도에 해당한다(더 정확히는 68%). '이 값은 대개 그 범위에서 나온다' 정도로 말할 수 있겠다. 표준편차를 두 배 해서 평균에서 더하고 빼면 우리가 잘 아는 95% 신뢰구간이 된다(더 정확히는 표준편차를 1.96배).

즉, A, B, C 세 개의 숫자는 동일하지 않다! 크기는 비슷하더라도 변동성이 서로 다른 숫자들은 동일하게 취급할 수가 없다. 우리의 언어를 통한 숫자 표현은 크기만 전달할 수 있을 뿐이다. 따라서, 숫자에는 기본적으로 동전의 양면처럼 앞면에는 크기가, 뒷면에는 변동성이 쓰여져 있다라고 생각하는 것이 좋겠다. 데이터의 세계에서는, 어떤 값을 보든, 숫자의 앞면(크기)과 뒷면(변동성)을 동시에 고려해야 한다.

4.3 파이썬을 이용한 실습: 데이터 추출하기

파이썬을 이용하여 데이터의 대표값과 표준편차를 계산해보자. 이 분석을 위해서 우리는 3장에서 설치한 pandas와 numpy를 사용할 것이다. 혹시 pandas 및 numpy가 설치되어 있지 않거나 내용을 잘 모른다면 3장에서 해당 내용을 먼저 살펴보고 오는 것을 권한다.

실습을 위해 '**buylov.csv**'라는 데이터를 살펴보자. 미국의 237명의 성인남녀에게 생일선물 가격을 조사한 데이터이다. 생일선물을 준 사람에게는 실제 구매 가격, 받은 사람에게는 선물의 추정 가격을 물어보았다. 또한, 선물을 주거나 받았을 때 얼마나 고마워했는지, 기뻤는지 등을 조사했다. 고마웠던 정도와 관련해서는 선물을 받은 사람에게는 얼마나 고마웠었는지를 7점척도로 물어보았고, 선물을 준 사람은 상대가 얼마나 고마워했을지를 짐작해 7점척도로 답한 재미있는 데이터이다[2].

이 데이터에서 선물 가격의 대표값과 분산 및 표준편차를 분석해보자. 먼저, 데이터 파일을 적당한 폴더에 저장하고, 다음의 코드를 'ex4-1.py'라는 이름으로 데이터 파일이 저장된 폴더에 함께 저장한다.

예제 **ex4-1.py (a)**

```
1 import pandas as pd
2 b = pd.read_csv('buylov.csv')
3 print(b)
```

첫 번째 줄의 'import pandas as pd'는 pandas 패키지를 활성화하고 pd라는 짧은 이름으로 사용하겠다는 선언이다. 두 번째 줄에서 pd.read_csv 명령을 사용하여 'buylov.csv' 데이터를 읽어서 b라는 변수에 저장하였고, 세 번째 줄에서 'print(b)'를 통해 해당 내용을 화면에 출력하도록 하였다. 실행 결과는 다음과 같다.

```
     BGiftPrice      Role  Gender  Apprec-7  Grateful-7  AppLevel
0            14     Giver  Female         1           1       1.0
1            28     Giver  Female         1           1       1.0
2           202  Receiver  Female         1           1       1.0
3            14     Giver    Male         1           1       1.0
4            47     Giver    Male         1           1       1.0
..          ...       ...     ...       ...         ...       ...
232         318     Giver  Female         7           6       6.5
233         138  Receiver  Female         7           6       6.5
234          33  Receiver    Male         7           7       7.0
235         170  Receiver    Male         7           7       7.0
236         102  Receiver    Male         7           7       7.0

[237 rows x 6 columns]
```

2) Flynn, F. J., & Adams, G. S. (2009). Money can't buy love: Asymmetric beliefs about gift price and feelings of appreciation. Journal of Experimental Social Psychology, 45(2), 404–409.

데이터를 엑셀로 열었어도 동일한 결과를 볼 수 있었을 것이다. 이 데이터에는 237개의 행이 있고, 각각의 행은 한 사람에 대한 조사 결과를 나타낸다. 데이터에는 6개의 열이 있다. 첫 번째 열 BGiftPrice는 생일선물의 가격이 달러로 나타나 있다. 두 번째 열 Role은 해당 대상자가 선물을 준 사람인지 받은 사람인지를 나타내고 있는데, 선물을 준 사람이면 Giver, 받은 사람이면 Receiver라고 표시되어 있다. 세 번째 열 Gender는 성별을 나타낸다. 네 번째 열 Apprec-7은 그 선물을 받은 사람이 얼마나 고마워했는지를 7점 척도로 표시하고 있다. 높은 숫자일수록 많이 고마워했다는 의미이다. 그런데, 앞서 언급한 것처럼, 해당 행의 대상자가 선물을 준 사람(Giver)이면 선물 가격은 실제 구매가격이지만, 상대방이 고마워한 정도는 추정치이다. 반대로 선물을 받은 사람(Receiver)이면 선물 가격이 추정치이고, 자신이 고마워한 정도는 정확한 기억일테니, 준 사람과 받은 사람의 데이터는 서로 비대칭적이라고 할 수 있겠다.

그러면, 가장 먼저 선물가격의 평균을 구해보자. 데이터는 변수 b에 저장되어 있고, 이것은 pandas의 데이터프레임 자료형이므로, b에서 생일선물의 가격인 BGiftPrice 열의 값만 추출하려면 b['BGiftPrice']라고 하면 된다. 앞의 'ex4-1.py' 코드를 생일선물의 가격만 추출해서 인쇄하도록 수정해보자.

예제 **ex4-1.py (b)**

```python
import pandas as pd
b = pd.read_csv('buylov.csv')
print(b['BGiftPrice'])
```

위의 프로그램을 실행하면 다음과 같이 BGiftPrice의 값만 출력된다.

```
0       14
1       28
2      202
3       14
4       47
       ...
232    318
233    138
```

```
234     33
235    170
236    102
Name: BGiftPrice, Length: 237, dtype: int64
```

이렇게 데이터에서 특정 열의 값만 추출하는 것을 살펴보았다. 그러면, 데이터에서 특정 조건을 만족하는 행을 추출하려면 어떻게 하는가? 이 데이터에서 생일선물가격의 응답이 선물을 준 사람과 받은 사람의 성격이 다르다는 점을 생각해보면, 응답자가 선물을 준 사람인지 받은 사람인지에 따라 데이터를 구분하여 각각의 그룹에 대해 분석할 필요가 있을 수 있다. 선물을 주었는지 받았는지는 데이터의 Role 열이 나타내고 있는데, Role의 값이 Giver이면 해당 행이 선물을 준 사람, Receiver이면 선물을 받은 사람의 데이터임을 나타낸다. 따라서, Role의 값에 따라 데이터를 구분해서, 선물을 준 사람(Giver)의 데이터는 bg, 받은 사람(Receiver)의 데이터는 br이라는 변수에 구분하여 저장하려고 하면, 다음과 같이 하면 된다.

예제 **ex4-2.py**

```
1 import pandas as pd
2 b = pd.read_csv('buylov.csv')
3 bg = b[b['Role']=='Giver']
4 br = b[b['Role']=='Receiver']
5 print('< Giver Data >')
6 print(bg)
7 print('< Receiver Data >')
8 print(br)
```

코드의 세 번째, 네 번째 줄이 핵심이다. 세번째 줄을 예로 들면, 복잡해보이지만 bg = b[조건]의 형태임을 이해하면 쉽다. 즉, bg라는 변수에 b에서 특정 조건을 만족하는 행만 골라서 넣는다는 의미인데, 여기서 조건이 b['Role']=='Giver'인 것이다. 즉, b의 Role열의 값이 Giver와 동일한(==) 조건을 만족하는 행을 선별하게 된다. 동일한 방법으로 네 번째 줄은 br 변수에 Role의 값이 Receiver인 행을 넣었다. 그 아래에 bg와 br의 값을 출력해보고 있는데, 출력 결과를 보면 다음과 같이 선물을 준 사람과 받은 사람의 데이터가 잘 구분되어 들어가 있음을 확인할 수 있다.

```
< Giver Data >
      BGiftPrice   Role  Gender  Apprec-7  Grateful-7  AppLevel
0             14  Giver  Female         1           1       1.0
1             28  Giver  Female         1           1       1.0
3             14  Giver    Male         1           1       1.0
4             47  Giver    Male         1           1       1.0
5             58  Giver  Female         1           1       1.0
..           ...    ...     ...       ...         ...       ...
220          431  Giver  Female         6           5       5.5
224          374  Giver    Male         7           5       6.0
226          290  Giver  Female         6           6       6.0
230          309  Giver    Male         6           7       6.5
232          318  Giver  Female         7           6       6.5

[134 rows x 6 columns]
< Receiver Data >
      BGiftPrice      Role  Gender  Apprec-7  Grateful-7  AppLevel
2            202  Receiver  Female         1           1       1.0
18            50  Receiver  Female         1           1       1.0
22           208  Receiver    Male         1           1       1.0
27           136  Receiver    Male         1           2       1.5
31           156  Receiver  Female         1           2       1.5
..           ...       ...     ...       ...         ...       ...
231          156  Receiver    Male         6           7       6.5
233          138  Receiver  Female         7           6       6.5
234           33  Receiver    Male         7           7       7.0
235          170  Receiver    Male         7           7       7.0
236          102  Receiver    Male         7           7       7.0

[103 rows x 6 columns]
>>>
```

4.4 파이썬을 이용한 실습: 대표값 구하기

데이터에서 생일선물 값만 추출하였으니 이제 이 데이터의 대표값을 구해보자. 다음 코드를 'ex4-3.py'라는 이름으로 하여 데이터 파일이 저장되어 있는 동일한 폴더에 저장해 본다.

예제 **ex4-3.py (a)**

```
1 import pandas as pd
2 import numpy as np
3 b = pd.read_csv('buylov.csv')
4 print(b['BGiftPrice'])
```

다양한 통계함수를 사용하기 위해서는 3장에서 배운 numpy 패키지가 필요하므로, 2행에서 numpy를 활성화하여 np라는 이름으로 사용한다고 선언하였다. 그 다음 3행에서 'buylov.csv'파일을 열어서 b에 저장하였고, 5행에서 b의 BGiftPrice열만 추출하여 출력해보았다. 여기까지는 'ex4-1.py'와 기능적으로 차이가 없다.

여기에 생일선물의 평균을 계산하여 출력하는 내용을 추가해 보자. numpy에서 평균을 계산하는 함수의 이름은 **mean**이다. numpy를 np라는 이름을 사용하고 있으므로, 평균을 구하기 위해서는 np.mean( )이라고 하고 괄호 안에 대상 값들의 리스트를 넣으면 되겠다. 우리는 b['BGiftPrice'], 즉 b의 BGiftPrice 열의 값의 평균을 구하고자 하므로, 마지막 행에 다음과 같이 추가해 보자.

예제 **ex4-3.py (b)**

```
1 import pandas as pd
2 import numpy as np
3 b = pd.read_csv('buylov.csv')
4 print(b['BGiftPrice'])
5 print('평균 :', np.mean(b['BGiftPrice']))
```

실행 결과는 다음과 같다.

```
0       14
1       28
2      202
3       14
4       47
        ...
232    318
233    138
234     33
235    170
236    102
Name: BGiftPrice, Length: 237, dtype: int64
평균 : 124.59071729957806
```

출력 결과의 마지막 줄에 BGiftPrice 열의 평균값이 계산되어 출력되었다. BGift Price, 즉 생일선물의 가격이 평균적으로 약 124.59달러로 나타나 있다. 그냥 값만 보고 넘어가지 말고, 의미를 생각해보는 습관을 갖는 것이 중요하다. 이 값을 보고 '흠, 미국 사람들은 제법 비싼 생일선물을 주고받는군...' 이라고 생각해 볼 수 있겠다.

이번에는 **중앙값**을 구해보자. numpy에서 중앙값을 계산하는 함수는 **median**이다. 앞의 코드에 np.median(b['BGiftPrice'])을 계산해서 출력하는 명령을 추가하면 되는데, 매번 b['BGiftPrice']를 집어넣으려니 번거롭기도 하고 보기에도 복잡하다. 이런 건 새로 변수를 하나 정의해서 사용하면 훨씬 간결해진다. b['BGiftPrice']를 bp라는 이름의 변수로 저장하고 mean과 median을 계산하도록 해 보자. 코드를 다음과 같이 수정해보자.

예제 ex4-3.py (c)

```python
import pandas as pd
import numpy as np
b = pd.read_csv('buylov.csv')
bp = b['BGiftPrice']
print(bp)
print('평균 :', np.mean(bp))
print('중앙값 :', np.median(bp))
```

코드를 실행해보면 평균은 약 124.59달러이지만, 중앙값은 93.0달러가 나온다. 중앙값은 작은 값부터 순서대로 나열했을 때 중간에 있는 값을 의미하고, 값은 총 237개이므로, 순서대로 나열했을 때 119번째 값이 중앙값이 되었을 것이다.

그런데, 평균과 중앙값의 차이가 상당히 크다. 중앙값은 평균에 비해 약 32달러나 낮은 값이다. 이것은 무엇을 의미하는가? 중앙값은 극단값의 영향을 받지 않고 대체로 데이터의 전반적 경향을 안정적으로 설명한다는 특성을 감안하면, 평균값이 훨씬 크다는 것은 극단적으로 비싼 생일선물들로 인해 생일선물의 가격 분포가 오른쪽 꼬리가 긴 형태를 가지게 됨에 따라 평균값이 높은 쪽으로 끌려갔을 것이라는 점을 짐작할 수 있다.

4.5 파이썬을 이용한 실습: 표준편차 구하기

값의 **변동성**을 나타내는 대표적인 지표인 **표준편차**를 구해보자. numpy에서 표준편차를 구하는 함수는 **std**이다. 즉, 'np.std( )'라는 명령어를 이용한다. 앞의 프로그램에 다음과 같이 표준편차를 구하는 명령을 추가해보자.

예제 ex4-4.py

```python
import pandas as pd
import numpy as np
b = pd.read_csv('buylov.csv')
bp = b['BGiftPrice']
print(bp)
print('평균 :', np.mean(bp))
print('중앙값 :', np.median(bp))
print('표준편차 : ', np.std(bp))
```

코드를 실행해보면 표준편차는 114.64가 나온다. 이 결과는 생일선물 가격이 대략 평균 124.59달러를 중심으로 ±114.64달러만큼의 범위에 흔히 나타난다는 의미이므로, 생일선물 가격의 범위가 비교적 넓게 퍼져있음을 예상할 수 있다. 평균이 중앙값보다 컸던 것을 유추해보면, 아마 비싼 선물의 가격 값이 제법 넓게 분포되어있을 것이라고 예상할 수 있다. 실제로 생일 선물이 이런 분포를 가지는지는 데이터 시각화를 통해 확실히 관찰할 수 있는데, 이에 대해서는 다음 장에서 살펴보도록 하겠다.

이번 장에서는 대표값과 분산, 표준편차를 중심으로 데이터를 표현하는 기본적인 통계학적 지식을 다루었다. 우선, 대표값으로는 평균과 중앙값 등이 있고, 비대칭 데이터가 많은 비즈니스 환경에서는 중앙값이 매우 유용하게 사용되는 것을 알아보았다. 분산 및 표준편차는 데이터의 퍼져있는 정도를 파악할 때 이용되며 분산과 표준편차가 클수록 데이터가 평균 혹은 중앙값을 중심으로 넓게 퍼져있음을 알아보았다. 이러한 지식을 바탕으로 실제 데이터를 분석하여 평균과 중앙값의 차이가 발생함을 확인하였고, 그 차이와 표준편차를 이용하여 데이터의 형태를 유추할 수 있었다.

대표값을 데이터의 특성에 따라 선택하고 표준편차를 활용하여 데이터의 변동성을 파악하며, 평균과 중앙값의 차이로부터 데이터의 형태를 예상하는 것은 데이터 분석의 첫 번째 단계이다. 이것만으로도 중요한 시사점을 얻을 수 있는 경우도 많다. 특히, 평균이나 중앙값, 표준편차 등의 값을 보면서 이 값이 실제에서 어떤 의미를 가지는지를 생각해 보는 것은 이후의 분석에서 좋은 결과를 내기 위한 매우 중요한 과정이므로, 기본적인 분석 결과라도 그 의미를 충분히 숙고하는 습관을 갖는 것이 필요하다.

실·습·예·제

1. 광역시도별 인구를 나타내고 있는 예제 데이터파일 `population.csv'를 활용하여 다음 물음에 답하시오.

1) 전국 광역시도별 인구의 평균값과 중앙값을 구하고, 이 차이의 시사점을 설명하시오.

2) 전국 광역시도별 인구의 표준편차를 구하고, 이 값의 시사점을 설명하시오.

풀이

practice_4-1.py

```
import pandas as pd
import numpy as np

p = pd.read_csv('population.csv')
print(p)
print('1) Mean and median of population')
print('mean of population = ', np.mean(p['population']))
print('median of population = ', np.median(p['population']))
print('2) Standard deviation of population')
print('stdev of population = ', np.std(p['population']))
ratio = []
for i in range(len(p)):
    male = p.iloc[i]['male']
    female = p.iloc[i]['female']
    ratio.append(male/female)
```

	region	population	male	female	...	female_korean	population_foreigner	male_foreigner	female_foreigner
0	Seoul	9736027	4721977	5014050	...	4891418	226569	103937	122632
1	Busan	3396109	1663619	1732490	...	1711336	45729	24575	21154
2	Daegu	2412642	1189901	1222741	...	1209780	27230	14269	12961
3	Incheon	3014739	1513277	1501462	...	1472002	66364	36904	29460
4	Gwangju	1462545	724178	738367	...	728596	20934	11163	9771
5	Daejeon	1469543	732593	736950	...	727625	17292	7967	9325
6	Ulsan	1138419	586031	552388	...	545375	16827	9814	7013
7	Sejong	376779	188619	188160	...	186217	4884	2941	1943
8	Gyeonggi	13925862	7038296	6887566	...	6738152	360412	210998	149414

```
9     Gangwon   1555876   783743   772133  ...    764160    17384    9411    7973
10   Chungbuk   1633472   832743   800729  ...    786755    36045   22071   13974
11   Chungnam   2181835  1120429  1061406  ...   1035891    62578   37063   25515
12    Jeonbuk   1817186   905672   911514  ...    897861    30331   16678   13653
13    Jeonnam   1865459   943018   922441  ...    910582    32656   20797   11859
14  Gyeongbuk   2677709  1355128  1322581  ...   1302948    51100   31467   19633
15  Gyeongnam   3377331  1709989  1667342  ...   1645845    63148   41651   21497
16       Jeju    697476   350822   346654  ...    337582    20717   11645    9072

[17 rows x 11 columns]
1) Mean and median of population
mean of population =  3102294.6470588236
median of population =  1865459.0
2) Standard deviation of population
stdev of population =  3369255.1338259066
3) Mean and median of gender ratio
mean of gender ratio =  1.0077553518287559
median of gender ratio =  1.0120235162438627
```

1)에 나타난 광역시도별 인구의 평균은 310만 명 정도인데 비해, 중앙값은 187만 명 정도로서 그 차이가 매우 크다. 이것은 인구가 매우 많은 일부 광역시도에 의해 평균이 높아져 있지만, 대부분의 광역시도는 약 187만 명 전후의 인구를 가지고 있다는 의미로 해석된다.

2)에 나타난 광역시도별 인구의 표준편차값은 337만 명 정도로서, 평균값이나 중앙값에 비해 매우 큰 값이다. 이로부터 광역시도별 인구의 편차가 매우 큼을 알 수 있다.

2. 위의 데이터에서 전국 광역시도별 남녀 인구 비율의 평균값과 중앙값을 구하고, 이 차이의 시사점을 설명하시오

풀이

```
import pandas as pd
import numpy as np

p = pd.read_csv('population.csv')
ratio = []
for i in range(len(p)):
    male = p.iloc[i]['male']
```

```
    female = p.iloc[i]['female']
    ratio.append(male/female)
print('Mean and median of gender ratio')
print('mean of gender ratio = ', np.mean(ratio))
print('median of gender ratio = ', np.median(ratio))
```

```
Mean and median of gender ratio
mean of gender ratio =  1.0077553518287559
median of gender ratio =  1.0120235162438627
```

광역시도별 남녀 인구비율은 평균과 중앙값이 비교적 비슷하게 나타나고 있다. 이는 남녀인구의 비율은 지역간에 비교적 대칭적으로 나타나고 있음을 시사하고 있다.

연·습·문·제

1. 평균과 중앙값이 다음 각각의 관계에 있을 때 확률분포는 어떤 형태를 가지는지 설명하시오.

    - 평균 < 중앙값
    - 평균 = 중앙값
    - 평균 > 중앙값

2. 'buylov.csv' 데이터를 성별로 구분하여 각 성별의 선물가격에 대한 평균, 중앙값, 표준편차를 구하여 비교하시오.

3. numpy의 np.random.randint(n)은 0부터 n−1까지의 정수 중에서 임의의 숫자를 생성한다. 이 기능을 이용하여 다음 프로그램을 구현하시오.

    - 1번 주사위를 10만번 던졌을 때 나타나는 주사위 눈의 값을 x에 저장
    - 2번 주사위를 10만번 던졌을 때 나타나는 주사위 눈의 값을 y에 저장
    - 3번 주사위를 10만번 던졌을 때 나타나는 주사위 눈의 값을 z에 저장
    - x를 이용하여 주사위 하나를 던졌을 때의 주사위 눈의 최소값, 최대값, 평균, 표준편차를 계산
    - x, y를 이용하여 주사위 두 개를 동시에 던졌을 때의 주사위 눈 합계의 최소값, 최대값, 평균, 표준편차를 계산
    - x, y, z를 이용하여 주사위 세 개를 던졌을 때의 주사위 눈 합계의 최소값, 최대값, 평균, 표준편차를 계산

5
CHAPTER

데이터 시각화

데이터 시각화(data visualization)는 데이터 속에 숨어있는 의미를 추출하여 그래프 등의 시각적인 도구로 표현하는 것이다. 즉, 데이터에 숨어있는 패턴을 눈으로 볼 수 있게 해 주는 기술이다. 눈으로 봄으로써 데이터가 무엇을 말하는지를 찾아내고, 내가 찾아낸 데이터의 메시지를 다른 사람들도 쉽게 눈으로 볼 수 있게 해준다.

데이터 시각화는 모든 분석의 출발점이다. 잘 된 시각화만으로도 데이터 분석의 절반 이상이 완성된다고 말할 수 있다. 데이터에 내포된 의미를 시각화하는 과정에서 데이터의 패턴과 의미를 충분히 고찰할 수 있게 되기 때문이다. 반면, 데이터의 의미가 눈으로 보여지고, 그 형태가 머릿속에서 이해되지 않은 상태에서 맹목적으로 데이터를 분석하는 것은 위험하며, 경우에 따라 현실과 동떨어진 결론을 도출하게 되기 쉽다.

5.1 데이터 시각화의 사례

데이터 시각화는 컴퓨터가 있기 전부터 이루어져왔다. 컴퓨터가 없어도 자료를 집계할 수 있고, 이를 그림으로 나타내는 것이 가능할 것이다. 두 개의 사례를 소개하고자 한다.

첫 번째는 조선 후기의 실학자 다산 정약용 선생(그림 5-1)의 이야기이다. 실학의 대가로서 거중기를 만들어 수원 화성을 구축할 때에도 큰 공헌을 하였고 많은 저서를 남겼으며 행정가로서도 탁월한 능력을 보인 것으로 유명하다. 그렇지만, 잘 알려지지 않았으나 사실 정약용 선생은 데이터 정리의 달인이었다고 한다.

정약용 선생의 데이터 정리 일화를 보자. 조선 후기, 정조는 어릴 적 돌아가신 아버지(사도세자)를 그리워하며 수원에 사도세자의 능(현륭원, 顯隆園)을 건립하고, 주변에 나무를 많이 심으라고 명한다. 1795년, 임금은 현륭원에 그간 심은 나무가 몇 그루나 되는지, 주변 고을에서 얼마나 나무를 심었는지 등을 알고 싶다고 하였다. 이에 신하들이 나무를 심을 때마다 올린 공문인 식목부(植木簿)를 가지고 왔는데, 이 공문이 소가 끄는 수레를 가득 채웠지만 정작 나무가 몇 그루인지는 아무도 답을 하지 못했다. 다시 말해, 데이터는 많지만 정작 필요한 정보를 뽑아낼 방법이 없었다. 이에 정조는 정약용을 불러 다음과 같이 명하였다.

[그림 5-1] 다산 정약용 선생의 초상화 (자료: 위키백과)

"7년 동안(1789~1795) 8읍(수원 · 광주 · 용인 · 과천 · 진위 · 시흥 · 안산 · 남양)에서 현륭원에 심은 나무의 장부가 수레에 실으면 소가 땀을 흘릴 정도인데, 그 공로는 누가 더 많으며, 나무의 숫자는 얼마인지 아직도 명백하지 않으니 1권이 넘지 않은 범위에서 네가 명백하게 정리하라[1]."

정약용은 이를 표로 정리했다. 여덟 고을의 각각에 해당하는 여덟 장의 종이를 준비하고, 각 종이에는 열 제목으로 연도를, 행 제목으로 나무 종류를 기입하였다. 연도는 총 7년간이지만, 연도를 상반기와 하반기로 나누어 1789년 하반기로부터 1795년 상반기까지로 총 12칸으로 기간을 구분하였다. 이렇게 각 고을별 표가 준비된 후에, 전체가 몇 그루인지를 알기 위해서는 총괄표가 필요하다. 정약용은 마지막으로 각 고을별 표를 모아서 행 제목으로는 고을의 이름을, 열 제목으로는 연도를 기입한 총괄표를 만들었다. 이렇게 하면 표 한 장으로 어느 고을에서 언제 몇 그루의 나무를 심었는지, 전체 나무가 몇 그루인지를 한 눈에 알 수 있을 것이다. 총 1200만 9972그루의 나무가 있었다고 하며, 이 표를 본 정조는 크게 칭찬하며 오랫동안 감탄하였다고 알려진다.

지금 생각하면 당연하다고 생각하겠지만, 컴퓨터와 엑셀이 있던 시절도 아니었고, 테이

1) 박석무, 다산과 화성(華城)-3, http://www.edasan.org/sub03/board01_list.html?bid=b31&page=79&ptype=view&idx=293

블 형태로 숫자를 정리하는 기법이 흔하지 않았던 시기이다. 결정적으로 임금이 연도별, 고을별로 정리해달라고 요청한 것도 아닌데, 고객(임금)의 의중을 읽어 고객이 암묵적으로 원하는 바를 파악하고 이를 정리하는 형식과 방법을 동시에 고안해냈다는 것이 놀라울 따름이다.

곡산부사로 부임했던 시절의 유명했던 일화도 있다. 부임하자마자 고을의 각 가구별로 직업, 구성원 수, 소유한 밭의 규모 등을 정리해 표로 만들었다. 이것이 세금 징수의 근간인 데이터가 되어 아전의 수탈 등을 막을 수 있었다. 표라는 것은 굉장히 단순한 시각화이지만 강력함을 가지고 있다. 한 고을을 한 장의 표로 정리할 수 있다. 당연히 고을의 모든 정보를 한 장의 표에 담을 수는 없을 것이니, 한 장의 표로 정리할 때에는 중요한 것, 관심 있는 것을 뽑아내는 것이 중요하다. 많은 정보 속에서 필요한 정보만 간추려내어 눈으로 보이게 만들기 위해서는 경험과 아이디어가 필요하고, 이것이 시각화의 핵심이다.

두 번째로는, 나이팅게일의 사례를 보자. 나이팅게일은 '백의의 천사'라는 수식어와 함께 간호사의 전형으로 널리 알려져 있으며, 크림 전쟁에서 영국군 야전 병원의 운영을 맡으면서 병원 경영자로서의 큰 업적을 남긴 바 있다. 당시 야전 병원에는 부상으로 병원에 온 병사들 중 상당수가 부상 자체보다는 병원의 비위생적인 환경 때문에 질병에 감염되어 죽어가는 상황이었다. 나이팅게일은 병원에 온 많은 병사들의 생명을 구하기 위해서는 병원의 위생 환경을 개선하는 것이 필수적이라고 생각하였고, 병원 환경 개선을 위한 본국의 지원을 얻기 위해 정책 결정자들을 설득해야 했다. 나이팅게일은 영국의 귀족 집안에서 태어나 수학과 통계학을 공부하였었고, 자신의 지식을 바탕으로 병원내 감염으로 많은 병사들이 사망하는 현황을 정량적으로 시각화하여 전달하기 위한 도표를 개발하였다. 이 도표는 장미꽃 모양을 닮았다고 하여 로즈 다이어그램(Rose diagram)이라고 불리기도 하는데, 그림 5-2에 나이팅게일이 개발한 로즈 다이어그램이 나타나 있다.

그림 5-2에 나타난 도표를 보면, 시계방향으로 1854년 4월부터 1855년 3월까지의 각 월의 구분이 표시되어 있으며, 각 월별로 사망 원인에 따른 사망자의 수가 색상으로 구분되어 나타나 있다. 파란 색이 부상 자체로 인한 사망자의 수이며, 가장 바깥쪽의 회색이 병원에서의 질병 감염으로 인한 사망자의 수를 나타내고 있다. 도표로부터 병원 감염으로 사망하는 병사의 수가 부상 자체보다 압도적으로 많은 것을 한 눈에 확인할 수 있다. 나이팅게일은 이러한 시각화를 통한 의사소통을 통해 병원 환경 개선을 위한 본국의 지원을 획득하였고, 병원 환경 개선 사업 이후로 사망율이 크게 낮아지면서 많은 병사들의 생명을 구할 수 있었다. 이는 시각화를 통한 의사소통의 성공 사례로 손꼽히고 있다.

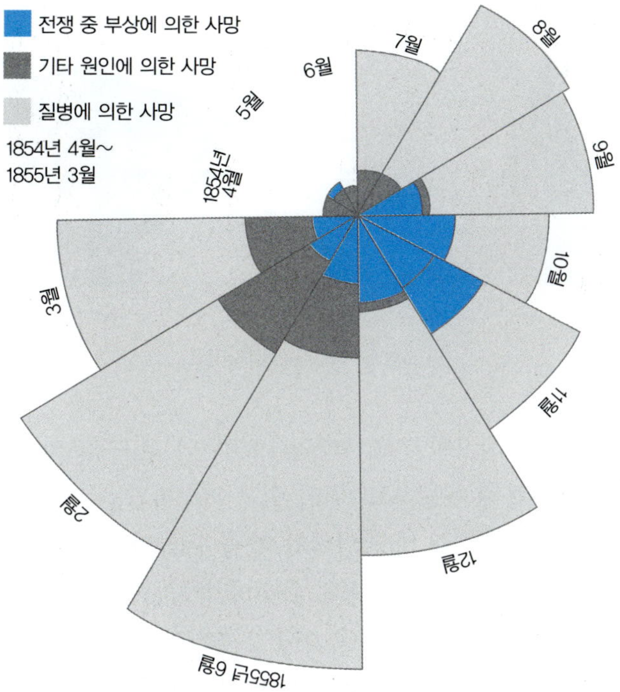

[그림 5-2] 나이팅게일의 로즈 다이어그램 (자료 : https://www.uh.edu/engines/epi1712.htm)

이렇게 컴퓨터 개발 이전의 시대에서 두 위대한 선각자의 시각화 사례를 살펴보았다. 고성능의 컴퓨터와 광범위한 디지털 데이터가 존재하는 현대에는 당연히 훨씬 강력하고 다양한 시각화가 활용되고 있다. 예를 들면 Towards Data Science[2]에서는 애니메이션과 결합한 다양한 시각화의 사례가 제시되어 있다. 물론 애니메이션 등을 활용한 화려하고 다채로운 시각화도 좋겠지만, 단순한 형태로도 핵심적인 메시지를 제공하는 훌륭한 시각화의 사례도 많이 존재한다. 단순하면서도 매우 성공적인 시각화의 사례로서는 인구 피라미드[3]를 들 수 있겠다.

2) https://towardsdatascience.com/data-visualization/home

3) https://sgis.kostat.go.kr/jsp/pyramid/pyramid1.jsp

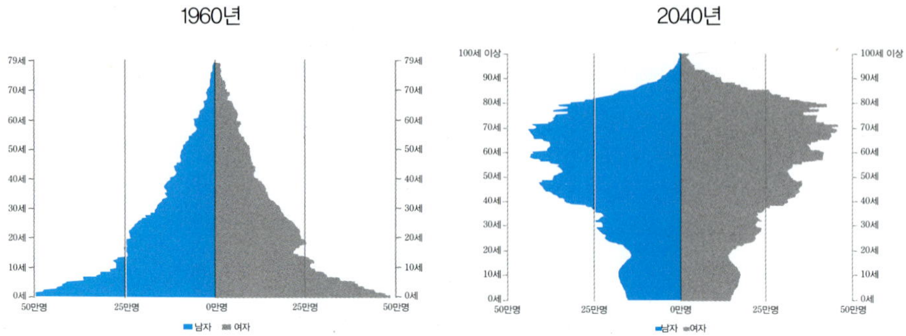

[그림 5-3] 인구 피라미드

그림 5-3은 통계청에서 발표한 우리나라의 1960년의 인구구조와 2040년의 인구구조 예측을 인구 피라미드를 통해 비교하고 있다. 인구 피라미드는 세로로 연령을, 가로로는 왼쪽은 남성, 오른쪽은 여성의 각 해당 연령의 인구 수를 가로 선의 길이로 나타내고 있는, 일종의 세로로 표현된 히스토그램이다. 1960년의 인구구조는 피라미드라는 이름에 걸맞게 아래로 갈수록, 즉 연령이 낮을수록 인구가 증가하는 형태를 보여주고 있다. 1960년을 전후로 1970년대 초반까지 높은 출산율로 베이비 붐 세대가 형성되었고, 갑자기 증가한 동일 연령대 인구로 인해 초중고 과밀학급, 높은 대학진학 장벽, 부동산 가격의 급등 등의 다양한 사회현상이 초래되었음을 우리는 이미 관찰한 바 있다. 이후 출산율의 급감으로 현재 저출산이 국가적 문제로 대두되고 있으며, 이러한 저출산 추세가 계속될 경우 2040년의 인구구조는 초고령사회의 도래를 예측하고 있다. 이는 사회 전반과 경제 및 기업환경에 엄청난 변화를 예고하고 있으며, 이를 어떻게 대비해야 할 것인가에 대한 중요한 시사점을 제공한다. 우리는 여기서, 이렇게 중요한 시사점을 제공하는 정보가 매우 단순하고 간결한 시각화에 의해 표현될 수 있다는 점에 주목해야 한다. 좋은 시각화는 데이터의 핵심적인 메시지에 대한 통찰과 이를 표현하는 포인트를 이끌어 내는 데 달려 있다.

5.2 데이터 시각화를 위한 프로그램 기초

그러면, 실제로 파이썬을 이용하여 데이터 시각화를 해보겠다. 파이썬에서 시각화에 가장 많이 사용되는 패키지는 **matplotlib**이다. 3장에서 살펴본 바와 같이, 파이썬에서 패키지 설치는 'pip install'이라는 명령어를 이용한다. 패키지 설치를 위해 명령 프롬프트 cmd를 관리자 권한으로 실행하고 다음 명령어를 입력한다. (Mac OS를 이용하는 경우 터미널을 실행하여 'pip' 대신 'pip3'를 입력한다.)

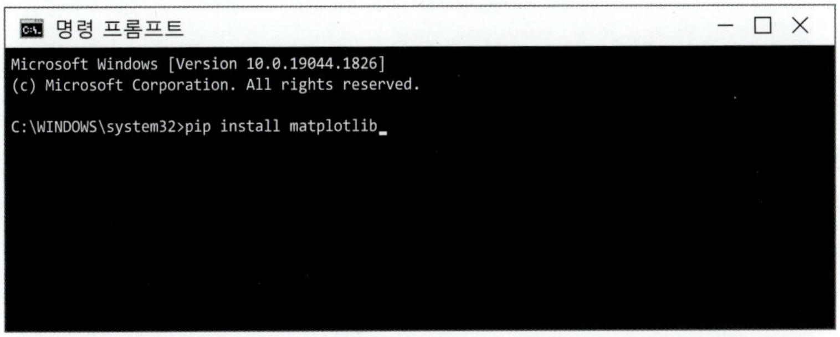

이 명령어를 실행하고 나면 몇 분동안 여러가지 부속 패키지들이 설치되고 나서 설치가 성공하였다는 메시지가 나타날 것이다. 여기서 설치한 matplotlib 패키지는 데이터를 이용해 다양한 그래프를 그리는 데 필요한 많은 기능을 내장하고 있는 패키지이다. 패키지 설치를 완료했다면, 다음의 예제 프로그램을 살펴보면서 기초적인 시각화 방법을 알아보자.

```
1  import matplotlib.pyplot as plt
2  x=[1,2,3,2,3,4]
3  plt.plot(x)
4  plt.show()
```

첫 번째 줄의 import .. as 문법은 3장에서 한 번 살펴보았었는데, 어떤 패키지를 as 뒤에 나온 짧은 이름으로 사용하기로 하자 정도의 뜻이 되겠다. 아까 명령프롬프트를 통해 패키지를 설치했지만, 파이썬에 설치된 수많은 패키지들을 한 프로그램에서 모두 사용하지는 않을 것이므로, 이번 프로그램 내에서 어떤 패키지를 골라 사용할 것인가를 선언해야 하는데, 이 때 이용하는 명령어가 'import'이다. 'import' 뒤에 설치한 패키지 혹은 설치한 패키지 중 특정한 부분의 이름을 적는다. 여기 나타난 첫 번째 줄에서는 matplotlib라는 패키지 내에 있는 pyplot이라는 그래프 패키지를 plt라는 짧은 별명으로 사용하자고 선언하고 있다. 굳이 다른 별명으로 쓰고 싶다면 그래도 되지만, 흔히 matplot.pyplot은 plt로 줄여서 쓰니까 따라가기로 하자.

두 번째 줄에서는 x라는 리스트에 여섯 개의 정수를 넣었다. 세 번째 줄에서는 plt, 즉 matplotlib.pyplot 패키지 안에 있는 plot이라는 함수를 가지고 x의 값을 그래프로 표현하라고 말하고 있다. plot은 가장 기본적이면서 유연한 그래프 기능으로서, 여기서처럼 일련의 값만을 넘겨주는 경우에는 해당 값들을 순차적으로 y축 높이로 표현해 준다. 세 번째 줄까지는 아직 화면에는 나타내지 않고, 컴퓨터 메모리 안에서만 그림을 준비하고 있다. 네 번째 줄의 plt.show() 함수는 마침내 지금까지 준비한 그래프를 화면에 나타내도록 한다. 실행해보면 다음과 같은 그림이 출력된다.

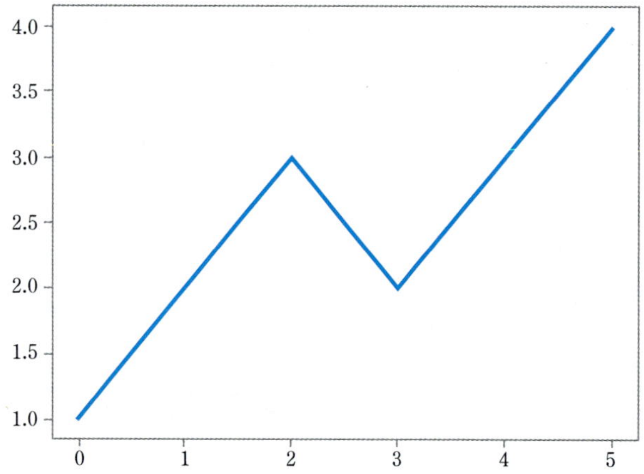

[그림 5-5] 기본적인 plot 함수의 출력

그림 5-5와 같이, 세로축에 x 변수에 들어 있는 1, 2, 3, 2, 3, 4의 값이 순차적으로 표시된다. 여기서 가로축에 출력되는 숫자는 데이터의 등장 순서이다. 0부터 시작하고 있는데, 파이썬에서는 기본적으로 첫 번째 숫자가 0으로부터 시작한다는 점을 상기하자.

plot 함수는 유연해서, 두 개의 리스트를 제공하면 두 리스트의 각각의 값을 x좌표, y좌표로 해석하여 점들을 연결한 그래프를 그려준다. 예를 들어, 다음 프로그램을 살펴보자.

예제 **ex5-1.py**

```
1 import matplotlib.pyplot as plt
2 x=[-5, -4, -3, -2, -1, 0, 1, 2, 3 ,4, 5]
3 y=[]
4 for v in x:
5     y.append(v**2)
6 plt.plot(x,y)
7 plt.show()
```

이 프로그램에서는 $y=x^2$의 그래프를 그려보려고 한다. 먼저, 첫 번째 줄에서는 matplotlib의 pyplot 패키지를 plt라는 이름으로 사용하기로 선언하고 있다. 두 번째 줄에서는 x라는 리스트에 −5부터 5까지, 총 11개의 정수를 대입하였고, 세 번째 줄에서는 y라는 이름의 빈 리스트를 하나 만들었다.

네 번째 줄의 for v in x 문장은 2장에서 살펴본 바와 같이[4] 리스트 x에서 순서대로 하나씩 값을 꺼내어 v라는 변수에 대입하고 아래의 블록을 반복 실행한다. 여기서 for문에 부속된 블록은 y.append(v**2) 한 줄뿐인데, v**2를 계산해서 y 리스트에 덧붙여 넣으라는 의미이다. 파이썬에서 **연산자는 거듭제곱을 나타내므로, 이 문장에서는 v의 제곱을 계산해서 y 리스트에 순차적으로 넣게 된다.

여섯 번째 줄의 plt.plot(x,y)를 살펴보자. 앞서의 프로그램에서는 plot에 그냥 x리스트 하나만 넘겼었는데 이번에는 x와 y를 둘 다 넘기고 있다. plot 함수는 두 개의 리스트를 받으면 앞의 것을 x좌표, 뒤의 것을 y좌표로 해석해서 그래프를 그려준다. 변수 이름이 x, y라서가 아니라 plot 함수에 입력한 순서대로 x좌표, y좌표로 해석한다는 점에 유의하자. 마지막 줄의 plt.show()에서는 최종적으로 그려진 그래프를 화면에 출력한다. 그러면 출력 결과는 그림 5-6과 같이 우리가 잘 아는 포물선 형태의 그래프가 나온다.

4) 혹시 잘 기억이 나지 않는다면 2장을 참고하여 꼭 이해하고 넘어가도록 하자.

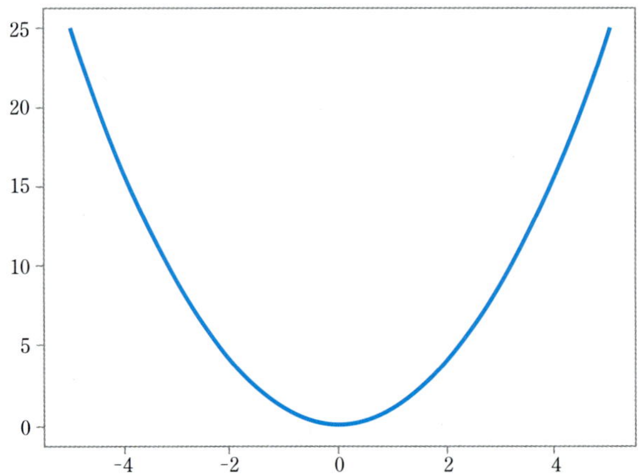

[그림 5-6] plot을 이용한 이차함수 그래프

만약 각 데이터의 점들을 선으로 연결하지 않고 점 그대로 보여주려면 어떻게 해야 할까? 이럴 때는 구글에서 matplotlib.**markers**를 검색하면 된다. 구글링은 프로그래밍, 데이터 분석에서 중요한 역량이다. 몇 가지 예시를 살펴보자.

직전 작성한 코드의 5번째 줄을 'plt.plot(x, y, marker='X')'라고 바꾸면 점 대신 x표로 바뀌어 나온다. 만약, 중간의 선을 없애고 싶으면 'plt.plot(x, y, marker='X', linestyle='None')', 점선으로 하고 싶으면 'plt.plot(x, y, marker='X', linestyle='--')'라고 입력하면 된다. 각각을 적용하였을 때 결과는 그림 5-7과 같다.

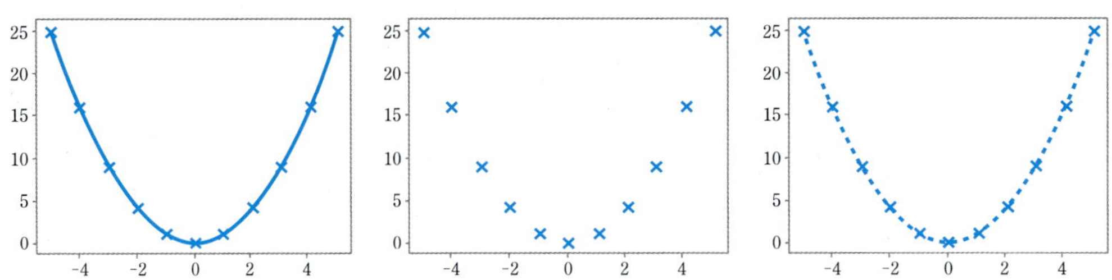

[그림 5-7] plot에서 다양한 marker의 사용

5.3 데이터 시각화 실습: 히스토그램

그러면 데이터를 가지고 실제로 어떻게 시각화를 통해 의미를 얻어낼 수 있는지를 살펴보자. 실습에는 4장에서 사용했던 생일선물가격 데이터인 buylov 데이터셋을 사용하겠다.

먼저, 데이터의 분포를 살펴본다. 데이터 분석에 있어서 데이터의 분포를 살펴보는 것은 기본 중의 기본이다. 데이터가 크거나 분석 일정이 너무 바쁘거나 하면 시각화에 시간을 쓰지 못하고 달려가는 경우도 있겠지만, 데이터의 분포를 살펴보지 않고 달려갔다가 뒤에 가서 분석을 전부 다시 해야 하는 경우도 비일비재하다. 웬만하면 중요한 값의 데이터 분포는 꼭 시각화해서 살펴보고 가는 것을 권장한다.

데이터 분포를 시각화하는 도구로는 **히스토그램(histogram)**이 사용된다. 히스토그램은 가로축에 데이터 값의 범위를, 세로축에는 해당 값의 빈도수준을 나타내는 그래프이다. matplotlib.pyplot에서 히스토그램을 나타내는 명령어는 **hist()**이다. 다음 코드를 살펴보자. 이 프로그램을 실행하려면 해당 코드가 위치한 폴더에 **buylov.csv** 파일이 같이 위치하고 있어야 한다.

예제 ex5-2.py

```
1  import pandas as pd
2  import matplotlib.pyplot as plt
3  b = pd.read_csv('buylov.csv')
4  bp = b['BGiftPrice']
5  plt.hist(bp)
6  plt.show()
```

프로그램의 첫 번째, 두 번째 줄에서는 각각 pandas 패키지, matplotlib.pyplot 패키지를 pd, plt의 이름으로 사용하도록 선언하고 있다. 세 번째 줄에서는 buylov.csv 데이터 파일을 읽어서 b라는 변수에 저장하였다. 네 번째 줄에서는 b에 저장된 buylov.csv 데이터에서 BGiftPrice라는 이름의 열만 뽑아서 bp라는 이름의 변수에 저장하고 있는데, 여기서 BGiftPrice 열은 주고받은 생일선물의 가격을 나타내고 있으므로, bp 변수는 생일선물 가격들을 저장하고 있게 된다. 다섯 번째 줄의 plt.hist(bp)는 bp 변수에 대한 히스토그램을 그려서 준비하고, 이어지는 plt.show()에서 화면에 나타낸다. 프로그램의 실행 결과는 그림 5-9와 같을 것이다.

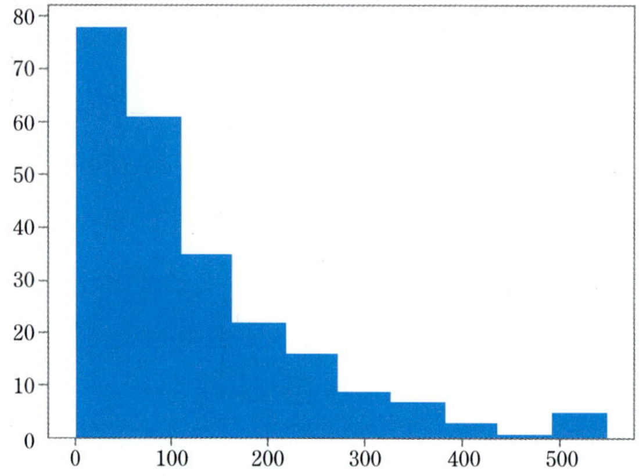

[그림 5-8] 히스토그램 예시

그림 5-8을 보면 가로축에 선물가격의 범위가, 세로축에 각 가격대의 데이터 빈도가 나타나 있다. 별도로 지정하지 않으면, plt.hist()는 히스토그램의 각 막대의 구간 범위를 적당히 자동적으로 설정해준다. 특정 가격구간의 빈도가 높을수록 막대의 세로 길이도 높아지므로, 전반적인 데이터의 분포를 볼 수 있다.

히스토그램을 보면, 선물 가격이 대부분 낮은 가격대에서 높은 빈도를 나타내고 있음을 볼 수 있다. 4장에서 살펴보았을 때, 선물 가격의 평균은 124.6달러, 중앙값은 93.6달러였다. 중앙값이 평균에 비해 현저히 낮아서 아마 대부분의 선물이 높지 않은 가격이고 오른쪽에 일부의 높은 선물가격들이 분포해서 평균을 끌어올렸을 것이라고 짐작할 수 있었는데, 실제 분포를 살펴보니 눈으로 확인할 수 있다. 대부분의 선물이 그다지 비싸지 않고, 오른쪽으로 소수의 비싼 선물들이 긴 꼬리를 만들면서 평균값을 끌어올리고 있다.

5.4 데이터 시각화 실습: 상자그림

히스토그램은 대단히 유용한 도구이지만, 여러 값의 분포를 동시에 비교할 때에는 다소 불편하다. 여러 값의 분포를 동시에 비교하면서 다양한 인사이트를 얻어낼 때 자주 사용되는 시각화 도구가 상자그림(boxplot)이다. 다음 코드를 실행해보자. 앞의 코드에서 다섯 번째 줄만 바뀌었다.

```
1 import pandas as pd
2 import matplotlib.pyplot as plt
3 b = pd.read_csv('buylov.csv')
4 bp = b['BGiftPrice']
5 plt.boxplot(bp)
6 plt.show()
```

코드를 실행해보면 다음과 같은 그림이 나올 것이다.

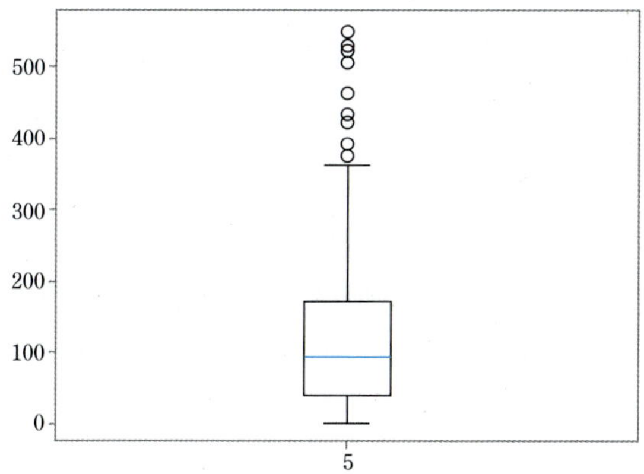

[그림 5-9] 상자그림 예시

다섯 번째 줄의 plt.boxplot(bp)는 bp라는 이름의 변수에 들어있는 값을 가지고 상자그림을 그려준다. 동일한 데이터를 가지고 그린 히스토그램(그림 5-8)과 상자그림(그림 5-9)을 비교해보자. 두 그림은 본질적으로는 같은 그림인데, 히스토그램은 가로축이, 상자그림은 세로축이 선물 가격이다. 즉, 히스토그램을 세로로 세워서 위에서 바라본 것이 상자그림이라고 할 수 있다. 히스토그램에서 막대가 높은 부분이 상자그림에서는 두꺼운 사각형으로 표시되고 있고, 히스토그램에서 막대 높이가 낮은, 즉 상대적으로 빈도가 낮은 부분은 상자그림에서는 선으로 표시되고 있다.

상자그림에는 두꺼운 사각형 또는 선으로 범위별 빈도를 나타내는 것 이외에도 여러가지 다른 표시들이 포함되어 있다. 상자 가운데 나타난 가로선은 데이터의 중앙값을 가리킨다. 생일선물가격 데이터의 중앙값이 93.6달러이므로, 상자 가운데 선이 그 값에 그어져 있음을 확인할 수 있다. 상자의 아래위 경계는 데이터의 첫번째 사분위수와 세번째 사분위수로 정해진다. 첫번째 사분위수(first quartile)는 데이터를 오름차순으로 정렬했을 때 앞에서 1/4, 즉 25% 위치에 있는 값이고, 세번째 사분위수(third quartile)은 앞에서 3/4, 즉 75% 위치에 있는 값이므로, 상자의 높이 범위에 전체 데이터의 약 50%가 포함된다. 즉, 상자의 높이 범위에 데이터의 주류가 포함되고 있는 것으로 이해할 수 있다. 그러면 상자의 폭은? 적당히 보기 좋게 그리면 된다.

상자의 선들을 이해했으니, 상자 바깥의 선들의 의미도 알아보자. 세로선은 이 범위로 값들이 계속 있다는 정도의 의미일텐데, 세로선의 아래위 끝이 짧은 가로선들로 잘려있다. 마치 상자에 아래위로 T자형 긴 수염이 붙어있는 것 같은 형상이다. 그래서 상자그림을 상자수염그림(box−and−whisker plot)이라고도 한다. 이 상자 아래위에 붙어있는 수염의 길이는 상자 아래위 끝에서 시작해서 상자 높이의 1.5배까지 뻗어 있다. 여기서 상자 높이는 IQR(Inter−Quartile Range)이라고 하며, 첫 번째와 세 번째 사분위수(quartile) 사이의 거리라는 의미이다. 다시 말해, 아래위 수염의 길이는 IQR의 1.5배로 결정되는데, 1.5배까지 뻗치고 싶어도 데이터의 최소값이나 최대값이 그 위치까지 없으면 1.5×IQR 범위 내에 있는 데이터의 최소값이나 최대값까지를 한계로 잘리게 된다. 그림 5−10에서 보면 위쪽으로 난 수염은 길게 그려져 있는데, 아래쪽 수염은 데이터 최소값이 1.5×IQR 범위만큼까지 없다 보니 데이터의 최소값까지로 잘려서 수염이 짧게 나타나고 있는 것을 볼 수 있다. 이렇게 아래위 수염을 그려보면 대략 수염 아래위 끝까지의 범위가 데이터의 실질적인 전체 범위를 나타내고 있다고 이해할 수 있다.

수염 범위 바깥에도 데이터가 있을 수 있다. 그림 5−9에서 보면, 아래쪽은 데이터 최소값이 아래 수염의 가능한 길이범위보다 안쪽에 있어서 잘렸으므로 더 이상 데이터가 존재하지 않지만, 위쪽 수염은 IQR의 1.5배만큼 가서 수염의 가능한 최대길이까지 도달하했지만 그 바깥쪽으로도 더 큰 값이 존재하고 있음을 확인할 수 있다. 수염 바깥의 데이터는 동그란 점으로 표시되어 있는데, 수염의 아래위 끝까지의 범위가 실질적인 데이터의 전체 범위를 나타낸다는 점을 상기해보면, 수염 바깥에 점으로 표시된 데이터들은 데이터의 정상적 범위에서 벗어난 값들이라고 추론할 수 있겠다. 데이터의 정상적 범위에서 벗어난 값을 다른 말로 이상치(outlier)라고 한다. 상자그림에서 수염 바깥에 있는 값들은 그래서 이상치로 의심되는 값들(suspicious outliers)이라고 일컬어지며, 개별 값들을 조사해서 정상적인 값들과의 차이가 나는 다른 이유를 면밀히 검토해보아야 하는 대상이 된다[5]. 이와 같이 상자그림은 히스토그램에 비해 여러가지 추가적인 정보를 표시할 수 있으며, 이상치 식별의 도구로도 활용될 수 있어 데이터 분석가들에게 강력한 도구가 된다[6].

상자그림의 진가는 여러 데이터를 비교할 때 더욱 빛을 발한다. 선물가격 데이터를 성별을 기준으로 구분하거나, 선물을 준 사람과 받은 사람이 응답한 가격으로 나누었을 때, 한눈에 구분별 분포를 비교할 수 있다. 앞서 4.4절에서 데이터를 선물을 준 사람과 받은 사람으로 구분하는 방법을 살펴본 바 있다. 이 방법으로 선물을 준 사람의 데이터를 bg, 받은 사람의 데이터를 br에 저장한 후 두 그룹의 선물가격의 대표값을 살펴보고 상자그림으로 비교해보자. 코드는 다음과 같이 될 것이다.

예제 ex5-3.py

```python
import pandas as pd
import numpy as np
import matplotlib.pyplot as plt
b = pd.read_csv('buylov.csv')
bg = b[b['Role']=='Giver']
br = b[b['Role']=='Receiver']
print('<준 사람 선물가격>')
print('평균 :', np.mean(bg['BGiftPrice']))
print('중앙값:', np.median(bg['BGiftPrice']))
print('<받은 사람 선물가격>')
print('평균 :', np.mean(br['BGiftPrice']))
print('중앙값:', np.median(br['BGiftPrice']))
plt.boxplot([bg['BGiftPrice'],br['BGiftPrice']],labels=['Giver','Receiver'])
plt.show()
```

실행 결과는 다음과 같이 준 사람과 받은 사람의 선물가격의 평균과 중앙값 출력과 더불어 그림 5-10과 같은 그래프가 나타날 것이다.

5) 경우에 따라 IQR의 3배 범위 바깥에 값들이 있을 수 있는데, 이러한 값들은 이상치로 강력히 의심되는 값들(strongly suspicious outliers)이라고 한다.

6) 데이터 분포가 대칭일 때에는 평균값에서 아래위로 표준편차 2배 범위를 정해서 그 바깥에 있는 값들을 이상치 후보로 식별하는 방법도 쓰인다. 그러나, 상자그림의 이상치 판별은 데이터 분포가 비대칭적일 때에도 사용할 수 있어서 더욱 적용 범위가 넓다.

```
<준  사람 선물가격>
평균 : 105.84328358208955
중앙값: 75.5
<받은 사람 선물가격>
평균 : 148.98058252427185
중앙값: 133.0
```

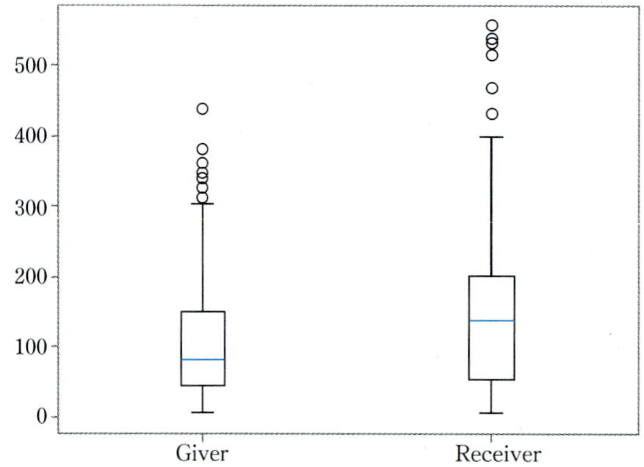

[그림 5-10] 상자그림을 이용한 데이터 비교

출력 결과를 보면서 코드를 이해해보자. 코드의 여섯 번째 줄 까지는 bg와 br에 선물을 준 사람과 받은 사람의 데이터를 구분해서 넣는 것으로서 4.4절에서 살펴보았던 바와 같다. 7행에서 12행까지는 준 사람과 받은 사람의 선물가격의 평균과 중앙값을 비교해보았다. 출력 결과에서 보듯이, 받은 사람이 인지하는 선물가격의 평균과 중앙값이 준 사람이 응답한 실제 선물가격과 현저한 차이를 보인다. 응답 내용의 특성이, 준 사람은 실제 선물가격, 받은 사람은 인지한 가격임을 상기하면, 선물을 받는 사람은 실제 선물가격보다 더 높은 가치로 느낀다는 해석이 가능하다. 이를 상자그림으로 시각화한 그림 5-10은 더욱 명확하게 두 값의 차이를 보여준다. 그림 5-10에서 보면, 상자의 중심선인 중앙값이 받은 사람에서 현저하게 높고, 상자 자체의 높이와 수염의 범위도 받은 사람 쪽에서 더 높은 범위까지 펼쳐져 있음을 확인할 수 있다. 상자 그림을 그리는 13행이 핵심이다. 여기서 보면 plt.boxplot() 안에 두 값 bg['BGiftPrice']와 br['BGiftPrice']의 리스트가 들어가 있다. 이렇게 boxplot 함수에 여러 값이 들어있는 리스트를 넘겨주면 여러 값을 비교해서 상자그림을 그려준다. 데이터의 식별을 쉽게 하기 위해 각 데이터의 제목 'Giver'와

'Receiver'가 들어간 리스트를 labels의 값으로 주었다. 이렇게 하면 x축 위에 데이터 계열별로 순서대로 labels에 들어 있는 제목을 표시해준다. labels 부분을 생략하면 데이터 제목이 그냥 1, 2와 같이 일련번호로 표시될 것이다.

이와 같이 그림 5-10의 상자그림은 세부적으로 많은 정보를 표현해주고 있을 뿐 아니라, 한 눈에 보기에도 시각적으로 명확하게 인지된 선물의 가치가 실제가격보다 높다는 통찰을 표현하고 있다. 이러한 특성 때문에 상자그림은 데이터의 분석 과정에서의 의미 도출은 물론, 발견된 데이터의 의미를 다른 사람에게 전달하는 데에도 널리 사용된다.

5.5 데이터 시각화 실습: 산점도

이번에는 산점도(scatter plot)을 살펴보자. 산점도는 히스토그램, 상자그림과 더불어 데이터 분석가의 3대 시각화 도구에 든다고 할 수 있다[7]. 히스토그램과 상자그림이 주로 단일 계열 데이터의 분포를 알아보거나 복수의 데이터 계열의 분포를 각각 표현하여 서로 비교하는 데 사용되는 것에 비해, 산점도는 두 개의 데이터 계열 사이의 관계를 시각화하는데 사용된다.

산점도는 보통 x, y 두 개의 축으로 구성된 평면상에 좌표로 나타나는데, 여기에 찍혀진 하나의 점을 데이터 포인트(data point)라고 한다. 하나의 데이터 포인트는 여러 개의 속성값을 가질 수 있다. 예를 들어, 우리가 예제로 사용하고 있는 선물가격 데이터의 경우, 한 사람한테 조사한 데이터에 성별, 역할(선물을 주었는지 받았는지), 선물 가격, 고마워한 정도 등의 여러 개의 속성값이 포함되어 있다. 이렇게 하나의 데이터 포인트에 포함되어 있는 여러 개의 값 중에서, 관계를 알아보고 싶은 두 개의 속성값을 골라서 산점도로 표현하면 된다.

여기서는 선물 가격과 고마운 정도의 관계를 분석해보자. 일반적으로 비싼 선물을 받으면 더 많이 고마워할 것을 예측할 것이다. 과연 이 예측이 맞을까? 만약 선물 가격과 고마운 정도가 서로 비례한다면 아마 산점도는 우상향하는 형태를 나타낼 것이다. 다음 코드를 실행해보자.

---

7) 상자그림, 산점도는 현장에서는 '박스플롯', '스캐터플롯'과 같이 영어 표현 그대로도 자주 사용된다.

```
1  import pandas as pd
2  import matplotlib.pyplot as plt
3  b = pd.read_csv('buylov.csv')
4  plt.scatter(b['BGiftPrice'], b['Apprec-7'])
5  plt.show()
```

코드에서 네 번째 줄이 핵심이다. matplotlib.pyplot의 약어를 plt로 명명해놓은 상태에서, plt.scatter(a, b)는 x축에 a, y축에 b의 값을 좌표로 하여 각각의 데이터 포인트를 점으로 표시하는 산점도를 그려준다. 여기서는 선물가격 BGiftPrice를 x축으로, 고마워한 정도 Apprec-7을 y축으로 하여 산점도를 표현한다. 코드를 실행해보면, 다음과 같은 그림이 나온다.

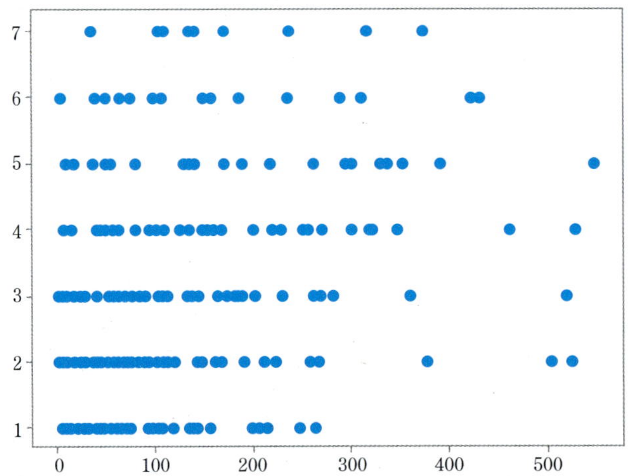

[그림 5-11] 산점도 예시

선물 가격이 낮을수록 덜 고마워하고 높을수록 고마워한다면 점들이 왼쪽 아래부터 오른쪽 위로 우상향하면서 찍혀야 하는데, 그림 5-11은 그런 패턴이 잘 보이지 않고 중구난방하다. 좀 더 데이터를 파보기 위해, 이 선물가격 데이터에는 준 사람과 받은 사람의 응답이 섞여 있음을 상기해보자. 준 사람은 선물가격은 실제 값이지만 상대방이 고마워한 정도는 추정치이고, 받은 사람은 선물 가격이 추정치, 고마워한 정도는 실제 값으로서, 서로 비대칭적인 구조를 가지고 있다. 그러면, 준 사람과 받은 사람의 데이터를 구분해서 산점도를 그려보자.

두 개 이상의 그래프를 동시에 그리는 여러 방법이 있지만, 가장 단순하게는 각 그래프에 번호를 붙여서 따로 그리는 방법이 있다. 선물을 준 사람과 받은 사람의 데이터로 분리하고, 각각의 그래프를 번호 1, 번호 2로 구분하여 그려보도록 하자. 코드는 다음과 같다.

예제 **ex5-4.py**

```
1  import pandas as pd
2  import matplotlib.pyplot as plt
3  b = pd.read_csv('buylov.csv')
4  bg = b[b['Role']=='Giver']
5  br = b[b['Role']=='Receiver']
6  plt.figure(1)
7  plt.scatter(bg['BGiftPrice'], bg['Apprec-7'])
8  plt.figure(2)
9  plt.scatter(br['BGiftPrice'], br['Apprec-7'])
10 plt.show()
```

코드를 실행하면 다음과 같이 두 개의 그래프가 출력된다.

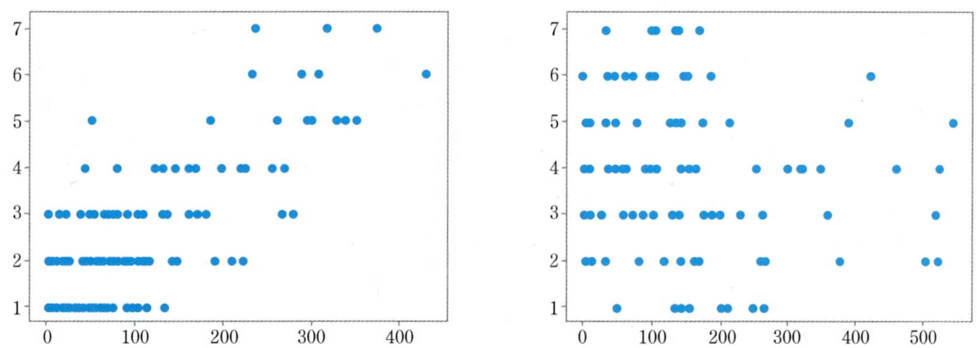

(a) 선물을 준 사람의 데이터

(b) 선물을 받은 사람의 데이터

[그림 5-12] 역할에 따라 구분된 산점도

그림 5-12에서 왼쪽이 선물을 준 사람, 오른쪽이 선물을 받은 사람의 그래프이다. 코드와 함께 이해해보자. 코드의 4, 5행은 이전에서 살펴본 바와 같이, bg에 선물을 준 사람,

br에 선물을 받은 사람의 데이터를 구분하여 저장하는 부분이다. 6행에서 plt.figure(1)이라는 부분이 눈에 띈다. 이것은 plt, 즉 matplotlib.pyplot 패키지에 지금부터 그리는 그림은 번호 1번에 해당한다는 의미이다. 그 다음에 이어서 plt.scatter로 산점도를 그리면서 데이터로는 준 사람의 선물가격과 상대방이 고마운 정도(추정치)의 값을 주었다. 8행에서 plt.figure(2)라고 하면서 다음에 나오는 내용은 그림 2번에 해당한다는 것을 명시하고, 이어서 다시 plt.scatter로 산점도를 그리면서 이번에는 받은 사람의 선물가격 추정치와 고마운 정도를 값으로 주었다. 마지막으로 plt.show()를 만나면, 지금까지 그린 1번과 2번 그림을 동시에 출력한다.

출력 결과 그림 5-12를 보면, 왼쪽의 선물을 준 사람들에서는 우상향하는 패턴이 뚜렷이 나타난다. 즉, 선물을 준 사람들은 비싼 선물을 주면서는 상대방이 고마워했을 거라고 생각하고, 싼 선물을 주면서는 상대방이 별로 고마워하지 않았을 것이라고 생각하고 있다. 그러나, 오른쪽의 받은 사람들에서 나타난 패턴을 보면, 선물 가격과 고마워한 정도 사이에 전혀 비례하거나 하는 패턴이 없다. 즉, 정작 선물을 받은 사람들은 선물 가격에 얼마이든 고마운 정도하고는 아무 상관이 없었다는 의미가 되겠다. 비싼 선물을 준비한 사람들은 상대방이 고마워할 것을, 그래서 환심을 살 것을 기대했겠지만, 받는 사람은 비싼 선물이라고 고맙지 않다. 그럼 어떤 선물이 고마웠을까? 마음이 담긴 선물, 또는 호감이 있는 상대방에게서 받은 선물이 더 고마웠을지 모른다. 이 데이터가 나온 논문의 제목이 "Money can't buy love(돈으로 사랑을 살 수 없어요)"이다[8].

이번 장에서는 데이터 시각화 기술을 살펴보고, 실제 데이터에 대해 시각화를 통해 데이터에 내재된 의미를 통찰하는 과정을 실습해보았다. 앞에서도 강조하였지만, 데이터를 시각화하여 그 패턴에서 의미를 직관적으로 통찰하는 것은 대단히 중요한 과정이고, 데이터 분석에서 충분한 시간을 쓸 가치가 있는 작업이다. 가장 기본적인 데이터 시각화의 도구로서 히스토그램, 상자그림, 산점도를 살펴보았는데, 이외에도 다양한 도구와 창의적인 시각화를 적용할 수 있다. 기본적 시각화 도구의 적용에 대해 익숙해지는 것뿐 아니라, 잘된 시각화를 많이 살펴보면서 창의적이면서도 통찰력있는 시각화 역량을 갖추도록 하자.

---

8) Flynn, F. J., & Adams, G. S. (2009). Money can't buy love: Asymmetric beliefs about gift price and feelings of appreciation. Journal of Experimental Social Psychology, 45(2), 404-409.

실·습·예·제

1. 4장의 실습예제에서 사용했던 광역시도별 인구 데이터 `population.csv'에 대한 분석을 참고하여 다음 물음에 답하시오.

   1) 지역별 인구의 히스토그램을 나타내고, 지역별 인구의 평균과 중앙값의 비교 결과에서 얻었던 시사점과 연관지어 설명하시오.
   2) 지역별 남녀비율의 히스토그램을 나타내고, 남녀비율의 평균과 중앙값의 비교 결과에서 얻었던 시사점과 연관지어 설명하시오.

풀이

practice_5-1.py

```
import pandas as pd
import numpy as np
import matplotlib.pyplot as plt

p = pd.read_csv('population.csv')
print('1) Mean and median of population')
print('mean of population = ', np.mean(p['population']))
print('median of population = ', np.median(p['population']))
ratio = []
for i in range(len(p)):
    male = p.iloc[i]['male']
    female = p.iloc[i]['female']
    ratio.append(male/female)
print('2) Mean and median of gender ratio')
print('mean of gender ratio = ', np.mean(ratio))
print('median of gender ratio = ', np.median(ratio))

plt.figure(1)
plt.hist(p['population'])
plt.figure(2)
plt.hist(ratio)
plt.show()
```

```
1) Mean and median of population
mean of population =  3102294.6470588236
median of population =  1865459.0
2) Mean and median of gender ratio
mean of gender ratio =  1.0077553518287559
median of gender ratio =  1.0120235162438627
```

1) 4장 실습예제의 해석에서 지역별 인구의 평균이 310만 명이었던데 반해 중앙값이 187만 명 정도로서 인구가 매우 많은 일부 지역에 의해 평균이 끌려 올라갔을 것이라는 예측을 했던 바 있다. 히스토그램을 통해 실제로 대부분의 지역 인구가 낮은 영역에 있지만 일부 지역(서울, 경기)의 인구가 매우 높은 값으로 나타나 있음을 확인할 수 있다.

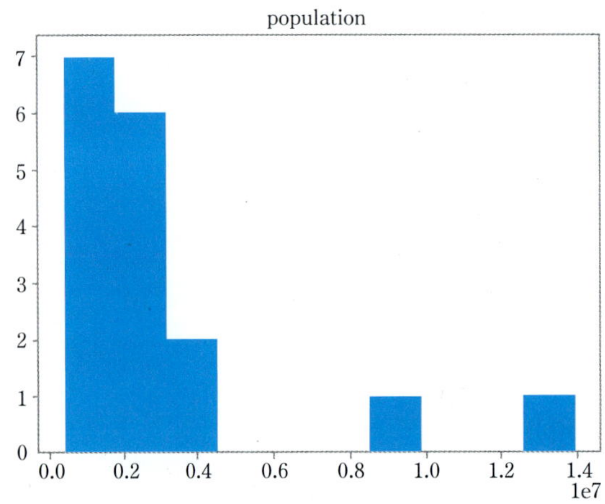

2) 반면, 지역별 남녀비율의 평균과 중앙값은 유사하게 나타나 지역 간 남녀비율의 분포는 비교적 대칭적으로 나타날 것이 예측되었다. 히스토그램을 통해 실제로 지역 간 남녀비율의 분포는 대칭적으로 나타남을 확인할 수 있다.

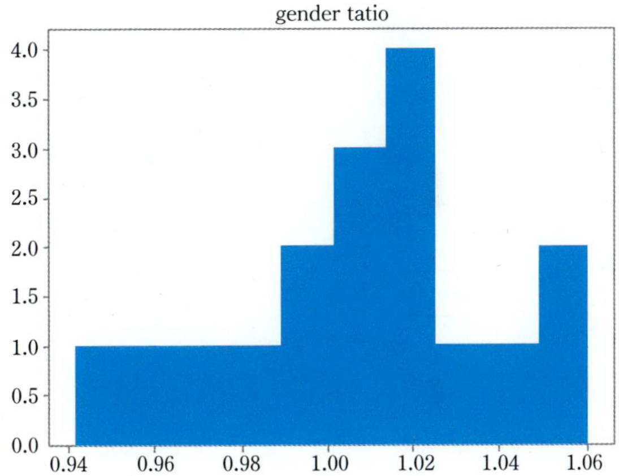

2. numpy의 np.random.normal( )은 정규분포를 따르는 난수, np.random.exponential( )은 지수분포를 따르는 난수를 생성해준다. 이 함수를 이용하여 평균 10, 표준편차 10인 정규분포를 따르는 난수와, 평균 10인 지수분포를 따른 난수를 각각 10,000개씩 발생시켜 이 값들을 상자 그림으로 비교하시오.

풀이

```
import pandas as pd
import numpy as np
import matplotlib.pyplot as plt

x1 = np.random.normal(loc=10, scale=10, size=10000)
x2 = np.random.exponential(scale=10, size=10000)

plt.boxplot([x1, x2], labels=['normal', 'exponential'])
plt.show()
```

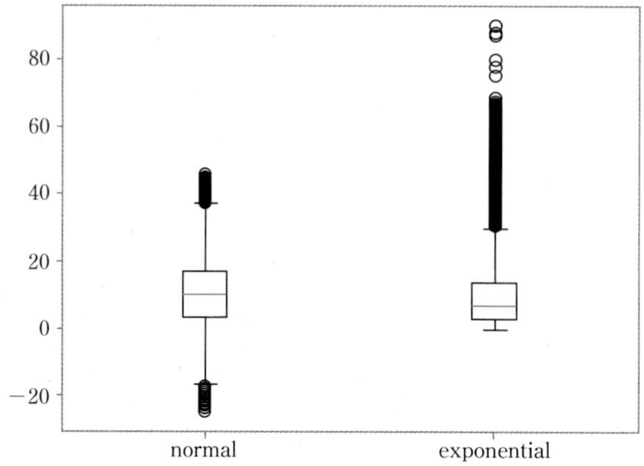

지수분포는 평균과 표준편차가 동일하므로, 정규분포 난수와 지수분포 난수는 둘 모두 평균과 표준편차가 10으로 같다. 그러나 상자 그림으로부터 정규분포는 중앙값을 중심으로 대칭적으로 나타나고 있으나, 지수분포는 중앙값이 정규분포보다 약간 낮은 반면 큰 값쪽으로 긴 꼬리를 갖는 형태로 나타남을 확인할 수 있다.

연·습·문·제

1. matplotlib의 plot 함수를 이용하여 평균이 0이면서 표준편차가 각각 1, 2, 3인 세 개의 정규분포 확률밀도함수를 한 그래프에 겹쳐 그리는 프로그램을 작성하시오. 이 때, 각 곡선의 색상을 달리하고 범례를 추가하시오.

2. numpy의 np.random.randint()를 이용하여 두 개의 주사위를 10만번 동시에 던졌을 때의 주사위 눈의 합의 빈도분포와 세 개의 주사위를 10만번 동시에 던졌을 때의 주사위 눈의 합의 빈도분포를 히스토그램으로 나타내시오. 이 때 두 히스토그램이 좌우로 배치되도록 한 화면에 나타내시오.

3. 'buylov.csv' 데이터에서 역할과 성별의 조합, 즉, (giver & female), (giver & male), (receiver & female), (receiver & male)의 4가지 조합에 따른 Apprec−7 값을 boxplot으로 비교하시오.

4. ex5−4.py 코드를 수정하여 산점도에서 성별에 따라 점의 색상과 형태를 구분하여 나타내시오.

5. ex5−4.py 코드를 수정하여 역할과 성별의 조합, 즉, (giver & female), (giver & male), (receiver & female), (receiver & male)의 4가지 조합에 따른 산점도를 2x2의 subplot으로 한 화면에 표시하는 프로그램을 작성하시오.

비즈니스 애널리틱스

PART IV 예측적 분석모형 (Predictive Analytics)

6
CHAPTER

예측적 분석과 학습 데이터 구조

앞서 4장과 5장에 걸쳐 기술적 분석에 대해 살펴보았다. 이번 장부터는 비즈니스 애널리틱스의 꽃이라고 할 수 있는 예측적 분석(predictive analytics)에 대해 알아보자.

예측적 분석은 관찰할 수 있는 데이터를 기반으로 우리에게 보이지 않는 값을 예측하는 방법을 제공한다. 현재 우리가 가지고 있는 데이터를 바탕으로 미래를 예측하는 것이 가장 대표적인 예측적 분석이다. 미래의 주가를 예측하거나 수요를 예측하는 것 등이 모두 이에 해당한다. 반면, 꼭 미래가 아니더라도 우리가 볼 수 없는 값을 예측하는 것은 모두 예측적 분석의 대상이 된다. 기업의 재무적 데이터 등을 바탕으로 주식의 내재가치를 예측하는 것을 생각해보자. 주식의 내재가치는 현재 존재하는 값이지만 우리에게 보이지는 않는 값인데, 이 경우도 예측적 분석이다.

비즈니스 애널리틱스는 기본적으로 모델과 데이터로 이루어짐을 1장에서 살펴보았으며, 앞서 4장과 5장에서 기술적 분석을 위해 데이터를 다루는 방법을 알아보았다. 예측적 분석에서도 당연히 데이터가 중요한 역할을 하는데, 예측적 분석 모형을 수립하기 위해서는 이에 적합한 데이터의 구조가 필요하다.

이번 장에서는 예측적 분석의 가장 기초적 모형의 하나로서, KNN(k-Nearest Neighbor) 알고리즘을 살펴본다. KNN은 의미 해석 그대로 k-최근접 이웃 모형이라고도 일컬어지며, k개의 가장 가까운 이웃들의 의견을 들어서 대세에 따른다 정도의 원리를 갖는 모형이라고 할 수 있겠다. 데이터를 시각화하고 KNN 알고리즘을 적용하여 예측 모형을 수립하는 과정의 예시를 통해 예측적 분석의 개요와 예측적 분석을 위한 데이터의 구조에 대해 알아보자.

6.1 실습 준비

실습을 위해 KNN 모델이 포함되어 있는 외부 패키지인 사이킷런(scikit-learn)을 사용하겠다. 사이킷런은 다양한 샘플 데이터가 들어있고 머신러닝을 위한 모델과 알고리즘들이 많이 제공되고 있어 활용도가 높은 패키지이다. 먼저 패키지를 설치해야 하는데, 앞에서 했던 것과 마찬가지로 윈도우에서는 cmd, 맥OS에서는 터미널을 실행하여 다음과 같이 'pip install sklearn' (맥OS에서는 'pip3 install sklearn') 명령문을 사용해 사이킷런 패키지를 설치하자.

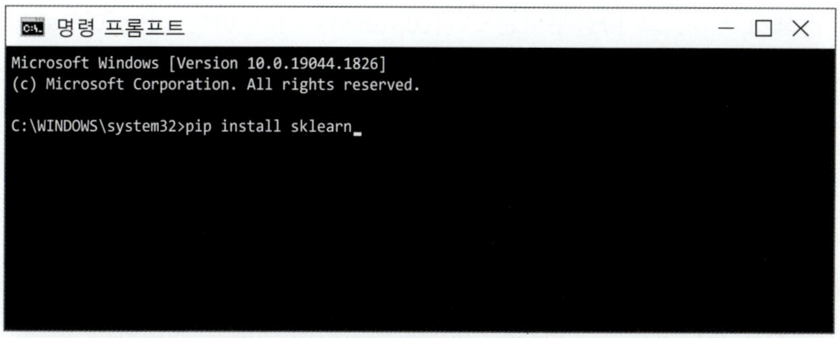

[그림 6-1] 사이킷런 패키지 설치

설치가 완료되면 먼저 sklearn에 들어 있는 예제 데이터 중 하나인 와인 데이터셋을 불러와서 살펴보도록 하자. 다음과 같이 코드를 작성한다.

```
1 from sklearn import datasets
2 dataset = datasets.load_wine()
3 print(dataset)
```

첫 번째 줄은 import를 통해 sklearn 패키지를 불러오는 명령인데, import가 포함되어 있긴 하지만 조금 다르다. 앞에서 해오던 방식대로 'import sklearn as sk'라고 코드를 작성하지 않은 이유는 무엇일까? 그렇게 해도 되는데, 그렇게 하면 sklearn 안에 있는 다양한 모델들을 한꺼번에 다 불러오게 되고, 그 안에 포함된 부분 기능을 불러 쓸 때마다 sk.(기능 이름)과 같이 호출해야 되어서 다소 번거롭다. 예를 들어 sklearn 안에 있는

datasets라는 기능을 사용하려면 매번 sk.datasets라고 지칭해야 한다. 만약 sklearn 안에서 일부분 기능만 사용하려면 그보다는 sklearn 안에서 우리 코드에서 사용하려는 부분만 골라서 불러오는 것이 효율적일 것이다. 이럴 때에 'from 패키지 이름 import 기능명'을 써주면, 해당 패키지에서 사용하려는 기능만 불러오게 되어 편리하다.

문법 **from … import문**

```
from (패키지명) import (모듈명)
```

여기서처럼 'from sklearn import datasets'라고 하면 sklearn 안에서 datasets라는 모듈만 불러오게 되고, 그 다음부터는 그냥 datasets 라고 하는 것만으로 sklearn 안의 datasets을 가리키는 것이 되어 코드가 약간 간결해진다. 패키지 전체를 불러올 때에는 'import (패키지명)', 패키지 안에서 일부 기능만 불러올 때에는 'from (패키지명) import (기능)'을 사용한다고 기억해 두도록 하자.

두 번째 줄에서는 위에서 불러온 sklearn 안의 datasets 모듈에서 load_wine() 이라는 함수를 호출하여, 그 결과를 변수 dataset에 저장하였다. 세 번째 줄에서는 print(dataset)을 통해 dataset 변수에 저장된 데이터의 내용을 출력한다.

여기서 두 번째 줄의 load_wine()은 네트워크를 통해 우리가 예제로 사용하려고 하는 와인 데이터셋을 불러오게 되므로, 이 코드를 실행하기 위해서는 인터넷이 연결되어 있어야 한다. 처음 실행하면 다운로드에 몇 분 정도 소요될 수 있다. 마지막 행의 print문은 데이터셋의 내용을 출력하는데, 명령프롬프트나 터미널에서 실행했다면 결과가 바로 출력되고, IDLE에서 실행했다면 다음 그림과 같이 'Squeezed text'라고 쓰여 있는 버튼이 나타날 것이다.

[그림 6-2] IDLE에서 긴 텍스트의 출력 화면

이는 IDLE의 특성상 긴 텍스트가 스크롤되면서 보여지는 것이 비효율적이기 때문에 그냥 긴 텍스트가 있다고 표시해주고 필요하면 버튼을 눌러 내용을 볼 수 있도록 하는 방식의 출력이다. Squeezed text 버튼을 더블클릭하면 출력 내용을 볼 수 있는데, 도통 알아보기가 어렵다.

코드를 조금 수정해서, dataset 변수의 내용을 모두 출력하는 대신에, dataset 변수에 저장된 와인 데이터셋에서 **DESCR**이라는 속성(attribute)[1]만 뽑아서 출력해보자. 앞의 코드에서 세 번째 줄만 수정된 것이다.

```
1  from sklearn import datasets
2  dataset = datasets.load_wine()
3  print(dataset.DESCR)
```

DESCR 속성에는 이 데이터셋의 각 필드의 내용에 대한 설명(description)이 들어 있다. IDLE에서 실행하면 여전히 "Squeezed text"라는 버튼이 나온다. 해당 버튼을 더블클릭해서 내용을 보면 다음과 같은 출력을 확인할 수 있다.

```
.. _wine_dataset:

Wine recognition dataset
------------------------

**Data Set Characteristics:**

    :Number of Instances: 178 (50 in each of three classes)
    :Number of Attributes: 13 numeric, predictive attributes and the class
    :Attribute Information:
         - Alcohol
         - Malic acid
         - Ash
         - Alcalinity of ash
         - Magnesium
```

1) 속성(attribute)은 어떤 객체(object)가 갖는 성질을 말한다. 예를 들어 색연필을 생각해보면, 색연필이라는 객체는 '색상'이라는 속성과 '길이'라는 속성을 가지고 있을 텐데, 구체적으로는 색상 속성의 값은 '빨강', 길이 속성의 값은 '12cm' 등의 값을 가질 수 있다. 객체는 여러 개의 속성을 가질 수 있고, 서로 다른 객체는 속성이 다름으로써 구분될 수 있다.

```
        - Total phenols
        - Flavanoids
        - Nonflavanoid phenols
        - Proanthocyanins
        - Color intensity
        - Hue
        - OD280/OD315 of diluted wines
        - Proline

- class:
          - class_0
          - class_1
          - class_2
```

(이하 생략)

내용을 보면 데이터에 대한 설명이 상세하게 나와 있다. 총 178가지의 와인에 대한 데이터가 있고, 와인의 클래스, 즉 등급이 0, 1, 2의 3가지로 되어 있음을 알 수 있다. 또한, 각 와인에 대해 알코올 도수(alcohol), 사과산 농도(malic acid) 등 13가지의 특성이 데이터로 들어가 있다. 이를 통해 와인의 등급이 결정되는 것이다.

우리가 원하는 것은 컴퓨터에 와인의 13가지 특징이 입력된다면, 컴퓨터가 소믈리에처럼 각 와인의 등급을 판별할 수 있게 하는 것이다. 이를 위해서는 와인의 특성 데이터와 등급의 관계를 기계가 학습할 수 있도록 해야 한다.

6.2 데이터의 구조

앞에서 와인 데이터셋의 속성 중에서 DESCR 속성을 출력해보았다. 이외에 어떤 속성이나 함수가 있는지 알아보려면 dir 명령어를 사용한다. 앞에서 이용한 코드에서 세 번째 줄을 변경하여 dir 함수를 dataset에 대해 적용해보자.

```
from sklearn import datasets
dataset = datasets.load_wine()
print(dir(dataset))
```

출력 결과는 다음과 같다.

```
['DESCR', 'data', 'feature_names', 'target', 'target_names']
```

변수 dataset이 와인 데이터를 저장하고 있다는 점을 상기하자. 이 와인 데이터셋 안에는 다섯 가지의 속성(attribute)이 붙어 있는데, 그 중 하나인 DESCR은 앞서서 출력해본 것처럼 이 데이터셋에 대한 설명이 들어 있었다. 다른 속성들도 하나씩 살펴보자. 먼저 data 속성을 살펴보기 위해 다음 코드를 실행해본다.

```
from sklearn import datasets
dataset = datasets.load_wine()
print(dataset.data)
```

출력 결과는 다음과 같다.

```
[[1.423e+01 1.710e+00 2.430e+00 ... 1.040e+00 3.920e+00 1.065e+03]
 [1.320e+01 1.780e+00 2.140e+00 ... 1.050e+00 3.400e+00 1.050e+03]
 [1.316e+01 2.360e+00 2.670e+00 ... 1.030e+00 3.170e+00 1.185e+03]
 ...
 [1.327e+01 4.280e+00 2.260e+00 ... 5.900e-01 1.560e+00 8.350e+02]
 [1.317e+01 2.590e+00 2.370e+00 ... 6.000e-01 1.620e+00 8.400e+02]
 [1.413e+01 4.100e+00 2.740e+00 ... 6.100e-01 1.600e+00 5.600e+02]]
```

잘 살펴보면, 이 출력 결과는 여러 값이 하나의 행을 구성하고, 이런 행이 여러 개 들어 있는 다차원 구조를 가지고 있음을 확인할 수 있다. 데이터의 구조를 좀 더 자세히 살펴보기 위해 다음의 코드를 실행해보자.

예제 ex6-1.py

```
1 from sklearn import datasets
2 dataset = datasets.load_wine()
3 print("data type=",type(dataset.data))
4 print("data shape=",dataset.data.shape)
5 print("first row of data=",dataset.data[0])
```

실행해보면 다음 결과가 나온다.

```
data type= <class 'numpy.ndarray'>
data shape= (178, 13)
first row of data= [1.423e+01 1.710e+00 2.430e+00 1.560e+01 1.270e+02 2.800e+00
3.060e+00 2.800e-01 2.290e+00 5.640e+00 1.040e+00 3.920e+00 1.065e+03]
```

코드의 세 번째 줄에서 dataset.data의 type을 출력해보니 이것이 numpy.ndarray, 즉 numpy의 다차원배열 형태임을 알 수 있다. 그 다음 줄에서 출력한 dataset.data의 shape은 (178, 13)으로, 178행 13열로 구성되어 있음을 표시하고 있다. 이전에 살펴본 dataset의 설명으로부터 우리는 이 데이터가 178개의 와인 각각에 대한 13개의 특성을 가지고 있는 데이터라는 것을 알고 있으므로, dataset.data의 각 행은 하나의 와인에 대응되고, 각 행에 들어 있는 13개의 값은 각 와인의 13개 특성의 값임을 알 수 있다.

코드의 다섯 번째 줄에서는 실제로 dataset.data의 첫 번째 행의 값을 출력해 보았다. 총 13개의 값이 출력되었고, 각각의 값은 지수적 표기법(exponential notation)으로 표현되어있다. 여기서 e 다음에 나온 숫자는 자릿수를 나타낸다. 구체적으로, 어떤 숫자 옆에 e+x라고 쓰면 해당 숫자에 10^x을 곱해 주라는 의미이다. 이 방법을 따르면 예를 들어 1.2e+05는 1.2에 10^5을 곱하라는 뜻이 되어 120000이 된다. 즉, 소수점을 오른쪽으로 다섯 자리 옮기는 것과 동일하다. 2.3e-07는 어떤 값일까? 2.3에 10^{-7}을 곱한 값, 즉 소수점을 왼쪽으로 일곱 자리 옮긴 값이 되므로 0.00000023이 된다. 예에서 본 것과 같이 자릿수가 늘어나거나 소수점 이하로 매우 작은 값이 되면 일반적인 소수점 표기법으로는 0이 많아지면서 알아보기도 어렵고 실수하기도 쉽지만, 이것을 지수적 표기법으로 나타내면 매우 간결하면서 명확한 표기가 가능해진다. 이 때문에 과학계산 컴퓨터 프로그램에서

널리 쓰이는 표기법이니 기억해 두도록 하자. 그러면, 우리의 프로그램에서 나타난 출력값 1.423e+01은 14.23을, 1.710e+00은 1.710과 같은 값임을 알 수 있다.

다른 속성들의 값도 살펴보기 위해 다음 코드를 실행해보자.

예제 **ex6-2.py**

```
1  from sklearn import datasets
2  dataset = datasets.load_wine()
3  print("feature names=",dataset.feature_names)
4  print("target=",dataset.target)
5  print("target names=",dataset.target_names)
```

출력 결과는 다음과 같다.

```
feature names= ['alcohol', 'malic_acid', 'ash', 'alcalinity_of_ash', 'magnesium', 'total_
phenols', 'flavanoids', 'nonflavanoid_phenols', 'proanthocyanins', 'color_intensity',
'hue', 'od280/od315_of_diluted_wines', 'proline']
target= [0 0 0 0 0 0 0 0 0 0 0 0 0 0 0 0 0 0 0 0 0 0 0 0 0 0 0 0 0 0 0 0 0 0 0 0 0
 0 0 0 0 0 0 0 0 0 0 0 0 0 0 0 0 0 0 0 0 0 0 1 1 1 1 1 1 1 1 1 1 1 1 1 1 1
 1 1 1 1 1 1 1 1 1 1 1 1 1 1 1 1 1 1 1 1 1 1 1 1 1 1 1 1 1 1 1 1 1 1 1 1 1
 1 1 1 1 1 1 1 1 1 1 1 1 1 1 1 1 1 1 1 2 2 2 2 2 2 2 2 2 2 2 2 2 2 2 2 2 2
 2 2 2 2 2 2 2 2 2 2 2 2 2 2 2 2 2 2 2 2 2 2 2 2 2 2 2 2 2 2]
target names= ['class_0' 'class_1' 'class_2']
```

코드에서 세 번째 줄에서는 dataset.feature_names의 내용을 출력하였고, 이것은 13개의 와인 특성(feature)의 이름을 보여준다. 여기서 앞서 data의 각 행에 들어 있던 13개의 값들이 순서대로 각각 'alcohol', 'malic_acid', 'ash' 등을 나타내고 있음을 알 수 있다.

코드 네 번째 줄에서는 dataset.target을 출력하였는데, 결과에 나타난 것과 같이 총 178개의 값을 가지고 있는 리스트이다. 이것은 각 와인별 등급의 정답(target) 값을 보여주고 있다. 마지막 값에서는 target_names의 값을 출력하였고, 이것은 target 값 0, 1, 2가 각각 class_0, class_1, class_2를 의미함을 나타내고 있다.

여기서 특성(feature)과 정답(target)이라는 용어에 대해 집중해보자. 이 데이터셋은 총 178개의 와인에 대한 데이터를 담고 있고, 각 와인별로 13가지의 특성(feature)의 값이 나타나 있다. 그리고 이 와인의 등급에 대한 정답(target)이 표시되어 있다. 하나의 와인에 대한 데이터의 구조를 그림으로 나타내면 그림 6-3과 같다.

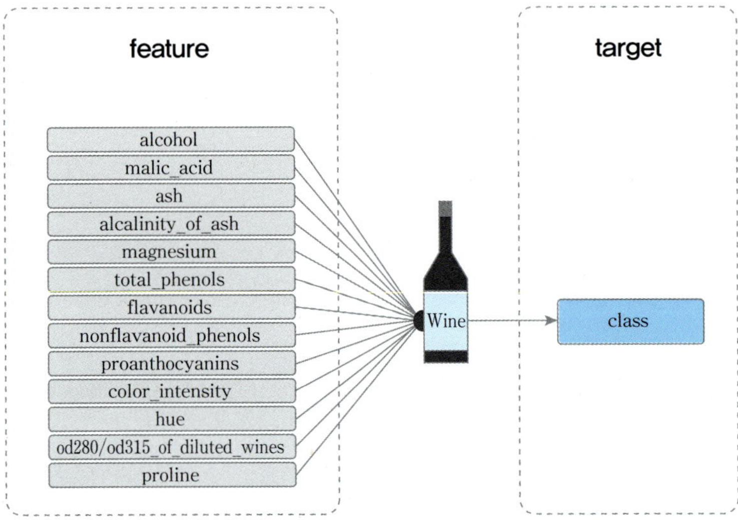

[그림 6-3] 와인 데이터의 구조

그림 6-3에 나타난 것과 같이, 각각의 와인은 13개의 특성과 1개의 정답을 가지고 있다. 실무에서는 특성과 정답을 영어표현을 그대로 써서 피쳐, 타겟으로 일컫는 경우가 많다. 우리의 와인 데이터는 이러한 와인이 178개 있는 구조이다. 여기서 특성과 정답으로 구성된 각각의 와인 데이터를 데이터 포인트(data point)라고 하고, 이러한 데이터 포인트들을 대량으로 모아놓은 것이 데이터셋(dataset)이다. 데이터셋에는 여러 데이터 포인트가 들어 있고, 각각의 데이터 포인트는 특성과 정답으로 구성되는 이러한 구조가 기계학습을 위한 가장 일반적인 데이터 구조이다.

6.3 와인 데이터의 2차원 시각화

와인 데이터를 3장에서 배운 데이터프레임으로 옮겨 보자. 다음 코드와 같이 와인 데이터를 가지고 데이터프레임을 생성하면 된다.

예제 **ex6-3.py**

```
1 import pandas as pd
2 from sklearn import datasets
3 dataset = datasets.load_wine()
4 d = pd.DataFrame(dataset.data, columns=dataset.feature_names)
5 print(d)
```

세 번째 줄의 pd.**DataFrame**은 주어진 데이터를 가지고 새로운 데이터프레임을 생성해준다. 이 때, **columns** 옵션에 문자열 리스트를 주면 해당 이름들로 열의 제목을 설정해준다. 출력 결과를 보면 각 특성 이름으로 열의 제목이 주어지고 와인별 특성값이 각각의 행에 들어가서 총 178개의 행이 생성되어 있는 것을 알 수 있다.

여기에, 마지막 열에 각 와인별 등급도 넣어 보자. 앞의 코드에서 한 줄이 추가되었다.

예제 **ex6-4.py**

```
1 import pandas as pd
2 from sklearn import datasets
3 dataset = datasets.load_wine()
4 d = pd.DataFrame(dataset.data, columns=dataset.feature_names)
5 d['target'] = dataset.target
6 print(d)
```

이 코드 ex6-4.py는 다섯 번째 줄이 핵심이다. 다섯 번째 줄에 나타나 있는 'd['target'] = dataset.target'은 그 앞에서 생성된 데이터프레임 d에 target이라는 새로운 열을 추가하고, 그 열의 값으로는 datasets.target의 값을 넣어 주었다. target에도 178개의 값이 들어 있으므로 각 행별로 하나의 값이 이상 없이 설정되었다. 만약 target의 데이터 갯수가 178개로 동일하지 않았다면 오류가 발생하게 될 것이다. 마지막 줄의 출력문에 의해 출력된 데이터프레임을 보면 13개의 특성 열과 'target'이라는 정답 열이 잘 생성되어 있는 것을 확인할 수 있다.

```
     alcohol malic_acid   ash alcalinity_of_ash magnesium total_phenols  ... proanthocyanins color_intensity   hue od280/od315_of_diluted_wines proline target
0      14.23       1.71  2.43              15.6     127.0          2.80  ...            2.29            5.64  1.04                          3.92  1065.0      0
1      13.20       1.78  2.14              11.2     100.0          2.65  ...            1.28            4.38  1.05                          3.40  1050.0      0
2      13.16       2.36  2.67              18.6     101.0          2.80  ...            2.81            5.68  1.03                          3.17  1185.0      0
3      14.37       1.95  2.50              16.8     113.0          3.85  ...            2.18            7.80  0.86                          3.45  1480.0      0
4      13.24       2.59  2.87              21.0     118.0          2.80  ...            1.82            4.32  1.04                          2.93   735.0      0
..       ...        ...   ...               ...       ...           ...  ...             ...             ...   ...                           ...     ...    ...
173    13.71       5.65  2.45              20.5      95.0          1.68  ...            1.06            7.70  0.64                          1.74   740.0      2
174    13.40       3.91  2.48              23.0     102.0          1.80  ...            1.41            7.30  0.70                          1.56   750.0      2
175    13.27       4.28  2.26              20.0     120.0          1.59  ...            1.35           10.20  0.59                          1.56   835.0      2
176    13.17       2.59  2.37              20.0     120.0          1.65  ...            1.46            9.30  0.60                          1.62   840.0      2
177    14.13       4.10  2.74              24.5      96.0          2.05  ...            1.35            9.20  0.61                          1.60   560.0      2

[178 rows x 14 columns]
```

이 데이터프레임을 시각화해보자. 데이터가 분포하는 패턴을 살펴보기 위해 5장에서 배운 **산점도(scatter plot)**을 그려보고자 한다. 문제는, 와인이 13개의 특성 값을 가지고 있어서, 와인 데이터의 모든 것을 표현하려면 13차원 그래프를 그려야 한다는 것인데, 우리는 보통 평면상에 2차원의 산점도를 그릴 수밖에 없다. 앞에 나타난 두 개의 특성 'alcohol'과 'malic_acid'만 가지고 산점도를 그려보자.

그림을 그리기 위해 3장에서와 같이 matplotlib.pyplot을 활용한다. 앞의 코드에서 alcohol을 가로축에 넣고, 세로축에는 malic_acid를 넣어서 산점도를 그리는 부분을 추가한 코드는 다음과 같다.

예제 ex6-5.py

```
import pandas as pd
from sklearn import datasets
dataset = datasets.load_wine()
d = pd.DataFrame(dataset.data, columns=dataset.feature_names)
d['target'] = dataset.target

import matplotlib.pyplot as plt
```

```
8 plt.scatter(d['alcohol'], d['malic_acid'])
9 plt.xlabel('alcohol')
10 plt.ylabel('malic_acid')
11 plt.show()
```

다섯 번째 줄까지는 와인 데이터를 읽어서 데이터프레임을 생성하는 부분이다. 일곱 번째 줄에서 matplotlib.pyplot을 plt라는 이름으로 읽어들였고, 여덟 번째 줄에서 plt.scatter 명령을 사용해 x축에 d['alcohol'], y축에 d['malic_acid']의 값으로 각 와인 데이터 포인트를 표시하도록 하였다. 아홉 번째 줄과 열 번째 줄에서는 가로축과 세로축에 제목을 표시하도록 하였다. 출력 결과는 다음과 같다.

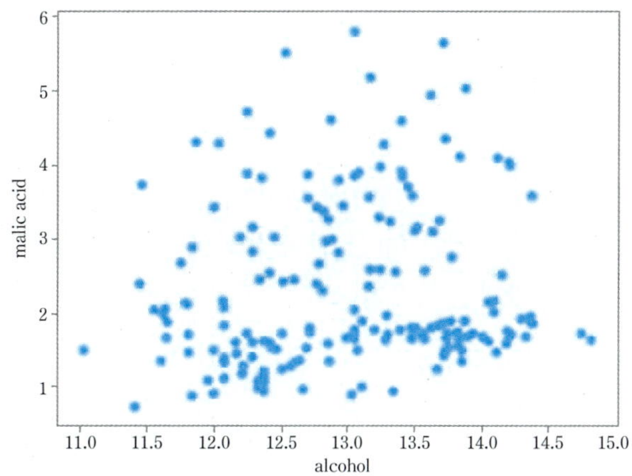

[그림 6-4] 와인 데이터의 alcohol과 malic_acid 산점도

가로축이 알코올 도수(alcohol), 세로축이 사과산의 농도(malic_acid)로 표시되고, 178개의 점이 있다. 각 점은 각각의 와인을 표시한다. 와인별로 등급이 있을 것이니, 각 점이 어떤 등급의 와인인가를 같이 표시해주면 좋을 듯하다. 색상으로 이를 구분해 나타내보자. 우선, 데이터를 세 그룹으로 나눈다. 0등급짜리 데이터, 1등급짜리 데이터, 2등급짜리 데이터로 나눈다. 3장에서 배운 **groupby**를 이용해 쉽게 나눌 수 있다. 다음 코드를 실행해보자.

예제 ex6-6.py

```
1 import pandas as pd
2 from sklearn import datasets
3 dataset = datasets.load_wine()
4 d = pd.DataFrame(dataset.data, columns=dataset.feature_names)
5 d['target'] = dataset.target
6 groups = d.groupby('target')
7 for group_name, group_data in groups:
8     print('Group name = ', group_name)
9     print(group_data)
```

5행까지 데이터프레임을 만들고, 6행에서 d.groupby('target') 명령을 사용하여 target의 값을 기준으로 그룹을 나누었다. 이 값을 groups라는 변수에 저장하였는데, 이 변수의 내용을 알아보기 위해 7행에서 for문을 사용하였다. groups에 대해 for문을 적용하면 두 개씩의 요소가 나오는데, 앞에 나오는 것은 해당 그룹의 이름, 뒤에 나오는 것은 해당 그룹의 데이터프레임이다. 그룹 이름을 group_name, 해당 그룹 데이터프레임을 group_data에 저장하도록 하였다. 8, 9행의 for문 부속 블록에서 그룹 이름과 해당 그룹 데이터프레임을 출력하였다. 출력 결과는 다음과 같다[2].

```
Group name =  0
    alcohol  malic_acid   ash  alcalinity_of_ash (중간열 생략)  target
0     14.23        1.71  2.43               15.6      ...        0
1     13.20        1.78  2.14               11.2      ...        0
2     13.16        2.36  2.67               18.6      ...        0
..      ...         ...   ...                ...      ...      ...
58    13.72        1.43  2.50               16.7      ...        0
[59 rows x 14 columns]
Group name =  1
     alcohol  malic_acid   ash  alcalinity_of_ash (중간열 생략)  target
59     12.37        0.94  1.36               10.6      ...        1
60     12.33        1.10  2.28               16.0      ...        1
61     12.64        1.36  2.02               16.8      ...        1
```

2) 결과가 길어서 일부만 표시하였음

```
..      ...          ...  ...                ...      ...      ...
129     12.04        4.30  2.38              22.0      ...       1
[71 rows x 14 columns]
Group name =  2
     alcohol  malic_acid   ash  alcalinity_of_ash (중간열 생략)  target
130     12.86        1.35  2.32              18.0      ...       2
131     12.88        2.99  2.40              20.0      ...       2
132     12.81        2.31  2.40              24.0      ...       2
..      ...          ...  ...                ...      ...      ...
177     14.13        4.10  2.74              24.5      ...       2
[48 rows x 14 columns]
```

결과로부터 각 그룹의 이름이 0, 1, 2로 부여되고 각 그룹별 데이터 프레임은 해당 등급 와인으로만 구성되어 있음을 확인할 수 있다. 0등급이 59개, 1등급이 71개, 2등급이 48개로 나누어짐을 볼 수 있다. 이제 각각의 점을 색상을 달리하여 찍어보자.

예제 **ex6-7.py**

```
1  import pandas as pd
2  from sklearn import datasets
3  import matplotlib.pyplot as plt
4
5  dataset = datasets.load_wine()
6  d = pd.DataFrame(dataset.data, columns=dataset.feature_names)
7  d['target'] = dataset.target
8  groups = d.groupby('target')
9  for group_name, group_data in groups:
10     plt.scatter(group_data['alcohol'], group_data['malic_acid'], label=group_name)
11 plt.legend()
12 plt.show()
```

10행의 for문 부속 블록 plt.scatter가 핵심이다. plt.scatter의 x축 값으로 각 그룹으로 분할되어 넘어오는 데이터 프레임 group_data의 'alcohol' 열과 'malic_acid'열의 값을 각각 x축과 y축으로 표시하도록 하였다. 여기에 label 옵션을 추가하여 group_name을 라벨로 설정하였다. 이렇게 하면 pyplot은 각 라벨별로 자동적으로 색상을 구분하여 부여한다. for문이 끝난 11행에서 plt.legend()는 라벨에 대한 범례를 표시해 준다. 출력되는 결과는 다음과 같다.

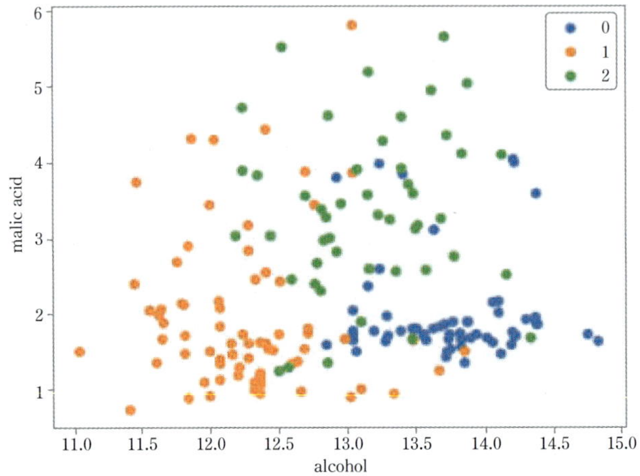

[그림 6-5] 와인 등급별로 구분된 산점도

어느정도 패턴이 보인다. 왼쪽은 대개 1번 등급, 오른쪽 아래는 0번 등급, 중간 윗부분은 2번 등급의 와인이 분포하고 있다. 그렇지만 혼재된 영역도 있어서 알코올 도수와 사과산 농도만으로 와인 등급을 판별하는 것은 오류가 있을 것으로 짐작된다.

여기까지는 와인의 특성 13가지 중 단지 2가지로만 패턴을 살펴본 것이다. 와인의 특성이 총 13개이므로, 고려하는 특성의 수를 늘리면 더 정확한 판단을 가능하게 하는 패턴이 보일 수 있겠지만 시각적으로 나타내기가 쉽지 않다. 그래도 3차원까지는 우리가 인지할 수 있으므로, 특성 한 가지를 더 고려하여 3차원 산점도를 그려보자.

6.4 와인 데이터의 3차원 시각화

앞에서는 와인의 13가지 특성 중 2가지만을 이용하여 와인 등급의 패턴을 살펴보았다. 특성을 두 개만 보고 판단하는 것보다 여러 개를 보고 판단하는 것이 당연히 식별 능력이 더 좋을 것이다. 이번에는 색상(hue)도 같이 고려해보자. 앞에서는 알코올 도수와 사과산 농도만을 보아 2차원으로 와인의 산점도를 그려보았는데, 여기에 색상까지 추가하여 3차원 산점도를 그려서 패턴을 살펴보도록 하자.

인간은 3차원까지 인지 가능하지만, 화면이든 종이든 2차원 평면매체이기 때문에 3차원 산점도를 그리더라도 2차원에 투영된 형태로 볼 수밖에 없다는 점은 아쉽다. x축에 알코올 도수, y축에 사과산 농도, z축에 색상을 넣고 점을 찍어서 3차원 산점도를 만들어 보자. 이를 위해서 mpl_toolkits라는 패키지를 사용할 것인데 이 패키지는 matplotlib 패키지를 설치할 때 자동으로 함께 설치되므로 추가로 설치할 필요는 없다. mpl_toolkits.mplot3d에서 Axes3D라는 모듈을 사용할 것이다. 다음 코드를 살펴보자.

예제 **ex6-8.py**

```
1  import pandas as pd
2  from sklearn import datasets
3  import matplotlib.pyplot as plt
4
5  dataset = datasets.load_wine()
6  d = pd.DataFrame(dataset.data, columns=dataset.feature_names)
7  d['target'] = dataset.target
8  groups = d.groupby('target')
9
10 from mpl_toolkits.mplot3d import Axes3D
11 ax = plt.gca(projection = '3d')
12 for n, d in groups:
13     ax.scatter(d['alcohol'], d['malic_acid'], d['hue'], label=n)
14 plt.legend()
15 ax.set_xlabel('alcohol')
16 ax.set_ylabel('malic_acid')
17 ax.set_zlabel('hue')
18 plt.show()
```

9번째 줄까지는 앞에서 나왔던 것과 동일한 코드로서, 데이터를 준비하는 부분이다. 10행의 'from mpl_toolkits.mplot3d import Axes3D'는 3차원 산점도를 그리기 위해 **mpl_toolkits**의 **mplot3d** 패키지 중에서도 **Axes3D**라는 모듈을 사용하도록 한다. 11행의 'plt.gca'에서 **gca**는 **get current axes**의 약자로서 3차원 공간을 **투영(projection)**한 상태의 좌표축을 설정한다. 이를 ax라는 변수에 대입하였고, 12~13행에서 각 등급 그룹

별로 ax 위에다가 x축에 alcohol, y축에 malic_acid, z축에 hue 값으로 점을 찍도록 하였다. 14~17행에서는 범례를 달고, x, y, z 축에 제목을 붙였다. 프로그램을 실행하면 다음과 같은 출력이 보일 것인데, 화면 위에서 마우스를 클릭한 상태로 이리저리 드래그 하면 좌표축이 회전하면서 공간의 구조를 살필 수 있을 것이다.

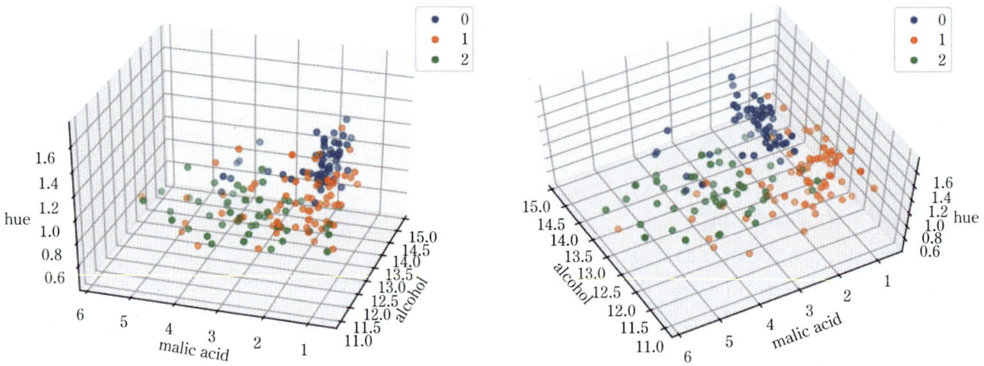

[그림 6-6] 와인 데이터의 3차원 산점도

좌표축을 회전시키면서 살펴보면 와인 등급이 결정되는 방식을 좀 더 잘 이해할 수 있다. 공간을 위에서 내려다보면 알코올 도수와 사과산 농도만 보이는데, 이렇게 보면 앞에서 살펴본 2차원 산점도와 동일한 형태이다. 그러나 여러 각도로 회전시키면서 살펴보면 2차원 산점도 등급들이 혼재되어 있던 영역이 사실은 z축(색상)으로 상당히 분리되고 있음을 확인할 수 있다. 초록색(2등급)은 색상 값이 낮고, 파란색(0등급)들은 겹쳐 보였었지만 실제로는 색상 값이 높은 쪽에 떠 있어서 영역이 좀 더 잘 분리되어 보인다.

특성을 두 가지를 고려했을 때보다 세 가지를 고려함으로써 점들의 구분이 더 명확해졌다. 다시 말해 알코올 도수와 사과산 농도만 보고 와인 등급을 추정하는 것보다는 색상까지 함께 보는 것이 와인 등급을 더 잘 예측한다. 또는 더 잘 구분한다. 그래서 예측하고자 하는 정답이 0, 1, 2 등과 같이 서로 구분되는 값일 때, 특성(feature)을 보고 정답(target)을 예측하는 모델은 다른 말로 **구분(classification)** 모델이라고도 한다.

특성 가짓수가 늘어날수록 구분 능력이 향상될 가능성이 높다. 물론 아무 관련없는 특성이 추가된다고 구분이 더 잘 되지는 않겠지만, 예측 대상 정답과 상관성이 높은 특성이 추가되면 구분, 즉 예측이 향상될 것이 분명하다. 예측 모델의 설계는 그래서 예측 대상에 도움이 될 것 같은 특성들을 잘 추출하여 측정하는 것이 핵심이 된다.

6.5 KNN의 개념

그러면, 시각화를 통해 살펴본 와인 등급의 패턴을 이용하여 어떤 와인이 주어졌을 때 이 와인의 등급을 예측하는 모델을 수립해보자. 먼저 그림 6-7의 2차원 산점도를 보면서 생각해 보도록 하자.

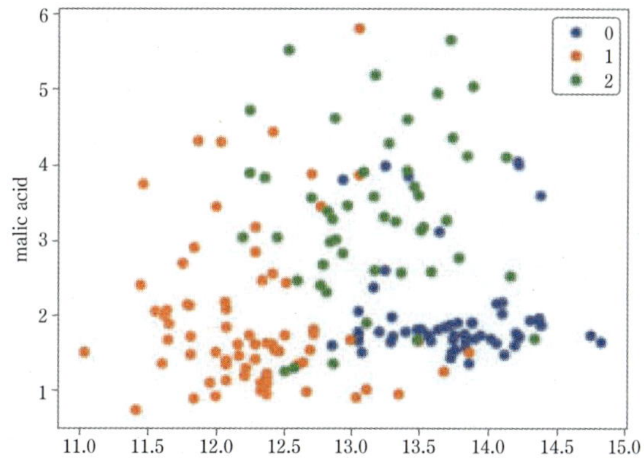

[그림 6-7] 와인 등급 2차원 산점도

이 그림을 보면 알코올과 사과산에 따라 와인의 등급이 어느 정도 결정됨을 알 수 있다. 사과산은 신맛을 내주므로, 맛을 보고 도수와 신맛을 잘 구분할 수 있다면 와인의 등급을 대략 맞출 수 있을 것 같다. 황색인 등급 1은 주로 도수가 낮고 신맛도 적은 것들이 있고, 파란색인 등급 0은 도수는 높은데 신맛은 적은 것, 초록색인 등급 2는 도수는 중간 정도인데 신맛이 많이 나는 것들로 대략 분포된 것을 볼 수 있다.

예시를 하나 살펴보자. 우리가 어떤 와인을 하나 마셔보고, 이 와인의 등급을 맞춰 본다고 하자. 우리는 미식가이기 때문에, 맛을 보면 도수와 사과산의 정도를 측정할 수 있을 것이다. 만약 우리가 마신 와인의 도수가 12정도 되고, 사과산이 2정도로 측정되었다면 아마 그 와인의 등급은 1일 것이다. 왜 그렇게 생각할까? 그림 6-7을 보면 알 수 있듯, 좌표 (12, 2)는 도수와 사과산이 모두 낮은 곳에 있고, 이 부근에는 거의 등급 1의 와인이 분포되어있기 때문이다. 이렇게 생각하는 방식, 즉 부근(neighbor)에 다수 있는 종류로 따라가면 대체로 맞을 것이라는 생각을 체계화시킨 것이 **KNN 알고리즘**이다.

(12, 2)처럼 주변이 거의 압도적으로 한 종류라면 별로 고민의 여지가 없지만, 서로 다른

종류가 혼재되어 있다면 판단의 명확한 기준이 필요할 것이다. 예를 들어 그림 6-8의 (a) 처럼 도수가 12.1이고 사과산이 3인 와인이 주어졌다고 가정하자. 산점도 상에서의 좌표는 (12.1, 3)이 될 텐데, 이 부근에는 주황색(등급 1)이 많지만 가장 가까운 점은 초록색(등급 2)이다. 다른 특성까지 보면 좀 더 잘 구분할 수 있겠지만 현재는 이렇게 두 값만 주어져 있다고 하자. 그러면 어떻게 판단해야 최대한 등급을 맞출 가능성이 높아질까?

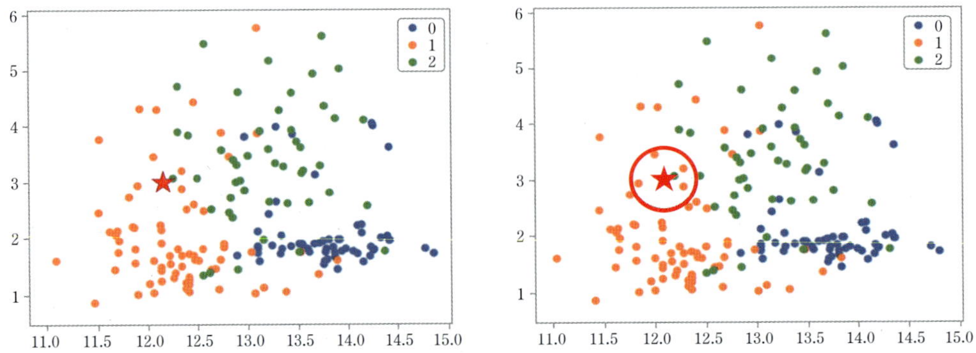

[그림 6-8] 도수 12.1, 사과산 3인 와인의 등급 판단

무작정 가장 가까운 점을 보고 판단하는 것은 위험할 것이다. 다른 특성들을 보지 않은 상태에서, 알코올 도수와 사과산 농도가 동일하더라도 색상 등 다른 값들이 차이가 나서 등급이 달라질 수 있기 때문이다. 그것보다는 주변 몇 개의 점을 살펴보고 대세를 따르는 것이 더 안전할 것이다. 몇 개를 보면 좋을까? 너무 적으면 위험하고 너무 많으면 무의미해질테니 여러 값을 시도해보면서 예측력이 가장 높아지는 갯수를 찾는 것이 좋을 것이다. 여기서는 주변 다섯 개를 살펴보는 것으로 해보자.

좌표 (12.1, 3)의 가까운 순서로 주변 다섯 개의 점을 찾아보면 그림 6-8의 (b)와 같다. 주변에 가장 가까운 다섯 개의 점 중에서 네 개가 주황색(등급 1)이고 하나가 초록색(등급 2)이므로, 합리적인 판단은 다수인 주황색(등급 1)으로 판단하는 것이 될 것이다. 이와 같이, 주변(neighbor)에 가장 가까운(nearest) 점들 몇 개를 찾아볼 것인지 k의 값을 설정해서 다수를 차지하는 종류로 판단하는 기준을 수립하는 알고리즘이 **KNN(k-Nearest-Neighbor) 알고리즘**이다. 우리는 방금 k=5인 KNN 알고리즘을 적용한 셈이 된다.

앞서 언급한 것처럼, KNN 알고리즘의 성능은 k의 값에 크게 좌우된다. k=1인 KNN은 무조건 가장 가까운 것을 따라가겠다는 것이므로 아주 국지적인 주변의 특이한 상황에

휘둘리기 쉽기 때문에 보통 사용하지 않는다. 일반적으로는 주변의 몇 개를 보고 결정한다. 적정한 k값을 정하는 방법은 k값을 변화시켜보면서 가장 예측력이 높아지는 k값을 찾는 것이다.

만약 색상 등 다른 정보가 추가될수록 모형의 와인 등급 판단은 점점 정확해질 것이다. 3차원 산점도를 보았을 때, 도수와 사과산을 이용하여 만든 그래프보다 와인의 등급 분류가 명확해진다고 느꼈듯 말이다. 이러한 개념을 기계에 학습시켜보자.

6.6 KNN 모형 구축

우리의 목표는 와인의 특성 데이터로부터 와인의 등급을 판별할 수 있는 소믈리에 기계를 만드는 것이다. KNN 모형을 수립해보자. 먼저 학습용 데이터를 구성해야 한다. 우선 알코올 도수와 사과산 농도의 두 개의 특성만으로 정답을 예측하는 모형을 수립해 보겠다. 다음 코드를 살펴보자.

```
1  import pandas as pd
2  from sklearn import datasets
3  dataset = datasets.load_wine()
4  d = pd.DataFrame(dataset.data, columns=dataset.feature_names)
5  d['target'] = dataset.target
6
7  x_train = d[['alcohol','malic_acid']]
8  y_train = d['target']
9  print("<Feature data>")
10 print(x_train)
11 print("<Target data>")
12 print(y_train)
```

앞의 다섯 줄은 데이터프레임을 만드는 부분으로서 이전과 동일하다. 7~8행이 핵심이다. 7행에서는 데이터 전체를 가지고 있는 데이터프레임 d에서 'alcohol'과 'malic_acid' 열만 뽑아서 x_train 변수에 저장하였다. 데이터프레임에서 여러 개의 열을 추출할 때에는 열 제목들을 리스트로 만들어서 d[ ]의 대괄호 안에 넣어야 한다. 이렇게 하면 x_train 변수는 고려하고자 하는 특성 값들만 가지고 있는 데이터프레임이 된다. 보통 예측에 사용되는 특성 값들은 x로, 예측하려는 정답은 y로 표현한다. 8행에서는 d에서 정답에 해당하는 'target' 열만 추출하여 y_train 변수에 저장하였다. 출력 결과를 보면 다음과 같이 x_train에는 특성, y_train에는 정답이 순서대로 들어가 있음을 확인할 수 있다.

```
<Feature data>
     alcohol  malic_acid
0      14.23        1.71
1      13.20        1.78
2      13.16        2.36
..       ...         ...
176    13.17        2.59
177    14.13        4.10

[178 rows x 2 columns]
<Target data>
0      0
1      0
2      0
      ..
176    2
177    2
Name: target, Length: 178, dtype: int32
```

이제 이 데이터를 KNN 모델에 학습시켜 보자. 앞에서 설치한 사이킷런 패키지에는 KNN 모형을 수립하기 위한 기능이 포함되어 있다. 사이킷런 패키지의 neighbors 아래에 'KNeighborsClassifier'모듈을 불러오면 되는데, 'from sklearn.neighbors import KNeighborsClassifier'와 같이 하면 된다. KNeighborsClassifier로 KNN 모형을 학습시키는 것은 다음과 같이 k를 설정해주고 특성 데이터와 정답 데이터만 명시해주면 되어 매우 단순하다.

```
knn = KNeighborsClassifier(n_neighbors=5)
knn.fit(x_train, y_train)
```

위 코드는 k=5로 설정하고 학습을 시킨 것이다. knn.fit 명령어가 수행되고 나면 주어진 데이터로 학습된 예측모델이 knn이라는 변수에 저장되어 있게 된다.

이제 이 모델로 예측을 해보자. 대상 와인의 알코올 도수와 사과산 농도 값이 적합한 열 이름으로 명시되어 있는 데이터프레임을 넣으면 된다. 예를 들어 알코올 도수가 12, 사과산 농도가 3이라면, 각각의 해당 열 이름을 'alcohol', 'malic_acid'로 하여 데이터프레임을 만드는 명령어는 다음과 같이 하면 된다.

```
x_pred=pd.DataFrame(data = [[12,3]], columns=['alcohol','malic_acid'])
```

이제 이 데이터프레임을 가지고 해당 와인 등급을 예측하려면 knn.**predict** 명령어를 사용한다.

```
print('Predicted :', knn.predict(x_pred))
```

knn.predict는 학습된 모형 knn을 이용하여 주어진 x_pred에 들어 있는 값에 대응하는 와인의 등급을 예측한 결과를 보여준다. 전체 코드는 다음과 같이 된다.

예제 ex6-9.py

```
import pandas as pd
from sklearn import datasets
dataset = datasets.load_wine()
d = pd.DataFrame(dataset.data, columns=dataset.feature_names)
d['target'] = dataset.target

x_train = d[['alcohol','malic_acid']]
y_train = d['target']
print("<Feature data>")
print(x_train)
print("<Target data>")
print(y_train)

from sklearn.neighbors import KNeighborsClassifier
```

```python
knn = KNeighborsClassifier(n_neighbors=5)
knn.fit(x_train, y_train)
x_pred=pd.DataFrame(data = [[12, 3]], columns=['alcohol','malic_acid'])
print(x_pred)
print('Predicted :', knn.predict(x_pred))
```

출력 결과를 보면 이전에 시각적으로 살펴본 바와 같이 주황색인 등급 1로 제대로 예측하고 있다.

```
(앞부분 생략)
   alcohol  malic_acid
0       12           3
Predicted : [1]
```

도수와 사과산 수치를 여러가지로 바꾸어 실험해보면 우리가 산점도 상에서 눈으로 보고 판단한 값과 동일한 결과가 나옴을 확인할 수 있다. 예를 들어 alcohol을 13, malic_acid를 3으로 하면 초록색(등급 2)로 잘 예측하는 것을 볼 수 있을 것이다.

KNN은 단순하지만 실제로도 좋은 성능을 보이는 알고리즘이다. 우리가 직접 결과를 눈으로 확인하고 검증해 볼 수 있다는 점도 장점이다. 여기서는 두 개의 특성만 가지고 예측했는데, 2차원 산점도와 3차원 산점도의 비교에서 본 것처럼 특성 가짓수를 늘리면 늘릴수록 와인의 등급을 정확하게 예측할 수 있을 것이다. 눈치가 빠른 독자들은 여기서 등급 예측이 정확하다면 얼마나 정확한 것인지, 특성 가짓수가 늘어나면 와인 등급의 정확도가 얼마나 올라가는지 등에 대해 호기심을 가질 것이다. 모델의 정확도 지표에 대해서는 다음 장에서 살펴본다.

이번 장에서는 KNN이라는 단순한 모형을 활용하여 학습 데이터의 구조와 예측모형의 개념을 살펴보았다. 다음 장에서는 예측 모형에 많은 테스트 데이터를 넣어서 결과를 살펴보고 이를 바탕으로 모형의 성능을 측정하는 방법에 대해 알아보기로 한다.

실·습·예·제

1. 자동차 연비와 중량, 실린더 수 등이 나타나 있는 예제 데이터 'auto-mpg.csv'를 대상으로, 가로축에 중량(weight), 세로축에 연비(mpg)를 두고, 실린더 수로 점의 색상을 구분하여 산점도를 그리시오.

풀이

practice_6-1.py

```
import pandas as pd
import matplotlib.pyplot as plt

data = pd.read_csv('auto-mpg.csv')
groups = data.groupby('cylinders')
for group_name, group_data in groups:
    plt.scatter(group_data['weight'], group_data['mpg'], label=group_name)
plt.xlabel('weight')
plt.ylabel('mpg')
plt.legend()
plt.show()
```

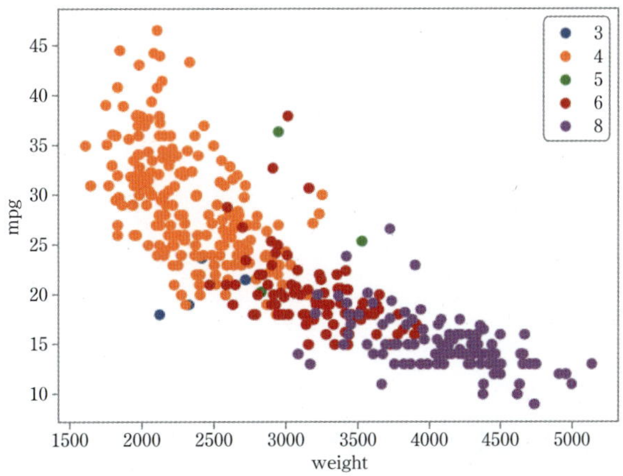

2. 위의 데이터 'auto−mpg.csv'에서 'weight'와 'mpg'를 특성값으로 하여 실린더 수('cylinders')를 예측하는 k=5인 KNN 모델을 수립하고, 다음 세 가지 신규 데이터에 대해 실린더 수를 예측하시오.

1) weight = 2000, mpg = 30
2) weight = 3500, mpg = 20
3) weight = 4000, mpg = 15

풀이

practice_6-2.py

```python
import pandas as pd
import matplotlib.pyplot as plt

data = pd.read_csv('auto-mpg.csv')

x_train = data[['weight','mpg']]
y_train = data['cylinders']

from sklearn.neighbors import KNeighborsClassifier
knn = KNeighborsClassifier(n_neighbors=5)
knn.fit(x_train, y_train)
x_pred=pd.DataFrame(data = [[2000, 30], [3500,20], [4000,15]], columns=['weight','mpg'])
print(x_pred)
print('Predicted :', knn.predict(x_pred))
```

```
   weight  mpg
0    2000   30
1    3500   20
2    4000   15
Predicted : [4 6 8]
```

실행 결과로부터, 1)은 4기통, 2)는 6기통, 3)은 8기통으로 각각 예측된다.

연·습·문·제

1. KNN 모델에서 k 값의 의미를 설명하고, k=1인 경우와 k가 매우 큰 값인 경우에 발생할 수 있는 문제를 설명하시오.

2. 사이킷런에 내장되어 있는 iris(붓꽃) 데이터셋(datasets.load_iris()로 읽어올 수 있다)을 이용하여 (sepal length, sepal width)의 산점도와 (petal length, petal width)의 산점도를 한 화면에 표시하고, 꽃의 종류에 따라 점의 색상을 달리하여 나타내는 프로그램을 작성하시오.

3. 2번에서 사용한 iris 데이터셋에서 sepal length, sepal width, petal length의 세 개의 값에 대한 3차원 산점도를 표시하되, 꽃의 종류에 따라 점의 색상을 달리하시오.

4. 와인 데이터셋에서 'alcohol', 'malic_acid', 'hue'의 3개의 특성값에 기반하는 KNN 모델을 수립하여 와인 등급을 예측하는 프로그램을 작성하시오. 이 때 k를 적절히 설정하고 그렇게 설정한 이유를 설명하시오.

5. 1번에서 사용한 iris 데이터셋에서 sepal length, sepal width, petal length, petal width에 기반한 KNN 모델로 꽃의 종류를 예측하는 프로그램을 작성하시오. 임의의 데이터에 대해 예측이 정확하게 잘 이루어지는지 확인하여 설명하시오.

7 CHAPTER 모델의 성능지표

모델이 무엇인가를 예측했을 때, 그 예측이 맞았는지 틀렸는지, 그리고 그 정확도과 성능이 얼마인지 평가하는 것은 매우 중요하다. 여기서 성능 평가의 기준이 되는 지표를 성능지표라고 한다. 성능지표를 사용해 모델을 평가해보니 수립한 모델이 성능이 좋다면 적용하면 되고, 만족스럽지 않거나 다른 모델이 더 좋다면 더 좋은 모델을 찾아서 적용해야 할 것이다. 기존 모델이 훈련을 통해 계속 성능이 올라간다면 훈련 방법이 맞는 것이고, 올라가지 않는다면 훈련방법이 적합하지 않은 것이다. 이처럼 성능의 평가가 있어야 모델의 선정 및 발전이 가능하다. 그래서 모델의 성능을 평가한다는 것은 사실상 애널리틱스와 AI 발전에 굉장히 중요한 역할을 하고 있다. 그만큼 엄밀한 성능 측정이 필요한데, 이것이 생각만큼 간단하지 않고 여러 관점이 있을 수 있어서, 여러 가지 정교한 성능 지표들이 개발되어 있다. 이번 장에서 모델의 성능 평가방법들에 대해 이해해보자.

7.1 1종 오류와 2종 오류

잘못된 판단에는 두 가지가 있다. 비가 올 줄 알고 우산을 들고 나갔는데 비가 오지 않으면 괜히 짐만 된 경우이다. 반대로 비가 오지 않을 거라고 생각하고 우산을 안 가지고 나갔다가 비를 맞으면 낭패이다. 둘 모두 판단 오류이지만 방향이 반대다.

누구나 다 아는 거짓말쟁이 양치기 소년 이야기를 해보자. 이야기에서 양치기 소년은 심심했는지 장난으로 마을사람들에게 늑대가 나타났다고 거짓말을 한다. 처음에는 소년이 늑대가 없는데도 "늑대가 나타났어요!"라고 외친다. 마을 사람들이 양들을 구하기 위해

쫓아왔지만 거짓말이었다. 그 다음에 또 소년은 "늑대가 나타났어요! 이번엔 진짜예요!!" 라고 외치지만, 또 거짓말이었다. 마을 사람들은 이제 소년의 말은 절대 믿지 않기로 결심한다. 그런데 마지막에 진짜 늑대가 나타났고, 양치기 소년은 "이번엔 진짜! 진짜! 늑대예요!!" 외치지만, 마을 사람들이 '늑대는 무슨 늑대, 이제 더 안속아'라고 하면서 소년의 말을 믿지 않았고, 양들을 다 잃는 이야기이다.

이 짧은 이야기에서, 마을 사람들은 세 번의 판단을 했고, 놀랍게도 세 번 다 틀렸다. 잘 보면, 틀렸는데 첫 번째, 두 번째와 세 번째는 틀린 유형이 다르다. 첫 번째와 두 번째에는, 마을 사람들은 실제로는 늑대가 없는데 늑대가 있다고 판단해서 틀렸다. 세 번째에는, 실제로는 늑대가 있는데 없다고 판단해서 틀렸다.

보통 관심사건, 특별한 이벤트가 발생하는 것을 양성(positive)이라고 하고, 그렇지 않고 일상적이고 별다른 것이 없으면 음성(negative)이라고 한다. 전염병 검사키트에서 양성이면 감염되었음을, 음성이면 정상임을 가리키는 것과 동일하다. 그러면 이 양치기 소년 이야기에서는 '늑대가 있음'은 positive, '늑대가 없음'은 negative에 해당한다.

통계학에서 데이터를 보고 어떤 특별한 차이가 존재하는지를 판단하는 가설 검정(hypothesis testing)에서도 동일한 개념이 쓰인다. 특별한 차이(평균이 다르다거나)가 있다는 가설이 대립가설(alternative hypothesis)이고, 그렇지 않고 특이사항 없다라고 하는 가설이 귀무가설(null hypothesis)이 된다. 지금 마을 사람들이 관찰할 수 있는 데이터는 양치기 소년의 말 밖에 없다. 양치기 소년의 말을 듣고, '늑대가 있다'라고 생각하는 것이 대립가설, '늑대가 없다'라고 생각하는 것이 귀무가설이 된다[1]. 다시 말해, 대립가설은 positive라고 판단하는 가설이고, 귀무가설은 negative라고 판단하는 가설이다.

그러면, 첫 번째와 두 번째 경우의 오류는 '늑대가 있다'는 가설, 즉 대립가설을 채택했는데 틀린 경우이다. Positive라고 예측했는데 실제는 negative인 것이다. 이것을 1종 오류(Type I error)라고 한다. 다른 말로는 오경보(false alarm)의 오류라고도 한다. 불이 나지 않았는데도 화재경보기가 작동하는 상황이라고 생각할 수 있겠다. 통계학의 가설 검정에서 p-value는 1종 오류의 확률로 정의되며, 이는 데이터로부터 대립가설을 채택했을 때, 이것이 틀린 판단일 확률을 의미한다.

세 번째 경우는 방향이 반대이다. '늑대가 없다'라고 생각한, 즉 대립가설을 채택한 경우

1) 보다 엄밀히 말하면, '늑대가 있다'는 것이 대립가설, '늑대가 있다고 보기 어렵다'는 것이 귀무가설이 된다. 귀무가설은 '없다'를 단정짓는 것이 아니라, 대립가설을 채택하기에는 근거가 부족하다는 의미이다.

이고, 실제로는 늑대가 있었으니 negative라고 예측했는데 실제는 positive인 경우이다. 이것을 **2종 오류(Type II error)**라고 한다. 다른 말로는 **탐지 누락(missed detection)**이라고 하는데, 불이 났는데도 화재경보기가 작동하지 않은 경우라고 생각할 수 있겠다.

전통적인 통계기법의 가설 검정에서는 1종 오류의 확률 **p-value**를 주로 고려하는데, 중요한 문제이지만 반대 방향의 위험성을 가지고 있다. 법원을 생각해보자. 법원에서 실제로는 무죄(negative)인 피고인을 유죄(positive) 판결을 내렸다고 가정해보자. 실제로는 negative인데 positive라고 생각했으니 1종 오류이다. 죄 없는 사람을 감옥으로 보내는 것은 큰 문제이니, 가능한 한 이런 경우는 줄여야 하겠다. 즉, 1종 오류 확률을 낮추는 것이 중요한 문제가 된다. 그래서 법률에서는 **무죄추정의 원칙**이 있다. 아주 확실하게 유죄가 있음이 증거로 남아있지 않은 한, 용의자는 무죄로 추정한다는 것이다.

그런데, 만약 어떤 판사가 있어서, 무조건 무죄로 판결한다고 하자. 이렇게 되면 1종 오류가 절대로 발생할 일이 없다. 즉, 1종 오류의 확률이 0이 된다. 이것이 좋은 것인가? 이렇게 되면 상당수의 실제 범죄자가 풀려나게 될 것이다. 즉, positive인데 negative로 판단하는 경우, 2종 오류의 확률이 증가하게 된다.

1종 오류와 2종 오류 중에서 어느 쪽을 낮추는 것이 더 중요한지는 경우에 따라 다르다. 법원이라면 10명의 범죄자를 놓치더라도 죄 없는 사람을 감옥에 보내지 말아야 할 테니까 1종 오류를 낮추는 것이 중요할 것이다. 그러나 전염병 검사키트 같은 것을 생각해보면, 감염되지 않은 사람들 일부가 양성으로 판정되어서 병원에 한번 더 정밀검사를 받게 하는 번거로움을 초래하는 한이 있더라도 감염된 사람을 놓치지 말아야 할 것이다. 즉 positive를 negative로 판단해서 감염의 확산을 초래할 확률은 최대한 막아야 할 것이므로, 2종 오류를 낮추는 것이 더욱 중요한 문제가 된다.

일반적으로, 1종 오류를 낮추도록 모델을 구성하면 상대적으로 2종 오류의 확률이 높아지게 된다. 반대로 2종 오류를 낮추려면 1종 오류의 확률이 높아짐을 감수해야 한다. 우리가 목표로 하는 것은 1종 오류와 2종 오류를 모두 최소화하는 좋은 예측모델을 만드는 것이지만, 실제로는 trade-off 관계가 성립한다. 둘 다 낮추는 좋은 모델을 만들려면 결국 더 많은 데이터가 필요하고, 더 많은 비용이 소요된다.

7.2 혼동행렬

앞에서 틀리는 방법에 두 가지가 있음을 생각해보았다. 잘 생각해보면, 맞는 방법에도 두 가지가 있다. 이번 절에서는 맞는 방법 2가지, 틀리는 방법 2가지를 종합하여 생각해 보자.

OX 퀴즈를 생각해 보자. 10문제가 있는데 정답이 [X,X,X,X,O,O,O,X,X,O] 라고 하자. 만약 어떤 학생이 답안지를 [X,X,X,O,O,O,X,X,O,O]로 썼다면 이 학생의 답안지는 몇 점 짜리인가? 표 7-1에 채점표가 나와 있다.

〈표 7-1〉 OX퀴즈 채점표

구분	1번	2번	3번	4번	5번	6번	7번	8번	9번	10번
정답	X	X	X	X	O	O	O	X	X	O
답안지	X	X	X	O	O	O	X	X	O	O
정오구분	정답	정답	정답	오답	정답	정답	오답	정답	오답	정답

10문제 중에 7문제를 맞추고 3문제를 틀렸으니 문제당 10점이라면 70점짜리 답안이다. 그런데 잘 보면, 틀린 유형에는 두 가지가 있는데, 정답이 O인데 X로 쓴 경우가 있고, 정답이 X인데 O라고 쓴 경우가 있다. 맞는 유형도 마찬가지로 O인데 O로 쓴 경우와 X인데 X로 쓴 경우가 있을 것이다. 즉, 총 4가지의 정답 또는 오답의 유형이 있고, 각각의 횟수를 표로 정리하면 표 7-2와 같이 나타난다.

〈표 7-2〉 정오답 유형별 채점표

정답 \ 답안지	X	O
X	4	2
O	1	3

여기서 정답은 실제값(actual value), 답안지는 학생이 예측한 값, 즉 예측값(predicted value)이라고 할 수 있겠다. 컴퓨터에서는 흔히 O를 True 혹은 숫자 1, X를 False 또는 숫자 0으로 나타내므로, O를 1로, X를 0으로 바꾸어 쓰면 표 7-3과 같이 된다.

〈표 7-3〉 OX퀴즈에 대한 혼동행렬

Actual \ Predicted	0	1
0	4	2
1	1	3

표 7-3과 같이 어떤 예측 모델(이 경우는 학생)의 실제값 대비 예측값의 정오 유형별 횟수를 정리하여 나타낸 표를 혼동행렬(confusion matrix)라고 한다. 혼동행렬은 이것으로부터 다른 지표들의 값을 산정할 수 있게 하는 좋은 기초자료가 된다.

파이썬으로 혼동행렬을 계산해보자. 일단 코드를 보겠다.

```
1  from sklearn.metrics import confusion_matrix
2  y_true = [0,0,0,0,1,1,1,0,0,1]
3  y_pred = [0,0,0,1,1,1,0,0,1,1]
4  print(confusion_matrix(y_true, y_pred))
```

실행 결과는 다음과 같을 것이다.

```
[[4 2]
 [1 3]]
```

코드의 첫 번째 줄에서 사이킷런의 세부 패키지인 sklearn.metrics에 포함되어 있는 confusion_matrix라는 기능을 사용하도록 선언하였다. 이 기능은 실제값과 예측값 리스트로부터 혼동행렬을 계산해 준다. 두 번째 줄에서는 y_true에 실제값(정답) 리스트를 넣었고, 세 번째 줄에서는 y_pred에 예측값(학생의 답안) 리스트를 넣었다. 네 번째 줄에서 confusion_matrix 함수에 y_true와 y_pred를 넣어서 호출한 결과를 출력하도록 하였고, 결과는 앞에서 본 바와 같이 우리가 손으로 계산해 본 혼동행렬과 동일한 행렬이 출력되었다. 이제 혼동행렬의 각 셀이 가지는 의미에 대해 좀 더 심도있게 생각해보자.

7.3 TP, TN, FP, FN

표 7-4의 혼동행렬을 보자. 앞의 표 7-3과 동일한 표인데 1을 positive, 0을 negative라고 표시하였다. 표의 각 셀을 보면, 0이라고 예측했는데 실제도 0인 것, 1로 예측했는데 실제값은 0인 것, 0으로 예측했는데 실제값은 1인 것, 1로 예측했는데 실제값도 1인 경우의 총 4가지로 구성되어 있다. 앞에서 1로 예측했는데 실제 값은 0인 경우는 1종 오류, 0으로 예측했는데 실제 값은 1인 경우는 2종 오류라고 일컫는다는 것은 살펴보았다.

〈표 7-4〉 혼동행렬의 예시

Predicted / Actual	0 (Negative)	1 (Positive)
0 (Negative)	4 (TN)	2 (FP)
1 (Positive)	1 (FN)	3 (TP)

보다 일반적으로 말해서, 맞는 경우 2가지, 틀리는 경우 2가지의 총 4가지 경우를 각각 구분하여 TP, TN, FP, FN으로 일컫는다. 앞 글자의 T 또는 F는 True 및 False의 약자로서, 실제로 맞았는지 틀렸는지를 나타낸다. 뒤 글자의 P와 N은 각각 Positive, Negative의 약자로서 나의 답안지, 즉 내가 예측한 값이다. 그러면 **TP(True Positive)**는 Positive라고 답했는데 맞은 경우의 횟수를 말하고, 현재 혼동행렬에서 이런 경우는 3회 있었으므로 TP는 3이다. **TN(True Negative)**은 negative라고 답했는데 맞은 것으로, TN의 값은 4가 된다. **FP(False Positive)**는 positive라고 답했는데 틀린 것이므로 FP의 값은 2가 된다. **FN(False Negative)**은 negative라고 답하고 틀린 것이므로 FP의 값은 1이 된다. 실제 의사결정이 0 또는 1의 이분적 판단을 하는 머신러닝이나 AI 모델의 성능을 평가할 때, 여기서 정의한 TP, TN, FP, FN은 모델의 성능 특성의 모든 정보를 담고 있으므로, 이를 사용해서 모델의 성능을 평가하는 성능지표를 만들어낼 수 있다.

7.4 정확도

성능지표 중에 가장 직관적이고 널리 사용되는 지표인 **정확도(accuracy)**에 대해 알아보

자. 쉽게 말해 정확도는 OX 시험 점수라고 할 수 있는데, 예측한 총 개수 대비 맞은 것의 개수이다. 표 7-4의 혼동행렬에서 보면, 답안지에 쓴 답과 정답의 관계는 TP, TN, FP, FN으로 총 4가지의 경우가 있지만, 그 중 맞은 답은 TP, TN이다. TP는 O라고 답해서 맞은 경우, TN은 X라고 답해서 맞은 경우이다. 총 10개의 답중에서 맞은 것은 TP=3과 TN=4를 더한 7회이므로, 이 모델은 정확도가 70%인 모델이 된다. 즉 정확도는 예측값과 실제값이 동일한 건수를 전체 판단 횟수로 나누어 구할 수 있고, 이를 수식으로 표현한다면 아래와 같다.

$$\text{정확도} = (TP+TN) / (TP+TN+FP+FN) \qquad \text{(식 7-1)}$$

즉, 정확도는 혼동행렬의 대각선에 있는 셀의 값 합계를 전체 합계로 나눈 값으로 계산할 수 있다.

정확도는 그 점수가 좋다고 해서 꼭 좋은 모델이라고 보기 어려운 경우가 있다. 예를 들어, 여러분이 지구 안보국의 특수요원으로서 외계인을 찾아내서 고향 행성으로 돌려보내야 하는 임무를 띠고 있다고 하자. 외계인도 지구인의 모습을 하고 있어서 그냥 보아서는 판단이 어렵다. 마침 외계인을 판별하는 특수안경이 있다고 하자. 이 특수안경을 쓰면 외계인이 초록색으로 보인다. 이 안경의 판단 정확도가 99.1%라면 굉장히 좋은 안경처럼 생각될 것이다. 그런데, 이 안경의 혼동행렬이 표 7-5와 같이 주어져 있다면?

〈표 7-5〉 외계인 판별 안경 A의 혼동행렬

Actual \ Predicted	0 (지구인)	1 (외계인)
0 (지구인)	990	0
1 (외계인)	9	1

표 7-5를 보면, 지구에 1000명 중에 10명의 비율로 외계인이 있다. 표를 보니, 이 안경은 사실은 외계인도 거의 지구인으로 판별하고 있다. 외계인 10명 중에 9명을 지구인으로 보아서 놓쳤고, 1명만 제대로 외계인으로 판별하였다. 별로 성능이 좋지 않음에도 불구하고 정확도를 구해보면, 총 1000회 중에서 TP가 1회, TN이 990회여서 정확도 값은 991/1000 = 99.1%가 된다. 정확도 값만 보면 때로는 형편없는 모델도 좋은 값으로 보일

수 있는 것이다.

이런 문제는 대개 예측해야 하는 값이 희소한 경우, 즉 positive가 전체 negative 중에서 아주 일부분만 존재하는 경우에 발생한다. 불행히도, 중요한 판단은 이렇게 희소한 대상을 판별해야 하는 경우가 많다. 검사키트로 바이러스 감염자를 판별하는 경우에도 대부분은 바이러스가 없어 희소한 경우이고, 양산 제품에서 불량품을 판별해야 하는 경우도 불량률이 6-시그마 수준으로 낮다면 백만 개 중에 3~4개 정도의 불량품이 있을 테니 이런 경우에 정확도가 높다고 좋은 성능이라고 착각하면 안된다. 정확도만으로 이야기하는 것은 위험하다.

정확도가 의미 있는 값이 되려면 데이터 상에서 positive와 negative가 적당한 비율로 있어야 한다. 그러나 실제로는 positive가 훨씬 희소한 경우가 많기 때문에 정확도만 가지고 모델의 성능을 파악하기 쉽지 않다. 그래서 정밀도와 재현율이라는 값을 모델 성능 지표로 함께 사용한다.

7.5 정밀도와 재현율

정밀도(precision)는 모델에 의해 검출된 결과가 얼마나 정확한지를 측정하는 지표이다. 구체적으로 말하면, 모델이 "예(positive)"라고 예측했을 때 이 중에서 정답인 비율이다. 수식으로 표현하자면 아래와 같다.

$$\text{정밀도} = TP/(TP+FP) \qquad \text{(식 7-2)}$$

다시 말해, 정밀도는 어떤 모델이 positive라고 판단했을 때 실제로도 positive일 확률을 말한다. 표 7-4의 OX퀴즈의 경우에서는, P라고 답한 5건 중에서 맞은 경우인 TP가 3건이므로 정밀도는 60%가 된다. 정밀도가 높다는 것은 positive로 검출된 결과에 오류가 적다는 것이다. 법원의 예를 들자면, 유죄 판결의 정밀도가 높다는 것은 판사가 유죄로 판단했을 때 실제로도 범죄자였을 가능성이 높다는 의미로서, 정밀도가 높다는 것은 **오경보(false alarm)**가 적다, 즉 **1종 오류**가 낮다는 것과 동일한 의미가 된다.

한편, **재현율(recall)**은 모델이 실제로 positive인 값들 중에서 몇 퍼센트를 검출했는지를 보여주는 지표이다. 실제 positive인 것들 중에서 모델이 positive로 검출한 횟수의 비율을 나타내는 지표로, 수식으로 표현하자면 아래와 같다.

$$재현율 = TP/(TP+FN) \quad (식\ 7-3)$$

표 7-4의 OX퀴즈에서는 총 4건의 positive 중에서 실제 positive로 검출된 횟수인 TP는 3회이므로 재현율은 75%가 된다. 만약 바이러스 감염을 검출하는 키트가 재현율이 높다면, 이 키트는 바이러스에 감염된 사람들은 거의 양성으로 판정한다는 의미이다. 늑대와 양치기 소년의 이야기에서는, 마을 사람들의 판단에 재현율이 높다는 것은 늑대가 있을 때 항상 마을 사람들이 달려갔다는 뜻이므로, 재현율이 높다는 것은 **탐지 누락(missed detection)**이 적다, 즉 **2종 오류**가 낮다는 의미가 된다.

어떤 판사가 무조건 유죄판결을 내린다고 하자. 이 판사님께 걸리면 범죄자는 100% 감옥으로 갈테니 재현율은 높다. 그러나 유죄판결 중 상당수 무죄가 포함되어 있을테니 정밀도는 낮은 판사가 된다. 즉, 2종 오류는 낮지만 1종 오류가 높아진다. 반대로 대부분 무죄판결을 내고 아주 증거가 너무너무 확실할 때만 유죄판결을 낸다면? 정밀도가 높아 1종 오류는 낮지만 재현율이 낮아서 2종 오류 확률은 높아질 것이다.

즉, 정확도도 그렇지만, 정밀도와 재현율도 어느 한 가지만 보고 좋은 모델인지를 판단할 수가 없다. 표 7-5의 외계인 검출 특수안경의 예시를 다시 보자. 이 안경은 정밀도도 매우 높다. 외계인(positive)이라고 판단한 경우가 총 1회인데 마침 실제로도 외계인이었으니, 정밀도는 100%이다. 그러나 재현율을 보면, 총 10명의 외계인 중에서 1명만 검출하였으나 재현율은 10%에 불과하다.

이래서는 지구 안보가 위험하겠다. 방금 그 안경을 모델 A라고 하자. 다른 업체가 모델 B의 안경을 제안하였다. 모델 B의 혼동행렬은 다음 표 7-6과 같다고 하자.

〈표 7-6〉 외계인 판별 안경 B의 혼동행렬

Actual \ Predicted	0 (지구인)	1 (외계인)
0 (지구인)	981	9
1 (외계인)	1	9

표 7-6의 B라는 모델을 잘 보면 우선 정확도는 (981+9)/1000 = 99.0%가 되어 모델 A의 99.1%보다 낮다. 정밀도는 외계인이라고 한 것 중 실제 외계인일 확률이므로, 외계인이라고 판단한 18회 중에 실제로 외계인이었던 것은 9회이어서 정밀도는 50%가 되므로, 정밀도도 모델 A의 100%에 비해 현저히 떨어진다. 여기까지만 보면 정확도와 정밀도 모두 떨어지므로 B는 못 쓸 것 같지만, 재현율을 보면 총 10명의 외계인 중 9명을 외계인이라고 판단했으므로, 재현율은 9/10=90%로 앞서의 모델 A에 비해 확실하게 높다. 표 7-7에 모델 A와 모델 B의 성능지표를 비교해서 나타내었다.

〈표 7-7〉 모델 A와 B의 성능지표 비교

지표	모델 A	모델 B
정확도(accuracy)	99.1%	99.0%
정밀도(precision)	100%	50%
재현율(recall)	10%	90%

표 7-7에 나타난 세 개의 성능지표를 보고 선택한다면 어느 모델이 좋을까? 모델의 용도에 비추어 생각해 보아야 한다. 이 모델은 외계인을 식별하기 위함이니, 이런 경우라면 외계인일지 아닐지 모르는 경우에도 일단 외계인이라고 식별해 재현율을 높이는 것이 좋을 것이다(그런 후 데려와 자세히 알아보니 외계인이 아니면 정중히 사과드려야 하겠다). 이 비슷한 이야기가 바이러스 진단 키트같은 경우에도 성립된다. 모델 A같은 키트는 못 쓰는 키트이다. 진단키트가 테스트했을 때 애매할 경우 일단 양성이라고 판단한 후 정밀검사를 한 후 아니었으면 정정하는 것이 훨씬 낫다. 바이러스 감염 진단이나, 불량품이면 위험한 제품의 불량 검출 등의 판단 모델에서는 재현율이 중요하다.

위에서 알아본 성능지표는 모델의 성능평가뿐만 아니라 여러 분야에서 활용될 수 있다. 예를 들어, 광고에서 추천 광고를 띄울 때 재현율을 높이려면 어디든 막 뿌려 대면 된다. 재현율을 높이기 위해 광고를 막 뿌리면 관심 있을 만한 사람들의 상당수가 볼 확률은 높일 수 있으나 정밀도가 너무 떨어질 것이다. 즉, 광고를 뿌렸으나 관심이 없는 사람들에게도 많이 간다는 것이므로, 본 사람들 중에서 관심이 없을 확률이 높아 정밀도가 떨어지고, 이러면 짜증나는 광고가 된다. 그러면 사람들이 올라오는 광고 자체에 대해 관심을 덜 가지게 되고 점점 광고 효과가 떨어지게 될 것이다. 따라서, 추천 광고를 잘 하려면 정밀도를 높이는 것이 중요하다. 관심 있을 것으로 예상되는 사람들에게 광고를 보여주었을 때 실제로도 관심 있을 확률이 높아야 한다. 구글 검색어 광고나 유튜브의 추천 알고리즘, 아마존의 상품 추천, 넷플릭스의 영상 추천 등이 정밀도를 높이기 위해 방대한 데이터를 기반으로 정교하게 고안된 모델들의 예이다.

이처럼 정확도만으로는 판단이 어렵고, 정밀도와 재현율도 모델의 용도와 판단의 성격에 맞추어 어떤 지표에 중점을 두어야 할 것인지가 달라진다. 따라서, 모델의 성능을 평가하는 것은 생각처럼 단순한 문제가 아니며, 다양한 지표에 대한 전체적인 이해를 바탕으로 서로 논의하고 선정하는 것이 매우 중요하다.

7.6 F1 score

앞서 정확도는 positive와 negative의 상대적 비율이 큰 차이가 나는 경우, 즉 데이터 라벨 사이의 불균형이 심한 경우에는 신뢰할 수 없는 지표가 됨을 살펴보았다. 이를 보완하는 정밀도와 재현율의 지표가 있지만, 그래도 데이터의 불균형이 있을 때에도 종합적인 값을 주는 지표가 있으면 좋을 것이다.

이러한 필요성에 부합하는 지표로서 **F1 점수(F1−score)**가 있다. F1 점수는 정밀도와 재현율의 **조화평균(harmonic mean)**으로 정의된다. 수식으로 표현하면 아래와 같다.

$$\text{F1 점수} = 2\times\text{재현율}\times\text{정밀도}/(\text{재현율}+\text{정밀도}) \qquad \text{(식 7-4)}$$

데이터 자체의 positive와 negative가 반반정도로 적당히 섞여 있을 때에는 정확도가 괜찮은 종합지표가 된다. 그런데 한 쪽이 매우 희소할 때에는 정확도는 쓸모없는 지표가 되므로 정밀도와 재현율을 모두 고려해야 하는데, 정밀도와 재현율을 그냥 산술적으로 평균을 내는 것은 그다지 좋은 지표를 주지 못한다. 예를 들어 극단적으로 재현율 100%, 정밀도 0%인 모델은 아무도 감염자가 없는데 무조건 양성판정을 내는 검사키트같은 모델이므로 전혀 쓸모없는 모델이지만 산술평균은 50%가 된다. 반면, 조화평균은 한 쪽이 극단적인 값이면 조화평균의 값도 낮아지게 하는 특성을 가지고 있어, 단순히 평균을 취하는 것보다 조화평균을 취하는 것이 더 의미있는 값을 제공한다. 예로서 든 재현율 100%, 정밀도 0%의 경우라면 조화평균은 0이 된다.

외계인 안경 모델을 다시 보자. 모델 A는 외계인을 거의 다 놓치는 모델로 정확도는 99.1%이지만 정밀도는 100%, 재현율은 10%이어서 F1 점수는 0.182가 된다. 반면 모델 B는 정확도는 99.0%로 모델 A보다 낮지만 재현율은 90%, 정밀도 50%로 F1 점수 0.643이 되어 모델 A보다 실제로 좀 더 쓸모 있는 모델이라는 사실을 잘 전달하고 있다.

이상에서 4가지 성능 척도인 정확도, 정밀도, 재현율, 그리고 정밀도와 재현율을 종합한 점수인 F1 점수를 살펴보았다. 대표적 지표로서 정확도가 많이 쓰이지만, positive와 negative의 상대적 비율이 너무 불균형하여 크게 차이 날 때에는 정확도는 의미없는 지표가 되며, 심지어 더 좋은 모델을 더 나쁘게 평가하게 되는 경우가 생긴다. 따라서 데이터의 불균형이 심할 때 꼭 단일 지표가 필요하다면 F1 점수를 모델의 성능에 대한 대표값으로 비교하는 것이 적합하다.

7.7 성능지표 계산 파이썬 예제

앞의 OX퀴즈에 대한 성능지표를 파이썬으로 직접 출력해보자. 앞서 혼동행렬을 계산하였던 코드에서 마지막 줄이 추가되었다.

예제 ex7-1.py

```
1  from sklearn.metrics import confusion_matrix
2  from sklearn.metrics import classification_report
3  y_true = [0,0,0,0,1,1,1,0,0,1]
4  y_pred = [0,0,0,1,1,1,0,0,1,1]
5  print(confusion_matrix(y_true, y_pred))
6  print(classification_report(y_true, y_pred))
```

실행 결과는 다음과 같다.

코드의 첫 번째 줄과 두 번째 줄에서 각각 sklearn.metrics에 포함되어 있는 **confusion_matrix**와 **classification_report**라는 기능을 사용하도록 선언하였다. confusion_matrix는 혼동행렬을 계산해 주는 기능이고, classification_report는 정확도, 정밀도, 재현율, F1 점수 등의 각종 성능지표를 계산해 준다. 3~4행에서 y_true에

```
[[4 2]
 [1 3]]
              precision    recall  f1-score   support

           0       0.80      0.67      0.73         6
           1       0.60      0.75      0.67         4

    accuracy                           0.70        10
   macro avg       0.70      0.71      0.70        10
weighted avg       0.72      0.70      0.70        10
```

실제값, y_pred에 예측값을 리스트로 넣었고, 5행에서 혼동행렬을 출력한 결과가 출력 결과의 둘째줄까지에 나타나 있다. 6행에서는 성능지표의 출력을 위해 y_true와 y_pred를 넣어서 classification_report 함수를 호출하였다. 그 결과는 출력에서 3행 이하에 표시되어 있다.

여기서는 출력 결과를 이해하는 것이 중요하다. 1을 양성으로 보았을 때, 1에 대한 정밀도 60%, 재현율이 75%로 잘 계산되어 있고, 이 두 값의 조화평균인 F1 점수도 0.67로 계산되어 있음을 확인할 수 있다. **support**는 해당 값이 실제값으로서 몇 건 나타났는지를 보여주는데, 1은 4건 있었음을 확인할 수 있다. 정확도도 70%로 잘 계산되어 있다. macro avg와 weight avg는 각각 여러 라벨들에 대한 각 지표의 평균, 가중평균(데이터 건수로 가중치 부여)을 나타내고 있다.

7.8 ROC 곡선과 AUC

0, 1로 구성된 라벨을 분류하는 이진 분류 모델에서 흔히 쓰이는 성능 평가 기법으로 **ROC 곡선(ROC curve: Receiver Operating Characteristic curve)**와 그 곡선 아래의 면적인 **AUC(Area Under the Curve)**가 있다. ROC 곡선은 분류 임계값에 따른 분류 모델의 성능을 보여주는 그래프이다. 이 곡선은 **참 양성 비율(TPR)**과 **허위 양성 비율(FPR)**을 시각화한 그래프이다. 참 양성 비율(True Positive Rate)은 재현율의 동의어이며, 허위 양

성 비율(False Positive Rate)은 negative 중에서 negative로 판별한 비율을 말한다. 각각의 정의는 다음과 같다.

$$TPR = \frac{TP}{TP + FN} \qquad \text{(식 7-5)}$$

$$FPR = \frac{FP}{FP + TN} \qquad \text{(식 7-6)}$$

ROC 곡선은 모델이 positive와 negative를 구분하는 **임계값(threshold)**을 가지고 있을 때, 다양한 임계값에 대한 TPR와 FPR을 좌표축에 나타낸 그래프이다. 구체적으로는, x축에 FPR을, y축에 TPR을 두고 다양한 임계값에 따른 (FPR, TPR) 점을 이은 곡선으로 나타난다. 그림 7-3은 ROC 곡선의 예시를 보여준다.

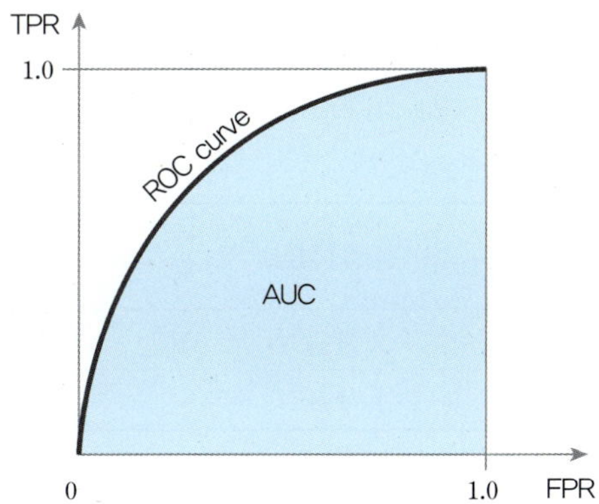

[그림 7-3] ROC 곡선의 예

예제를 통해 이해해 보자. 어떤 병원에 대사증후군으로 내원한 환자들의 키와 몸무게 데이터가 다음 표 7-8과 같이 나타나 있다고 하자.

〈표 7-8〉 ROC 예제 데이터

환자번호	몸무게(kg)	키(cm)	BMI	진단결과
1	58	160	22.7	
2	62	163	23.3	
3	69	151	30.3	고도비만
4	73	175	23.8	
5	77	178	24.3	

6	84	164	31.2	고도비만
7	88	165	32.3	고도비만
8	92	193	24.7	
9	96	172	32.4	고도비만
10	104	183	31.1	고도비만

BMI는 몸무게(kg)/키(m)^{2}으로 계산되며, 30이상이면 고도비만으로 진단한다고 하자. BMI를 계산해서 고도비만여부를 판정하면 100% 정확하겠지만, 어떤 이유로 키를 알 수 없어서 몸무게 데이터만으로 고도비만여부를 판정해야 한다면 어떻게 될지 생각해보자.

일단, 고도비만으로 판정하는 몸무게에 대한 기준을 수립해야 할 것이다. 대략 80kg을 기준으로, 그 이상이면 고도비만, 미만이면 정상으로 판정한다면 혼동행렬은 어떻게 되겠는가? 표 7-9에 정답이 나와있지만, 직접 한번 계산해보고 맞춰보길 권한다.

〈표 7-9〉 임계값 80kg의 혼동행렬

Actual \ Predicted	0 (정상)	1 (고도비만)
0 (정상)	4 (TN)	1 (FP)
1 (고도비만)	1 (FN)	4 (TP)

그러면 식 (5)와 (6)에 나타나 있는 TPR, FPR의 계산 공식에 따라 TPR = 4/(1+4) = 0.8, FPR = 1/(1+4) = 0.2가 될 것이다.

여기서 positive로 판정하는 기준값, 즉 고도비만으로 판단하는 기준 몸무게 값을 임계값(threshold)이라고 한다. 실무에서는 임계값, 임계치라고도 하지만 영어 표현을 그대로 가지고 와서 "쓰레숄드"라고 일컫는 경우도 많다.

만약 임계값을 55kg으로 설정하면 어떻게 될까? 모든 환자를 고도비만으로 예측하게 될텐데, 그러면 negative로 판정한 경우가 하나도 없으니 TN, FN이 모두 0이 되어서 TPR, FPR이 모두 1로 나타날 것이다. 반대로 threshold를 105kg 이상으로 설정한다면 아무도 고도비만으로 판정되지 않을테니 TP, FP가 모두 0이 되어서 TPR, FPR이 모두 0이 될 것이다. 임계값을 다양하게 바꾸어 보면 그 때마다 대응되는 TPR, FPR이 계산될텐데, 이렇게 계산된 (FPR, TPR) 값을 x, y좌표로 해서 점을 찍고 연결하면 ROC 곡선이 된다.

파이썬으로 TPR과 FPR을 계산하는 코드를 직접 작성해 보자. 코드가 조금 길어지므로 단계적으로 나누어 살펴보겠다. 먼저 sklearn.metrics에서 혼동행렬 모듈 confusion_matrix를 가져온다.

```
from sklearn.metrics import confusion_matrix
```

다음으로, 데이터를 만든다. 각 환자의 몸무게를 weight에, 키를 height라는 이름의 리스트에 순서대로 넣는다.

```
weight = [58,62,69,73,77,84,88,92,96,104]
height = [160,163,151,175,178,164,165,193,172,183]
```

그 다음으로, 각 환자의 고도비만 여부를 나타내는 정답값을 y_true라는 리스트에 넣도록 하자. 0은 정상, 1은 고도비만이다.

```
y_true = [0,0,1,0,0,1,1,0,1,1]
```

이제 이 데이터를 가지고 각 환자의 고도비만여부를 판단하는 코드를 작성한다. 여기서는 우선 몸무게만으로 고도비만을 판단해보자. 고도비만을 판단하는 몸무게의 임계값을 80으로 하고, 이 값을 threshold라는 변수에 대입한다.

```
threshold=80
```

이제 예측값을 만들 차례이다. for문을 이용하여 각 환자에 대해 몸무게가 threshold 이상인지를 판단하여 예측값을 y_pred라는 리스트에 차례로 넣도록 하자.

```python
1 y_pred=[]
2 for i in range(10):
3     w = weight[i]
4     if w>=threshold: y = 1
5     else: y = 0
6     y_pred.append(y)
```

위의 첫 줄에서는 y_pred를 빈 리스트로 초기화하였다. 이어서 2행에서 i를 0에서 9까지 변화시키면서 3행에서 각 번호의 인덱스에 해당하는 weight 값을 w에 대입하고, 4~5행에서는 w가 threshold 이상이면 y에 1을, 아니면 0을 대입하였다. 마지막에서 y_pred 리스트에 이렇게 판단한 예측값 y를 순차적으로 저장한다.

다음으로 이렇게 예측한 y_pred와 정답값 y_true를 비교하여 혼동행렬을 출력한다.

```python
cm = confusion_matrix(y_true, y_pred)
print(cm)
```

이 판단에 대한 TPR과 FPR 값을 계산해보자. 먼저 TN, TP, FN, FP 값을 계산해야 하는데, 이 값은 모두 혼동행렬에 저장되어 있다. 각각을 tn, tp, fn, fp라는 이름의 변수에 넣기로 하고[2], 앞에서 계산한 혼동행렬 cm에서 해당하는 값을 꺼내오면 다음과 같다.

```python
tn = cm[0][0]
tp = cm[1][1]
fn = cm[1][0]
fp = cm[0][1]
```

마지막으로 식 (7-5)와 (7-6)을 활용하여 TPR과 FPR 값을 계산하고, 이를 출력한다.

```python
tpr = tp / (tp+fn)
fpr = fp / (fp+tn)
print(tpr, fpr)
```

2) 변수 이름을 대문자로 써도 되지만, 보통 파이썬에서는 변수명을 소문자로 쓰는 관행이 있다.

이상에서 설명한 전체 코드는 다음과 같다.

예제 ex7-2.py

```
from sklearn.metrics import confusion_matrix

weight = [58,62,69,73,77,84,88,92,96,104]
height = [160,163,151,175,178,164,165,193,172,183]
y_true = [0,0,1,0,0,1,1,0,1,1]

threshold=80

y_pred=[]
for i in range(10):
    w = weight[i]
    if w>=threshold: y = 1
    else: y=0
    y_pred.append(y)

cm = confusion_matrix(y_true, y_pred)
print(cm)

tn = cm[0][0]
tp = cm[1][1]
fn = cm[1][0]
fp = cm[0][1]
tpr = tp / (tp+fn)
fpr = fp / (fp+tn)
print(tpr, fpr)
```

이 프로그램의 출력 결과는 다음과 같다.

```
[[4 1]
 [1 4]]
0.8 0.2
```

혼동행렬이 [[4,1], [1,4]]로 표 7-9와 동일하게 계산되어 출력되었고, TPR과 FPR의 값도 앞에서 우리가 직접 계산해 본 0.8, 0.2와 같이 계산된다.

이 프로그램이 잘 이해되었다면, threshold의 값을 80으로 고정하는 대신에, 55부터 105까지 다양한 값을 넣어서 TPR, FPR의 값을 계산하고, 이 값들을 리스트에 넣어서 ROC 곡선 그래프를 출력해보자.

코드를 단계별로 살펴본다. 먼저, 모듈을 들여오고 데이터를 정의하는 부분은 앞의 코드와 동일하다.

```
from sklearn.metrics import confusion_matrix

weight = [58,62,69,73,77,84,88,92,96,104]
height = [160,163,151,175,178,164,165,193,172,183]
y_true = [0,0,1,0,0,1,1,0,1,1]
```

그 다음으로, threshold를 변화시키면서 각 threshold에 대응하는 FPR와 TPR을 저장할 빈 리스트를 각각 fpr_list, tpr_list라는 이름으로 초기화한다.

```
fpr_list=[]
tpr_list=[]
```

이제 threshold의 값을 55에서 105까지, 5씩 변화시키면서 각각의 threshold 값에 대해 y_pred를 계산하고 이에 대한 FPR, TPR을 계산해서 각각 fpr_list, tpr_list에 차례로 기입한다.

```
for threshold in range(55,110,5):
    y_pred=[]
    for i in range(10):
        w = weight[i]
        if w>=threshold: y = 1
        else: y=0
        y_pred.append(y)
```

```
8       cm = confusion_matrix(y_true, y_pred)
9       tn = cm[0][0]
10      tp = cm[1][1]
11      fn = cm[1][0]
12      fp = cm[0][1]
13      tpr = tp / (tp+fn)
14      fpr = fp / (fp+tn)
15      print(threshold, fpr, tpr)
16
17      fpr_list.append(fpr)
18      tpr_list.append(tpr)
```

위의 부분에서 for 루프 안의 2~14행은 앞의 ex7-2.py 코드에서 9~16행과 완전히 동일하다. 주어진 threshold 값에 대해 tpr과 fpr을 계산하는 부분이다. 15행에서 threshold와 fpr, tpr을 출력하고, 17~18행에서는 이렇게 계산된 fpr과 tpr을 차례로 fpr_list, tpr_list에 기입하였다.

마지막으로, 이렇게 계산한 fpr_list를 가로축에, tpr_list를 세로축에 놓고 점을 찍어서 이으면 ROC 곡선이 그려진다.

```
1 import matplotlib.pyplot as plt
2 plt.plot(fpr_list, tpr_list, '-o')
3 plt.show()
```

여기서는 우리에게 익숙한 matplotlib을 plt라는 이름으로 불러오고, 2행에서 plt.plot 함수를 통해 fpr_list의 각각의 값을 x 좌표료, tpr_list의 각각의 값을 y좌표로 하여 선을 연결하였다. '–o' 옵션은 선을 연결하면서 각각의 점을 표시하도록 해 준다. 이 옵션을 생략하면 선으로만 나타날 것이다. 3행에서 plt.show()로 그래프를 화면에 나타낸다.

전체 코드는 다음과 같다.

예제 ex7-3.py

```
from sklearn.metrics import confusion_matrix

weight = [58,62,69,73,77,84,88,92,96,104]
height = [160,163,151,175,178,164,165,193,172,183]
y_true = [0,0,1,0,0,1,1,0,1,1]

fpr_list=[]
tpr_list=[]
for threshold in range(55,110,5):
    y_pred=[]
    for i in range(10):
        w = weight[i]
        if w>=threshold: y = 1
        else: y=0
        y_pred.append(y)
    cm = confusion_matrix(y_true, y_pred)
    tn = cm[0][0]
    tp = cm[1][1]
    fn = cm[1][0]
    fp = cm[0][1]
    tpr = tp / (tp+fn)
    fpr = fp / (fp+tn)
    print(threshold, fpr, tpr)

    fpr_list.append(fpr)
    tpr_list.append(tpr)

import matplotlib.pyplot as plt
plt.plot(fpr_list, tpr_list, '-o')
plt.show()
```

실행해보면, 다음과 같이 텍스트 결과와 그래프가 동시에 출력될 것이다.

```
55 1.0 1.0
60 0.8 1.0
65 0.6 1.0
70 0.6 0.8
75 0.4 0.8
80 0.2 0.8
85 0.2 0.6
90 0.2 0.4
95 0.0 0.4
100 0.0 0.2
105 0.0 0.0
```

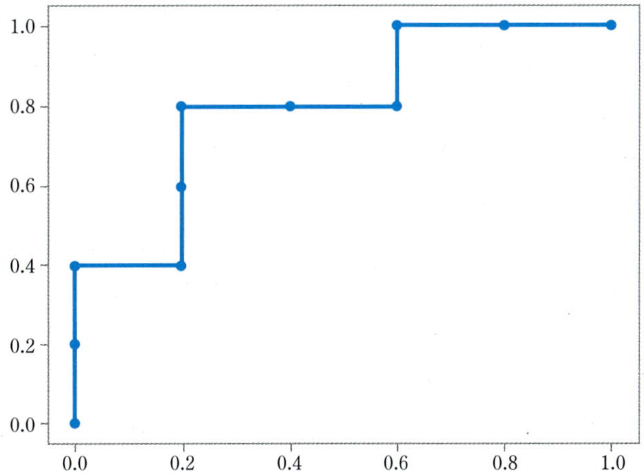

[그림 7-4] 예제프로그램 7-3의 ROC 곡선 출력

그림 7-4의 ROC 곡선에서 x축 FPR(False Positive Rate)은 negative 중에서 positive로 잘못 판정한 비율이고, y축 TPR은 positive 중에서 positive를 제대로 찾아낸 비율이니, 예측 모델이 정확할수록 TPR은 높고 FPR은 낮아야 할 것이다. 즉, 좋은 모델일수록 (FPR, TPR) 점들이 왼쪽 위로 이동해야 하니 그림 7-5와 같이 ROC 곡선 아래의 면적 AUC는 넓어지게 될 것이다.

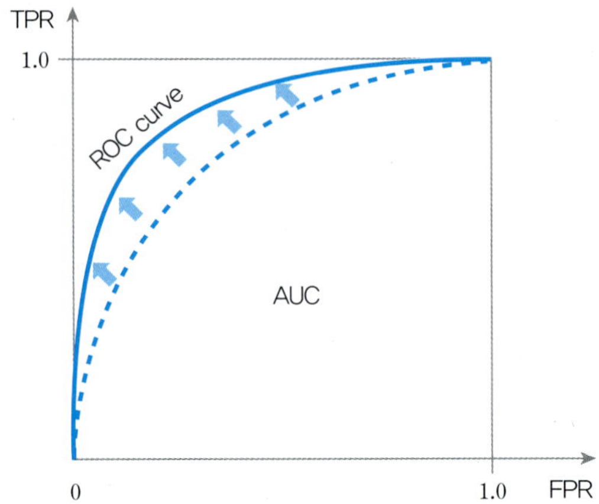

[그림 7-5] 모델 개선과 ROC와 AUC의 변화

프로그램 예제를 통해 실제로 모델을 개선하면 ROC가 왼쪽 위로 이동하고 AUC가 넓어지는지 살펴보자. 앞서 몸무게만 보고 고도비만을 판정했었는데, 직접 BMI 공식을 활용해서 고도비만을 판단하면 당연히 더욱 판정이 정확해질 것이다. 프로그램을 수정해서, BMI 계산 결과값을 기준으로 고도비만여부를 판정하도록 해 보자. BMI 값 기준으로 20에서 40까지 threshold를 변경시켜가면서 ROC 곡선을 그려보겠다. 앞의 ex7-3.py에서 9행, 12행, 13행의 딱 3줄만 바뀐다. 전체 코드를 먼저 보자.

예제 ex7-4.py

```
1  import numpy as np
2  from sklearn.metrics import confusion_matrix
3
4  weight = [58,62,69,73,77,84,88,92,96,104]
5  height = [160,163,151,175,178,164,165,193,172,183]
6  y_true = [0,0,1,0,0,1,1,0,1,1]
7
8  fpr_list=[]
9  tpr_list=[]
10 for threshold in np.arange(20, 40, 0.1):
11     y_pred=[]
12     for i in range(10):
13         bmi = weight[i] / (height[i]/100)**2
```

```
14          if bmi>=threshold: y = 1
15          else: y=0
16          y_pred.append(y)
17      cm = confusion_matrix(y_true, y_pred)
18      tn = cm[0][0]
19      tp = cm[1][1]
20      fn = cm[1][0]
21      fp = cm[0][1]
22      tpr = tp / (tp+fn)
23      fpr = fp / (fp+tn)
24      print(threshold, fpr, tpr)
25
26      fpr_list.append(fpr)
27      tpr_list.append(tpr)
28
29  import matplotlib.pyplot as plt
30  plt.plot(fpr_list, tpr_list, '-o')
31  plt.show()
```

앞의 ex7-3.py 코드와 비교하여 달라진 점은 미미하다. 1행에서 numpy를 np라는 이름으로 사용하도록 하였고, 10행에서 threshold를 변화시키는 범위에 range 함수 대신 np.**arange**를 사용하였는데, 이유는 range 함수는 정수로만 증가시킬 수 있기 때문이다. BMI 값이 다소 촘촘하게 있기 때문에 arange(20, 40, 0.1)로 설정하여 threshold의 값을 20에서 40 바로 앞까지 0.1 간격으로 증가시키도록 하였다.

13행에서 각 환자의 몸무게와 키를 통해 BMI 값을 계산하였다. BMI는 몸무게/키^2 인데, 여기서 키는 m 단위로 넣어야 해서 100으로 나누었다. 파이썬에서 지수는 ** 연산자로 나타내므로, 제곱은 **2가 된다. 이어서 14~15행에서 bmi를 threshold와 비교하여 1 또는 0으로 예측하였다. 나머지는 앞과 완전히 동일하다.

실행 결과 다음 그림 7-5와 같은 그래프가 출력될 것이다.

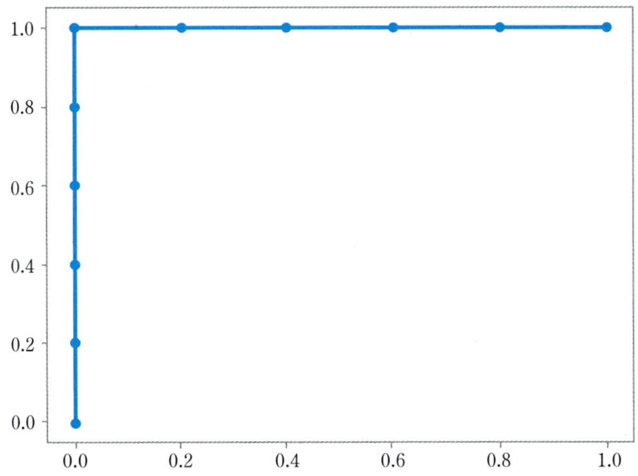

[그림 7-6] 개선된 모델의 ROC 곡선

모든 점들이 더이상 이동할 수 없을때까지 왼쪽 위로 이동해서 붙어있다. 그도 그럴 것이, 고도비만 여부의 진단 기준이 원래 BMI 지수이므로, BMI를 계산해서 예측하는 모델은 정답과 완전히 동일한 예측을 만들어낼 것이다. 그림 7-6과 같이, 완벽한 분류 모델은 ㄱ자를 거울에 비춘 모양처럼 나타나게 된다.

그러면, BMI 값을 계산해서 고도비만을 판정하는 모델이 가장 좋다는 것은 알겠는데, threshold 값은 얼마가 좋은 것인가? ex7-4의 프로그램에서 함께 출력되는 threshold별 FPR과 TPR 값을 보면, BMI값 threshold 24.7부터 30.2까지에서 FPR은 0, TPR은 1로 나타나, 오류 없이 완벽한 판단을 내리고 있다. 이는 주어진 데이터만으로 판단했을 때 BMI 기준으로 비만 여부를 가름하는 기준값으로서 24.9에서 30.2 사이의 아무 값이나 써도 된다는 의미가 된다. 실제로 BMI의 고도비만 판정기준은 약 30.0이다.

이번 장에서는 기계학습 모델 평가의 기준이 되는 성능지표를 알아보았다. 여기서는 주로 분류 모델에 가장 흔히 사용되는 평가지표들을 알아보았는데 이외에도 다양한 성능 평가지표가 있다. 예로서 인공신경망을 활용하는 딥러닝 모델에서는 손실(loss) 값을 성능지표로 쓰기도 하는데 이에 대해서는 인공신경망을 설명할 때 함께 다루도록 하겠다. 모델을 정의하여 학습시키고 나서 그 모델의 성능을 제대로 평가할 수 있어야 더 나은 성능의 모델을 찾아나가는 것이 가능하므로, 모델의 성능을 측정하고 평가하는 지표를 이해하는 것은 모델의 수립에 필수적인 역량이다.

실·습·예·제

1. 예제 데이터 'auto−mpg.csv'에 'class'라는 열을 추가하여, 실린더 수(cylinders)가 4 이하이면 0, 5 또는 6이면 1, 7 이상이면 2의 값을 갖도록 하시오. 이렇게 수정된 데이터에 대하여, 'weight'와 'mpg'를 특성값으로 하여 `class'를 예측하는 k=5인 KNN 모델을 수립하고, 혼동행렬과 성능 리포트를 제시하시오. 이때, 성능 평가를 위한 테스트용 데이터는 학습 데이터를 그대로 사용하시오.

풀이

practice_7-1.py

```
import pandas as pd

data = pd.read_csv('auto-mpg.csv')
c = []
for i in range(len(data)):
    if data.iloc[i]['cylinders']<=4: c.append(0)
    elif data.iloc[i]['cylinders']<=6: c.append(1)
    else: c.append(2)
data['class']=c

x_train = data[['weight','mpg']]
y_train = data['class']

from sklearn.neighbors import KNeighborsClassifier
knn = KNeighborsClassifier(n_neighbors=5)
knn.fit(x_train, y_train)

from sklearn.metrics import confusion_matrix
from sklearn.metrics import classification_report
y_true = y_train
y_pred = knn.predict(x_train)
print(confusion_matrix(y_true, y_pred))
print(classification_report(y_true, y_pred))
```

```
[[204   4   0]
 [ 14  68   5]
 [  0   8  95]]
              precision    recall  f1-score   support

           0       0.94      0.98      0.96       208
           1       0.85      0.78      0.81        87
           2       0.95      0.92      0.94       103

    accuracy                           0.92       398
   macro avg       0.91      0.89      0.90       398
weighted avg       0.92      0.92      0.92       398
```

2. 실습예제 7－1에서 작성한 예제 데이터 'auto－mpg.csv'에 'class'라는 열을 추가한 데이터를, 사이킷런의 train_test_split( ) 함수를 활용하여 50%:50%의 비율로 학습용 데이터와 테스트용 데이터로 구분하시오. 이 때, 결과의 일관성 있는 비교를 위하여 train_test_split의 random_state는 2222로 고정하고, 다음 물음에 답하시오.

1) 학습용 데이터를 이용하여 'weight'와 'mpg'를 특성값으로 하여 'class'를 예측하는 k＝1인 KNN 모델을 학습시켜서, 이 모델을 학습용 데이터에 적용하여 예측한 성능 리포트와 테스트용 데이터에 적용하여 예측한 성능 리포트를 제시하여 비교하고, 결과의 의미를 설명하시오.

풀이

practice_7-2.py

```python
import pandas as pd

data = pd.read_csv('auto-mpg.csv')
c = []
for i in range(len(data)):
    if data.iloc[i]['cylinders']<=4: c.append(0)
    elif data.iloc[i]['cylinders']<=6: c.append(1)
    else: c.append(2)
data['class']=c

feature = data[['weight', 'mpg']]
```

```python
target = data['class']
from sklearn.model_selection import train_test_split
x_train, x_test, y_train, y_test = train_test_split(feature, target, test_size=0.5, random_state=2222)

from sklearn.neighbors import KNeighborsClassifier
knn = KNeighborsClassifier(n_neighbors=1)
knn.fit(x_train, y_train)

from sklearn.metrics import classification_report

print('<Applied to train data>')
print(classification_report(y_train, knn.predict(x_train)))

print('\n<Applied to test data>')
print(classification_report(y_test, knn.predict(x_test)))
```

```
<Applied to train data>
              precision    recall  f1-score   support

           0       1.00      1.00      1.00       102
           1       1.00      1.00      1.00        46
           2       1.00      1.00      1.00        51

    accuracy                           1.00       199
   macro avg       1.00      1.00      1.00       199
weighted avg       1.00      1.00      1.00       199


<Applied to test data>
              precision    recall  f1-score   support

           0       0.94      0.82      0.87       106
           1       0.50      0.61      0.55        41
           2       0.82      0.88      0.85        52

    accuracy                           0.79       199
   macro avg       0.75      0.77      0.76       199
weighted avg       0.82      0.79      0.80       199
```

k=1인 KNN은 해당 데이터포인트의 특성값에 대해 무조건 해당 데이터포인트 정답 값을 예측하도록 하는 모델이다. 이는 모든 학습용 데이터포인트의 특성값에 대응하는 정답 값을 암기하는 방식이 되므로, 학습용 데이터에 대해서는 100% 정확한 예측이 이루어진다. 그러나, 이는 학습 데이터에 존재할 수 있는 우연히 예외적인 경우까지도 무조건적으로 해당 데이터의 정답 값을 예측하도록 하므로, 별도로 준비된 테스트용 데이터에 대해서는 현저히 낮은 성능을 나타내게 된다. 이러한 현상을 과적합(overfitting)이라고 한다.

2) 위 1)번에서 작성한 코드를 활용하여, 테스트용 데이터에서 최적의 정확도를 나타내는 k의 값을 찾아, 이를 테스트 데이터에 적용한 성능 리포트를 제시하시오.

풀이

k를 여러 값으로 적용해 보았을 때, k=6에서 가장 높은 정확도를 나타내었다. 앞의 코드에서 n_neighbors=6으로 두었을 때의 성능 리포트는 다음과 같다.

```
<Applied to test data>
              precision    recall  f1-score   support

           0       0.97      0.89      0.93       106
           1       0.56      0.61      0.58        41
           2       0.77      0.85      0.81        52

    accuracy                           0.82       199
   macro avg       0.77      0.78      0.77       199
weighted avg       0.83      0.82      0.82       199
```

연·습·문·제

1. 1종 오류와 2종 오류의 개념을 예시를 통해 설명하고, 1종 오류가 더 중요한 경우와 2종 오류가 더 중요한 경우의 사례를 각각 5건 이상 제시하시오.

2. 6장의 와인 데이터셋에 대해 'alcohol', 'malic_acid'를 기반으로 k=5인 KNN을 적용하는 프로그램을 작성하고 다음 물음에 답하시오.

   a) 혼동행렬을 제시하고 정확도를 계산하는 프로그램을 작성하시오. 이 때 정확도 평가를 위한 테스트용 데이터는 학습용 데이터와 동일하게 사용하시오.

   b) k=1인 KNN을 적용하였을 때의 혼동행렬과 정확도를 계산하고, 이 결과의 의미를 설명하시오.

   c) 와인 데이터셋을 랜덤한 순서로 두 그룹으로 나누어 학습용 데이터와 테스트용 데이터를 구분하시오. 이 데이터에 대해 k=1인 KNN을 적용하고, 이 결과를 b)의 결과와 비교하여 의미를 설명하시오.

3. 위의 와인 데이터셋에 대해 'alcohol', 'malic_acid', 'hue'의 3가지 특성을 기반으로 k=5인 KNN을 적용하는 프로그램을 작성하고, 혼동행렬과 정확도를 제시하시오. 이 때 정확도 평가를 위한 테스트용 데이터는 학습용 데이터와 동일하게 사용하시오.

4. 위 2번과 3번의 KNN 모델에서 다음 물음에 답하시오

   a) 2번 모델에 대해 등급 0, 1, 2 각각에 대한 예측에서 정밀도, 재현율, F1 점수를 구하시오.

   b) 3번 모델에 대해 등급 0, 1, 2 각각에 대한 예측에서 정밀도, 재현율, F1 점수를 구하시오.

   c) ab와 b의 결과를 비교하여 토의하시오.

5. 표 7-8의 ROC 예제 데이터에 대해 (k*몸무게 - 키)를 기준으로 고도비만을 판단하는 모델을 고려한다. 이 때, k=2, 3, 4, 5, 6을 적용한 5가지의 모델에 대해 ROC 곡선을 그리고 다음 물음에 답하시오.

   a) 각 모델의 최적 임계값을 구하시오.

   b) 5개 모델 중 가장 좋은 모델은 무엇인가? 그렇게 생각하는 이유는 무엇인가?

8 CHAPTER 의사결정나무

이번 장에서는 우리가 생각하는 방식과 매우 비슷한 흐름을 가지는 기계학습모델인 의사결정나무모델에 대해 알아보겠다. 우리가 뭔가 결정을 할 때는 이런저런 가능성들을 고려했다가 가지 치듯이 좁혀나가곤 하는데, 이번 장에서 배우는 의사결정나무 모델도 나무처럼 뻗어나가는 방식으로 의사결정을 내린다. 의사결정나무는 참 · 거짓의 판단, 라벨 분류, 값 예측 여러 문제에서 널리 활용된다.

8.1 의사결정나무 모델의 이해

의사결정나무는 데이터 사이에 존재하는 패턴을 예측 가능한 규칙들의 조합으로 나타내며, 그 모양이 '나무'와 같다고 해서 의사결정나무라 불린다. 질문을 던져서 대상을 하나씩 점점 좁혀나가는 '스무고개' 놀이와 비슷한 개념이다. 이해를 위해 '스무고개' 놀이를 한 번 해보자. 6가지의 포유류 동물 중에서 예/아니오 답을 통해 정답을 맞추는 게임이다.

그림 8-1을 보면 질문들이 어떻게 구성되는지 알 수 있다. 내가 '사람이 탈 수 있나요?'라고 첫 질문한다. 이 첫 번째 질문에 대해 사회자가 '아니오'이라 대답하면 6개의 동물 중에서 개, 고양이, 호랑이로 정답의 폭이 줄어든다. 그리고 두 번째 질문으로 '맹수인가요?'라고 질문하고, 사회자가 '예'라고 대답하면 최종 정답은 호랑이가 되는 것이다. 그림을 보면 알 수 있듯이, 스무고개 게임은 단순한 이진분류(binary classification)로 구성된 게임이다. 이를 기계학습 모델로 만든 것이 바로 의사결정나무(decision tree) 모델이다. 위의 그림을 전체적으로 보면 나무를 뒤집어놓은 것과 같

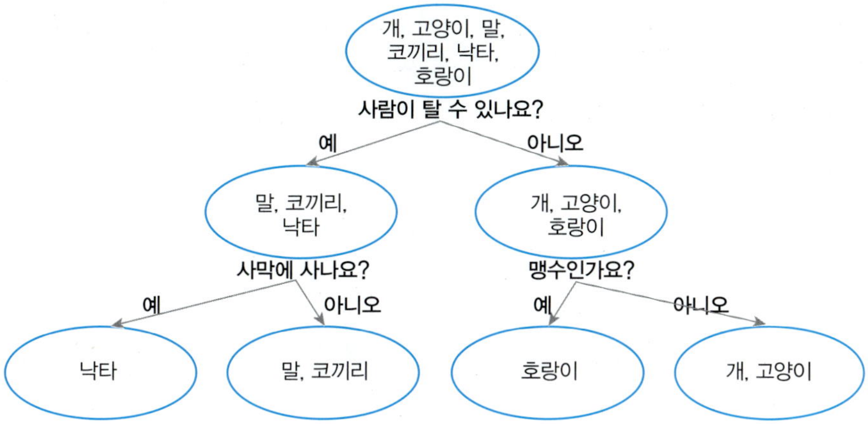

[그림 8-1] 스무고개 놀이

은 모양이다. 의사결정나무 모형은 의사결정 규칙을 나무 구조로 나타내어 전체 자료를 몇 개의 소집단으로 분류(classification)하거나 예측(prediction)을 수행하는 분석방법이다.

의사결정나무분석은 시장조사, 광고조사, 의학연구, 품질관리 등의 다양한 분야에서 활용되고 있으며, 고객 타겟팅, 고객들의 신용점수화, 캠페인 반응분석, 고객행동예측, 고객 세분화 등의 다양한 용도로 널리 활용된다.

8.2 의사결정나무의 구조

그림 8-2를 보면서 의사결정나무의 구조를 이해해 보자. 그림에서 1에서 9까지의 숫자가 써 있는 것들을 노드(node), 또는 순 우리말 표현으로 마디라고 한다. 노드는 보통 사각형이나 원형 등으로 표현된다. 그림에서 맨 위에 있는 1번 노드는 다른 곳에서 오지 않고 여기서 출발하기만 하는데, 이러한 노드를 루트 노드(root node)라 한다. 반면, 그림에서 3, 5, 6, 7, 8, 9번 노드는 다른 곳에서 오기는 하지만 여기서 더 갈라져 나갈 곳이 없다. 이렇게 가장 끝에 있어서 더이상 분기되지 않는 노드들을 단말 노드(terminal node) 또는 리프 노드(leaf node)라고 부른다. 그림에서 어떤 노드의 상위 노드를 부모 노드(parent node)라 하고, 하위 노드는 자식 노드(child node)라 한다. 예를 들면 2번 노드의 부모 노

드는 1번이고, 자식 노드는 5와 6이 있다. 단말 노드 이외의 노드들에서는 경우의 수에 따라 화살표 방향으로 나아갈 길이 나뉘어지고 있는데, 이렇게 노드에서 다른 노드로 가는 경로를 가지(branch)라고 한다.

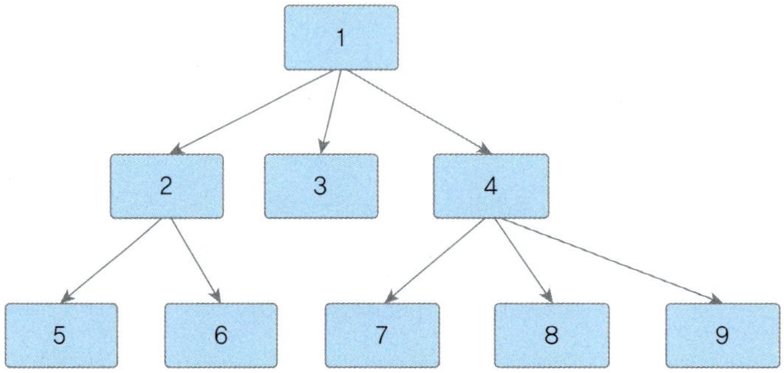

[그림 8-2] 의사결정나무 예시

그림 8-1의 스무고개 놀이에서 보는 것처럼, 루트 노드에서는 데이터의 전체가 구분되지 않는 상태로 대응된다. 상위 노드로부터 하위 노드로 내려오면서 분류의 기준이 되는 변수와 기준 값을 설정하여 데이터 집합을 나눈다. 스무고개에서 이기려면 가급적 어떤 변수로 구분했을 때 서로 나뉘어진 하위 노드들이 잘 분할되도록 하는 것이 좋을 것이다. 즉, 상위노드의 분류변수와 분류 기준값은 이 기준에 의해 분기되는 하위노드에서 노드(집단) 내에서는 동질성이, 노드(집단) 간에는 이질성이 가장 커지도록 선택되어야 한다. 따라서, 어떤 분류 기준을 수립할지, 스무고개라고 생각했을 때는 어떤 질문을 할지를 정하는 것이 의사결정나무의 핵심이 된다.

가지 분기가 거듭될수록 그에 해당하는 데이터의 개수는 줄어드는데, 각 단말 노드에 속하는 데이터의 개수를 합하면 루트노드의 데이터 수와 일치한다. 바꿔 말하면 단말 노드 간에는 교집합이 없다는 뜻이기도 하다. 마지막 줄 단말 노드의 개수가 바로 전체 데이터에서 분리된 집합의 개수이다. 예컨대 그림 8-2처럼 단말 노드가 6개라면 전체 데이터가 6개의 부분집합으로 나눠진 것이다. 이 의사결정나무에 새로운 데이터가 수만 개 적용되더라도 의사결정나무는 6종류의 답 중 하나를 출력하게 될 것이다.

8.3 의사결정나무 실습

실제 데이터를 통해 의사결정나무를 실습해보자. 의사결정나무로 은행 고객 이탈을 예측하는 실습을 해볼 것이다. 고객 신용 관련 데이터를 의사결정나무 모델에 학습시키고 이탈할 고객인지 아닌지를 예측해보겠다.

데이터셋은 캐글(kaggle) 사이트[1]에 공개되어 있는 은행 신용카드 사용 고객의 이탈여부를 예측하기 위한 데이터셋을 약간 단순화하여 사용하기로 하자. 원본 데이터에서 실습에 필요한 열만 추출하여 전처리한 데이터가 'bank_customer.csv'에 나타나 있다. 데이터의 각 열에 대한 설명은 다음과 같다.

〈표 8-1〉 은행 신용카드 고객 데이터 열 설명

열 이름	설명
CLIENTNUM	고객번호
Attrition_Flag	이탈고객여부. 0=유지, 1=이탈
Customer_Age	고객 나이
Gender	고객 성별. 0=남성, 1=여성
Dependent_count	부양가족 수
Income_Category	연소득 수준. 0=자료없음, 1=$40K 미만, 2=$40K - 60K, 3=$60K - $80K, 4=$80K-$120K, 5=$120K 초과
Card_Category	카드 등급. 0=Blue, 1=Silver, 2=Gold, 3=Platinum
Months_on_book	은행과의 총 거래기간
Total_Relationship_Count	은행 상품 보유 갯수
Contacts_Count_12_mon	최근 12개월간 은행과의 접촉 수
Credit_limit	신용 한도
Total_Revolving_Bal	리볼빙 잔액
Avg_Open_To_Buy	신용 잔여액
Total_Trans_Amt	평균 거래금액
Total_Amt_Chng_Q4_Q1	거래금액 변화량 (Q4 대비 Q1)

1) https://www.kaggle.com/sakshigoyal7/credit-card-customers

이제 〈표 8-1〉에 나타난 고객 정보를 가지고 이탈 여부를 예측해 보도록 하자. 의사결정나무 모형의 수립을 위해서는 파이썬의 외부패키지로 제공되는 사이킷런(Scikit-Learn)의 의사결정나무 모듈을 사용할 것이다. 단, 사이킷런의 의사결정나무 패키지는 가지의 분기 기준이나 예측대상 정답값으로서 숫자값만 사용할 수 있는데, 캐글의 원본 데이터에서는 텍스트 값이 들어 있는 열들도 있어서 우리의 예제 데이터에서는 사전에 데이터 전처리를 통해 숫자값으로 바꾸어 놓았다. 실제로는 텍스트 데이터를 숫자로 바꾸는 등의 전처리 작업도 때로는 까다로운 작업이고, 또한 어떤 특성을 가지고 예측했을 때 정답을 더 잘 맞출 수 있는지를 찾아내는 것도 중요한 문제이다.

먼저, 특성과 정답을 식별해보자. 정답 열은 고객 이탈 여부를 나타내는 'Attrition_Flag'이다. 다른 열들 중에서 고객번호 CLIENTNUM은 의미가 없으므로, 나머지 13개의 열들을 특성으로 사용하기로 하자. 그러면 예측 모델은 다음과 같이 나타낼 수 있다.

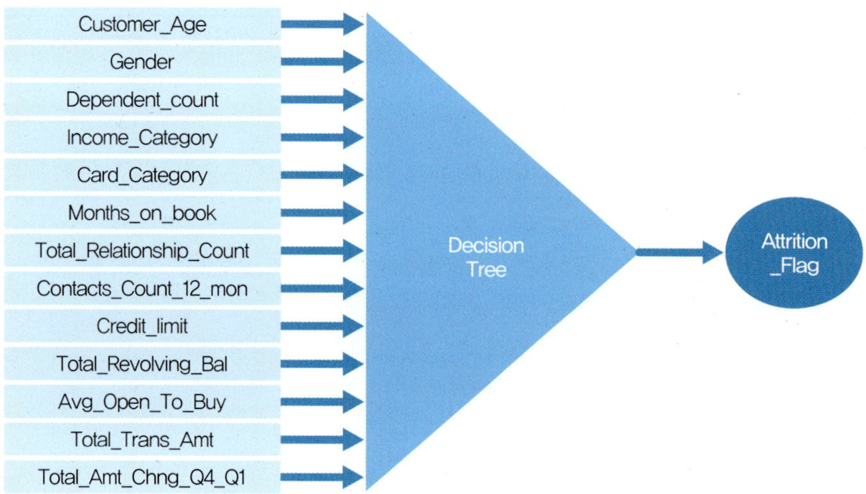

[그림 8-3] 은행 신용카드 고객 이탈 예측을 위한 모형

그러면, 코드를 작성해보자. 먼저 데이터를 읽어오고, 특성 열과 정답 열의 이름을 정해준다.

```python
import pandas as pd
df = pd.read_csv('bank_customer.csv')
feature = df[['Customer_Age', 'Gender', 'Dependent_count', 'Income_Category',
```

```
4    'Card_Category', 'Months_on_book', 'Total_Relationship_Count',
5    'Contacts_Count_12_mon', 'Credit_Limit', 'Total_Revolving_Bal',
6    'Avg_Open_To_Buy', 'Total_Trans_Amt', 'Total_Amt_Chng_Q4_Q1']]
7  target = df['Attrition_Flag']
```

첫 행에서 pandas 패키지를 pd라는 이름으로 불러오고, 2행에서는 데이터 'bank_customer.csv'를 읽어서 df라는 변수에 넣었다. 3행에서는 df에서 특성으로 사용할 열만 골라서 만든 새로운 데이터프레임을 feature라는 변수에 넣고, 마지막 행에서는 df에서 정답 'Attrition_Flag'만 뽑아서 target이라는 변수에 넣었다.

이제 데이터를 **학습 데이터**와 **테스트 데이터**로 나눈다. 모든 데이터를 학습에 사용해버리면, 우리가 만든 모델이 이 학습용 데이터에서만 잘 작동하는, 과적합된 모형이 될 위험성이 높아진다. 따라서, 데이터의 일부분은 테스트 데이터로 따로 빼 놓고, 나머지 데이터로 학습한 다음 아까 빼 놓았던 테스트 데이터로 성능을 확인하는 것이 필요하다. sklearn.model_selection 모듈의 **train_test_split** 함수를 사용하면 쉽게 학습 데이터와 테스트 데이터를 나눌 수 있다.

```
1  from sklearn.model_selection import train_test_split
2  x_train, x_test, y_train, y_test = train_test_split(feature, target, test_size=0.2,
3  random_state=2222)
```

1행에서 sklearn.model_selection 패키지에서 train_test_split 함수를 들여오고, 2행에서 train_test_split에 특성값 데이터셋 feature, 예측 대상 정답값 데이터셋 target을 넘겨주고, test_size=0.2로 하여 전체 데이터셋의 20%를 테스트 데이터로 사용하도록 하였다. 나머지 80%의 데이터는 학습에 사용할 것이다. 이렇게 하면 실제로 전체 데이터셋은 10127개로 이루어져 있는데 학습 데이터 8101개, 테스트 데이터 2026로 구성된다. 여기서 참고로 **random_state**는 데이터를 랜덤하게 나눌 때 사용할 난수 값의 씨드값을 설정해준다. random_state는 생략해도 무방한데, 만약 생략하면 실행할 때마다 학습 데이터와 테스트 데이터가 다르게 추출될 것이다. 여기서는 실행 결과를 비교해보기 위해 random_state를 2222로 고정하였다.

이제 데이터는 준비되었으니, 의사결정나무 모델을 생성하고, 학습용 데이터셋을 통해 학습시키고, 테스트용 데이터셋으로 예측을 수행해보자. 코드는 다음과 같다.

```
1 from sklearn.tree import DecisionTreeClassifier
2 dtc = DecisionTreeClassifier(random_state=2222)
3 dtc = dtc.fit(x_train,y_train)
4 y_pred = dtc.predict(x_test)
```

첫 번째 줄에서는 의사결정나무 모델을 생성하기 위해 sklearn.tree 모듈의 **DecisionTreeClassifier** 객체를 불러왔다. 또한 만든 의사결정나무 모델이 예측한 값과 실제 값을 비교하여 모델의 예측 성능을 알아보고자 두 번째 줄에서는 sklearn 패키지의 metrics를 불러온다. 3행에서는 DecisionTreeClassifier 모델을 생성하여 tree라는 변수에 넣었다. 이것은 의사결정나무 모델을 초기화한 것으로서, 결과 비교를 위해 난수 씨드는 random_state=2222도 고정해 두었다. 지금 상태에 tree에 들어있는 의사결정나무는 껍데기만 있고 아무것도 모르는 바보인 상태이다.

다음으로 4행에서는 tree에 저장되어 있는 바보 의사결정나무 모델에 학습용 데이터의 특성값 x_train와 정답값 y_train을 넘겨주고 기계학습을 수행하도록 하였다. 데이터를 넣고 학습시키는 명령어는 fit이다. 이렇게 하면 학습이 수행되고, 학습을 통해 좀 똑똑해진 의사결정모델을 다시 tree에 저장하도록 하였다. 5행에서는 학습된 의사결정나무가 저장된 tree에 테스트 데이터의 특성값인 x_test를 넣어서 예측을 해 보도록 하였다. 이렇게 예측한 값은 y_pred에 저장된다.

이제 의사결정나무 모델의 예측 결과로 나온 y_pred와 실제 값 y_test 값을 비교해 모델의 성능을 알아보겠다.

```
from sklearn.metrics import confusion_matrix
from sklearn.metrics import classification_report
print(confusion_matrix(y_test, y_pred))
print(classification_report(y_test, y_pred))
```

위 코드의 마지막 부분을 보면 모델의 예측성능에 대한 혼동행렬과 성능지표를 출력하도록 하고 있다. 실행하면 다음과 같은 결과가 나올 것이다.

```
[[1621   62]
 [  79  264]]
              precision    recall  f1-score   support

           0       0.95      0.96      0.96      1683
           1       0.81      0.77      0.79       343

    accuracy                           0.93      2026
   macro avg       0.88      0.87      0.87      2026
weighted avg       0.93      0.93      0.93      2026
```

우리가 만든 고객이탈여부를 예측하는 의사결정나무 모델의 정확도는 0.93, 전체 F1-score는 0.87로 준수한 성능을 보여주고 있다. 좀 더 자세히 이탈 고객을 예측하는 성능만 따로 살펴보면 이탈 고객 정답값 1에 대한 정밀도는 0.81, 재현율은 0.77로 나타나고 있으며 F1-score도 0.79 정도로, 이탈 고객을 상당한 수준으로 예측하고 있다. 이 모델을 활용하면 이탈이 예상되는 고객을 우리 회사의 고객으로 유지시키기 위한 활동을 계획하는 좋은 도구로 사용할 수 있을 것이다. 단순한 의사결정나무만을 사용하였을 뿐이지만, 상당한 성능으로 이탈이 예상되는 고객을 식별할 수 있음을 보여주고 있다. 실제로도 의사결정나무는 많은 경우에 좋은 예측모델을 제공한다.

독자의 편의를 위해 실습 전체 코드는 아래와 같이 제공한다.

예제 **ex8-1.py**

```python
import pandas as pd
df = pd.read_csv('bank_customer.csv')
feature = df[['Customer_Age', 'Gender', 'Dependent_count', 'Income_Category',
  'Card_Category', 'Months_on_book', 'Total_Relationship_Count',
  'Contacts_Count_12_mon', 'Credit_Limit', 'Total_Revolving_Bal',
  'Avg_Open_To_Buy', 'Total_Trans_Amt', 'Total_Amt_Chng_Q4_Q1']]
target = df['Attrition_Flag']

from sklearn.model_selection import train_test_split
x_train, x_test, y_train, y_test = train_test_split(feature, target, test_size=0.2,
random_state=2222)
```

```python

from sklearn.tree import DecisionTreeClassifier
dtc = DecisionTreeClassifier(random_state=2222)
dtc = dtc.fit(x_train,y_train)
y_pred = dtc.predict(x_test)

from sklearn.metrics import confusion_matrix
from sklearn.metrics import classification_report
print(confusion_matrix(y_test, y_pred))
print(classification_report(y_test, y_pred))
```

8.4 의사결정나무 실습 시각화

앞에서는 의사결정나무 모델을 실제로 생성하고, 모델을 사용해 고객이탈여부를 예측하는 실습을 했었다. 이번에는 이렇게 생성된 의사결정나무 모델을 직접 시각화해서 확인해 보도록 하겠다. 앞에서 만든 코드에 다음 내용을 덧붙여보자.

```python
from sklearn.tree import plot_tree
import matplotlib.pyplot as plt

plt.figure(figsize=(24,10))
plot_tree(dtc, feature_names=['Customer_Age', 'Gender',
    'Dependent_count', 'Income_Category',
    'Card_Category', 'Months_on_book', 'Total_Relationship_Count',
    'Contacts_Count_12_mon', 'Credit_Limit', 'Total_Revolving_Bal',
    'Avg_Open_To_Buy', 'Total_Trans_Amt', 'Total_Amt_Chng_Q4_Q1'],
  class_names=['Attrited','Existing'], max_depth=4, rounded=True, fontsize=6)
plt.show()
```

위와 같이 시각화 코드를 작성할 수 있다. 1~2행에서는 시각화를 위한 라이브러리로 sklearn.tree의 **plot_tree** 기능과 matplotlib.pyplot을 들여오도록 했다. 4행에서 (24,10) 크기로 전체 시각화 크기를 정했고, 5행에서는 plot_tree()를 사용해 의사결정나무 모델을 시각화하였다. plot_tree 함수의 인자로는 앞에서 만든 의사결정나무 모델이 저장된 dtc를 넘겨주고, 표시될 특성값들은 feature_names에 리스트로 정해주었다. class_names 옵션에서는 예측 결과값 0과 1에 대응하는 값의 제목을 'Existing'과 'Attrited'로 하여 넘겨주었고, **max_depth**는 화면에 표시될 의사결정나무의 깊이를 정하는데 3계층까지만 보여주도록 하였다. 노드는 끝이 약간 둥글게 **rounded**=True로 설정하였고, 글씨 크기는 6포인트로 하였다.

의사결정나무 생성부터 시각화까지 통합된 전체 코드는 다음과 같다.

예제 ex8-2.py

```python
import pandas as pd
df = pd.read_csv('bank_customer.csv')
feature = df[['Customer_Age', 'Gender', 'Dependent_count', 'Income_Category',
  'Card_Category', 'Months_on_book', 'Total_Relationship_Count',
  'Contacts_Count_12_mon', 'Credit_Limit', 'Total_Revolving_Bal',
  'Avg_Open_To_Buy', 'Total_Trans_Amt', 'Total_Amt_Chng_Q4_Q1']]
target = df['Attrition_Flag']

from sklearn.model_selection import train_test_split
x_train, x_test, y_train, y_test = train_test_split(feature, target, test_size=0.2,
random_state=2222)
from sklearn.tree import DecisionTreeClassifier
dtc = DecisionTreeClassifier(random_state=2222)
dtc = dtc.fit(x_train,y_train)
y_pred = dtc.predict(x_test)

from sklearn.metrics import confusion_matrix
from sklearn.metrics import classification_report
print(confusion_matrix(y_test, y_pred))
print(classification_report(y_test, y_pred))

from sklearn.tree import plot_tree
```

```python
import matplotlib.pyplot as plt

plt.figure(figsize=(24,10))
plot_tree(dtc, feature_names=['Customer_Age', 'Gender',
    'Dependent_count', 'Income_Category',
    'Card_Category', 'Months_on_book', 'Total_Relationship_Count',
    'Contacts_Count_12_mon', 'Credit_Limit', 'Total_Revolving_Bal',
    'Avg_Open_To_Buy', 'Total_Trans_Amt', 'Total_Amt_Chng_Q4_Q1'],
    class_names=['Attrited','Existing'], max_depth=4, rounded=True, fontsize=6)
plt.show()
```

코드를 실행하면 아래와 같은 시각화 결과를 얻을 수 있다.

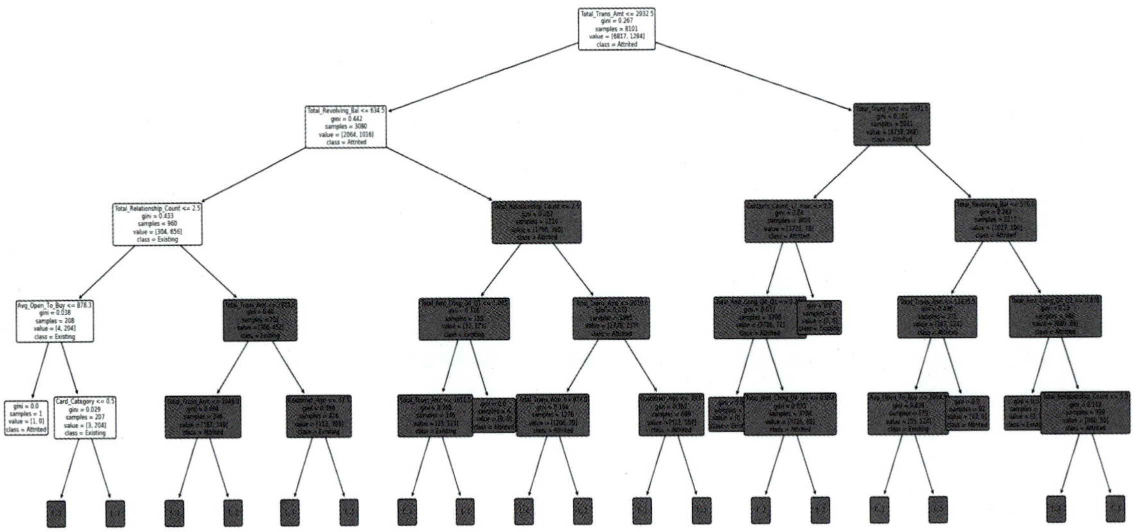

[그림 8-4] 의사결정나무 시각화

각 노드에는 분기 기준이 쓰여져 있다. 루트 노드에서는 거래금액을 기준으로 2931.5보다 작으면 왼쪽, 아니면 오른쪽으로 분기하도록 하고 있다. 왼쪽으로 가보면 다시 리볼빙 잔액이 634.5보다 작은지에 따라 분기하고 있다. 이런 식으로 조건에 따라 분기해서 가지를 따라가면서 최종적으로 고객 이탈 여부를 판별하게 된다. 우리는 max_depth를 3으로 시각화 깊이를 제한했으나, 만약 화면이 아주 커서 max_depth를 크게 잡으면 줄줄이 뻗어나가는 나무 형상의 시각화 결과를 얻을 수 있을 것이다.

시각화를 통해 의사결정나무 모델은 스무고개 놀이처럼 가지를 점점 펼쳐나가면서 최종 클래스 값을 예측하는 모델이라는 점을 다시 한번 확인할 수 있다.

우리는 이번 장에서 나무의 가지처럼 뻗어나가면서 의사결정을 하는 의사결정나무 모델을 알아보았다. 실제 데이터를 활용하여 의사결정나무의 구현을 살펴보고, 시각화를 통해 모델의 형태를 확인해보았다. 또한, 시각화 결과에서 주목할 점은 의사결정나무의 분기 기준을 보면 사람이 검토하고 이해할 수 있으며, 설명할 수 있다는 점이다. 이렇게 기계학습이 생성한 모델을 사람이 들여다보고 검증하고 이해하고 설명할 수 있다는 점, 즉 설명 가능(explainable)하다는 것은 의사결정나무의 매우 강력한 장점이다. 이렇게 의사결정나무는 예측 성능이 우수한 점과 더불어 설명 및 검증이 가능하다는 점에서 실무적으로도 널리 활용되고 있다.

실·습·예·제

1. 예제 데이터 'auto-mpg.csv'에 'class'라는 열을 추가하여, 실린더 수(cylinders)가 4 이하이면 0, 5 또는 6이면 1, 7 이상이면 2의 값을 갖도록 하시오. 이렇게 수정된 데이터에 대하여, 'weight'와 'mpg'를 특성값으로 하여 'class'를 예측하는 의사결정나무 모델을 수립하고, 혼동행렬과 성능 리포트를 제시하고 의사결정나무를 시각화하시오. 이때, 사이킷런의 train_test_split( ) 함수를 활용하여 테스트 데이터를 전체의 20%로 하고, 결과의 일관성 있는 비교를 위하여 train_test_split의 random_state는 2222로 고정하시오.

풀이

practice_8-1.py

```python
import pandas as pd
data = pd.read_csv('auto-mpg.csv')
c = []
for i in range(len(data)):
    if data.iloc[i]['cylinders']<=4: c.append(0)
    elif data.iloc[i]['cylinders']<=6: c.append(1)
    else: c.append(2)
data['class']=c
feature = data[['weight', 'mpg']]
target = data['class']

from sklearn.model_selection import train_test_split
x_train, x_test, y_train, y_test = train_test_split(feature, target, test_size=0.2, random_state=2222)

from sklearn.tree import DecisionTreeClassifier
dtc = DecisionTreeClassifier(random_state=2222)
dtc = dtc.fit(x_train,y_train)
y_pred = dtc.predict(x_test)

from sklearn.metrics import confusion_matrix
from sklearn.metrics import classification_report
print(confusion_matrix(y_test, y_pred))
print(classification_report(y_test, y_pred))

from sklearn.tree import plot_tree
```

```
import matplotlib.pyplot as plt
plt.figure(figsize=(24,10))
plot_tree(dtc, feature_names=['weight', 'mpg'],
  class_names=['0','1','2'], max_depth=4, rounded=True, fontsize=6)
plt.show()
```

```
[[48  4  0]
 [ 2  8  2]
 [ 0  1 15]]
              precision    recall  f1-score   support

           0       0.96      0.92      0.94        52
           1       0.62      0.67      0.64        12
           2       0.88      0.94      0.91        16

    accuracy                           0.89        80
   macro avg       0.82      0.84      0.83        80
weighted avg       0.89      0.89      0.89        80
```

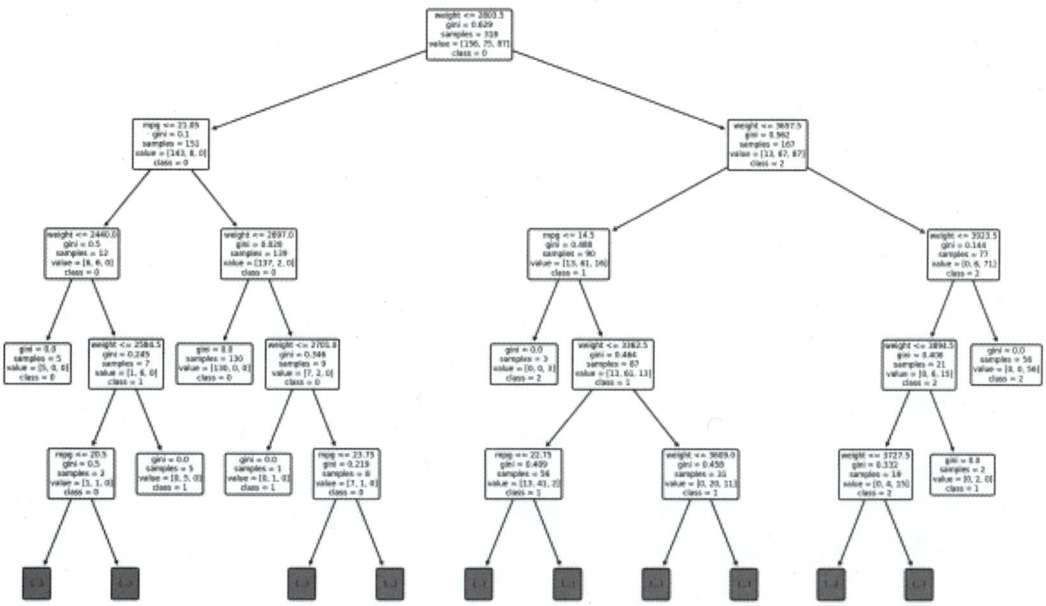

2. 위의 의사결정나무에 특성값으로 'displacement'를 추가하여 모델을 수립하고, 성능 리포트를 제시하시오.

풀이

```
import pandas as pd
data = pd.read_csv('auto-mpg.csv')
c = []
for i in range(len(data)):
    if data.iloc[i]['cylinders']<=4: c.append(0)
    elif data.iloc[i]['cylinders']<=6: c.append(1)
    else: c.append(2)
data['class']=c
feature = data[['weight', 'mpg', 'displacement']]
target = data['class']

from sklearn.model_selection import train_test_split
x_train, x_test, y_train, y_test = train_test_split(feature, target, test_size=0.2, random_state=2222)

from sklearn.tree import DecisionTreeClassifier
dtc = DecisionTreeClassifier(random_state=2222)
dtc = dtc.fit(x_train,y_train)
y_pred = dtc.predict(x_test)

from sklearn.metrics import confusion_matrix
from sklearn.metrics import classification_report
print(confusion_matrix(y_test, y_pred))
print(classification_report(y_test, y_pred))
```

```
[[50  2  0]
 [ 0 11  1]
 [ 0  0 16]]
              precision    recall  f1-score   support

           0       1.00      0.96      0.98        52
           1       0.85      0.92      0.88        12
           2       0.94      1.00      0.97        16
```

```
    accuracy                           0.96        80
   macro avg       0.93      0.96      0.94        80
weighted avg       0.97      0.96      0.96        80
```

특성값이 추가되면서 판별 정확도가 크게 향상된 것을 확인할 수 있다.

연·습·문·제

1. 6장에서 사용한 와인 데이터셋을 이용하여 와인의 등급을 판별하기 위한 의사결정나무를 수립하고 시각화하는 프로그램을 작성하시오. 또한, 의사결정나무의 판별 성능에 대한 혼동행렬과 성능지표리포트를 제시하시오.

2. 사이킷런에 내장되어 있는 iris(붓꽃) 데이터셋(datasets.load_iris()로 읽어올 수 있다)을 이용하여 꽃의 종류를 판별하기 위한 의사결정나무를 수립하고 시각화하는 프로그램을 작성하시오. 또한, 의사결정나무의 판별 성능에 대한 혼동행렬과 성능지표리포트를 제시하시오.

3. 다음과 같은 동물이름 맞추기 스무고개 데이터가 있을 때, 동물의 이름을 판별하기 위한 의사결정나무를 수립하고 시각화하는 프로그램을 작성하시오. 단, 학습 데이터와 테스트 데이터는 동일하게 사용하시오.

label	ridable	livestock	beast	canidae	felidae
dog	0	1	0	1	0
wolf	0	0	1	1	0
horse	1	1	0	0	0
elephant	1	0	0	0	0
lion	0	1	0	0	1
tiger	0	0	1	0	1

4. 고객이탈예측 의사결정나무 예제 ex8−1.py에서, `Marital_Status'와 같은 열에 순차적인 값 0, 1, 2, 3 ...을 부여하는 것의 잠재적인 위험성과, 이러한 위험성을 방지하기 위한 방안에 대해 설명하시오. 또한, 설명한 방법에 따라 프로그램을 수정하시오.

5. 사이킷런의 Wisconsin breast cancer dataset(datasets.load_breast_cancer()로 읽어올 수 있다)을 이용하여 악성 종양 여부를 판별하기 위한 의사결정나무를 수립하고 시각화하는 프로그램을 작성하시오. 또한, 의사결정나무의 판별 성능에 대한 혼동행렬과 성능지표리포트를 제시하시오.

9 CHAPTER

Tensorflow 기초와 회귀분석

이번 장에서는 Tensorflow(텐서플로우)에 대해 살펴본다. 텐서플로우는 여러 기업들에서 실무에 활용되고 있으며, 머신러닝과 인공지능 프로젝트와 연구에도 널리 활용되고 있어 중요한 도구이다. 이번 장에서는 텐서플로우의 기초를 알아보고 우리에게 친숙한 회귀분석(regression)을 텐서플로우로 구현함으로써 텐서플로우의 작동방식과 머신러닝의 개념을 다져보도록 하겠다.

9.1 Tensorflow 소개

텐서플로우는 구글에서 배포하고 있는 오픈소스 머신러닝 플랫폼[1)]으로 머신러닝을 위한 수치 연산 패키지 집합이라고 할 수 있다. 머신러닝을 위한 각종 복잡한 계산 도구와 최적화 도구 등을 구현해 배포하고 있고, 다양한 실제 활용이 이루어지고 있다. 그림 9-1은 구글의 텐서플로우 사이트에서 보여주고 있는 텐서플로우 활용 기업의 리스트이다. 널리 알려진 기업들이 눈에 띄고, 우리나라 기업도 보인다.

1) https://www.tensorflow.org

[그림 9-1] 텐서플로우 사용 기업 (자료: https://www.tensorflow.org)

텐서플로우는 오픈소스이기 때문에 쉽게 접근할 수 있고, 다양한 이용자들에게서 피드백을 받을 수 있기 때문에 기술의 발전이 빠르다는 장점이 있다. 최근에는 텐서플로우 위에서 작동하는 케라스(keras)라는 인공지능 모델들을 구현해 놓은 패키지를 같이 배포하면서 더욱 널리 활용되고 있다[2].

지금 사용되고 있는 수많은 음성인식 기술이 몇 년 전에는 상상할 수 없는 정확도로 발전하여 음성으로 문자를 보내고 전화를 거는 것 등이 일상화되었다. 스마트폰의 얼굴인식 기능도 인공지능이 적용된 대표적인 예이다. 얼굴을 등록하면서 얼굴의 특징을 저장하고, 이를 바탕으로 인식한 얼굴이 저장된 얼굴이 맞는지를 판별하는 것이다. 이 과정에서 인공지능을 활용하여 그 정확성을 크게 높일 수 있었다. 이외에도 수많은 머신러닝 애플리케이션이 발전하고, 우리의 일상에 깊이 스며들어 있다.

9.2 Tensorflow 설치 및 맛보기

그러면 텐서플로우를 직접 설치하여 기초적인 기능들을 구현해보겠다. 설치를 위해 cmd 창을 관리자권한으로 실행 후 pip install tensorflow를 실행하자. 다소 시간이 걸릴 수 있는데, 차분하게 기다리도록 하자. 성공적으로 설치가 되었다는 메시지가 나오면 설치에

2) 케라스 패키지에 대해서는 11장에서 자세히 살펴본다.

성공한 것이다.

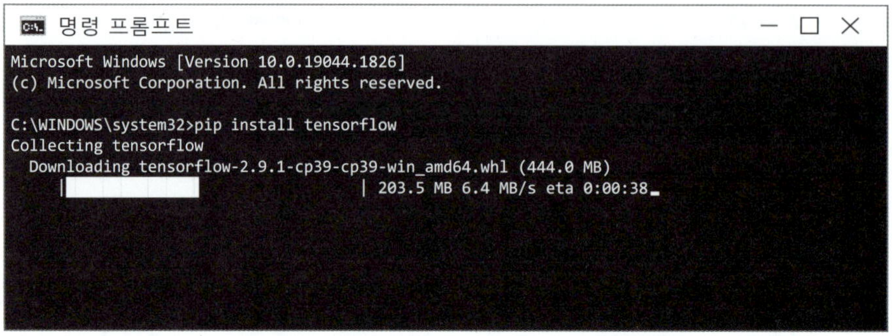

설치에는 다소 시간이 소요되며, 여러 개의 부속 패키지가 함께 설치될 것이다. 처음에 특별한 설정을 하지 않으면 텐서플로우 패키지가 CPU 상에서 작동할 것이다. 적은 수의 데이터를 다루는 상황에서는 CPU를 사용하여 텐서플로우를 이용하는 것이 문제가 되지 않는다. 그러나 큰 문제나 복잡한 데이터를 다루는 경우 계산량이 많기 때문에 머신러닝을 지원하는 그래픽카드를 활용하는 경우가 많다. 우리는 텐서플로우의 사용법을 익히는 것이 주 목적인 만큼, 우선은 CPU를 사용하는 것을 전제로 텐서플로우를 설치해 보겠다.

설치가 되었으면 예제 프로그램을 통해 간단한 실습을 해보자. 먼저, 프로그램에서 텐서플로우를 사용하기 위해서 import를 이용하여 불러온다. 'tensorflow'는 주로 'tf'로 줄여쓴다.

```
import tensorflow as tf
```

텐서플로우의 기본 단위는 텐서(tensor)라고 일컫는다. 텐서에 들어갈 수 있는 것은 상수와 변수 등이 있다. 일반적인 파이썬의 변수와 비슷한 개념으로 이해하면 쉽겠다. 그러나 보통 변수들과는 달리, 텐서에 어떤 값을 변수로 저장하면 그 변수를 자동으로 최적화해주는 등의 기능이 제공된다.

가장 기본적인 텐서는 상수이다. 이제 a라는 이름의 텐서 상수를 tf.constant 명령으로 정의해보겠다.

```
import tensorflow as tf
a = tf.constant(1)
print(a)
```

출력 결과는 다음과 같다.

```
tf.Tensor(1, shape=(), dtype=int32)
```

코드의 결과를 살펴보자. 값은 1, shape은 없으며, dtype은 int32이라고 출력되었다. **dtype**은 데이터의 **자료형(type)**을 말한다. 데이터의 자료형은 크게 숫자와 문자열로 구분되며, 숫자 데이터는 다시 정수와 실수로 구분된다. 여기에서는 따로 데이터 타입을 설정하지 않았으므로 디폴트로 정수로 설정되어 있다. 일반적으로 정수와 실수가 섞여 연산되는 경우 파이썬 인터프리터가 정수를 실수로 자동변환해 계산해주지만, 보다 정확한 계산을 위해서는 처음부터 실수를 사용할 데이터에 대해서는 명시적으로 자료형을 실수로 설정하는 것이 좋다. 바로 자료형을 실수형으로 바꿔보자.

```
import tensorflow as tf
a = tf.constant(1, dtype=tf.float32)
print(a)
```

출력 결과는 다음과 같을 것이다.

```
tf.Tensor(1.0, shape=(), dtype=float32)
```

데이터 타입을 실수형으로 설정한 후 코드를 실행해보니, dtype은 float32가 나오고 1이라고 입력했음에도 1.0으로 표현되어 나온다. tf.float32는 텐서플로우에서 정해 놓은 여러가지 자료형 중 하나로서, 좀 구체적으로 말하면 32비트 길이, 즉 4byte를 써서 실수를 나타내는 자료형이라는 뜻이다.

이미 익숙하겠지만, 컴퓨터는 내부적으로 이진수로 숫자를 처리하며, 이진수 한 자리, 즉 0 또는 1중 하나의 값을 가지는 값 하나를 1 bit라고 한다. 보통 8자리씩 묶어서 처리하며, 이진수 8자리를 1 byte라고 일컫는다. float32는 32bit, 즉 실수값 하나에 4byte를 써서 나타낸다는 뜻이다. 그렇게 되면 float32는 절대값 기준으로 10^{-45}부터 10^{38}까지를 나타낼 수 있게 된다. 이 정도면 웬만한 어플리케이션에서 충분하지만 더 복잡하고 정교한 계산이 필요하다면 float64로 지정해서 64bit를 쓸 수도 있다. 64bit의 메모리를 쓰면 절대값 기준 10^{-323}부터 10^{308}까지의 더 넓은 범위에 더 많은 소수점 자리를 나타낼 수 있게 된다. 그러나 보통 그래픽카드에서 하드웨어적으로 처리해줄 수 있는 정밀도가 32bit이기 때문에, 일반적으로 특별한 이유가 없다면 32비트 실수인 float32가 널리 쓰인다. 정밀도를 높여서 float64로 사용하면 그래픽카드 프로세서가 직접 처리하지 못하고 소프트웨어적으로 처리해야 하므로 계산속도가 많이 느려진다. 이외에도 텐서플로우에서 정의된 주요 자료형들을 표 9-1에 정리해 두었다[3)4)].

〈표 9-1〉 텐서플로우의 자료형(data types)

텐서플로우 자료형	의미	값의 표현 범위
tf.float32	32비트 실수	-3.4028235e+38 ~ 3.4028235e+38
tf.float64	64비트 실수	-1.7976931348623157e+308 ~ 1.7976931348623157e+308
tf.int8	8비트 정수	-128 ~ 127
tf.int16	16비트 정수	-32768 ~ 32767
tf.int32	32비트 정수	-2,147,483,648 ~ 2,147,483,647
tf.uint8	8비트 비음(nonnegative) 정수	0 ~ 255
tf.uint16	16비트 비음(nonnegative) 정수	0 ~ 65535
tf.string	문자열	모든 문자열
tf.bool	논리값 (True 또는 False)	True, False

코드를 다시 살펴보자. 두 번째 줄에서 a에 텐서 상수로서 1을 대입하였다. 여기서 1은 그냥 보통 우리가 익숙한 숫자로서, 단순하게 어떤 양(quantity)을 나타내고 있다. 이러한 숫자들을 '**스칼라(scalar)**'라고 한다. 스칼라 값은 길이, 무게, 온도 등과 같이 단순히 하나

3) 표에서 tf.으로 시작하는 것은 텐서플로우를 import tensorflow as tf로 줄여서 불러들였을 때를 가정한 것이다.

4) 모든 자료형에 대해서는 텐서플로우 공식문서(https://www.tensorflow.org/api_docs/python/tf/dtypes) 참고

의 값이다.

그런데, 스칼라 여러 개로 구성되는 값들이 있다. 3차원 공간상에서의 좌표를 생각해 보자. (2, 3, 6)과 같이 x, y, z의 세 개의 값이 모여서 하나의 좌표가 정의될 것이다. 이렇게 여러 숫자가 모여있는 것을 **벡터(vector)**라고 한다. 만약 숫자가 행과 열을 이루면서 모여있으면 이를 **행렬(matrix)**이라고 한다[5]. 행렬은 벡터의 집합이라고 볼 수 있다. 매트릭스의 각각의 열은 열 벡터, 행은 행 벡터라고 말하기도 한다.

행렬 자체를 하나의 값으로 놓을 수 있는데, 그러면 shape이 바뀐다. 코드를 통해 확인해보자. 이번에는 a에 스칼라 1 대신 행렬을 넣고 코드를 작성하겠다. 행렬을 표현하는 규칙은 각 행을 '[]'로 감싸고, 전체를 다시 '[]'로 감싸면 된다.

```
import tensorflow as tf
a = tf.constant([[3.14, 1.7], [5.6, 2.2]], dtype=tf.float32)
print(a)
```

위 코드를 실행해보면 'shape=(2, 2)'가 출력됨을 볼 수 있다. 현재 2행 2열의 행렬이다. 행렬에 한 행을 더 추가해보고 어떻게 변하는지 살펴보자.

```
import tensorflow as tf
a = tf.constant([[3.14, 1.7], [5.6, 2.2], [3, 3]], dtype=tf.float32)
print(a)
```

행이 하나 추가된 것이 반영되어 'shape=(3, 2)'가 출력되었다. 행렬의 구조가 잘 이해되었을 것이다.

행렬에 스칼라를 곱하면 어떻게 되는지 알아보자. 예제로 돌아가서 다음과 같은 코드를 작성한 후, 실행한다.

5) 벡터와 행렬에 대한 내용은 3장에서 살펴본 바 있으니, 기억나지 않는다면 꼭 복습해 보기를 권한다.

```
1 import tensorflow as tf
2 a = tf.constant([[1, 2], [3, 4]], dtype=tf.float32)
3 print(a)
4 print(2*a)
```

코드를 실행해보면 변수 'a'에 행렬 값을 가지는 텐서가 정의된다. 세 번째 줄에서 행렬의 값 [[1,2], [3,4]]가 잘 출력되었다. 네 번째 줄에서는 a에 2를 곱해서 출력하라고 되어 있는데, 결과는 행렬의 각 요소가 두 배씩이 되어서 [[2, 4], [6, 8]]이 나옴을 알 수 있다.

이번에는 3장에서 살펴보았던 행렬의 연산도 텐서플로우로 구현해보자. 새로운 행렬을 만들어 b라는 이름의 텐서로 저장하고, 두 행렬을 더한 값과 곱한 값을 출력해 보겠다.

```
1 import tensorflow as tf
2 a = tf.constant([[1, 2], [3, 4]], dtype=tf.float32)
3 b = tf.constant([[2, 2], [3, 5]], dtype=tf.float32)
4 print(a+b)
5 print(tf.matmul(a, b))
```

출력 결과는 다음과 같다.

```
tf.Tensor(
[[3. 4.]
 [6. 9.]], shape=(2, 2), dtype=float32)
tf.Tensor(
[[ 8. 12.]
 [18. 26.]], shape=(2, 2), dtype=float32)
```

코드의 다섯 번째 줄에서 행렬 a와 b를 더한 값을 출력하도록 하였다. 결과에 나타난 것처럼 행렬을 더하면 각 행렬에서 대응하는 위치의 값을 서로 더해 [[3, 4], [6, 9]]가 된다. 코드의 여섯 번째 줄에서는 두 행렬을 곱한 결과를 출력하도록 하였는데, 행렬의 곱셈은 3장에서 본 것처럼 앞의 행렬은 가로로, 뒤의 행렬은 세로로 나눈 후, 각각의 요소를 곱해 더한다. 이때, 행렬의 곱이 성립하기 위해서는 왼쪽 행렬의 폭과 오른쪽 행렬의 높이가 같아야 함을 상기하자. 따라서 결과는 손으로 계산한 것과 동일하게 [[8, 12], [18, 26]]으로 출력되었다. 여기서 코드에 나타난 곱셈이 단순히 a*b가 아니라 tf.matmul(a,b)인 점에 주목해 보자. 그냥 a*b로 쓰면 각 대응되는 위치에 있는 값들이 단순히 곱해진 결과가 되어서 행렬 곱과는 전혀 다른 의미가 된다. 텐서플로우에서 **행렬의 곱셈**은 **matmul**이라는 함수를 사용하는 점을 기억하도록 하자.

이번에는 단위행렬을 만드는 방법을 알아보자. **단위행렬**은 기호 'I'로 주로 표현되며, 단위행렬을 어떤 행렬에 곱하든 그 행렬의 값은 변하지 않는다는 특징이 있다. 즉, 'A∗I = A' 또는 'I∗A = A'의 형태가 성립한다. 텐서플로우에서 단위행렬을 만들 때, 각 요소를 하나씩 써서 [[1, 0]], [0, 1]]과 같은 형태로 써도 되겠지만, 단위행렬을 만드는 함수인 tf.eye를 사용하는 것이 더 편리하다[6]. 우리는 지금 2행 2열짜리 행렬을 다루고 있으므로, 이에 대응하는 단위행렬도 2행 2열이어야 한다. 단위행렬은 항상 행의 갯수와 열의 갯수가 동일함을 상기하자. 2행 2열짜리 단위행렬을 만들어 주는 텐서플로우 함수는 tf.**eye**(2)이다. 다음 코드를 살펴보자.

```
1  import tensorflow as tf
2  a = tf.constant([[1, 2], [3, 4]], dtype=tf.float32)
3  i = tf.constant(tf.eye(2), dtype=tf.float32)
4  print(tf.matmul(a, i))
5  print(tf.matmul(i, a))
```

세 번째 줄에서 2행 2열짜리 단위행렬을 i라는 이름의 변수에 저장하였다. 4~5번째 줄에서 a*i 및 i*a의 행렬곱을 계산하여 출력하도록 했는데, 출력 결과를 보면 모두 원래의 a의 값과 동일한 것을 확인할 수 있다.

역행렬(inverse matrix)도 매우 중요한 개념이다. 역행렬은 행렬의 역수와 같은 개념임을 3장에서 알아본 바 있다. 임의의 수 x에 역수인 x^{-1}을 곱하면 1이 되듯이, 임의의 행렬 A에 역행렬 A^{-1}을 곱하면 단위행렬이 나온다. 텐서플로우에서 역행렬을 계산하는 함수는 tf.linalg.**inv**이다[7]. 이를 이용한 코드를 보자.

---

6) numpy에서는 np.eye이다. numpy를 써서 np.eye로 해도 자동으로 텐서 값으로 변환해준다.

7) numpy에서는 np.linalg.inv이다. 여러모로 텐서플로우와 numpy의 행렬연산 함수는 비슷하다.

```python
1  import tensorflow as tf
2  a = tf.constant([[1, 2], [3, 4]], dtype=tf.float32)
3  aInv = tf.linalg.inv(a)
4  print(aInv)
5  print(tf.matmul(a,aInv))
```

실행 결과는 다음과 같다.

```
tf.Tensor(
[[-2.0000002   1.0000001 ]
 [ 1.5000001  -0.50000006]], shape=(2, 2), dtype=float32)
tf.Tensor(
[[ 1.0000000e+00  0.0000000e+00]
 [-4.7683716e-07  1.0000002e+00]], shape=(2, 2), dtype=float32)
```

프로그램의 세 번째 줄에서 tf.linalg.inv 함수를 사용하여 a의 역행렬을 계산하였고, 그 결과를 네 번째 줄에서 출력하였다. 이렇게 나온 행렬이 진짜 역행렬이 맞을까? 이를 확인해보기 위해 프로그램의 마지막 줄에서 a와 aInv를 곱한 결과를 출력하였는데, 출력된 결과를 보면 [[1.0000000e+00 0.0000000e+00], [-4.7683716e-07 1.0000002e+00]]로 나타나서 정확하게 [[1,0], [0,1]]이 되지는 않았고 약간의 소수점 오차가 남아있다. 이는 3장에서 알아본 바와 같이 컴퓨터의 실수 연산 정확도에는 한계가 있기 때문이다. 웬만한 계산에서는 큰 문제가 없지만, 복잡한 연산에서는 이런 소수점 아래 작은 오차들이 누적되면서 아주 골치 아픈 문제들이 많이 발생하는데, 이를 해결하는 것도 중요한 연구의 한 분야가 된다.

9.3 회귀분석의 원리

회귀분석(regression)은 인과적 예측모형의 대표적인 방법론 중 하나이다. 회귀분석의 원리를 직접 텐서플로우의 함수를 이용해서 구현해 보는 것은 텐서플로우는 물론 머신러닝에 대한 이해에 매우 도움이 된다. 왜냐하면 회귀분석은 머신러닝의 모든 요소를 가지고 있기 때문이다. 이번 절에서는 텐서플로우를 이용해 회귀분석(regression)을 구현해 보기 에 앞서, 회귀분석의 원리를 한번 더 차분하게 살펴보자.

머신러닝의 본질은 데이터를 설명하는 모델을 수립하는 것이다. 모델의 틀을 잡고 데이터를 부어 넣어 틀의 모양을 데이터에 맞게 다듬어 가는 과정이다. 모델의 틀 안에는 모델의 세부 모양을 결정하는 **파라미터(parameter)**들이 들어 있다. **머신러닝**은 데이터들을 가장 잘 설명하기 위한 파라미터의 값을 찾는 것이며, 이 과정을 **학습(training)**, **피팅(fitting)**, 또는 **최적화(optimization)**라고 한다. 머신러닝이란 결국, 모델의 파라미터를 최적화함으로써 모델이 예측하는 값과 실제 정답값 사이의 차이를 최소화하는 것이다.

회귀분석의 원리를 간단한 예제로 알아보자. **광고료와 매출**로 구성된 다음 표를 보자.

〈표 9-2〉 회귀분석 예제

adCost	sales
30	120
20	60
50	140
40	100
10	70

광고료와 매출의 관계가 어떤지 알아보기 위해 그림 9-3과 같이 산점도를 그려보니, 광고료를 많이 쓸수록 매출이 올라가는 것으로 보인다.

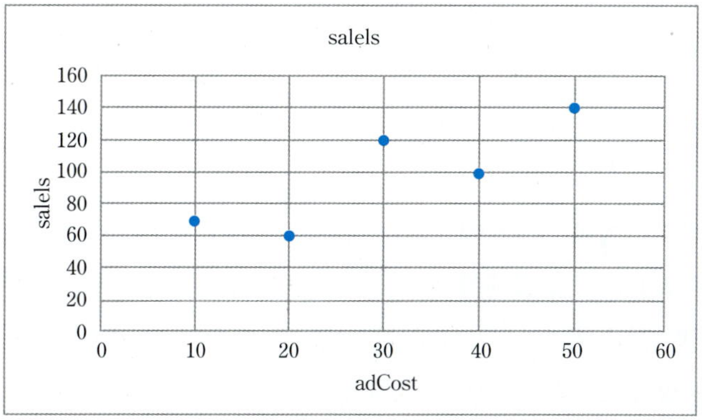

[그림 9-3] 광고료와 매출의 산점도

이 값들을 설명하는 선을 그려보려면, 이 점들을 적당히 잘 지나가는 직선을 찾으면 될 것이다. 직선의 식을 구하고 싶다면 어떻게 해야할까? 직선은 두 개의 파라미터로 구성된다. x가 0일때 y축에 닿는 높이인 절편 b와, x가 한 단위 증가할 때 y가 얼마나 증가하는지를 나타내는 기울기 a이다. 즉, 직선의 식은 $y = ax + b$로 표현이 된다.

회귀분석은 결국, 모델의 전체적인 형태를 정하고(여기서는 직선), 모델을 구성하는 파라미터(여기서는 a와 b)의 값을 잘 정하는 것이다. 여기서 a와 b의 값을 잘 정한다는 것은 이 모델에 우리가 가지고 있는 데이터 (x, y)들을 넣어보면서 x를 넣었을 때 모델로부터 계산된 y값과 정답값의 차이를 가장 적게 나오도록 a와 b를 조정한다는 의미이다. 기호를 구분하기 위해, 모델에서 계산된 y값을 보통 $\hat{y}$으로, 실제 정답값은 그냥 y로 나타낸다.

그러면 회귀분석의 기본 개념을 따라서 a와 b의 값을 최적화해보자. 모델의 틀을 직선을 잡아보기로 했으니, 모델의 형태는 $y = ax + b$이다. a와 b가 얼마가 될지 모르니 일단 아무 숫자로나 설정하고, 데이터를 보면서 조정해 나가도록 하자. 여기서 처음에 a와 b에 설정한 값을 초기값(initial value)이라고 한다. 대충 잡아서 a=2, b=40이라고 초기값을 설정해 보자. 표 9-2의 데이터에서 adCost를 x로, sales를 y로 나타내고, a와 b의 초기값을 적용해서 $\hat{y} = 2x + 40$으로 계산한 예측치 $\hat{y}$과, 실제 정답값 y를 비교하여 차이를 계산해 보면 다음 표 9-3과 같다.

〈표 9-3〉 초기모델의 예측치와 실제값의 비교

x	y	$\hat{y}$	$y - \hat{y}$
30	120	100	20
20	60	80	-20
50	140	140	0
40	100	120	-20
10	70	60	10

표 9-3에서 실제값에서 모델 예측치를 뺀 값 $y - \hat{y}$을 오차(error)라고 한다. 오차를 줄여나가도록 a와 b를 조정해야 하겠는데, 오차를 단순히 더하거나 평균을 내면 어떤 값은 양수, 어떤 값은 음수여서 실제로는 +,−로 오차가 클 때에도 단순합계는 0에 가까워지는 문제가 있다. 그래서 모델의 오차에 대한 지표로서 오차를 제곱한 값의 합계인 SSE(Sum Squared Error)를 쓰거나, 이를 데이터 갯수로 나누어서 평균을 구한 평균제곱

오차 **MSE(Mean Squared Error)**를 사용한다. 일반적으로 MSE를 많이 쓴다.

현재 a=2, b=40에서 MSE를 계산해보면, $(20^2+(-20)^2+0^2+(-20)^2+10^2)/5=260$이다. a와 b의 값을 조정해서 MSE를 최소화하는 a와 b의 값을 찾는 것이 목적이다. 즉, MSE가 최소화되도록 a와 b를 최적화해야 한다. 이를 단번에 구하는 방법은 수학적으로 잘 정리가 되어 있지만, 우리는 머신러닝스럽게 MSE를 줄이는 방향으로 a와 b를 조금씩 조정해 나가는 방법을 살펴보자.

MSE를 낮추기 위해서는 a와 b를 각각 늘릴 것인가 줄일 것인가를 판단하는 것이 핵심이다. 이 판단을 위해서 먼저 MSE를 수식으로 풀어 써보도록 하자. MSE는 $y-\hat{y}$을 제곱한 값의 평균이므로, 다음 식과 같이 쓸 수 있다.

$$
\begin{aligned}
MSE &= \frac{1}{n}\sum_{i=1}^{n}(y_i-\hat{y}_i)^2 = \frac{1}{n}\sum_{i=1}^{n}(y_i-(ax_i+b))^2 \\
&= \frac{1}{5}\begin{Bmatrix}(120-(30a+b))^2+(60-(20a+b))^2+(140-(50a+b))^2 \\ +(100-(40a+b))^2+(70-(10a+b))^2\end{Bmatrix} \\
&= 1100a^2+b^2+60ab-6600a-196b+10500
\end{aligned}
\qquad \text{(식 9-1)}
$$

위의 식 (9-1)에 a=2, b=40을 대입해 보면 앞에서 계산한 것과 같이 MSE=260이 나옴을 확인할 수 있다. 여기서, MSE를 줄이는 a와 b를 찾기 위해서는 **미분(differentiation)**의 개념이 필요하다. 어떤 함수를 구성하는 변수에 대해 미분값을 구한다는 것은, 그 변수가 증가할 때 해당 함수가 어떤 기울기로 변하는지를 구한다는 의미이다. 조금 더 구체적으로 이야기하면, 그 변수가 아주 조금 증가할 때 해당 함수의 순간적인 기울기가 얼마인지를 알려준다. 이렇게 구한 **순간기울기**를 **도함수(derivative)**, 또는 **그래디언트(gradient)**라고 한다. 위의 식에서 MSE를 a로 미분한 값은, a가 아주 조금 증가할 때 MSE의 순간기울기, 즉 그래디언트가 어떻게 되는지를 나타내는 값이 된다. 만약 a에 대한 MSE의 그래디언트가 +라면 a가 증가하면 MSE가 증가한다는 뜻이 되므로, MSE를 줄이려면 a를 약간 감소시켜야 할 것이다. 반대로 그래디언트가 −라면 a가 증가하면 MSE가 감소한다는 뜻이 되니 a를 조금 증가시켜야 할 것이다.

그러면 MSE를 a에 대해 미분해보자[8]. 생소한 기호에 당황하지 말기 바란다.

---

8) 미분 계산이 익숙하지 않다면 관련 서적이나 자료를 참고하여 공부할 것을 권한다. 그렇지만, 여기서는 다항식의 단순한 미분을 이해하는 것으로 충분한데, 일반적으로 kx^n을 x로 미분하면 knx^{n-1}이 된다. 예를 들어 $5500a^2$을 a로 미분하면 $11000a$가 된다. 여러 변수가 섞여 있을 때는 미분 대상 변수 이외의 변수는 상수처럼 취급하면 된다. 상수만으로 구성된 항은 미분하면 삭제된다.

$$\frac{\partial MSE}{\partial a} = 2200a + 60b - 6600 \qquad \text{(식 9-2)}$$

여기서 $\frac{\partial MSE}{\partial a}$는 MSE를 a로 미분한다는 의미이다. 미분 결과에 a와 b가 포함되어 있으니, 여기에 특정한 a와 b의 값을 적용하면 현재의 값에서 a를 증가시켜야 할지 감소시켜야 할지를 알 수 있다. 초기값 a=2, b=40를 여기에 적용해 보자.

$$\frac{\partial MSE}{\partial a} = 2200a + 60b - 6600 = 2200*2 + 60*40 - 6600 = 200 \qquad \text{(식 9-3)}$$

a=2, b=40인 상태에서, a의 그래디언트는 양수이므로, a가 증가하면 MSE가 증가하게 된다는 것을 알 수 있다. 따라서 a를 감소시켜야 MSE를 줄일 수 있을 것이다. 마찬가지 방법으로, b에 대해서도 미분해 보자.

$$\frac{\partial MSE}{\partial a} = 60a + 2b - 196 = 60*2 + 2*40 - 196 = 4 \qquad \text{(식 9-4)}$$

b에 대한 MSE의 그래디언트도 +이므로, b도 감소시키는 것이 좋겠다. 그러면 얼마나 감소시켜야 할 것인가?

여기서 구해진 a와 b에 대한 그래디언트는 a와 b가 아주 조금 움직일 때 MSE의 순간적 기울기라는 점을 염두에 두기 바란다. a나 b가 많이 움직일 때에도 이런 기울기가 유지된다는 보장이 없다. 즉, 그래디언트를 기준으로 변수를 변화시킬 때에는, 가급적 작은 값만 바꾸는 것이 일단은 안전하다. 앞에서 a와 b를 모두 감소시키는 것이 좋겠다고 판단했으므로, a와 b를 0.01씩만 감소시켜 보자. 그러면 새로운 a,b의 값은 각각 a=1.99, b=39.99가 될 것이다. 이 값을 식 (9-1)에 대입하여 MSE를 계산해보면 MSE=258.076이 되어, 처음보다 감소했음을 확인할 수 있다.

한 스텝만 더 가보자. 다시 a=1.99, b=39.99일 때의 그래디언트를 구하고, 그래디언트의 부호에 따라 a와 b를 증가시킬지 감소시킬지를 판단해보자. 식 (9-3)과 식 (9-4)에 a=1.99, b=39.99를 대입하면 각각 177.4, 3.38이 나와서, 둘 다 양수이므로 a도 감소, b도 감소시키는 것이 좋겠다는 판단이 나온다. 그럼 a와 b를 0.01씩 더 감소시켜서 a=1.98, b=39.98로 바꾸어서 식 (9-1)에 대입하여 MSE를 다시 구해보면

MSE=256.384가 되어, 이전보다 더 감소했음을 알 수 있다.

이와 같이, 주어진 a, b의 값에 대해 그래디언트를 구하고, 그래디언트의 부호에 따라 a, b를 증가 또는 감소시키는 작업을 반복하면 MSE가 점차 감소하게 된다. 그러다 보면 언젠가는 그래디언트가 양수도 음수도 아닌, 0에 가까워지게 되는데, a와 b에 대한 모든 그래디언트가 0에 다다르면 최적해에 도달했다는 뜻이 된다.

물론, a와 b의 최적값을 한 번에 구하는 수학적 방법은 잘 개발되어 있다. 결국 a와 b에 대한 미분값을 모두 0으로 만드는 a와 b를 구하면 되는 것이므로, 식 (9-3)과 식 (9-4)를 모두 0으로 두고 연립방정식을 풀면 된다.

$$\begin{aligned} 2200a+60b-6600&=0 \\ 60a+\ \ 2b-\ \ 196&=0 \end{aligned} \qquad \text{(식 9-5)}$$

식 (9-5)를 만족하는 a와 b는 각각 a=1.8, b=44이다. 다양한 회귀분석 도구들이 최적의 a와 b를 산출해준다. 예를 들어, 엑셀에서 산점도를 그리고 추세선을 추가하여 수식과 **R제곱**을 표시해보면 간단하게 회귀식을 찾을 수 있는데, 우리의 데이터에 적용해 보면 그림 9-4와 같이 y=1.8x+44가 나오고 R^2는 0.7232가 나온다. a=1.8, b=44를 대입하여 MSE를 구해 보면 248이 되어, 오차가 많이 줄어듦을 확인할 수 있다. 여기서 R^2의 값 0.7232는 이 모델이 데이터 변동의 약 72%정도를 설명하는 모델이라는 뜻이다.

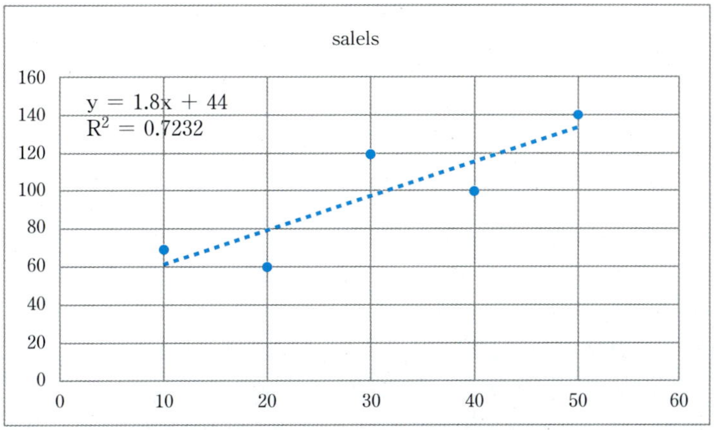

[그림 9-4] 엑셀의 추세선 기능을 활용한 회귀분석

파이썬에서도 회귀분석은 쉽게 수행할 수 있다. 먼저 **statsmodels** 패키지를 설치한다.

```
pip install statsmodels
```

그리고, 선형회귀라면 다음과 같이 **OLS** 기능을 사용하면 된다.

```
x = [30,20,50,40,10]
y = [120,60,140,100,70]
import statsmodels.api as sm
results = sm.OLS(y, sm.add_constant(x)).fit()
print(results.summary())
```

실행 결과는 여러 가지 정보가 나오는데, 결과에 대한 자세한 설명은 여기서는 생략하고, 계수(coef)와 R−squared가 동일한 것만 확인해 보기 바란다.

```
OLS Regression Results
==============================================================================
Dep. Variable:                  y   R-squared:                       0.723
Model:                        OLS   Adj. R-squared:                  0.631
Method:             Least Squares   F-statistic:                     7.839
Date:            Wed, 18 May 2022   Prob (F-statistic):             0.0679
Time:                    01:47:56   Log-Likelihood:                -20.878
No. Observations:               5   AIC:                             45.76
Df Residuals:                   3   BIC:                             44.98
Df Model:                       1
Covariance Type:        nonrobust
==============================================================================
                 coef    std err          t      P>|t|      [0.025      0.975]
------------------------------------------------------------------------------
const         44.0000     21.323      2.064      0.131     -23.859     111.859
x1             1.8000      0.643      2.800      0.068      -0.246       3.846
==============================================================================
Omnibus:                      nan   Durbin-Watson:                   2.823
Prob(Omnibus):                nan   Jarque-Bera (JB):                0.462
```

```
Skew:                          -0.037   Prob(JB):                        0.794
Kurtosis:                       1.513   Cond. No.                         77.8
==============================================================================
```

이와 같이, 회귀분석 모델의 파라미터는 계산을 통해, 또는 패키지를 이용해 쉽게 구할 수 있다. 그렇지만, 우리는 미분을 구해서 파라미터를 조금씩 조정해 나가는 과정을 살펴보았는데, 실제로 머신러닝의 작동 방식이 이와 유사하기 때문이다. 머신러닝은, 모델이라는 틀을 수립해 놓고 파라미터를 초기값으로 설정한 후, 데이터라는 모래를 부어넣으면서 파라미터가 다듬어져서 마침내 최적이 되기를 기다려주는 느낌이라고 생각할 수 있다. 초기값을 정하고, 개선방향을 찾고, 파라미터를 수정하고, 다시 개선방향을 찾는 과정의 반복이다. 이제 텐서플로우로 이 개념을 한번 구현해보자.

9.4 텐서플로우로 하는 회귀분석 1 - 초기모델 설정

예제를 가지고 시작해보자. 예제 파일 'softdrink.csv'을 열어보자. 이 데이터는 어떤 음료수 회사의 월별 평균기온과 매출액 사이의 관계를 나타내고 있다.

〈표 9-4〉 월별 평균기온과 매출액 데이터

month (월)	temp (도)	sales (백만원)
1	-6.3	714
2	-3.6	810
3	10.2	836
4	15.3	1233
5	19.4	1204
6	22.3	1037
7	29.7	1258
8	27.3	1161
9	23.7	1310
10	13.5	986

11	7.6	1109
12	0.4	634

기온과 매출 사이의 관계를 나타낸 산점도를 보면 우상향하는 선형성이 보임을 알 수 있다. 기온이 높아질수록 음료수가 많이 팔리는 패턴이 나타나고 있다.

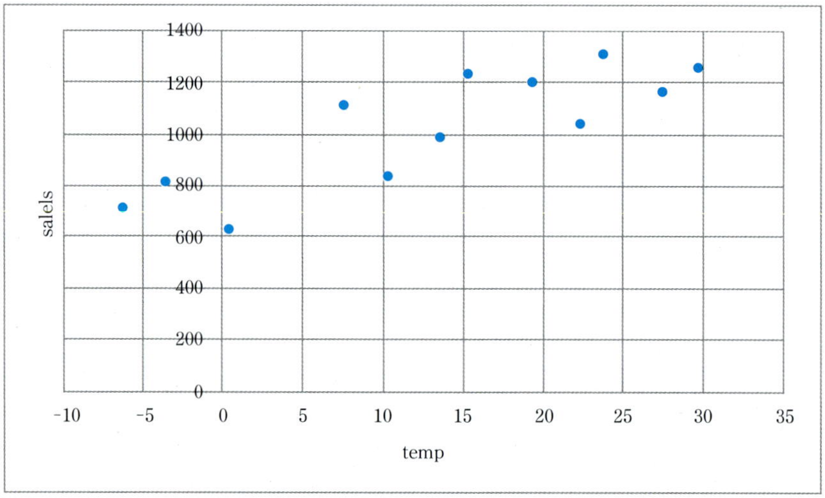

[그림 9-5] 기온과 매출액 관계 산점도

우리의 목표는 기온이 몇 도일 때 매출이 얼마가 되는지를 예측하는 모델을 수립하는 것이다. 여기서는 선형 회귀분석 모델이라는 틀을 가지고 기계에 데이터를 학습시켜보자. 성공적으로 학습이 된다면, 기계에 기온을 입력하면 예상되는 매출을 계산해줄 것이다.

선형 회귀분석 모델은 기온과 매출액의 관계를 선형함수로 전제한다. 즉, 기온을 x, 매출액을 y라고 하면 $y = ax + b$라는 직선식을 틀로 잡아 놓고, 여기에 데이터를 학습시켜 파라미터 a와 b의 최적값을 찾아낸다.

회귀분석의 원리는 앞의 절에서 살펴보았으니, 이번에는 텐서플로우를 이용하여 회귀분석의 개념을 직접 구현해보자. 우선, 엑셀로 되어있는 데이터를 읽어와서 sd라는 이름의 변수에 저장해보자.

```python
import pandas as pd
sd = pd.read_csv('softdrink.csv')
```

텐서플로우를 사용하기 위해 먼저 데이터의 값들을 텐서에 저장해보자. 텐서 변수는 스칼라 값 또는 벡터를 모두 담을 수 있다. 회귀분석에서는 원인을 독립변수, 결과를 종속변수라고 하고, 흔히 독립변수를 x, 종속변수를 y로 나타낸다. 우리도 여기서 기온을 나타내는 temp열의 값을 x라는 변수에 넣고, 매출액 sales열의 값을 y에 저장해보자. 앞의 코드에 다음의 내용을 이어서 작성한다.

```python
import tensorflow as tf
x = tf.constant(sd['temp'], dtype=tf.float32)
y = tf.constant(sd['sales'], dtype=tf.float32)
print(x)
print(y)
```

실행하면 텐서플로우 라이브러리 실행에 관련된 시스템 메시지들이 나오고, 그 다음에 우리 프로그램의 출력 결과가 다음과 같이 나온다.

```
tf.Tensor([-6.3 -3.6 10.2 15.3 19.4 22.3 29.7 27.3 23.7 13.5  7.6  0.4], shape=(12,),
dtype=float32)
tf.Tensor([ 714.  810.  836. 1233. 1204. 1037. 1258. 1161. 1310.  986. 1109.  634.],
shape=(12,), dtype=float32)
```

x와 y에 각각 12개씩의 값이 순서대로 들어가 있음을 확인할 수 있다. 이를 산점도 그래프로 출력해보자. 앞의 코드에 다음 내용이 추가된다.

```python
import matplotlib.pyplot as plt
plt.scatter(x, y, color='blue')
plt.show()
```

코드를 실행하면 다음과 같은 산점도가 나타날 것이다. x축은 기온, y축은 매출이다. 기온이 올라갈수록 매출이 올라가는 것을 볼 수 있다.

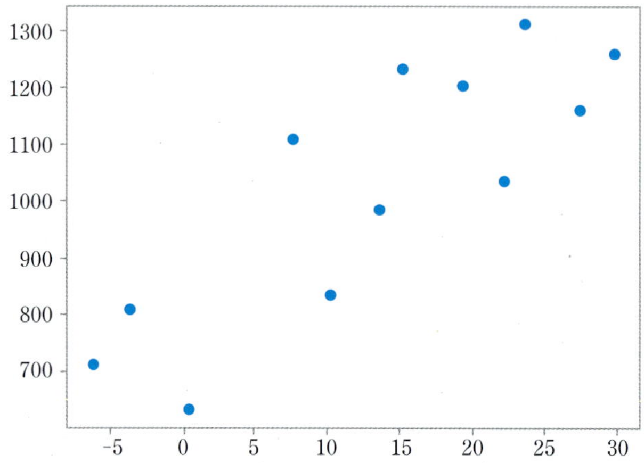

[그림 9-6] 기온과 매출액의 관계를 나타내는 산점도

그림에서 기온과 매출액 사이에 관계가 있음을 확인하였으니, 이번에는 두 변수의 관계를 설명하는 모델을 수립해보자. 우리는 선형 회귀모형을 수립하려고 하고 있다. 이는 기온 x와 매출액 y 사이에 $y = ax + b$ 라는 관계가 있음을 전제로 한다. 그러면 데이터를 학습시켜 a와 b를 정해야 한다. 앞 절에서 살펴본 회귀분석 파라미터 최적화 과정을 따라가보자.

먼저 a와 b의 초기값을 넣어보자. 아무 값이나 넣어도 되지만, 효율적으로 학습을 하려면 그래도 어느 정도는 말이 되는 값을 넣는 것이 좋을 것이다. 그림 9-6을 보니 대체로 기온이 0도에서 10도까지 올라갈 때 매출이 약 200정도 늘어나는 것 같으니 직선의 기울기는 20정도로 잡을 수 있겠다. 또한, 기온이 0도일때 매출은 대충 650쯤 될 것 같으니 y절편은 650정도로 잡아보자. 정확하지 않아도 괜찮다. 그러면 초기값으로서 a=20, b=650정도로 잡아보자.

이 내용을 코드로 옮겨보자. a와 b를 tf.**Variable**로 정의하여 **텐서 변수**로 만들고, 초기값으로서 20과 650을 대입한다. 앞의 코드에서 이어진다.

```
a = tf.Variable(20, dtype=tf.float32)
b = tf.Variable(650, dtype=tf.float32)
```

또한, 앞의 절에서 y의 실제값과 우리 모델의 예측치를 구분하기 위해 y의 예측치는 $\hat{y}$으로 나타내었으니, 초기값 a, b를 적용하면 초기 모델은 다음 식 (9-6)과 같이 쓸 수 있다.

$$\hat{y} = 20x + 650 \qquad \text{(식 9-6)}$$

이것을 코드로 옮겨보자. $\hat{y}$를 y_hat이라는 이름의 변수로 나타내면, 다음과 같이 계산할 수 있다. 계산 결과를 출력도 해 보자.

```
y_hat = a*x+b
print(y_hat)
```

y_hat의 출력 결과는 다음과 같다.

```
tf.Tensor([ 524.   578.   854.   956. 1038. 1096. 1244. 1196. 1124.   920.   802.   658.],
shape=(12,), dtype=float32)
```

지금 y_hat의 결과가 얼마나 주어진 데이터를 잘 설명하는지를 시각적으로 확인해 보기 위해, 산점도에 y_hat도 함께 출력해 보자. 앞의 코드를 조금 수정해야 하니, 알아보기 쉽게 하기 위해 지금까지 설명한 코드를 전체적으로 살펴보면서 산점도를 그리는 코드도 함께 나타내면 다음과 같다.

예제 ex9-1.py

```
import pandas as pd
sd = pd.read_csv('softdrink.csv')
import tensorflow as tf
x = tf.constant(sd['temp'], dtype=tf.float32)
y = tf.constant(sd['sales'], dtype=tf.float32)
print(x)
print(y)
a = tf.Variable(20, dtype=tf.float32)
b = tf.Variable(650, dtype=tf.float32)
y_hat = a*x+b
```

```
11  print(y_hat)
12  import matplotlib.pyplot as plt
13  plt.scatter(x, y, color='blue')
14  plt.plot(x, y_hat, color='red')
15  plt.show()
```

코드의 11행까지는 전체적으로 앞서 살펴본 내용이다. 마지막 부분에서 plt.scatter(x, y,color='blue')로 데이터 x, y의 산점도를 파란색 점들로 나타내었고, plt.plot(x, y_hat, color='red')으로 x에 따른 예측값 y_hat을 검정색 선으로 나타내도록 하였다. plt.scatter는 좌표값들을 점으로, plt.plot은 기본적으로 점들을 선으로 이어서 나타내어준다. 코드를 실행하면 변수의 출력값들과 함께 다음과 같은 그래프가 나타날 것이다.

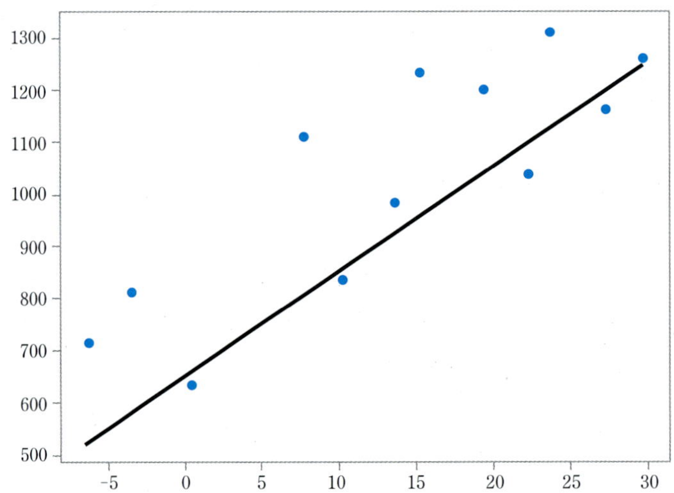

[그림 9-7] 초기 예측모델

그림 9-7에서 보듯이, 초기값 a, b를 이용한 예측은 그렇게 점들을 잘 설명해주고 있지 못한 것 같다. 이제, a와 b를 개선시켜보자.

9.5 텐서플로우로 하는 회귀분석 2 - 오차 측정

모델을 최적화하기 위해, 먼저 현재 모델의 정확도를 측정해보자. 앞서 9.3절에서 살펴본 바와 같이, 회귀분석의 오차 측정에는 $\hat{y}$과 y의 차이를 제곱한 값의 평균인 **평균제곱오차 MSE**가 많이 사용된다.

프로그램이 확장되어 나가기 위해서, 먼저 함수를 좀 사용하도록 하자. 우리 모델은 단순해서, 모델의 예측값 $\hat{y}$은 a*x+b로 쉽게 계산되기는 하지만, 계산식이 복잡해지면 코드 내에서 반복해서 쓰기가 불편해진다. 따라서, 바람직한 코딩은 예측값 계산을 함수로 만드는 것이다. 예측값을 계산하는 함수를 y_hat이라고 이름을 붙이면, 다음과 같이 하면 함수로 만들 수 있다.

```
def y_hat(x, a, b):
    return a*x + b
```

내용은 단순하다. y_hat 함수는 x값과 파라미터 a, b를 받아서 모델의 예측값 a*x+b를 돌려준다. 제대로 계산되는지를 알아보기 위해, 직접 값을 넣어서 한번 출력해보자.

```
import pandas as pd
import tensorflow as tf

def y_hat(x, a, b):
    return a*x + b

sd = pd.read_csv('softdrink.csv')
x = tf.constant(sd['temp'], dtype=tf.float32)
y = tf.constant(sd['sales'], dtype=tf.float32)
a = tf.Variable(20, dtype=tf.float32)
b = tf.Variable(650, dtype=tf.float32)
print(y_hat(x,a,b))
```

코드에서처럼 함수를 정의하는 것은 그 함수를 사용하기 전에 이루어져야 하기 때문에,

대개 함수의 정의는 프로그램의 앞부분에서 쓰여진다. 출력 결과는 다음과 같이 나온다.

```
tf.Tensor([ 524.  578.  854.  956. 1038. 1096. 1244. 1196. 1124.  920.  802.  658.],
shape=(12,), dtype=float32)
```

초기값으로 준 a=50, b=650을 적용해서 a*x+b의 값들이 잘 계산되어 있음을 볼 수 있다. 출력에 나타난 것처럼, y_hat함수의 결과도 12개의 값을 가진 벡터이다. 이는 y_hat에 넘겨준 x가 12개의 값을 가진 벡터이고 y_hat 함수는 이 벡터 x에 스칼라 값을 곱하고 더한 것이기 때문이다.

이어서, 예측값과 실제값 사이의 평균제곱오차 MSE를 계산하는 함수를 만들어 보자. 9.3절에서 살펴본 바와 같이, MSE는 학습 데이터에 있는 모든 x에 대해 y의 값과 $\hat{y}$의 값의 차이를 제곱하여 평균을 낸 값이다. for문을 사용해서 직접 계산할 수도 있겠지만, 텐서플로우에서 이미 준비되어 있는 함수를 사용해보자.

먼저, y와 y_hat 사이의 오차는 (y−y_hat(x, a, b))가 될 것이고, 이 값들을 각각 제곱하는 함수는 tf.**square**이다. 따라서, 오차의 제곱은 다음과 같은 코드로 계산된다. 앞의 코드에 이어서 써보자.

```
print(tf.square(y-y_hat(x,a,b)))
```

방금 추가한 tf.square의 출력값은 다음과 같이 나온다.

```
tf.Tensor(
[36100. 53824.   324. 76729. 27556.  3481.   196.  1225. 34596.  4356.
 94249.   576.], shape=(12,), dtype=float32)
```

오차 제곱들의 각각의 값이 계산되어서 다시 12개의 값을 가진 벡터로 출력되었음을 볼 수 있다. 그러면, 이 오차 제곱값들을 평균을 내면 MSE를 계산할 수 있다. 텐서플로우에서 제공하는 벡터의 평균계산 함수 tf.**reduce_mean**를 활용한다. tf.reduce_mean에 어떤 벡터를 넘겨주면 그 벡터의 개별 값들에 대한 평균을 구해준다. 방금 오차제곱들을 계산하였으니, 이 값을 tf.reduce_mean에 넘겨주면 되겠다. 다음 코드를 이어서 써보자.

```
print(tf.reduce_mean(tf.square(y-y_hat(x,a,b))))
```

이 문장의 출력은 다음과 같다.

```
tf.Tensor(27767.666, shape=(), dtype=float32)
```

출력에서 확인할 수 있는 바와 같이, 각 제곱오차 값들의 평균을 계산해서 보여주고 있다. 이 내용을, 다음에도 쉽게 활용할 수 있도록 함수로 만들자. 기계학습에서 보통 오차 지표를 손실 함수(loss function)으로 많이 일컫는다. 따라서 우리도 함수 이름을 loss라고 해보자. 그러면 loss 함수는 다음과 같이 쓸 수 있다.

```
def loss(a, b, x, y):
    return tf.reduce_mean(tf.square(y - y_hat(x, a, b)))
```

내용을 보면, 함수에 파라미터 a, b와 데이터 x, y를 넘겨주면 y_hat 함수를 호출해서 이 값을 y에서 빼서 오차를 계산하고, 오차를 tf.square로 제곱한 다음, 그 값들의 평균을 구해서 돌려주는 내용이다. 이 함수를 이용해서 현재 a=20, b=650을 적용한 초기모델의 MSE를 계산해서 출력하는 코드를 전체적으로 보면 다음과 같이 된다.

예제 ex9-2.py

```
import pandas as pd
import tensorflow as tf

def y_hat(x, a, b):
    return a*x + b

def loss(a, b, x, y):
    return tf.reduce_mean(tf.square(y - y_hat(x, a, b)))

```

```
sd = pd.read_csv('softdrink.csv')
x = tf.constant(sd['temp'], dtype=tf.float32)
y = tf.constant(sd['sales'], dtype=tf.float32)
a = tf.Variable(20, dtype=tf.float32)
b = tf.Variable(650, dtype=tf.float32)

print('MSE = ', loss(a,b,x,y))
```

아마 코드는 쉽게 이해가 될 것이다. 마지막 줄에서 우리가 정의한 loss 함수를 호출해서 출력하도록 하였다. 출력 결과는 다음과 같이 나타난다.

```
MSE =  tf.Tensor(27767.666, shape=(), dtype=float32)
```

현재 초기상태의 모델의 오차지표 MSE는 27767.666임을 확인할 수 있다. 이제 이 오차를 줄여보자.

9.5 텐서플로우로 하는 회귀분석 3 – 모델의 최적화

우리는 지금까지 두 개의 함수를 정의했다. 하나는 x, a, b를 넘겨 주면 이를 이용한 예측값을 계산하는 y_hat 함수이고, 두번째 함수는 현재 모델의 오차지표를 계산하는 loss 함수이다. 앞의 프로그램 출력에서 보았듯이, 현재 loss 함수의 값은 27767.666이다.

오차를 줄이기 위해, a와 b의 값을 수정해야 한다. 9.3절에서 오차를 줄이기 위해서는 오차 함수를 a와 b 각각으로 미분하여 그래디언트 값을 구하고, 그래디언트의 부호가 +이면 파라미터를 조금 감소시키고, 그래디언트 부호가 –이면 파라미터를 조금 늘리는 것이 좋다는 것을 이해한 바 있다.

그러면, 먼저 **그래디언트** 값을 구해보자. 우리의 오차함수 MSE는 사실 미분이 쉬운 단순한 함수여서 그냥 직접 미분한 식을 함수로 넣어도 되지만, 텐서플로우에서 제공하는 미분 함수를 한번 써보도록 하자. 텐서플로우에서는 일반적인 함수에 대한 미분 계산을 해 주는 GradientTape이라는 기능을 제공한다. tf.GradientTape() 함수를 쓰면, 여기에 부속된 계산을 기억하였다가 나중에 해당 계산식에 대한 그래디언트를 구할 수 있게 해준다. 마치 레코드 테이프처럼, GradientTape을 켜놓은 상태에서는 그 안에서 계산한 절차들에서 언급된 텐서플로우 변수들을 기억하였다가 나중에 미분값을 구할 준비를 해 둔다고 생각하면 되겠다. 주로 파이썬의 with.. as.. 구문과 함께 사용되는데, 해당 문법을 설명하는 것은 조금 복잡하므로, tf.GradientTape()은 다음의 형태로 주로 나타난다고만 기억해 주기 바란다.

```
with tf.GradientTape() as t:
    current_loss=loss(a, b, x, y)
```

이렇게 하면, 현재의 a, b에 대해 계산된 loss 함수의 결과가 current_loss라는 변수에 저장되고, 이 계산과정은 t라는 변수에 기록된다. 이후에 current_loss에 대해 a와 b에 대해 미분한 그래디언트 값을 구하려면 다음과 같이 하면 된다.

```
da, db = t.gradient(current_loss, [a, b])
```

여기서 gradient( ) 함수는 앞서 GradientTape이 기록되어 있는 변수 t를 활용하여, 주어진 변수에 대한 그래디언트를 계산해준다. 여기서는 current_loss 함수를 a와 b로 각각 미분하기 위해서 [a, b]로 리스트에 넣어서 t.gradient함수를 호출하였다. 이렇게 하면 계산된 a와 b에 대한 그래디언트의 값은 각각 da, db 변수에 저장된다.

이상의 내용을 앞서 살펴본 예제 코드에 종합하여 전체 코드를 살펴보면 다음과 같다.

예제 **ex9-3.py**

```
import pandas as pd
import tensorflow as tf

def y_hat(x, a, b):
    return a*x + b

```

```
7  def loss(a, b, x, y):
8      return tf.reduce_mean(tf.square(y - y_hat(x, a, b)))
9
10 sd = pd.read_csv('softdrink.csv')
11 x = tf.constant(sd['temp'], dtype=tf.float32)
12 y = tf.constant(sd['sales'], dtype=tf.float32)
13 a = tf.Variable(20, dtype=tf.float32)
14 b = tf.Variable(650, dtype=tf.float32)
15
16 print('MSE = ', loss(a,b,x,y))
17
18 with tf.GradientTape() as t:
19     current_loss=loss(a, b, x, y)
20
21 da, db = t.gradient(current_loss, [a,b])
22 print('da = ', da)
23 print('db = ', db)
```

함수를 정의하고 데이터를 읽어서 MSE를 출력하는 16행까지는 앞에서 살펴본 바와 같다. 이어서 GradientTape을 활용하여 loss 함수에 대한 미분을 준비하였고, 21행부터 gradient( ) 함수를 이용하여 a, b 변수 각각에 대한 그래디언트를 계산하여 da, db에 저장하고 결과를 출력하였다. 출력 결과는 다음과 같다.

```
MSE =  tf.Tensor(27767.666, shape=(), dtype=float32)
da =  tf.Tensor(-1835.0167, shape=(), dtype=float32)
db =  tf.Tensor(-217.00002, shape=(), dtype=float32)
```

그래디언트 값들의 부호를 보자. a에 대한 그래디언트 da 값이 음수이므로, a는 증가시키는 것이 좋겠다. 또한, b에 대한 그래디언트 db의 값도 음수이므로, b도 증가시키는 편이 좋을 것이다. 그러면 얼마나 감소시켜야 할 것인가?

9.3절에서 살펴본 바와 같이, 그래디언트는 순간기울기를 의미하므로, a와 b의 현재 값에서만 성립하는 기울기이다. 그래서 a와 b를 크게 바꾸어버리면 바뀐 값에서도 기울기가

그렇게 될 거라는 보장이 없다. 다음 그림 9-8을 보자.

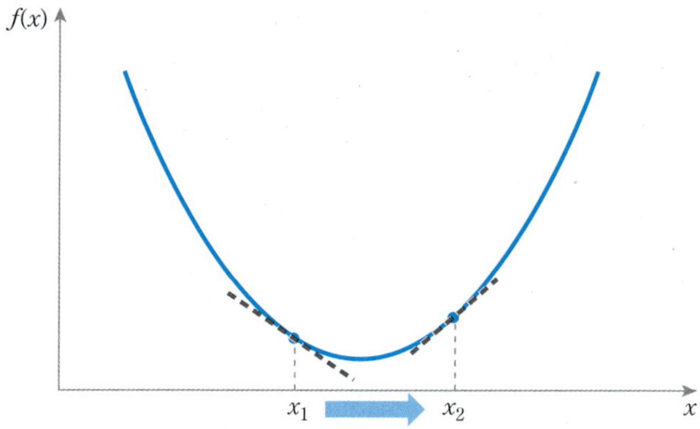

[그림 9-8] 순간기울기와 학습률

그림에서 $x = x_1$ 에서 함수의 순간기울기, 즉 그래디언트는 (-) 값이다. 그러면 함수를 감소시키려면 x를 조금 증가시키면 된다. 그런데, 그림처럼 x를 너무 많이 증가시켜서 x_2쯤 가버리면 바뀐 값 x_2에서의 함수값은 오히려 증가하였고, 여기 와서 보니 오히려 기울기는 (+)여서, x를 감소시켜야 하는 상황이 된다. 운이 나쁘면, 왔다갔다 하면서 영원히 최적해를 못찾게 될 수도 있다.

그래서, 순간기울기인 그래디언트가 구해지고 파라미터의 개선 방향이 정해지면, 파라미터의 값을 조금씩만 변화시켜야 한다. 그렇다고 너무 조금씩 바꾸면 해를 찾는데 시간이 너무 오래 걸릴 것이다. 이렇게 그래디언트가 정해지고 파라미터의 개선 방향이 결정되었을 때, 파라미터를 변화시키는 정도를 **학습률(learning rate)**이라고 한다.

학습률은 그래디언트 대비 몇 %씩 변화시킬 것인가 하는 비율이다. 예를 들어 학습률이 0.001이라면, 한 번에 그래디언트의 0.1%정도만 증가 또는 감소시킨다는 의미가 된다. 만약 그래디언트가 큰 값이라면, 기울기가 크다는 의미이므로 기울기가 내려가는 방향으로 좀 빠르게 가도 좋을 것이다. 반대로 그래디언트 값이 작다면 기울기가 이제 평평해진 것이니, 아마도 최적값 근처에 와 있을 것이고 여기서부터는 좀 천천히 살피면서 가는 것이 좋겠다. 따라서, 학습률을 그래디언트 값에 곱하여, 그 값만큼 파라미터를 변화시키는 방법을 사용한다. 이렇게 그래디언트의 부호를 기반으로 x값을 조금씩 변화시켜 손실을 줄여나가는 최적화 기법을 **경사하강법(Gradient Descent Method)**이라고 한다.

학습률을 잘 정하는 것은 계산 속도와 결과에 큰 영향을 미친다. 학습률을 낮게 하면 파라미터 값을 조금씩만 변화시키게 되므로 최종 최적해는 좋을 수 있는데 계산이 너무 오래 걸릴 것이고, 학습률을 높이면 처음에는 빠르게 오차값이 감소하겠지만 뒤에 가서 최적해를 찾지 못하고 왔다갔다 할 수 있다.

다시 예제로 돌아오자. 우리는 앞의 코드에서 a와 b에 대한 그래디언트를 구해서 da, db 변수에 넣었으니, 이 값들의 부호에 따라 a와 b의 변화 방향은 알 수 있다. 예를 들어, da가 양수이면 a를 감소시켜야 하고, da가 음수이면 a를 증가시켜야 한다. 이 때, 학습률을 0.001로 설정해보자. 그러면, da에 −0.001을 곱한 값을 a에 더하면 우리가 원하는 방향으로 a를 개선시킬 수 있다. da가 양수이면 −0.001을 곱한 값을 a에 더함으로써 a를 조금 감소시킬 수 있고, da가 음수이면 −0.001을 곱하면 음수에 음수를 곱하여 양수가 되니 이 값을 a에 더하면 a를 증가시킬 수 있다.

따라서, 다음과 같은 코드로 쉽게 a와 b의 값을 개선시킬 수 있다. 코드에서 **assign_add** 함수는 텐서 변수의 값에 ( )안의 값을 더해주는 함수이다.

```
a.assign_add(-0.001*da)
b.assign_add(-0.001*db)
```

이렇게 하면 바뀐 a, b로 모델의 오차값을 계산해 보면 오차가 조금 줄어들어 있을 것이다. 이렇게 a, b가 바뀌면 다시 MSE를 계산하고, 미분해서 그래디언트를 구하고, 다시 a와 b를 조금 바꾸는 과정을 반복하면 점점 모델의 오차가 줄어드는 방향으로 최적화가 될 것이다. 이 과정을 언제까지 반복할 것인가? 아마도 그래디언트가 거의 0이 되면, 기울기가 0이라는 것은 함수가 평평한 지점에 다다랐다는 의미이니 거의 손실함수가 바닥에 근접했다는 의미가 되고, 현실적으로도 더이상 기울기가 없으니 더 개선할 것도 없다. 실제로 미분값이 모두 0이 되는 지점이 최적점임은 9.3절의 식 (9−5)에서 살펴본 바 있다.

따라서, 우리의 코드에서는 그래디언트 da와 db가 거의 0에 다다르면 반복 계산을 종료해도 될 것으로 보인다. 소수점 오차 등의 이유로 완전히 0이 될 수는 없을 것이므로, 대략 그래디언트의 절대값이 0.05 미만이면 종료하도록 해보자[9]. 그러면, 경사하강법에 의한 최적화를 수행하는 전체 코드는 다음과 같이 된다.

---

9) 사실은 종료 조건을 정하는 것도 까다로운 문제이다.

예제 ex9-4.py

```
1  import pandas as pd
2  import tensorflow as tf
3
4  def y_hat(x, a, b):
5      return a*x + b
6
7  def loss(a, b, x, y):
8      return tf.reduce_mean(tf.square(y - y_hat(x, a, b)))
9
10 sd = pd.read_csv('softdrink.csv')
11 x = tf.constant(sd['temp'], dtype=tf.float32)
12 y = tf.constant(sd['sales'], dtype=tf.float32)
13 a = tf.Variable(20, dtype=tf.float32)
14 b = tf.Variable(650, dtype=tf.float32)
15
16 while True:
17     with tf.GradientTape() as t:
18         current_loss=loss(a, b, x, y)
19     da, db = t.gradient(current_loss, [a,b])
20     print('MSE, a, b, da, db = ',
21         a.numpy(), b.numpy(), loss(a,b,x,y).numpy(), da.numpy(), db.numpy())
22
23     a.assign_add(-0.001*da)
24     b.assign_add(-0.001*db)
25
26     if abs(da)<0.05 and abs(db)<0.05: break
27
28 import matplotlib.pyplot as plt
29 plt.scatter(x, y, color='blue')
30 plt.plot(x, y_hat(x,a,b), color='red')
31 plt.show()
```

코드의 앞부분은 이전에 살펴본 바와 같고, 16행의 while문부터가 핵심이다. 16행에서 'while True:'로 무한루프를 시작하였다. 그다음에 GradientTape 기능과 gradient 함수를 사용하여 current_loss의 값에 대해 a와 b로 미분한 값을 da와 db에 넣었다. 그다음 20행에 출력문이 나오는데, 그냥 출력하면 텐서의 상세정보가 모두 출력되어 내용이 길고 알아보기 어려우므로, 텐서변수에 '.numpy()' 함수를 적용하여 값만 출력되도록 하였다. 이어서 26행의 if문은 da와 db의 절대값이 모두 0.05 이하이면 프로그램을 종료하도록 하였다. 최종적으로 결과를 시각화하기 위해 데이터 점들과 최종 a,b의 값을 적용한 예측값 y_hat을 그래프로 나타내었다.

프로그램을 실행하면 제법 오래 실행되면서 최종적으로 다음과 같은 출력과 함께 그림 9-9와 같은 그래프가 나타날 것이다.

```
MSE, a, b, da, db =  27767.666 20.0 650.0 -1835.0167 -217.00002
MSE, a, b, da, db =  25400.4 21.835016 650.217 -699.5905 -167.78519
MSE, a, b, da, db =  25036.615 22.534607 650.38477 -264.45465 -148.85217
MSE, a, b, da, db =  24967.115 22.79906 650.5336 -97.696655 -141.52438
(중략)
MSE, a, b, da, db =  13896.515 16.001877 811.6167 0.002380371 -0.050050735
MSE, a, b, da, db =  13896.516 16.001875 811.61676 0.0024414062 -0.05000019
MSE, a, b, da, db =  13896.519 16.001873 811.6168 0.00390625 -0.049884796
```

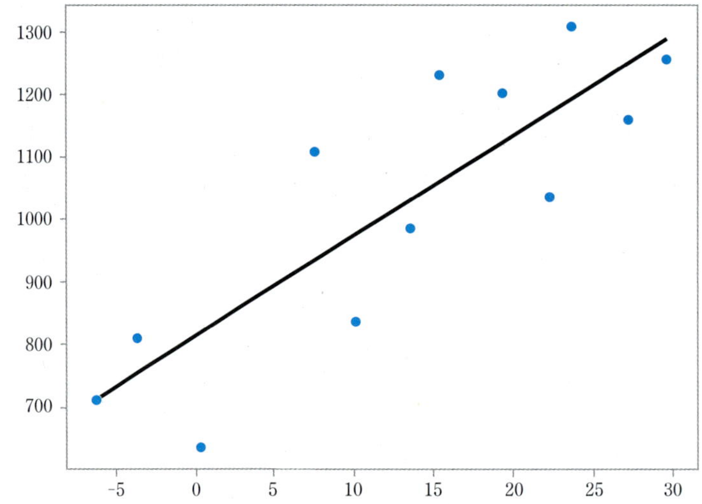

[그림 9-9] 최종 모델의 시각화

출력에서, MSE의 값이 처음에 27767.666에서 시작하여 조금씩 감소되어가는 것이 보인다. 최종적으로 그래디언트 값 da, db의 절대값이 모두 0.05 미만의 작은 값이 되면서 프로그램이 종료되었다. 최종적으로 구해진 a와 b의 값은 각각 16.00, 811.62이고, 이 때의 MSE는 13896.519로 나타나 있다. 그림 9-9를 보면 최종적으로 구해진 a, b를 적용한 예측값이 빨간색 선으로 표시되어 있는데, 초기 예측모델 9-7과 비교해 보면 훨씬 데이터들을 잘 설명하고 있음을 확인할 수 있다.

실제로 해당 데이터에 대해 파이썬이나 엑셀 등으로 회귀분석을 해보면 최적 a=15.999, b=811.68이다. 우리의 코드로 구한 값과 거의 비슷하지만 미세한 차이가 있다. 학습률을 좀 더 작은 값으로 하고 종료조건도 더 까다롭게, 예를 들어 그래디언트 절대값이 더 작은 값일 때 종료되게 하거나 MSE의 변동률이 어느 수준 이하일 때 종료하게 하는 등으로 바꾸면 a와 b의 값을 좀 더 최적에 가깝게 구할 수 있을 것이다.

이번 장에서는 가장 기본적인 머신러닝 모델인 회귀분석을 해보았다. 회귀분석에 쓰기에는 조금 과한(?) 도구인 텐서플로우를 적용하여 회귀분석을 해보면서 텐서플로우의 기본을 익혔고, 텐서플로우 변수를 정의해 모델을 세운 후 그래디언트를 구해 점점 loss function을 감소시키는 방향으로 변수를 업데이트 하면서 최종적으로 우리가 변수의 최적값을 찾는 경사하강법의 과정을 직접 구현해 보았다.

회귀분석의 오차함수로서 MSE를 사용하였는데, MSE는 2차항이 포함되어 있어 **비선형 함수(nonlinear function)**이다. 이러한 비선형함수에 대한 최적화 방법으로서 우리가 이번 장에서 구현해 본 경사하강법은 가장 기초적인 **비선형 최적화(nonlinear optimization)** 방법 중 하나이다. 사실상, 머신러닝의 근간에 깔려 있는 원리는 결국 비선형최적화라고 말할 수 있다.

또한, 이번 장에서 살펴본 학습률의 개념은 이후에 좀 더 본격적인 머신러닝 모델에서도 대단히 중요하다. 더 복잡한 모델을 가지고 적용할 때 학습률을 여러 값으로 바꾸어가면서 조정해보는 경우가 많다. 또한, 학습률을 처음에는 빠르게, 최적점 근처에서는 느리게 하는 등 유연하게 조절하는 최적화 엔진도 있다.

학습률을 보면 배움의 원리가 보인다. 배움에 있어 내용을 깊이 생각하지 않고 빨리빨리 외우고 넘어가면 처음에 발전은 빠르겠지만 뒤에 가서 깊이 있는 이해를 하는 데에는 급하게 배운 내용이 오히려 방해가 될 수 있다. 처음에는 느리더라도 원리를 이해하고 깊이 생각하는 사람이 나중에 높은 경지에 도달하는 것을 볼 수 있다.

이번 장에서는 텐서플로우를 활용해 회귀분석을 경사하강법으로 구현하면서 머신러닝의 중요한 개념을 살펴보았다. 앞의 장들에 비해 까다로운 부분이 많은 만큼, 학습률을 좀 낮추더라도, 깊이 생각하여 이해하기를 바란다.

실·습·예·제

1. 표 9−2의 회귀분석 예제 데이터에서 adCost를 x, sales를 y로 두고 다음 물음에 답하시오.

   1) $y=ax+b$의 회귀식을 고려하였을 때, a=2, b=40으로 하였을 때의 MSE를 텐서플로우의 reduce_mean 함수를 활용하여 계산하고, 이 결과를 식 (9−1)을 적용하여 계산한 결과와 비교하시오.

풀이

```
import tensorflow as tf

def y_hat(x, a, b):
    return a*x + b

def loss(a, b, x, y):
    return tf.reduce_mean(tf.square(y - y_hat(x, a, b)))

x = [30, 20, 50, 40, 10]
y = [120, 60, 140, 100, 70]

a = tf.Variable(2, dtype=tf.float32)
b = tf.Variable(40, dtype=tf.float32)

print('1) a, b, MSE = ', a.numpy(), b.numpy(), loss(a,b,x,y).numpy())
```

```
1) a, b, MSE =  2.0 40.0 260.0
```

식 (9−1)에 a=2, b=40을 대입하여 계산한 MSE 값과 동일하다.

   2) 위의 a와 b에 대한 그래디언트를 텐서플로우의 GradientTape 함수를 활용하여 계산하여 제시하고, 이 결과를 식 (9−3), (9−4)와 비교하시오. 또한, 그래디언트의 값으로부터 a와 b의 개선 방향을 설명하시오.

풀이

앞의 코드에서 이어진다.

```
with tf.GradientTape() as t:
    current_loss=loss(a, b, x, y)
da, db = t.gradient(current_loss, [a,b])

print('2) da, db = ', da.numpy(), db.numpy())
```

```
2) da, db =  200.0 4.0
```

이 값은 식 (9−3), (9−4)에서 계산한 값과 동일하다. a와 b의 그래디언트가 모두 양수이므로, a 또는 b가 증가하면 MSE가 증가한다는 뜻이므로, MSE를 줄이기 위해서는 a와 b를 감소시켜야 한다.

3) 학습률을 0.0001로 하여 a와 b를 개선하고, 개선된 a, b를 적용하여 MSE가 감소되었음을 확인하시오.

풀이

앞의 코드에서 이어진다.

```
a.assign_add(-0.0001*da)
b.assign_add(-0.0001*db)

print('3) a, b, MSE = ', a.numpy(), b.numpy(), loss(a,b,x,y).numpy())
```

```
3) a, b, MSE =  1.98 39.9996 256.43887
```

da와 db에 학습률 0.0001을 곱하여 그만큼 a와 b를 감소시키면 각각 1.98, 39.9996이 되고, 이 값을 적용하면 MSE가 256.43887로 이전의 260에 비해 감소하였다.

지금까지의 전체 코드를 정리하면 다음과 같다.

```python
practice_9-1.py
import tensorflow as tf

def y_hat(x, a, b):
    return a*x + b

def loss(a, b, x, y):
    return tf.reduce_mean(tf.square(y - y_hat(x, a, b)))

x = [30, 20, 50, 40, 10]
y = [120, 60, 140, 100, 70]

a = tf.Variable(2, dtype=tf.float32)
b = tf.Variable(40, dtype=tf.float32)

print('1) a, b, MSE = ', a.numpy(), b.numpy(), loss(a,b,x,y).numpy())

with tf.GradientTape() as t:
    current_loss=loss(a, b, x, y)
da, db = t.gradient(current_loss, [a,b])

print('2) da, db = ', da.numpy(), db.numpy())

a.assign_add(-0.0001*da)
b.assign_add(-0.0001*db)

print('3) a, b, MSE = ', a.numpy(), b.numpy(), loss(a,b,x,y).numpy())
```

4) 위 3)번 대신, 초기값 a=2, b=40에 대해 학습률을 0.001로 하여 a와 b를 개선하면 MSE가 오히려 증가함을 확인하고, 그 이유를 설명하시오.

풀이

앞의 코드에서 학습률을 0.001로 하여 수정한 코드는 다음과 같다.

```python
a.assign_add(-0.001*da)
b.assign_add(-0.001*db)

print('4) a, b, MSE = ', a.numpy(), b.numpy(), loss(a,b,x,y).numpy())
```

```
4) a, b, MSE =  1.8 39.996 264.032
```

a=2, b=40에서 출발하여, 그래디언트 da와 db가 각각 200과 4로 계산되었으므로, 학습률 0.001을 적용하면 a=1.8, b=39.996이 되고, 이 값을 적용하면 MSE는 264.032로 이전의 260에 비해 오히려 증가하였다. 이는 개선을 위해 a와 b를 감소시키는 방향은 맞으나 그 개선 폭이 너무 커서 최소점을 크게 지나쳐버리고 오히려 건너편의 더 높은 점으로 이동했기 때문이다. 학습률이 지나치게 높으면 최소점을 지나쳐버려서 손실 값이 오히려 증가하는 문제를 확인할 수 있다.

2. 1) 앞의 실습예제에서 작성한 프로그램을 수정하여, a와 b의 그래디언트의 절대값이 0.05 이하가 될 때까지 a와 b를 개선하는 것을 반복하여 최종 a와 b 및 MSE 값을 구하고, 최종적으로 얻어진 회귀식을 시각화하는 프로그램을 작성하시오.

풀이

practice_9-2-(1).py

```python
import pandas as pd
import tensorflow as tf

def y_hat(x, a, b):
    return a*x + b

def loss(a, b, x, y):
    return tf.reduce_mean(tf.square(y - y_hat(x, a, b)))

x = [30, 20, 50, 40, 10]
y = [120, 60, 140, 100, 70]
a = tf.Variable(2, dtype=tf.float32)
b = tf.Variable(40, dtype=tf.float32)

while True:
    with tf.GradientTape() as t:
        current_loss=loss(a, b, x, y)
    da, db = t.gradient(current_loss, [a,b])
    print('MSE, da, db = ', loss(a,b,x,y).numpy(), da.numpy(), db.numpy())

```

```
    a.assign_add(-0.0005*da)
    b.assign_add(-0.0005*db)

    if abs(da)<=0.05 and abs(db)<=0.05: break

print('MSE, a, b = ', loss(a,b,x,y).numpy(), a.numpy(), b.numpy())

import matplotlib.pyplot as plt
plt.scatter(x, y, color='blue')
plt.plot(x, y_hat(x,a,b), color='red')
plt.show()
```

```
...
MSE, da, db =  248.00334 0.0016174316 -0.04999709
MSE, a, b =  248.00333 1.8037529 43.862415
```

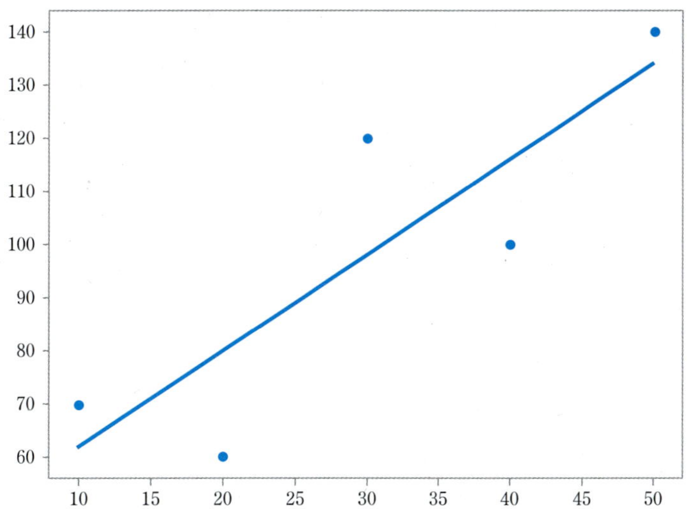

2) 위의 데이터에 파이썬의 statsmodels 패키지를 이용하여 x와 y의 관계에 대한 회귀분석을 수행하여, 그 결과를 1)번의 결과와 비교하시오.

풀이

practice_9-2-(2).py

```
import statsmodels.api as sm
x = [30,20,50,40,10]
y = [120,60,140,100,70]

results = sm.OLS(y, sm.add_constant(x)).fit()
print(results.summary())


                            OLS Regression Results
==============================================================================
Dep. Variable:                      y   R-squared:                       0.723
Model:                            OLS   Adj. R-squared:                  0.631
Method:                 Least Squares   F-statistic:                     7.839
Date:                Mon, 18 Jul 2022   Prob (F-statistic):             0.0679
Time:                        12:25:02   Log-Likelihood:                -20.878
No. Observations:                   5   AIC:                             45.76
Df Residuals:                       3   BIC:                             44.98
Df Model:                           1
Covariance Type:            nonrobust
==============================================================================
                 coef    std err          t      P>|t|      [0.025      0.975]
------------------------------------------------------------------------------
const         44.0000     21.323      2.064      0.131     -23.859     111.859
x1             1.8000      0.643      2.800      0.068      -0.246       3.846
==============================================================================
Omnibus:                          nan   Durbin-Watson:                   2.823
Prob(Omnibus):                    nan   Jarque-Bera (JB):                0.462
Skew:                          -0.037   Prob(JB):                        0.794
Kurtosis:                       1.513   Cond. No.                         77.8
==============================================================================
```

statmodels를 통한 정확한 회귀분석 결과는 a=1.8000, b=44.0000으로 나타나 있다. 1)번의 프로그램에서 구한 a와 b는 각각 1.8038, 43.86으로서 비슷한 값으로 계산되었음을 확인할 수 있다.

연·습·문·제

1. 예제 파일 'softdrink.csv'를 대상으로, 파이썬의 statsmodels 패키지를 이용하여 기온과 매출액의 관계에 대한 회귀분석을 수행하고 결과를 설명하시오.

2. 텐서플로우의 GradientTape 기능을 활용하여, 경사하강법으로 다음 함수를 최소로 만드는 x와 y의 값을 구하는 프로그램을 작성하시오.

$$f(x,y) = (x-3)^2 + 2y^2$$

3. 위 2번의 프로그램에서 학습률이 일정수준 이상 커지면 최적해에 수렴하지 않음을 보이고, 왜 이런 현상이 나타나는지 설명하시오.

4. 다음 함수를 보고 물음에 답하시오.

$$f(x) = 0.03x^4 + 0.1x^3 - 0.5x^2 - 1.6x + 4$$

a) matplotlib.pyplot을 이용하여 $f(x)$의 그래프를 시각화하시오.
b) 텐서플로우의 GradientTape 기능을 활용하여, 경사하강법으로 $f(x)$를 최소로 만드는 x의 값을 찾는 프로그램을 작성하시오.
c) 위 b)의 프로그램이 경우에 따라 최적이 아닌 점으로 수렴하게 됨을 보이고, 이유를 설명하시오.
d) 위 c)와 같은 문제를 방지하기 위한 방법으로는 어떤 것이 있겠는지 토의하시오.

5. 예제 프로그램 ex9-4.py에서 GradientTape 기능을 사용하지 않고 직접 그래디언트를 계산하여 da, db에 넣도록 프로그램을 수정하시오. 이때, 다음의 그래디언트 식을 참고하시오.

$$\frac{\partial MSE}{\partial a} = -2\sum_{i=1}^{n}(y_i - \hat{y}_i)x_i$$

$$\frac{\partial MSE}{\partial b} = -2\sum_{i=1}^{n}(y_i - \hat{y}_i)$$

10
CHAPTER

로지스틱 회귀

앞의 장에서 회귀분석의 원리를 살펴보고 텐서플로우를 이용해 구현해보았다. 회귀분석은 독립변수 x와 종속변수 y의 관계를 모형화하는데, 이 때 y는 연속적인 값을 가진다. 예를 들어 기온에 따른 판매량 예측에서처럼 말이다.

그러나 많은 경우에 연속적인 종속변수를 예측하는 것이 아니라 특성값들을 바탕으로 분류하는 작업이 필요하다. 이를 위해서 6장에서는 KNN(K-Nearest-Neighbor) 알고리즘을 활용하여 와인의 특성값으로 와인 등급을 분류해 보았고, 8장에서는 의사결정나무 기법으로 고객 데이터를 바탕으로 이탈 여부를 예측해보았다.

이번 장에서는 회귀분석의 개념을 바탕으로 분류를 수행하는 **로지스틱 회귀(logistic regression)**에 대해 알아보겠다. 로지스틱 회귀모델은 '회귀'라는 단어가 이름에 포함되어 있지만 예측 대상이 연속적인 값이 아니라 0 또는 1처럼 범주형 라벨, 즉 특정 클래스를 분류하는 모델이다. 이에 유념하여 로지스틱 회귀가 무엇인지 알아보자.

10.1 분류에 적합하지 않은 선형 모델

일반적인 회귀분석은 예측 대상이 연속적인(continuous) 값이다. 즉, 기온에 따른 판매량 예측처럼, 예측 대상이 되는 값이 아무 값이나 가질 수 있다. 반면, 분류 작업은 예측 대상이 되는 값이 와인등급 0, 1, 2 나 고객 이탈여부 0, 1 처럼 특정한 지정값 중 하나를 가져야 하고, 정해진 값 중간에 있는 수는 나올 수가 없다. 고객 이탈여부 0.5나 와인등급

1.3 같은 예측은 의미가 없다는 말이 되겠는데, 이렇게 뚝 뚝 떨어져 있는 값을 이산적인 (discrete) 값이라고 한다.

따라서, 만약 회귀분석 기법을 그대로 가져다가 분류에 활용하려면 여러가지로 적합하지 않다. 표 10-1의 예를 보자. 여기서는 고객별로 어떤 온라인 광고의 노출횟수와 구매여부의 관계를 보여주고 있다. 구매여부에서 0은 구매하지 않음, 1은 구매함을 의미한다. 이 데이터로부터 **광고노출횟수**를 통해 고객의 구매여부를 예측하는 모델을 회귀분석으로 수립한다면 어떻게 될지 생각해보자.

〈표 10-1〉 광고노출횟수에 따른 구매여부

광고노출횟수	구매여부
1	0
2	0
3	0
4	0
5	1
6	1
7	0
8	1
9	1
10	1

이 데이터를 산점도로 표시해보면 다음 그림과 같다.

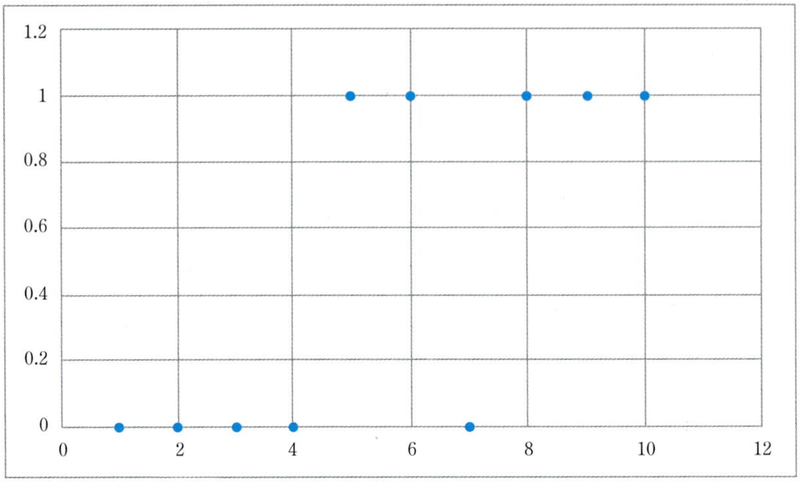

[그림 10-1] 광고노출횟수와 구매여부의 산점도

이제 이 데이터를 이용하여 광고노출횟수가 입력되면 구매여부를 예측하는 모형을 선형회귀모형으로 만든다고 생각해보자. 엑셀의 추세선 기능을 이용하여 회귀식을 산출해 보면 다음과 같이 된다.

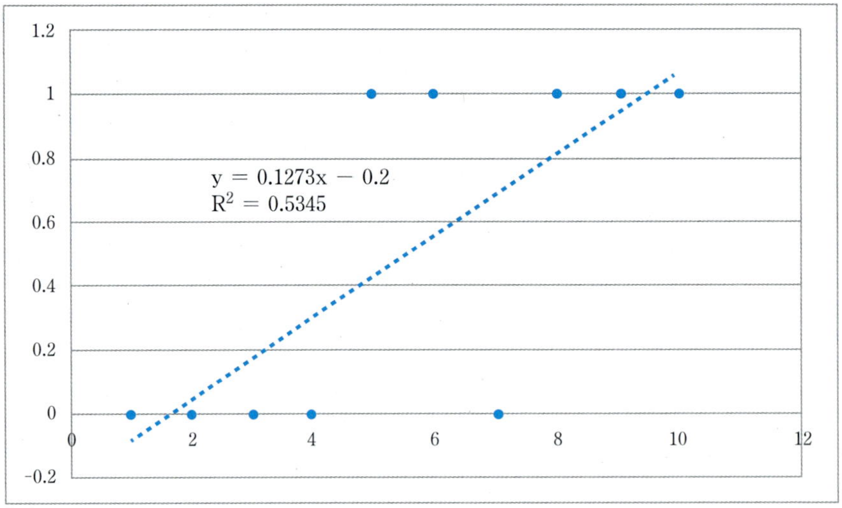

[그림 10-2] 광고노출횟수와 구매여부의 선형회귀모형

그림 10-2는 직선식으로 만들 수 있는 최선의 모형이다. 그림을 보면 점선으로 표현된

선형 예측모델은 모든 x값에 대해 연속형 예측값을 반환한다. 이렇게 되면 예측값은 양과 음으로 계속 뻗어 나갈 수 있다. 예를 들어, 광고노출횟수 x가 0이라면 y는 −0.2라는 값이 나올 것이고, 광고노출횟수가 30회라면 y값은 3.62가 되어, 도대체 말이 되지 않는다. x가 극단적으로 작거나 크다면 $-\infty$에서 ∞까지 어떤 값이든 나올 수 있게 되니, 0이나 1로 분류하려는 우리의 목적에는 맞지 않음을 알 수 있다.

따라서 선형 모델을 그대로 가져다가 분류모델로 쓰기는 부적합하다는 것을 알 수 있다. 그러면 어떻게 하면 좋을까? 선형 모델과 특별한 성질을 가진 함수를 함께 사용해 분류모델을 만들 수 있다. 이제 그 특별한 성질을 가진 함수가 무엇인지 살펴보자.

10.2 시그모이드 함수(sigmoid function)

시그모이드(sigmoid)라는 단어는 영어 그대로 해석하면 'S자 형태의'라는 뜻이다. 말 그대로 단 하나의 변곡점을 가지며 S자형 그래프를 가진 함수를 총칭한다. 이러한 형태를 가진 함수에는 **로지스틱 함수(logistic function)**, **하이퍼볼릭 탄젠트 함수(hyperbolic tangent function)**, **아크탄젠트 함수(arctangent function)** 등이 있지만, 보통 시그모이드 함수라고 하면 로지스틱 함수와 동의어로 널리 사용된다. 여기서도 시그모이드 함수와 로지스틱 함수를 동일한 뜻으로 사용하겠다.

로지스틱 함수는 다음 식으로 표현된다.

$$f(x) = \frac{1}{1+e^{-x}} \qquad \text{(식 10-1)}$$

이 함수는 실수 전체를 x값으로 가질 수 있고, 계산된 값은 항상 0과 1 사이의 값이 된다. x에 $-\infty$를 넣으면 분모가 ∞로 가면서 함수값은 0이 된다. 반대로 x에 ∞를 넣으면 분모가 1이 되므로 함수값은 1이 된다는 것을 확인할 수 있다. x가 0일 때는 분모가 2가 되므로 함수값은 1/2이다. 다시 말해, 어떤 값을 넣든 0과 1사이에 있는 결과값이 나오게 하는 성질을 가진 함수이다.

실제로 로지스틱 함수를 파이썬으로 시각화해보자. 코드는 다음과 같다.

예제 ex10-1.py

```
1  import numpy as np
2  import matplotlib.pyplot as plt
3
4  def sigmoid(x):
5      y = 1/(1 + np.exp(-x))
6      return y
7
8  x_values = np.arange(-10, 10.1, 0.1)
9  y_values = []
10 for x in x_values:
11     y = sigmoid(x)
12     y_values.append(y)
13
14 plt.plot(x_values, y_values)
15 plt.title('sigmoid function example')
16 plt.sho\w()
```

1,2행에서 numpy와 matplotlib.pyplot을 사용하도록 선언했고 4~6행에서 sigmoid 라는 함수를 정의하였다. 코드는 단순하다. 로지스틱 함수의 정의대로 $1/(1+e^{-x})$를 계산하여 리턴하였다. 여기서 e^{-x}를 계산하기 위해 np.exp 함수를 사용하였다.

8행에서는 그래프를 나타낼 x값 범위를 정했는데, np.arange 함수를 사용하여 -10에서 10까지 0.1 간격으로 숫자들을 발생시켜 x_values라는 이름의 리스트에 넣었다. 그 다음에 y_values 리스트를 초기화하고, 10~12행에서 for 문을 이용해 x_values의 각 값에 대해 sigmoid(x)를 계산하여 y_values 리스트에 하나씩 추가하였다. 마지막으로 plt.plot을 이용해 x_values를 가로축에, y_values를 세로축에 값으로 나타내어 시각화하고 제목을 'sigmoid function example'이라고 붙여보았다.

실행 결과는 다음과 같다.

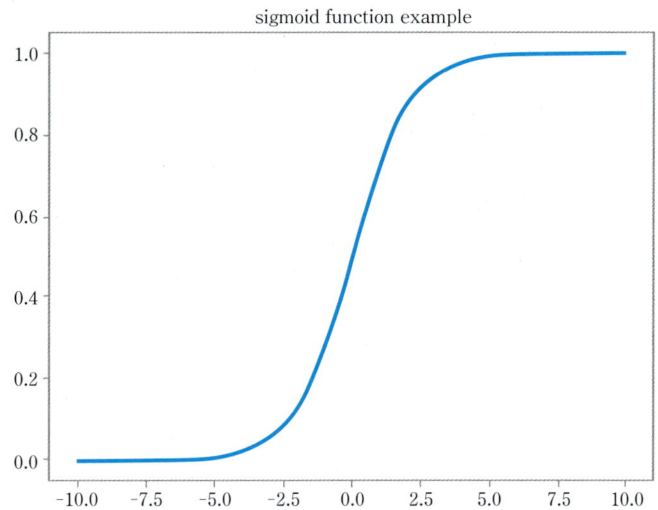

[그림 10-3] 시그모이드 함수의 시각화

그림에서 보는 바와 같이, x축에 아무리 크거나 작은 값이 들어가도 함수의 값은 0과 1 사이를 벗어나지 않는다. x가 0일 때는 0.5의 값이 산출된다. 이제 이 함수를 활용하여 분류에 사용할 수 있는 모형을 만들어보자.

10.3 로지스틱 회귀모델

앞에서 알아본 로지스틱 함수, 또는 시그모이드 함수를 활용하여 만들어진 회귀식 기반의 분류모형을 **로지스틱 회귀(logistic regression)** 모형이라고 한다. 앞의 의류 사이즈 예제를 다시 살펴보자. 그림 10-2와 같이 단순한 선형회귀모형을 적용하였을 때에는 예측값이 $-\infty$에서 ∞까지 뻗어나가는 것을 막을 방법이 없었다.

우리가 예측값으로 얻고 싶은 값은 0 또는 1의 판단의 기준이 되는 확률값이다. 즉, 우리의 모델은 구매확률 p를 도출하고, 최종적으로는 p가 0.5 이상이면 1로 판단, 아니면 0으로 판단하는 식으로 모형을 수립하고 싶다.

앞의 그림 10-2에 나타난 선형회귀식에서 기호를 다시 정의하여 선형식의 계산결과를 z로 표시하기로 하자. 그러면 $z = 0.1273x - 0.2$이 되고, z는 $-\infty$에서 ∞까지 아무 값이나 가질 수 있다.

이 z값과 확률값 p 사이의 관계를 수립하기 위해 **공산(odds)**이라는 개념을 도입한다. 공산은 '그럼직한 정도'의 의미를 가지는 것으로 볼 수 있고, 다음 식으로 정의된다.

$$odds(p) = \frac{p}{1-p} \qquad \text{(식 10-2)}$$

확률값 p는 $0 \leqq p \leqq 1$이므로 위의 식으로 계산하면 공산은 $0 \leqq odds < \infty$가 된다. 이 공산값에 log를 취한 것을 **로짓(logit)**이라고 한다. 그러면 확률 p에 대한 로짓은 다음과 같이 계산된다.

$$logit(p) = \log(odds(p)) = \log\left(\frac{p}{1-p}\right) \qquad \text{(식 10-3)}$$

그러면, 임의의 확률 p에 대해서 로짓의 범위는 $-\infty < logit(p) < \infty$이 되어, 선형식 $z = 0.1273x - 0.2$와 상응하는 범위로 되었다. 다시 말해, 로지스틱 회귀는 선형식의 산출값을 로짓으로 해석하는 것이다. 그러면, 해당 선형식의 값에 대응하는 확률값은 다음과 같이 계산될 수 있다.

$$\begin{aligned} \log\left(\frac{p}{1-p}\right) &= z \\ \frac{p}{1-p} &= e^z \\ p &= \frac{e^z}{e^z+1} = \frac{1}{1+e^{-z}} \end{aligned} \qquad \text{(식 10-4)}$$

식 (10-4)에서 p의 식은 바로 시그모이드 함수가 되어, 0과 1 사이의 값이 된다. 즉, 로지스틱 회귀는 선형식의 산출을 시그모이드 함수를 통해 0과 1 사이의 확률로 변환하는 것이다. 식 (10-2)에서 (10-4)까지의 유도과정이 잘 이해가 되지 않는다면, 로지스틱 회귀는 선형식 계산값 z를 시그모이드 함수에 넣어서 0과 1 사이의 확률값으로 변환하는 모델이라는 것만 기억해도 충분하다.

이렇게 되면, 식 (10-4)의 시그모이드 함수로 얻어진 p는 고객의 구매확률로 해석할 수 있다. 즉, x값이 낮을 때에는 p는 0에 가까워질 것이고, x가 높아질수록 p는 1에 가까워져서, x값이 높아질수록 고객의 구매확률이 높아지는 관계가 성립한다. 이렇게 확률이 계산되면, 우리는 최종적으로 0 또는 1로 예측값을 결정해야 하므로, 확률이 얼마 이하이면 0, 얼마 이상이면 1로 예측할지를 결정하는 기준을 수립해야 한다. 이 기준값을 **임계값(threshold)**이라고 하며, 보통 0.5를 기준으로 하여 그 이상이면 1, 아니면 0으로 판단하여 분류를 수행하게 된다.

좀 더 일반적인 식으로 로지스틱 회귀모델의 예측과정을 전체적으로 정리해보자. 기호를 다시 정의한다. 처음 선형함수 계산식의 기울기와 상수항을 각각 w와 b로 나타내고, 예측값을 $\hat{y}$으로 나타내자. 그러면, 로지스틱 회귀를 통한 최종 예측값 계산절차는 다음과 같이 된다.

$$
\begin{aligned}
& z = wx + b \\
& a = \frac{1}{1+e^{-z}} \\
& \begin{cases} \hat{y} = 1, & \text{if } a \geqq 0.5 \\ \hat{y} = 0, & \text{if } a < 0.5 \end{cases}
\end{aligned}
\qquad \text{(식 10–5)}
$$

위에서 설명한 로지스틱 회귀모델은 임의의 x값에 대해 예측값 $\hat{y}$를 0 또는 1로 판별해 주는 **이진 분류(binary classification)**를 수행한다. 이러한 모델을 **이항 로지스틱 회귀(binomial logistic regression)**이라고 한다. 로지스틱 회귀를 이용하여 3가지 이상으로 분류하는 모델도 수립할 수 있다. 예를 들어 0, 1, 2로 구분해야 한다면 로지스틱 회귀모형을 2개 써서 하나는 1인지 아닌지를 판정하고, 다른 하나는 2인지 아닌지를 판정하도록 하면 된다. 이렇게 여러 가지로 구분하기 위한 로지스틱 회귀모형은 **다항 로지스틱 회귀(multinomial logistic regression)**이라고 일컫는다.

10.4 경사하강법을 통한 최적의 로지스틱 회귀모델 산출

그러면, 로지스틱 회귀모델의 최적 파라미터를 찾는 방법을 알아보자. 선형회귀모델에서와 마찬가지로, 모델과 실제값의 차이를 나타내는 오차함수를 정의하고 이 오차함수를 줄이는 방향으로 파라미터를 조정하면 된다. 오차함수를 다른 말로는 **손실함수(loss function)**라고 하는데, 머신러닝에서는 보통 손실함수라는 표현을 더 많이 사용한다.

선형회귀분석에서는 손실함수로서 평균제곱오차 MSE를 사용했지만, 로지스틱 회귀에서 MSE를 사용하면 성능도 좋지 않고 미분 계산도 매우 복잡해진다. 대신, 로지스틱 회귀모델에서는 손실함수로서 **엔트로피 함수(entropy function)**를 사용한다. 이진 분류에 대한 엔트로피 함수는 다음과 같이 나타난다.

$$L(w,b) = -\frac{1}{n}\sum_{i=1}^{n}(y_i \log(a_i) + (1-y_i)\log(1-a_i)) \quad \text{(식 10-6)}$$

무슨 말인지 모르겠다면 당연하다. 예제를 통해 차근차근 의미를 이해해보자. 앞의 표 10-1과 그림 10-1에 나타난 광고노출횟수와 구매여부의 관계를 로지스틱 회귀모델로 예측해보자. 우리가 관찰할 수 있는 독립변수는 광고노출횟수뿐이고, 예측하려는 종속변수는 구매여부이다. 총 10명의 고객 데이터가 있다. 각각의 고객을 1번에서 10번까지로 나타내기로 하고, 고객 i의 광고노출횟수를 x_i, 구매여부를 y_i로 나타내면, 다음 표 10-2와 같이 정리할 수 있다.

〈표 10-2〉 로지스틱회귀 기호정의

광고노출횟수		구매여부	
기호	값	기호	값
x_1	1	y_1	0
x_2	2	y_2	0
x_3	3	y_3	0
x_4	4	y_4	0
x_5	5	y_5	1
x_6	6	y_6	1
x_7	7	y_7	0
x_8	8	y_8	1
x_9	9	y_9	1
x_{10}	10	y_{10}	1

기호는 식 (10-5)에서와 같이 광고노출횟수를 x, 선형회귀식으로 계산된 결과값을 z라고 하고, 시그모이드 함수의 결과값을 a라고 둔다. 먼저, 광고노출횟수에 따른 선형회귀

식을 써보자. 기울기를 라고 하고, 상수항을 b라고 쓰면, 선형회귀식은

$$z_i = wx_i + b \qquad \text{(식 10-7)}$$

로 쓸 수 있고, 이것을 시그모이드 함수에 넣어 계산된 결과는

$$a_i = \frac{1}{1+e^{-z_i}} = \frac{1}{1+e^{-wx_i-b}} \qquad \text{(식 10-8)}$$

로 나타낼 수 있다. 그러면, 이렇게 계산된 값 a_i와 실제 정답값 y_i의 오차에 대한 손실함수를 식 (10-5)의 엔트로피 함수를 이용하여 써보면,

$$L(w,b) = -\frac{1}{10}\{(y_1\log(a_1)+(1-y_1)\log(1-a_1))+(y_2\log(a_2)+(1-y_2)\log(1-a_2)) \\ \cdots + (y_{10}\log(a_{10})+(1-y_{10})\log(1-a_{10}))\} \qquad \text{(식 10-9)}$$

와 같이 쓸 수 있다. 이 식은, a_i들이 y_i에 가까운 값이 될수록 0에 가까워지는 함수이다.

만약 극단적으로 정답을 완벽하게 예측하여 모든 $y_i = a_i$라고 생각해보자. y_i는 0 또는 1이므로, $y_i\log(a_i)$와 $(1-y_i)\log(1-a_i)$ 둘 중 하나는 반드시 0이다. 만약 y_i가 0이라면 $y_i\log(a_i)$는 0이고, 정답을 맞추었다면 a_i도 0이므로,

$$\text{if } y_i = a_i = 0: \quad y_i\log(a_i)+(1-y_i)\log(1-a_i) = 0+(1-0)\log(1-0) = 0 \qquad \text{(식 10-10)}$$

이 된다. 반대로 만약 y_i가 1이라면, $(1-y_i)\log(1-a_i)$는 0이고, 정답을 맞춘 경우 a_i도 1이므로,

$$\text{if } y_i = a_i = 1: \quad y_i\log(a_i)+(1-y_i)\log(1-a_i) = 1\cdot\log(1)+0 = 0 \qquad \text{(식 10-11)}$$

이 된다. 즉, 정답을 모두 완벽하게 맞춘 경우에는 엔트로피 함수는 0을 제시한다.

반면, 극단적으로 모든 답을 정반대로 틀리면 어떻게 될까?

$$\text{if } y_i=0 \text{ and } a_i=1: \quad y_i\log(a_i)+(1-y_i)\log(1-a_i)=0+(1-0)\log(1-1)=-\infty$$
(식 10-12)

$$\text{if } y_i=1 \text{ and } a_i=0: \quad y_i\log(a_i)+(1-y_i)\log(1-a_i)=1\cdot\log(0)+0=-\infty$$ (식 10-13)

계산해보면, 모든 i에 대해서 $-\infty$가 되어, 식 (10-9)에서 여기에 $-$부호를 붙여서 평균을 구했으므로, 엔트로피는 ∞가 된다. 즉, 엔트로피는 예측값이 정답에 가까울수록 낮은 값을 만들어 주므로, 손실함수로서 훌륭하다고 볼 수 있다.

그러면, 손실함수를 w와 b로 각각 미분하여 그래디언트를 구해 보자. 앞의 9장에서 각 변수의 미분을 통해 그래디언트를 계산했던 것과 동일한 절차이지만 계산이 조금 더 복잡하다[1].

$$\begin{aligned}
\frac{\partial L(w,b)}{\partial w} &= -\frac{1}{10}\sum_{i=1}^{10}\left\{\frac{\partial(y_i\log(a_i)+(1-y_i)\log(1-a_i))}{\partial a_i}\right\}\left\{\frac{\partial a_i}{\partial z_i}\right\}\left\{\frac{\partial z_i}{\partial w}\right\} \\
&= -\frac{1}{10}\sum_{i=1}^{10}\left\{y_i\frac{1}{a_i}+(1-y_i)\frac{-1}{(1-a_i)}\right\}\left\{\frac{e^{-z_i}}{(1+e^{-z_i})^2}\right\}\{x_i\} \\
&= -\frac{1}{10}\sum_{i=1}^{10}\left\{\frac{y_i-a_i}{a_i(1-a_i)}\right\}\left\{\left(\frac{1}{1+e^{-z_i}}\right)\left(1-\frac{1}{1+e^{-z_i}}\right)\right\}\{x_i\} \\
&= -\frac{1}{10}\sum_{i=1}^{10}\left\{\frac{y_i-a_i}{a_i(1-a_i)}\right\}\{a_i(1-a_i)\}\{x_i\} \\
&= \frac{1}{10}\sum_{i=1}^{10}(a_i-y_i)x_i
\end{aligned}$$ (식 10-14)

$$\begin{aligned}
\frac{\partial L(w,b)}{\partial b} &= -\frac{1}{10}\sum_{i=1}^{10}\left\{\frac{\partial(y_i\log(a_i)+(1-y_i)\log(1-a_i))}{\partial a_i}\right\}\left\{\frac{\partial a_i}{\partial z_i}\right\}\left\{\frac{\partial z_i}{\partial b}\right\} \\
&= -\frac{1}{10}\sum_{i=1}^{10}\left\{y_i\frac{1}{a_i}+(1-y_i)\frac{-1}{(1-a_i)}\right\}\left\{\frac{e^{-z_i}}{(1+e^{-z_i})^2}\right\}\{1\} \\
&= -\frac{1}{10}\sum_{i=1}^{10}\left\{\frac{y_i-a_i}{a_i(1-a_i)}\right\}\left\{\left(\frac{1}{1+e^{-z_i}}\right)\left(1-\frac{1}{1+e^{-z_i}}\right)\right\}\{1\} \\
&= -\frac{1}{10}\sum_{i=1}^{10}\left\{\frac{y_i-a_i}{a_i(1-a_i)}\right\}\{a_i(1-a_i)\}\{1\} \\
&= \frac{1}{10}\sum_{i=1}^{10}(a_i-y_i)
\end{aligned}$$ (식 10-15)

1) 연쇄미분과 로그 함수의 미분이 익숙하지 않다면 관련 자료를 참고하기 바란다.

미분 계산 과정은 복잡해 보이지만 결과는 매우 간결하다. 결국, $z_i = wx_i + b$의 기울기 w와 상수항 b의 그래디언트는 각각 $(a_i - y_i)x_i$의 평균값과 $(a_i - y_i)$의 평균값으로 계산될 수 있게 된다.

그러면, 표 10-2의 예제 데이터에 대해 경사하강법을 적용해서 직접 한번 계산해보자[2]. 초기값은 아무렇게나 해서 $w=0.2$, $b=-0.2$로 주어보겠다. 그러면, 식 (10-5)를 활용해서 각각의 x_i에 대한 a_i를 계산하고 이를 바탕으로 식 (10-9)를 이용한 손실함수와 식 (10-14), (10-15)를 이용한 그래디언트를 계산해 보면 다음 표 10-3과 같다. 한번쯤 직접 계산해 보기 바란다.

〈표 10-3〉 로지스틱회귀 계산예제 (w=0.2, b=-0.2)

i	x_i	y_i	z_i	a_i	$y_i \log(a_i) +$ $(1-y_i)\log(1-a_i)$	$(a_i - y_i)$	$(a_i - y_i)x_i$
1	1	0	0	0.5000	-0.6931	0.5000	0.5000
2	2	0	0.2	0.5498	-0.7981	0.5498	1.0997
3	3	0	0.4	0.5986	-0.9130	0.5987	1.7961
4	4	0	0.6	0.6456	-1.0375	0.6457	2.5826
5	5	1	0.8	0.6899	-0.3711	-0.3100	-1.5501
6	6	1	1.0	0.7310	-0.3133	-0.2689	-1.6136
7	7	0	1.2	0.7685	-1.4633	0.7685	5.3797
8	8	1	1.4	0.8021	-0.2204	-0.1978	-1.5825
9	9	1	1.6	0.8320	-0.1839	-0.1680	-1.5118
10	10	1	1.8	0.8581	-0.1530	-0.1419	-1.4185
손실함수 $L(w,b) = -\frac{1}{10}\sum_{i=1}^{10}(y_i \log(a_i) + (1-y_i)\log(1-a_i))$							0.6147
손실함수의 w에 대한 그래디언트 $\frac{\partial L(w,b)}{\partial w} = \frac{1}{10}\sum_{i=1}^{10}(a_i - y_i)x_i$							0.3681
손실함수의 b에 대한 그래디언트 $\frac{\partial L(w,b)}{\partial b} = \frac{1}{10}\sum_{i=1}^{10}(a_i - y_i)$							0.1976

표 10-3에서 w와 b에 대한 그래디언트가 모두 양수이므로, w와 b 모두 조금 감소시키

2) 여기서는 경사하강법을 사용하는 예제를 설명하지만, 실제 계산에서는 뉴턴-랩슨법(Newton-Raphson method) 등의 좀 더 효율적인 비선형최적화 기법들을 적용한다.

는 것이 손실함수를 줄이는 데 도움이 될 것으로 보인다. 학습률을 0.01로 하여 w와 b를 개선하면,

$$\begin{aligned} w_{new} &= w - 0.01 \times \frac{\partial L(w,b)}{\partial w} = 0.2 - 0.01 \times 0.3681 = 0.1963 \\ b_{new} &= b - 0.01 \times \frac{\partial L(w,b)}{\partial b} = -0.2 - 0.01 \times 0.1976 = -0.2020 \end{aligned} \quad \text{(식 10-16)}$$

으로 계산되고, 바뀐 w와 b를 가지고 다시 손실함수를 계산해보면 0.6130이 되어 이전보다 오차가 줄었음을 알 수 있다. 이를 반복해서 그래디언트가 거의 0이 되거나, 더이상 손실함수의 개선이 없어질 때까지 계산하면 최종적인 로지스틱 회귀모형을 얻을 수 있다.

10.5 텐서플로우를 활용한 로지스틱 회귀모델 계산 예제

그러면 앞에서 살펴본 경사하강법을 통한 로지스틱 회귀모델의 계산절차를 직접 구현해보자. 사실 그래디언트의 계산식을 다 구해놓은 상태이기 때문에 numpy만으로도 쉽게 구현할 수 있지만, 여기서는 연습을 겸해서 텐서플로우로 한번 구현해보자. 9장의 회귀분석 구현과 거의 비슷하다. 코드를 부분부분 살펴본 다음에 전체 코드를 보도록 하자. 먼저, 텐서플로우를 불러들이고 확률을 계산하는 함수를 구현한다.

```
import tensorflow as tf

def prob(x,w,b):
    z = w*x+b
    a = 1/(1+tf.math.exp(-z))
    return a
```

함수 prob은 텐서플로우 벡터로 들어온 x값과 w, b를 이용하여 $z=wx+b$를 계산하고, 이를 바탕으로 시그모이드 함수값 $a=1/(1+e^{-z})$을 계산한다. 텐서플로우에서 **exp**는 tf.math.exp 함수를 쓰면 된다. 여기서 나중에 이 함수를 불러쓸 때 모든 x값들이 들

어있는 벡터를 넘겨줄 계획이라서, z도 각각의 x 값에 대해서 계산되고, a도 각각의 z값에 대해 계산된다. 이런 벡터 계산을 활용하지 않았다면 일일이 for문으로 구현했어야 할 것인데, 벡터 식을 씀으로써 코드가 매우 간결해진다. 다음으로 손실함수 계산 코드를 보자.

```
def loss(w,b,x,y):
    a = prob(x,w,b)
    l = y*tf.math.log(a) + (1-y)*(tf.math.log(1-a))
    return -tf.reduce_mean(l)
```

손실함수는 w, b 값과 x, y 벡터를 받아서 먼저 prob함수를 통해 확률값 a를 계산한다. 여기서 a는 x의 각 요소에 대응하고 확률값들을 담고 있는 벡터가 된다. 그 다음에, 식 (10−6)의 손실함수를 계산하기 위해 먼저 벡터 a의 각 요소 a_i에 대해 $y_i\log(a_i)+(1-y_i)\log(1-a_i)$를 계산해서 변수 l에 대입하였다. 여기서, x가 벡터이므로 prob 함수의 결과값 a도 벡터이고, 따라서 l도 각각의 a의 요소별로 계산된 벡터가 저장되어 있을 것이다. 마지막으로, 식 (10−6)에 따라 −(1/n)을 곱해주어야 하는데, 보다 간결하게 쓰기 위해 l의 각 값들의 평균을 취하고 부호를 −로 바꾸어주었다. 평균 계산에는 tf.reduce_mean 함수를 이용하였다.

다음으로 그래디언트 계산 부분을 보자.

```
def grad_w(w,b,x,y):
    a = prob(x,w,b)
    return tf.reduce_mean((a-y)*x)

def grad_b(w,b,x,y):
    a = prob(x,w,b)
    sum = 0
    return tf.reduce_mean(a-y)
```

이 부분은 매우 직관적이다. 그래디언트 계산식 (10−14)와 (10−15)를 적용하여, w의 그래디언트를 계산하는 grad_w함수는 $(a_i-y_i)x_i$의 평균을, b의 그래디언트를 계산하는 grad_b 함수는 (a_i-y_i)의 평균을 계산하여 리턴하였다.

다음으로는 데이터값을 읽어오는데, 데이터량이 적어서 그냥 코드에 적어넣었다.

```
x = tf.constant([1,2,3,4,5,6,7,8,9,10], dtype=tf.float32)
y = tf.constant([0,0,0,0,1,1,0,1,1,1], dtype=tf.float32)
```

x와 y를 tf.constant로 하여 각 값들을 순서대로 적어넣은 리스트를 대입하였다. 그 다음으로 w와 b를 초기값으로 0.2, −0.2로 정한다.

```
w = tf.Variable(0.2, dtype=tf.float32)
b = tf.Variable(-0.2, dtype=tf.float32)
```

이 값들은 계속 변경해갈 것이므로 tf.Variable로 정하였다.

이제, 학습률을 0.01로 정하고 while문을 이용해 그래디언트를 구해서 학습률을 곱한 만큼 w와 b를 조금씩 바꾸어간다.

```
1 learning_rate=0.01
2 while True:
3     h = loss(w,b,x,y)
4     dw = grad_w(w,b,x,y)
5     db = grad_b(w,b,x,y)
6     w.assign_add(-dw*learning_rate)
7     b.assign_add(-db*learning_rate)
8     print(h.numpy(), w.numpy(), b.numpy(), dw.numpy(), db.numpy())
9     if (abs(dw)<0.0001 and abs(db)<0.0001): break
```

첫 줄에서 학습률은 learning_rate라는 변수에 0.01로 넣었다. 이어지는 while True는 무한루프를 시작하고, 루프 안에서 다음의 내용이 반복된다.

3~5행에서 먼저 h에 손실함수를, dw에 w에 대한 그래디언트를, db에 b에 대한 그래디언트를 계산해서 대입하였다. 그리고, 6~7행에서는 식 (10-16)과 같이 dw에 부호를 반대로 하여 학습률 learning_rate를 곱한 값을 w에 더해주고, 같은 방법으로 b의 값도 수정해준다. 계산이 제법 시간이 걸리므로 중간결과를 보기위해 8행에서는 손실함수와 w, b, dw, db의 값을 출력해 주었다. 출력에서 .numpy()를 변수에 붙인 것은 텐서에서 값만 간결하게 표시하기 위함이다. 마지막으로 종료조건으로서 그래디언트 값들이 0.0001 미만이 되면 더이상 개선이 별로 없을 것으로 보고 break를 써서 루프를 빠져나오도록 하였다.

이제 최종적인 출력부분을 보자.

```
print("w, b = ", w.numpy(), b.numpy())
print("loss = ", loss(w,b,x,y).numpy())

import matplotlib.pyplot as plt
plt.scatter(x, y)
plt.plot(x, prob(x,w,b,color='red'))
plt.show()
```

while 루프를 빠져나온 후에는, 최종적인 w와 b의 값과, 이 때의 손실함수값을 출력하고, 계산 결과를 시각화해보았다. matplotlib.pyplot을 사용해서 원래의 정답값 (x, y)의 산점도를 plt.scatter로, 최종적으로 계산된 w, b를 이용해서 계산된 확률값 prob(x, w, b)의 그래프 plt.plot으로 함께 보여주도록 하였다.

전체 코드는 다음과 같다.

예제 ex10-2.py

```
import tensorflow as tf

def prob(x,w,b):
    z = w*x+b
    a = 1/(1+tf.math.exp(-z))
    return a

def loss(w,b,x,y):
    a = prob(x,w,b)
    l = y*tf.math.log(a) + (1-y)*(tf.math.log(1-a))
    return -tf.reduce_mean(l)

def grad_w(w,b,x,y):
```

```
    a = prob(x,w,b)
    return tf.reduce_mean((a-y)*x)

def grad_b(w,b,x,y):
    a = prob(x,w,b)
    sum = 0
    return tf.reduce_mean(a-y)

x = tf.constant([1,2,3,4,5,6,7,8,9,10], dtype=tf.float32)
y = tf.constant([0,0,0,0,1,1,0,1,1,1], dtype=tf.float32)
w = tf.Variable(0.2, dtype=tf.float32)
b = tf.Variable(-0.2, dtype=tf.float32)
learning_rate=0.01
while True:
    h = loss(w,b,x,y)
    dw = grad_w(w,b,x,y)
    db = grad_b(w,b,x,y)
    w.assign_add(-dw*learning_rate)
    b.assign_add(-db*learning_rate)
    print(h.numpy(), w.numpy(), b.numpy(), dw.numpy(), db.numpy())
    if (abs(dw)<0.0001 and abs(db)<0.0001): break
print("w, b = ", w.numpy(), b.numpy())
print("loss = ", loss(w,b,x,y).numpy())

import matplotlib.pyplot as plt
plt.scatter(x, y)
plt.plot(x, prob(x,w,b,color='red'))
plt.show()
```

코드를 실행하면 중간 계산결과들이 주욱 표시되고, 최종적으로 다음과 같은 출력과 함께 그래프가 나타날 것이다.

```
w, b =  0.8782071 -4.82924
loss =  0.35656336
```

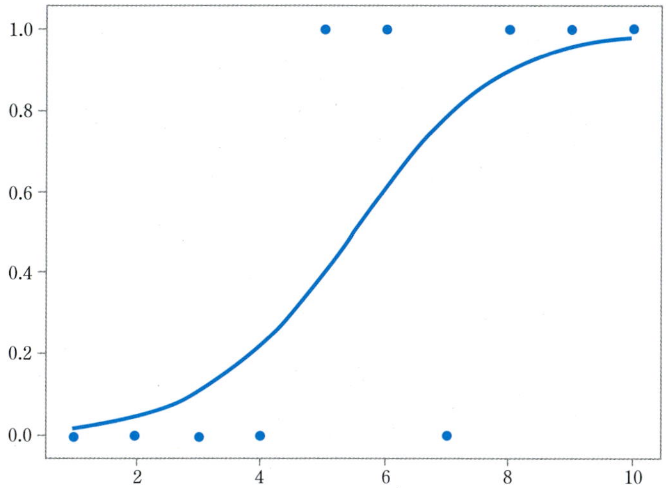

[그림 10-4] 텐서플로우로 계산한 로지스틱 회귀모델 시각화

그림 10-4에서 보면, 검정색으로 표시된 확률값 prob의 그래프가 실제 데이터점들을 잘 반영하여 그려진 것으로 보인다. 확률 0.5를 기준으로 0과 1로 구분하므로, 확률값 그래프 선에서 각각의 x값 [1,2,3,4,5,6,7,8,9,10]에 대응하는 높이를 통해 우리의 예측을 만들어보면 [0,0,0,0,0,1,1,1,1,1]이 될 것이다. 정답값은 표 10-2에 나온 것처럼 [0,0,0,0,1,1,0,1,1,1]이므로, 정확도는 80%가 된다.

10.6 사이킷런 패키지를 통한 로지스틱 회귀모델 계산

앞에서 로지스틱 회귀모델의 구조와 계산 원리를 이해하고 텐서플로우로 구현해 보았다. 앞에서 만든 코드는 이해를 위한 것으로서 계산속도는 고려하지 않았다. 로지스틱 회귀모델의 계산은 여러가지 패키지를 통해 할 수 있는데, 파이썬에서는 사이킷런 패키지를 이용해서 쉽게 계산할 수 있다. 다음 코드를 보자.

예제 ex10-3.py

```
from sklearn.linear_model import LogisticRegression
x = [[1],[2],[3],[4],[5],[6],[7],[8],[9],[10]]
```

```
 3 y = [0,0,0,0,1,1,0,1,1,1]
 4
 5 model = LogisticRegression(penalty='none').fit(x,y)
 6 print('Predicted = ', model.predict(x))
 7
 8 w = model.coef_
 9 b = model.intercept_
10 print(w, b)
```

첫번째 줄에서 sklearn.linear_model 모듈의 **LogisticRegression** 기능을 사용하도록 선언하였다. 그 다음줄에서 x와 y의 값을 직접 써넣었는데, 여기서 x의 구조를 주목해 보자. 대부분의 머신러닝 패키지에서, x의 값은 하나의 데이터포인트에 대해서 여러 개의 특성값이 들어있는 경우가 많다. 예를 들어 6장의 와인 데이터에서는 각각의 와인 데이터 포인트에 대해서 13개씩의 특성값이 들어있었다. 그래서, 대부분 x의 값은 특성값들의 리스트를 하나의 데이터요소로 해서, 이 리스트들의 리스트로 입력되어야 하는 경우가 많다[3]. 사이킷런의 LogisticRegression도 마찬가지여서, x값을 넘겨줄 때 각각의 요소를 별도의 리스트로 해주었다. 따라서 x의 각각의 값들이 다시 [ ]로 둘러싸여 있다.

네번째 줄에서 LogisticRegression(penalty='none').fit(x, y)을 실행하여 x와 y 값에 대한 최적의 로지스틱 회귀모델을 계산하도록 하였다. 모델 계산 결과는 model이라는 변수에 넣었다. 여기서 penalty='none'은 과적합방지를 위한 설정을 하지 말고 기본적 방법대로 로지스틱 회귀모델을 계산하라는 뜻인데, 앞에서 우리가 했던 계산결과와 맞추어보기 위해서 이렇게 하였다. penalty='none'을 생략하면 과적합방지 기능이 기본적으로 작동하게 되어서, 계산 결과가 우리 계산값과 약간 달라진다.

다섯번째 줄에서 model.**predict**(x)로 각 x값에 대한 모델의 예측결과를 출력해보도록 하였다. 7~9행에서는 계산된 w와 b의 값을 우리가 앞에서 계산한 값과 비교해보기 위해 model에서 읽어와서 출력해본 결과이다. model.**coef_**는 x의 계수값들, 즉 기울기값들을 읽어오고, model.**intercept_**는 상수항 값을 읽어온다. 출력 결과는 다음과 같다.

3) 이 부분은 기계학습을 위한 데이터구조에 대한 내용인데, 복습을 위해서는 6장의 6.2절을 참고한다.

```
Predicted =  [0 0 0 0 0 1 1 1 1 1]
[[0.87969735]] [-4.83834448]
```

예측결과는 [0 0 0 0 0 1 1 1 1 1]로 나와서 앞에서 우리가 텐서플로우로 만들었던 결과와 동일하다. w와 b의 값은 각각 0.8797, −4.8383으로 나와서, 우리가 앞에서 계산해본 0.8782, −4.8292와 거의 비슷하지만 약간 차이가 있다. 앞의 절에서 만든 우리의 코드에서 학습률과 종료조건 등을 조정하면 좀 더 정밀한 결과를 얻을 수 있고, 사이킷런 패키지의 계산결과와 거의 비슷한 결과가 나올 것이다.

10.7 신용카드 부정사용 예측을 위한 로지스틱 회귀 모델링

이제 로지스틱 회귀를 이용해 실제 데이터에서 예측모델을 만들어보자. 신용카드 부정사용을 검출하는 것은 카드회사의 입장에서는 중요한 일이다. 공개되어있는 데이터를 이용해서 우리의 모델을 수립해보자.

Kaggle(https://www.kaggle.com/)에 있는 공개 데이터셋을 사용하려고 한다. 캐글 사이트에 들어가 '**Credit Card Fraud Detection**'라고 검색했을 때 나오는 데이터셋 중 'Machine Learning Group – ULB'라고 적혀 있는 데이터셋을 다운받으면 된다. 좀 더 간단하게는 https://www.kaggle.com/mlg-ulb/creditcardfraud 링크 주소로 들어가 다운받으면 된다. 해당 페이지에 들어가면 다음과 같이 데이터 구조에 대한 설명을 볼 수 있을 것이다.

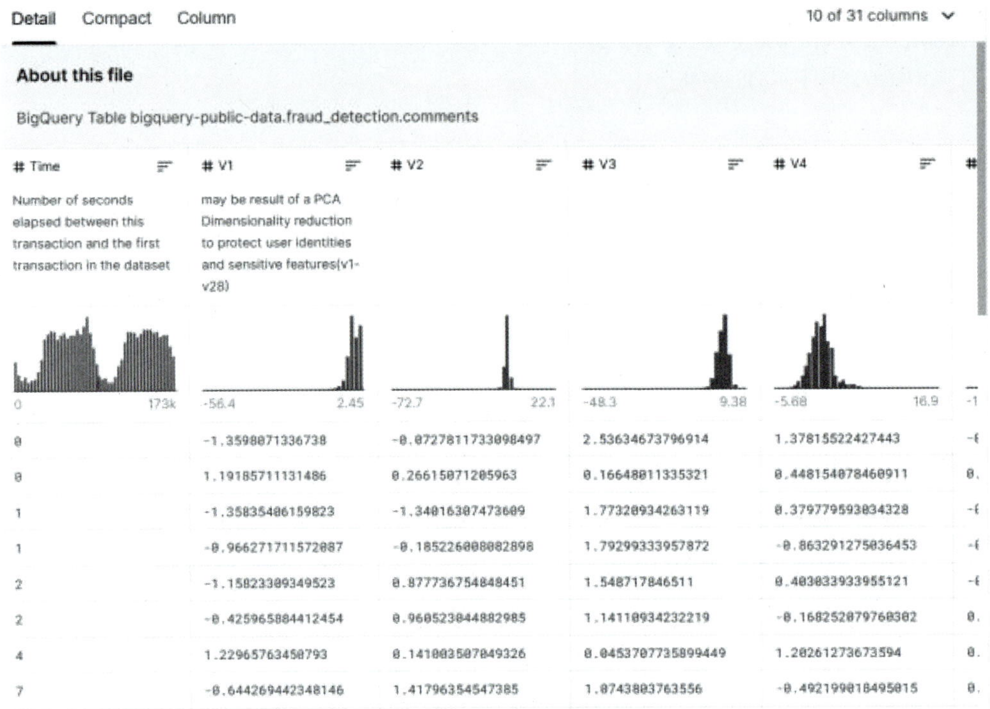

[그림 10-5] 신용카드 부정사용 데이터의 구조

Time열에 사용시각이 나와 있고, 카드사용자, 구매품목 등의 다양한 추가 정보가 있는데 개인정보보호상 열 이름은 모두 V1, V2, ... 등의 익명으로 들어있다. 화면에서 '10 of 31 columns ∨'라고 되어 있는 부분의 아래 화살표 표시 ∨를 누르면 전체 열의 리스트를 볼 수 있다. Time이 있고, V1에서 V28까지의 특성값과, 마지막에 Amount와 Class가 나온다. Amount는 거래금액으로 되어 있고, Class는 우리가 예측하려는 결과값으로서 1이면 부정사용, 0이면 정상거래이다.

한번 데이터를 다운받아서 프로그램에서 열어보자. 다운받은 압축파일을 풀어서 데이터파일 '**creditcard.csv**'을 저장하고, 데이터를 저장한 동일한 폴더에서 다음의 코드를 실행해보자.

```
import pandas as pd

df = pd.read_csv('creditcard.csv')
```

```python
print(df.columns)
print('# of rows = ', len(df))
print('# of fraud rows = ', len(df[df['Class']==1]))
```

출력을 보면 다음과 같이 총 31개의 열이 들어 있다.

```
Index(['Time', 'V1', 'V2', 'V3', 'V4', 'V5', 'V6', 'V7', 'V8', 'V9', 'V10',
       'V11', 'V12', 'V13', 'V14', 'V15', 'V16', 'V17', 'V18', 'V19', 'V20',
       'V21', 'V22', 'V23', 'V24', 'V25', 'V26', 'V27', 'V28', 'Amount',
       'Class'],
      dtype='object')
# of rows =  284807
# of fraud rows =  492
```

여기서 'Time'부터 'Amount'까지가 예측에 사용할 수 있는 특성값이고, 'Class'가 예측 대상값이다. 행 갯수도 출력해보았는데 총 284807건의 데이터포인트가 들어 있고, 마지막 줄에서 df['Class']==1의 조건을 적용해서 부정사용 데이터건수만 출력해 보았는데 492건으로 나와 있다. 부정사용이 매우 희소한, 즉 타겟값 0과 1의 비율에 불균형이 매우 심한 데이터임을 알 수 있다.

앞에서 살펴본 사이킷런의 로지스틱 회귀 패키지를 바로 사용해보도록 하자. 먼저 데이터를 학습용과 테스트용으로 나눈다. 전체 데이터에서 랜덤하게 30%를 뽑아서 테스트용으로 쓰고, 70%를 이용해 학습하도록 한다. 8장에서도 사용하였던 sklearn.model_selection 모듈의 **train_test_split** 기능을 사용한다.

```python
from sklearn.model_selection import train_test_split
x_train, x_test, y_train, y_test = train_test_split(feature, target, test_size=0.3)
print('# of test data = ', len(y_test))
```

이 부분을 실행하면 테스트 데이터로서 전체의 30%, 즉 85443건이 추출되고, x_train, x_test, y_train, y_test 변수에 각각 학습데이터의 특성값, 테스트 데이터의 특성값, 학습데이터의 정답값, 테스트데이터의 정답값이 저장된다.

이어서 앞 절에서 활용한 LogisticRegression 기능을 적용해서 모델을 수립해보자.

```
from sklearn.linear_model import LogisticRegression
model = LogisticRegression(penalty='none').fit(x_train, y_train)
```

sklearn.linear_model의 LogisticRegression을 들여오고, 학습데이터 특성값 x_train과 정답값 y_train을 주고 fit 함수를 실행해서 로지스틱 회귀모델을 최적화한 수 결과를 model이라는 변수에 저장하였다.

이렇게 만들어진 모델을 가지고 테스트 데이터로 예측을 해본다.

```
y_pred = model.predict(x_test)
```

테스트 데이터의 특성값 x_test를 predict 함수에 넘겨서 예측값을 만들고, 그 결과를 y_pred에 저장하였다.

이제 예측결과가 얼마나 정확했는지 확인해보도록 하자. 7장에서 공부했던 것처럼, 예측대상값에서 한 쪽이 매우 희소한 경우에는 정확도(accuracy) 지표는 별로 쓸모가 없다. 정밀도(precision)과 재현율(recall)을 모두 살펴보아야 하고, 굳이 하나의 지표가 필요하다면 f1-score를 이용하는 것이 차라리 낫다고 하였다. sklearn.metrics 모듈의 classification_report 기능을 사용해서 예측 모델의 성능을 확인하는 코드는 다음과 같다.

```
from sklearn.metrics import classification_report
print("<Classification Report>")
print(classification_report(y_test, y_pred))
```

이상의 코드를 전체적으로 보면 다음과 같이 된다.

예제 ex10-4.py

```python
import numpy as np
import pandas as pd

df = pd.read_csv('creditcard.csv')
print(df.columns)

feature = df[['Time', 'V1', 'V2', 'V3', 'V4', 'V5', 'V6', 'V7', 'V8',
              'V9', 'V10', 'V11', 'V12', 'V13', 'V14', 'V15', 'V16',
              'V17', 'V18', 'V19', 'V20', 'V21', 'V22', 'V23', 'V24',
              'V25', 'V26', 'Amount']]
target = df['Class']
print('# of rows = ', len(df))
print('# of fraud rows = ', len(df[df['Class']==1]))

from sklearn.model_selection import train_test_split
x_train, x_test, y_train, y_test = train_test_split(feature, target, test_size=0.3)
print("# of test data = ", len(y_test))

from sklearn.linear_model import LogisticRegression
model = LogisticRegression(penalty='none').fit(x_train, y_train)
y_pred = model.predict(x_test)

from sklearn.metrics import classification_report
print("<Classification Report>")
print(classification_report(y_test, y_pred))
```

코드를 실행하면 다음과 같은 결과가 나올 것이다.

```
<Classification Report>
              precision    recall  f1-score   support

           0       1.00      1.00      1.00     85286
           1       0.78      0.69      0.73       157
```

```
    accuracy                           1.00     85443
   macro avg       0.89      0.84      0.86     85443
weighted avg       1.00      1.00      1.00     85443
```

Classification Report 결과를 보면 0에 대해서는 예측성능이 거의 100%에 가깝게 나오는 것을 볼 수가 있는데, 자료의 대부분이 정답값 0, 즉 정상사용이어서 무조건 0으로만 예측해도 거의 100% 맞는것이 될테니 이 결과는 별로 의미가 없다. 부정사용, 즉 정답값 1에 대한 예측결과가 중요하다. 정답값 1에 대한 결과를 보면 정밀도(precision)가 78%, 재현율(recall)이 69%로 나타나 있다. 즉, 1로 예측한 것 중에 78%가 정답이었고, 실제 부정사용자 중에서 69%를 검출해 냈다는 뜻이다. f1-score는 73%로 나타나 있다.

학습데이터와 테스트 데이터의 샘플링이 랜덤하게 이루어지기 때문에 실행할 때마다 결과는 약간씩 달라질 것인데, 대략 f1-score 기준으로 약 70% 전후의 성능이 나타난다. 단순하게 로지스틱 회귀만 적용해서도 꽤 쓸만한 모델이 만들어진 것을 확인할 수 있다.

이번 장에서는 로지스틱 회귀모델을 공부하였다. 마지막 예제에서처럼, 실제 응용에서 예측 대상이 범주형, 즉 이산적인 값인 경우가 많다. 회귀분석 기반으로 이산적인 값을 예측하기 위한 모형이 바로 로지스틱 회귀모델이다. 모형의 도출 과정이 약간 어렵게 느껴질 수 있지만, 코드와 함께 차근차근 따라가보면 흐름을 이해할 수 있을 것이다. 모델 자체도 유용하지만, 여기서 얻은 통찰은 이후의 신경망 모델의 이해에 큰 도움이 될 것이어서, 충분한 시간을 가지고 내용을 깊이 있게 이해해보기를 권한다.

실·습·예·제

1. 표 10-2의 데이터에서 광고노출횟수를 x, 구매여부를 y로 두었을 때, w=1, b=-4일 때의 로지스틱 회귀의 예측값을 구하여 이를 원데이터와 함께 시각화하는 프로그램을 작성하고, 해당 예측값에 대응하는 손실함수값을 엑셀로 계산하시오.

풀이

practice_10-1.py

```
import tensorflow as tf

def prob(x,w,b):
    z = w*x+b
    a = 1/(1+tf.math.exp(-z))
    return a

x = tf.constant([1,2,3,4,5,6,7,8,9,10], dtype=tf.float32)
y = tf.constant([0,0,0,0,1,1,0,1,1,1], dtype=tf.float32)
w = tf.Variable(1, dtype=tf.float32)
b = tf.Variable(-4, dtype=tf.float32)

print('Predicted: ', prob(x,w,b).numpy())

import matplotlib.pyplot as plt
plt.scatter(x, y, color='blue')
plt.scatter(x, prob(x,w,b), color='red')
plt.show()
```

```
Predicted:  [0.04742587 0.11920292 0.26894143 0.5        0.7310586  0.880797
 0.95257413 0.98201376 0.9933072  0.9975274 ]
```

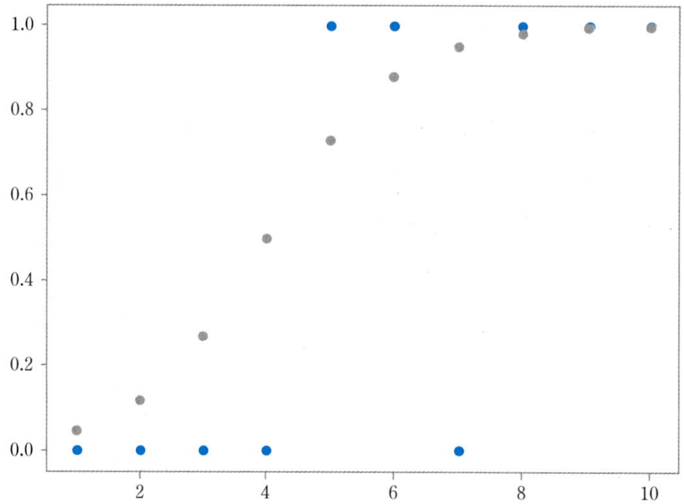

계산된 예측값과 정답값을 통해 손실함수를 엑셀로 계산해보면 다음과 같다. 최종 손실함수값은 식 (10−9)에 따라 각 행의 엔트로피값의 평균에 음(−)의 부호를 붙인 값이다.

	A	B	C
1	예측값(a)	정답값(y)	ylog(a)+(1-y)log(1-a)
2	0.047426	0	-0.048587348
3	0.119203	0	-0.126928009
4	0.268941	0	-0.313261699
5	0.5	0	-0.693147181
6	0.731059	1	-0.313261658
7	0.880797	1	-0.1269281
8	0.952574	0	-3.048587419
9	0.982014	1	-0.018149959
10	0.993307	1	-0.006715297
11	0.997527	1	-0.002475662
12			
13	Loss		0.469804233

2. 앞의 예제에서 손실함수값을 계산하는 파이썬 프로그램을 작성하고, 텐서플로우의 GradientTape 기능을 활용하여 w와 b를 개선한 후 손실함수값이 감소하였음을 보이시오. 이 때 학습률은 적절히 적용하시오.

풀이

practice_10-2.py

```
import tensorflow as tf

def prob(x,w,b):
    z = w*x+b
    a = 1/(1+tf.math.exp(-z))
    return a

def loss(w,b,x,y):
    a = prob(x,w,b)
    l = y*tf.math.log(a) + (1-y)*(tf.math.log(1-a))
    return -tf.reduce_mean(l)

x = tf.constant([1,2,3,4,5,6,7,8,9,10], dtype=tf.float32)
y = tf.constant([0,0,0,0,1,1,0,1,1,1], dtype=tf.float32)
w = tf.Variable(1, dtype=tf.float32)
b = tf.Variable(-4, dtype=tf.float32)

print('Predicted: ', prob(x,w,b).numpy())
with tf.GradientTape() as t:
    current_loss=loss(w, b, x, y)
print('Loss = ', current_loss.numpy())

dw, db = t.gradient(current_loss, [w, b])

w.assign_add(-0.01*dw)
b.assign_add(-0.01*db)
print('New w, b = ', w.numpy(), b.numpy())
print('New loss = ', loss(w,b,x,y).numpy())
```

```
Loss =  0.46980423
New w, b =  0.9925281 -4.001473
New loss =  0.4640626
```

w와 b를 개선함으로써 손실함수값이 감소하였음을 확인할 수 있다.

실·습·예·제

1. 표 10−2의 $(y_1, y_2, \cdots, y_{10}) = (0,0,0,0,1,1,0,1,1,1)$이 정답값이고, 나의 예측값은 작은 수 $s\,(0 \leqq s \leqq 1)$에 대해 $(s, s, s, s, 1-s, 1-s, s, 1-s, 1-s, 1-s)$로 주어져 있다고 하자. 여기서 $s=0$이면 정답과 동일하고, $s=1$이면 완전히 정반대로 답한 경우이다. 이때 s를 0부터 1까지 0.1씩 증가시키면서 식 (10−6)의 엔트로피 함수값을 계산하여 제시하고 의미를 설명하시오.

2. 표 10−3의 로지스틱회귀 계산예제를 엑셀로 구현하고, 바뀐 w와 b를 대입하여 다시 새로운 w와 b를 구하는 과정을 5회이상 반복하여 과정과 결과를 제시하시오.

3. 예제 프로그램 ex10−2.py에서, 그래디언트 계산을 텐서플로우의 GradientTape을 이용하도록 수정하시오.

4. 예제 프로그램 ex10−2.py를 텐서플로우를 사용하지 않고 numpy만으로 구현하도록 수정하시오.

5. 사이킷런의 Wisconsin breast cancer dataset(datasets.load_breast_cancer()로 읽어올 수 있다)을 이용하여 악성 종양 여부를 판별하기 위한 로지스틱 회귀모델을 수립하시오.

11 CHAPTER

인공신경망 기초

예측적 모델의 두 기둥을 하나는 통계적 방법론이라고 한다면 다른 하나는 데이터 과학의 방법론이라고 할 수 있다. 데이터 과학의 방법론 중에서 현재 가장 큰 비즈니스 변화를 일으키고 있는 모델이 인공신경망 모델이며, 특히 인공신경망의 학습방식을 혁신한 딥러닝(Deep Learning) 기술이 나오면서 비즈니스의 모든 영역이 급변하고 있다. 이번 장에서는 인공신경망 모델에 대해 알아보고, 이를 텐서플로우 기반의 케라스(Keras) 패키지를 통해 구현해 보도록 하겠다.

11.1 인공신경망에 대한 이해

인공신경망(Artificial Neural Network, ANN)은 그냥 줄여서 신경망(Neural Network, NN)이라고도 한다. 이름이 의미하는 바와 같이, 동물의 신경망을 모방하여 지능을 구현하고자 하는 모델이다.

인간과 동물의 신경망 조직의 기본 단위는 신경 세포, 즉 뉴런(neuron)이다. 뉴런은 그림 11-1처럼 생겼다.

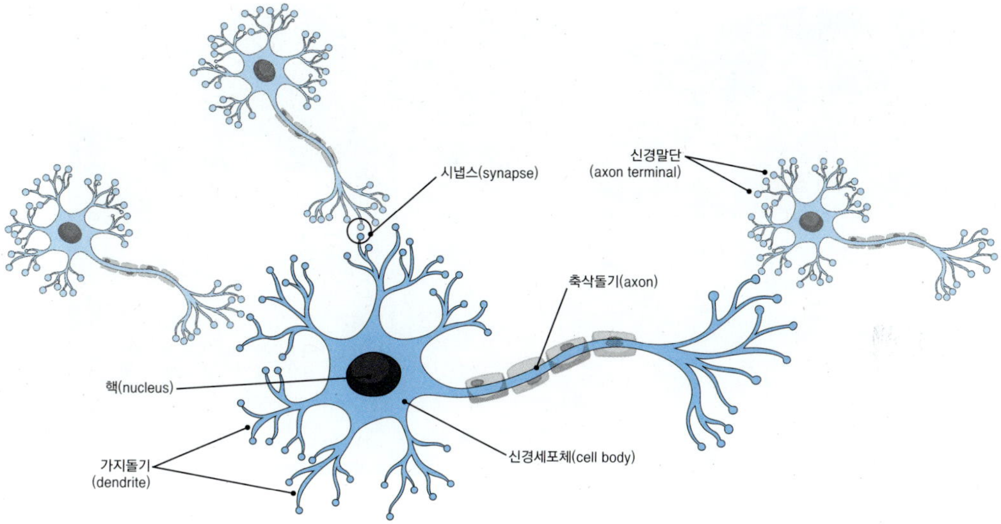

[그림 11-1] 뉴런의 구조

뉴런은 가지돌기(dendrite)로부터 다른 뉴런의 신호를 받아서 처리한 후, 축삭돌기(axon)를 통과하여 신경말단(axon terminal)에 연결되어 있는 다른 뉴런들로 신호를 전달하는 구조로 되어 있다. 여기서 뉴런끼리 연결되어 있는 접점을 시냅스(synapse)라고 한다. 시냅스의 신경전달물질(neurotransmitter)의 농도에 따라 다른 뉴런들로부터 전달되어온 자극에 대한 민감도가 달라지며, 뉴런은 이 자극의 총량이 어떤 임계치(threshold)를 넘어서면 전기신호를 방출하여 신경말단에 연결된 다른 뉴런들에게 자극을 전달하는 방식으로 신호가 전파된다.

인간의 뇌에는 약 1000억 개의 뉴런이 있고, 이 뉴런들이 연결되는 접점인 시냅스는 약 100조 개 정도가 있는 것으로 알려져 있다[1]. 뉴런들이 매우 복잡하게 연결되어 있다는 것을 알 수 있으며, 이에 따라 뉴런들은 그림 11-2과 같이 복잡한 네트워크인 신경망을 형성하게 된다[2].

1) 좀 더 정확하게는 평균적으로 약 860억 개의 뉴런이 있다고 한다(Herculano-Houzel, 2012, https://www.pnas.org/doi/10.1073/pnas.1201895109).

2) https://www.extremetech.com/extreme/179223-the-first-real-time-non-invasive-imaging-of-neurons-forming-a-neural-network

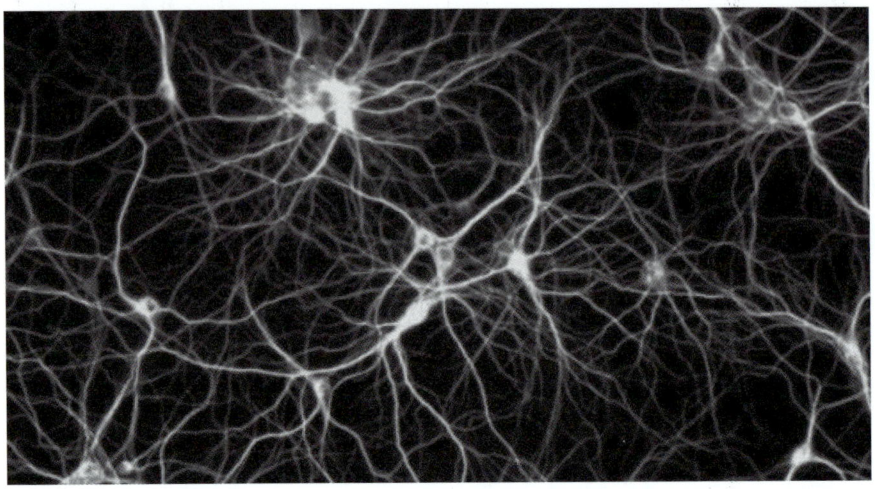

[그림 11-2] 신경망의 구조(자료: The Conversation, 2017)[3]

신경망에서 지능이 발현하는 메커니즘은 시냅스가 어떻게 연결되는가와 시냅스별 전달 민감도에 의해 결정된다고 할 수 있다. 이론적으로 말하면, 어떤 동물의 뉴런의 모든 연결 구조와 연결 시냅스별 신경전달물질 농도를 알면 그 동물의 지능을 그대로 재현할 수 있다는 말이 된다. 실제로, 예쁜꼬마선충(Caenorhabditis elegans)이라는 선형동물의 뉴런 연결과 시냅스별 신경전달물질 농도를 모두 측정하여 그 값을 공개해놓은 OpenWorm[4]이라는 프로젝트가 있는데, 여기에 나와 있는 신경망 구조와 시냅스 민감도를 그대로 레고 마인드스톰 로봇에 넣어서 로봇이 마치 실제 선충이 움직이는 것처럼 작동하는 것을 구현해 본 사례도 있다[5]. 언젠가 인간의 뇌 전체를 모델링할 수 있으면 인간의 지능도 구현할 수 있을 것이다[6].

실제 뇌는 더 복잡하겠지만, 신경망의 기본적 메커니즘 자체는 매우 단순하게 구현할 수 있다. 입력 자극별로 서로 다른 민감도는 가중치로 구현할 수 있고, 이러한 자극의 총량은 가중치를 곱한 값의 합계로, 그리고 임계치는 if문으로 구현할 수 있을 것이다. 예를 들어, 파이썬 비슷한 언어로 뉴런 하나의 작동을 써본다면 다음과 같이 될 것이다.

---

3) https://theconversation.com/amp/deep-learning-and-neural-networks-7725p

4) https://openworm.org/

5) Black(2014), A Worm's Mind In A Lego Body, https://www.i-programmer.info/news/105-artificial-intelligence/7985-a-worms-mind-in-a-lego-body.html

6) 이미 연구들이 이루어지고 있다(https://ec.europa.eu/research-and-innovation/en/horizon-magazine/one-billion-euro-brain).

```
sum = 0
for i in range(0, n): sum += w[i]*x[i]
if sum>=threshold : transmit_to_other_neurons()
```

위의 코드에서 n은 가지돌기의 입력 시냅스에 연결되어 있는 뉴런의 갯수, x는 입력 시냅스로부터 들어온 모든 입력값, w는 각 입력 시냅스에 대한 가중치이다. 모든 입력 시냅스에 대해 w[i]와 x[i]의 가중합을 계산한 후, 이 값이 특정 임계값 threshold를 넘으면 연결된 다른 뉴런들로 신호를 전파하면 된다. 위의 코드에서는 신호 전파를 transmit_to_other_neurons()라는 가상의 함수로 표현해 보았다. 임계값을 넘지 않으면 신호는 그냥 무시된다.

이렇게 인간 또는 동물의 신경망 작동방식을 모방하여 컴퓨터로 구현한 모델을 인공신경망이라고 한다. 인공신경망의 개념은 꽤 오래전에 나왔는데, 이미 1950년대에 뉴런의 구조와 작동방식이 알려지면서 당시 출현하기 시작하였던 초기의 컴퓨터로 이를 재현하고자 하는 시도가 이루어졌다. 대표적으로 코넬 대학의 연구원이었던 **프랭크 로젠블라트(Frank Rosenblatt**, 그림 11-3)라는 과학자는 1957년에 **퍼셉트론(perceptron)**이라는 초창기의 인공신경망 모델을 발표하였다[7].

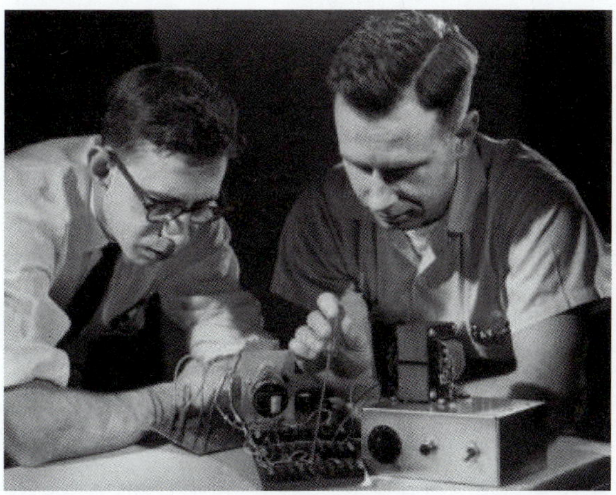

[그림 11-3] 퍼셉트론 부품으로 연구중인 프랭크 로젠블라트(왼쪽) (자료: Cornell Chronicle, 2019)

7) Lefkowitz(2019), Professor's perceptron paved the way for AI – 60 years too soon, Cornell Chronicle, https://news.cornell.edu/stories/2019/09/professors-perceptron-paved-way-ai-60-years-too-soon

퍼셉트론은 실제 기계로 만들어졌으며 데이터로부터 가중치를 학습하고 간단한 분류작업을 수행할 있음을 보여서 대중들의 많은 관심을 받았다. 그러나 당시 MIT의 교수였던 **마빈 민스키(Marvin Minsky)** 등은 퍼셉트론의 확장성 부족을 주장하였으며, 이것이 받아들여지면서 퍼셉트론에 대한 관심은 사그라들어 그 후로 **AI의 겨울(AI Winter)**이라고 일컬어지는 긴 암흑기를 맞이하게 되었다.

이후 **역전파 알고리즘(backpropagation algorithm)** 등 인공신경망의 학습능력을 높일 수 있는 여러 방법들이 발표되었으나 **심층신경망**, 즉 여러 계층으로 구성된 신경망을 학습시키는데 많은 한계가 있어 좋은 성능을 보이지 못하였다. 그러던 중 2006년에 **제프리 힌튼(Geoffrey Hinton**, 그림 11-4)의 기념비적인 논문 "A Fast Learning Algorithm for Deep Belief Nets[8]"이 발표되면서 상황은 완전히 바뀌게 된다. 힌튼은 이 논문에서 심층신경망을 학습할 수 있는 효율적인 방법을 제시하였으며, 현재는 이러한 심층신경망의 학습방법이 **딥러닝(deep learning)**이라는 이름으로 널리 일컬어지고 있다. 힌튼은 이 공로로 2018년 튜링상(Turing Award)을 수상하였으며, 딥러닝의 대부(godfather)로 불려지고 있다.

[그림 11-4] 딥러닝의 대부 제프리 힌튼 (자료: U of T news, 2018)[9]

---

8) Hinton, G. E.; Osindero, S.; Teh, Y. W. (2006). "A Fast Learning Algorithm for Deep Belief Nets". Neural Computation. 18 (7): 1527-1554.

9) https://www.utoronto.ca/news/u-t-s-geoffrey-hinton-toronto-life-looks-man-behind-machines)

인공신경망과 딥러닝 기법에 힘입어 복잡한 신경망의 구성과 학습이 가능해짐에 따라 인공신경망의 능력은 폭발적으로 확대되었으며 일상에서 활용하는 스마트폰의 음성인식, 얼굴인식 등으로부터 인공지능에 의한 비즈니스의 혁신에까지 이른바 4차산업혁명의 핵심기술로 자리잡게 되어 오늘에 이르고 있다.

11.2 퍼셉트론 모델

퍼셉트론은 최초의 인공신경망 모델이라고 할 수 있다. 앞에서 살펴본 뉴런의 작동방식을 그대로 모방하여 만들어진 모델이다. 퍼셉트론의 구조를 도식화하면 다음 그림 11-5와 같다.

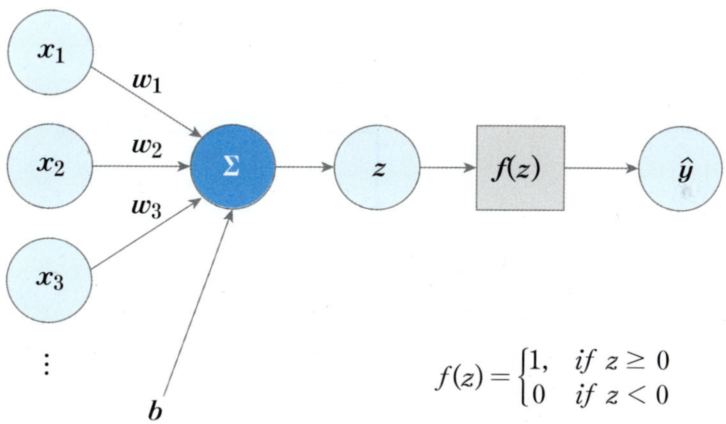

[그림 11-5] 퍼셉트론의 구조

그림에서 x_1, x_2, x_3 등은 뉴런의 입력 시냅스에서 들어오는 값이다. 여기에 각 시냅스의 민감도에 해당하는 가중치 w_1, w_2, w_3 등이 곱해진다. 이 값들을 모두 더하고, 일반화를 위해 상수항 b도 더해서 z를 계산한다. 그림에서 Σ는 더한다는 의미로 표시한 기호이다. 그러면,

$$z = w_1 x_1 + w_2 x_2 + w_3 x_3 + \cdots + b \quad \text{(식 11-1)}$$

로 나타낼 수 있다. 여기서, z는 뉴런이 받은 자극의 총량이라고 할 수 있다. 그러면, 의 값이 0 이상이면 이 뉴런은 1을 출력하여 다른 뉴런으로 자극을 전달할 수 있도록 하고, 의 값이 0보다 작으면 0을 출력한다. 그림에서 $f(z)$가 이 역할을 수행한다. 따라서 $f(z)$는 다음과 같이 쓸 수 있다.

$$\hat{y} = f(z) = \begin{cases} 1, & \text{if } z \geqq 0 \\ 0, & \text{if } z < 0 \end{cases} \quad \text{(식 11-2)}$$

이렇게 가중합 z를 입력받아 뉴런의 출력 $\hat{y}$으로 바꾸어주는 함수를 **활성화 함수(activation function)**라고 한다. 퍼셉트론의 활성화함수는 의 부호에 따라 0 또는 1을 출력해주는 **계단 함수(step function)**인 셈이다. 이 함수의 형태를 가로축에 z, 세로축에 $f(z)$를 두고 그려보면 그림 11-6과 같이 된다.

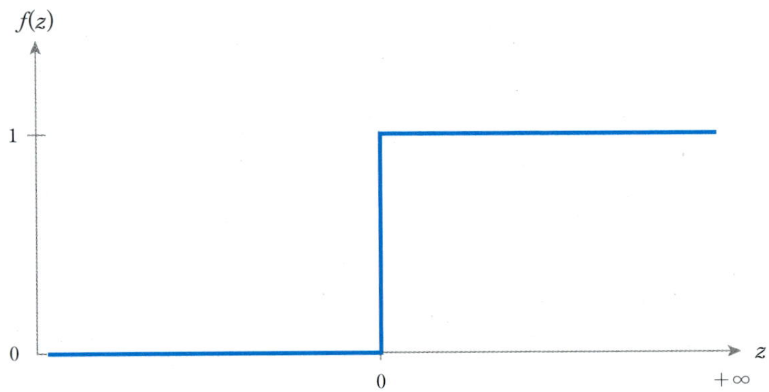

[그림 11-6] 퍼셉트론의 활성화 함수

퍼셉트론을 파이썬으로 구현해보자. 입력값을 두 개로 해서 x_1, x_2로 하고, 정답값을 y라고 하자. 다음 표 11-1의 데이터가 주어져 있다고 해보자.

〈표 11-1〉 퍼셉트론 예제 데이터

입력값		정답값
x_1	x_2	y
0	0	0
0	1	1

1	0	1
1	1	1

표에서 알 수 있듯이, 이 표는 x_1과 x_2에 대해 or 논리연산을 수행한 결과이다. 이제 관건은 w_1, w_1, b를 어떻게 설정해야 정답값과 동일한 결과를 출력하게 할 것인가이다. 퍼셉트론을 개발한 로젠블라트는 데이터로부터 가중치 및 상수항 파라미터를 학습하는 알고리즘을 제시한 바 있으나, 여기서는 직접 찾아보도록 하겠다. 입력값 x_1을 가로축에, x_2를 세로축에 두고, 정답값 0을 파란색, 1을 검정색 점(●)으로 표시하면 그림 11-7과 같이 된다.

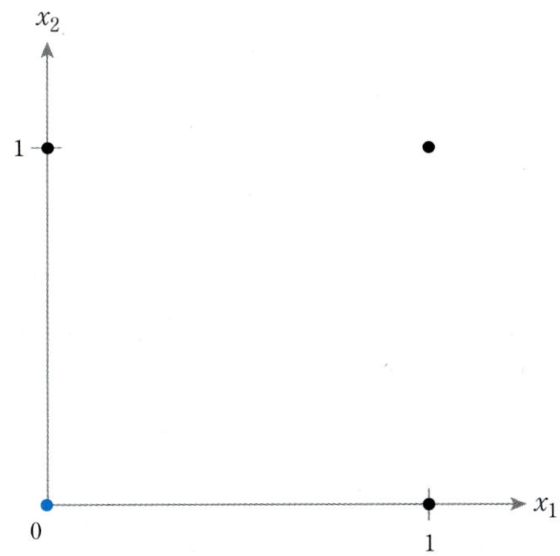

[그림 11-7] 퍼셉트론 예제 데이터의 그래프

퍼셉트론의 가중합은 $z = w_1x_1 + w_2x_2 + b$ 이고, 활성화함수는 z의 부호에 따라 0 또는 1을 출력하는 계단함수이므로, 다음과 같은 관계를 만족하면 정답을 정확히 예측하는 뉴런을 만들 수 있을 것이다.

$$\begin{aligned} &w_1x_1 + w_2x_2 + b < 0, \quad \text{if } x_1 = x_2 = 0 \\ &w_1x_1 + w_2x_2 + b \geqq 0, \quad otherwise \end{aligned} \qquad \text{(식 11-3)}$$

식 (11-3)을 만족하는 w_1, w_2, b는 쉽게 구할 수 있다. $w_1x_1 + w_2x_2 + b = 0$을 경계로

부호가 바뀌어야 하므로, $w_1x_1+w_2x_2+b=0$ 이라는 직선식이 그림 11-7의 검은점과 파란점의 사이를 지나가도록 하면 된다. 예를 들어, $w_1=1$, $w_2=1$, $b=-0.5$ 라고 해보자. 그러면, $w_1x_1+w_2x_2+b=x_1+x_2-0.5=0$ 가 되는데, 이 직선을 그림 11-7에 함께 표시해보면 그림 11-8과 같이 된다.

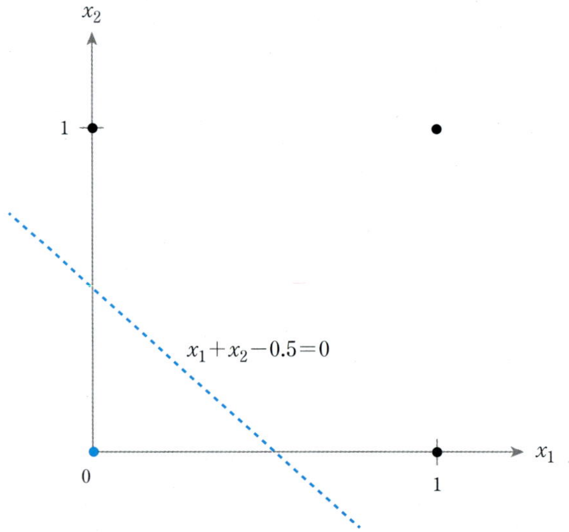

[그림 11-8] 퍼셉트론 파라미터의 설정

$x_1+x_2-0.5=0$ 의 직선은 그림에서와 같이 파란점과 검은점을 잘 구분하고 있으니, $w_1=1$, $w_2=1$, $b=-0.5$ 을 퍼셉트론 모델에 넣어보면 우리가 원하는 정답이 잘 예측될 것이다. 실제로 표 11-1의 데이터에 넣어보자.

〈표 11-2〉 퍼셉트론의 예측값

x_1	x_2	$z=x_1+x_2-0.5$	$\hat{y}=f(z)$	y
0	0	-0.5	0	0
0	1	0.5	1	1
1	0	0.5	1	1
1	1	1.5	1	1

표 11-2에서와 같이, 퍼셉트론의 파라미터를 $w_1=1$, $w_2=1$, $b=-0.5$ 로 설정하면

표 11-1의 정답이 정확하게 예측된다.

눈치챘겠지만, 결국 퍼셉트론은 $w_1x_1+w_2x_2+b=0$을 경계로 점들을 나누어주는 역할을 한다. 즉, **선형 분류(linear classification)**를 수행한다. 퍼셉트론은 직선 하나로 구분될 수 있는 어떤 예측이든 수행할 수 있다.

그러나, xor 관계 같은 것은 직선 하나로 구분될 수가 없다. xor 논리연산은 x_1과 x_2가 같으면 0, 다르면 1이 나오게 해야 정답이다. 그런데, 그림 11-9를 보자. 그림에서 검은 점은 1, 파란색 점은 0을 나타낸다.

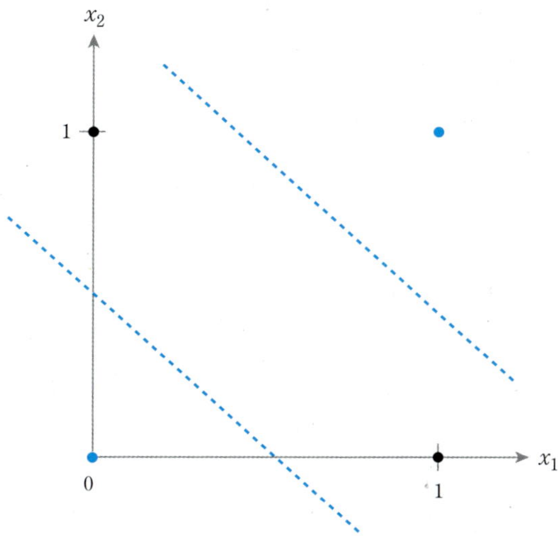

[그림 11-9] 한 개의 퍼셉트론으로 해결할 수 없는 분류의 예

아무리 노력해도 직선 하나로는 검은점과 파란점을 가를 수가 없다. 최소한 직선 두 개가 필요하다. 이런 경우에는 단일 퍼셉트론으로는 정답을 예측하는 것이 불가능하다.

그러면 퍼셉트론은 조금 복잡한 분류가 필요한 예측에는 사용할 수가 없는가? 퍼셉트론을 두 계층으로 이어붙이면 가능하다. 그러나, 로젠블라트가 제시한 퍼셉트론의 학습 알고리즘은 단일 계층에 대해서만 가능하였고, 복수 계층의 퍼셉트론에서는 학습이 안된다는 문제가 있다. 이 점을 마빈 민스키가 지적하였던 것이다. 앞에서 얘기했듯이, 이로 인해 인공신경망 연구에 대한 관심이 차갑게 식었고 이 분야의 연구비 지원이 거의 끊기다시피 하게 되었으며, 수십년간의 이른바 'AI의 겨울'이 찾아오게 되었다.

그렇다고 퍼셉트론의 아이디어가 쓸모없는 것은 아니었다. 현대적인 인공신경망의 뉴런도 퍼셉트론과 기본적으로 동일한 구조이다. 다만 활성화 함수가 달라졌는데, 이것으로 다계층 신경망의 학습이 가능해진 것이다. 민스키가 조금 더 열린 마음으로 퍼셉트론의 아이디어를 받아들이고, 로젠블라트가 조금 더 오래 살았더라면[10], 지금쯤 안드로이드가 거리를 돌아다니고 있었을지도 모르겠다. 다음 절에서 현대적인 뉴런에 대해 살펴보자.

11.3 현대적인 뉴런 모델

퍼셉트론과 현대적인 뉴런의 차이는 **활성화 함수(activation function)**에 있다. 현재 활성화 함수로는 여러가지가 사용되는데, 가장 대표적인 함수가 **시그모이드 함수**이다. 그렇다. 앞서 10장의 로지스틱 회귀에서 사용했던 바로 그 함수, $1/(1+e^{-z})$이다. 현대적인 뉴런의 구조를 도식화하면 그림 11-10과 같다.

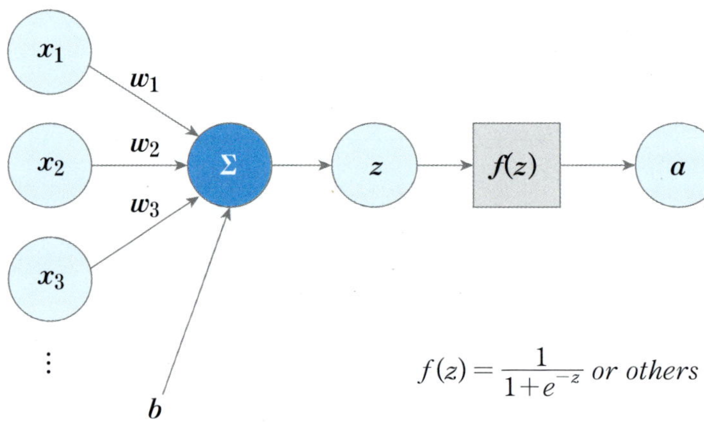

[그림 11-10] 현대적인 뉴런의 구조

활성화 함수를 제외하면 그림 11-5의 퍼셉트론의 구조와 완전히 동일하다. $f(z)$의 출력값을 기호 a로 표시한 것도 조금 다른 점이긴 하다. 그러면, 이러한 뉴런에서 예측값이 계산되는 과정은 다음과 같은 수식으로 나타낼 수 있다.

10) 로젠블라트는 1971년 43세의 나이에 불의의 사고로 세상을 떠났다.

$$z = w_1x_1 + w_2x_2 + w_3x_3 + \cdots + b \qquad \text{(식 11–4)}$$

$$a = f(z) = \frac{1}{1+e^{-z}} \qquad \text{(식 11–5)}$$

$$\hat{y} = \begin{cases} 1, & \text{if } a \geqq 0.5 \\ 0, & \text{if } a < 0.5 \end{cases} \qquad \text{(식 11–6)}$$

식 (11–5)는 활성화 함수로서 시그모이드 함수를 사용한 경우이지만, 이외에도 다양한 활성화 함수가 사용된다. 여기서는 일단 시그모이드 함수를 기준으로 생각해보자. 식 (11–4)에서 z의 값은 $-\infty$에서 ∞까지 어떤 값이든 가질 수 있지만, 식 (11–5)에서 $f(z)$의 출력값은 시그모이드 함수의 특성상 항상 0과 1사이의 값이 된다. 가로축에 z, 세로축에 $f(z)$를 놓고 함수의 형태를 그려보면 다음 그림 11–11과 같이 된다.

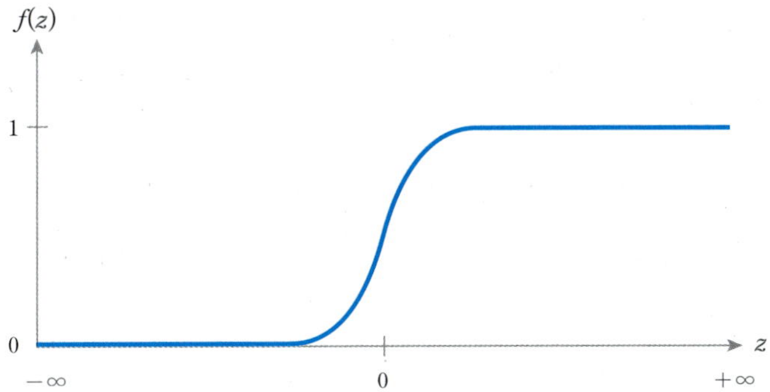

[그림 11–11] 시그모이드 활성화 함수

그림에서와 같이, z가 0인 부근에서 시그모이드 함수는 빠르게 증가하는 기울기를 가지고, z가 충분히 작거나 큰 대부분의 구간에서 0 또는 1에 가까운 값을 제시하지만, 결코 기울기가 완전히 0이 되지는 않는다. 이러한 특성이 미분값, 즉 그래디언트에 기반한 파라미터 학습을 가능하게 한다.

다만, 퍼셉트론에서 사용한 계단 함수는 앞의 식 (11–2)에서와 같이 직접 최종 예측값 0 또는 1을 만들어 주지만, 식 (11–5)의 시그모이드 함수는 0과 1 사이의 연속값을 출력하기 때문에, 최종적으로 a, 즉 $f(z)$의 값에 따라 0 또는 1로 예측값을 결정하는 절차가 하나 더 필요하다. 보통 0.5를 기준으로 한다.

식 (11–4)와 (11–5)를 가만히 살펴보면 매우 낯익은 느낌을 받을 수 있을 것이다. 바로,

로지스틱 회귀의 예측모델과 동일하다. 따라서, 뉴런 하나는 로지스틱 회귀를 수행하는 하나의 유닛으로 생각할 수도 있다.

그러면, 여기서도 관건은 예측값이 정답에 최대한 일치하도록 어떻게 $w_1, w_2, w_3, \cdots, b$를 설정하는가 하는 것이다. 이어지는 절에서 이러한 파라미터들을 최적화하기 위한 학습 알고리즘에 대해 살펴본다.

11.4 단일 뉴런에서의 오차 역전파

모델의 예측 성능은 결국 파라미터 값 $w_1, w_2, w_3, \cdots, b$에 달려있다. $w_1, w_2, w_3, \cdots, b$가 주어지면, 식 (11-4)와 (11-5)에 따라 뉴런의 출력값 z가 계산되고, 이 값이 최대한 예측하려는 정답값 y와 일치하도록 $w_1, w_2, w_3, \cdots, b$를 수정해 나가야 할 것이다. 여기서, 예측값 a와 정답값 y의 차이를 반영하는 함수를 **손실함수(loss function)**라고 하며, a와 y의 차이가 작을수록 손실함수도 낮은 값이 된다. 그러면, 손실함수의 값을 줄이는 방향으로 파라미터 $w_1, w_2, w_3, \cdots, b$들을 수정해 나가면 될 것이다. 이 과정을 그림으로 나타내면 다음 그림 11-12와 같다.

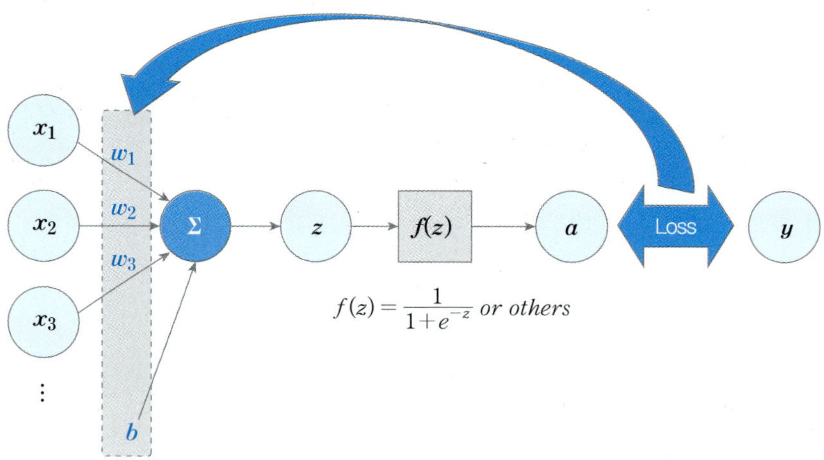

[그림 11-12] 오차 역전파 과정

그림과 같이 정답 데이터와 오차를 평가하여 이를 기반으로 파라미터값을 학습해나가는 과정을 **오차 역전파(error backpropagation)**라고 한다. 효율적인 학습이 되게 하려면 파라미터 각각이 어떻게 변화해야 손실함수가 줄어들 수 있는지를 쉽게 평가할 수 있도록 해야 한다.

이 과정에서 9장과 10장의 회귀분석에서 살펴보았던 **그래디언트**의 개념이 활용된다. 그래디언트는 특정 파라미터로 손실함수를 미분한 값으로서, 해당 파라미터의 단위 증가분에 대한 손실함수의 증가분, 즉 해당 파라미터에 대한 손실함수의 기울기를 의미한다. 만약 그래디언트가 +의 값이면 해당 파라미터를 감소시켜야 하고, 그래디언트가 −이면 해당 파라미터를 증가시키는 것이 손실함수를 줄이는 데 유리하다는 것을 이미 앞의 장에서 살펴본 바 있다.

손실함수로는 10장의 로지스틱 회귀에서와 마찬가지로 **엔트로피 함수**를 사용한다. 여러가지로 로지스틱 회귀와 비슷함을 느낄 수 있다. 예측값 a와 정답값 y에 대해서 엔트로피 손실함수는 다음과 같이 계산된다.

$$L(w_1, w_2, w_3, \cdots, b) = -\frac{1}{n}\sum_{i=1}^{n}(y_i \log(a_i) + (1-y_i)\log(1-a_i)) \qquad \text{(식 11-7)}$$

그러면, 각 파라미터 $w_1, w_2, w_3, \cdots, b$에 대한 그래디언트는 다음과 같이 쉽게 계산된다. 로지스틱 회귀에서와 같은 방식이다. 여기서 n은 데이터포인트의 수를 나타낸다.

$$\begin{aligned}
\frac{\partial L(w_1, w_2, w_3, \cdots, b)}{\partial w_1} &= -\frac{1}{n}\sum_{i=1}^{n}\left\{\frac{\partial(y_i \log(a_i) + (1-y_i)\log(1-a_i))}{\partial a_i}\right\}\left\{\frac{\partial a_i}{\partial z_i}\right\}\left\{\frac{\partial z_i}{\partial w_i}\right\} \\
&= -\frac{1}{n}\sum_{i=1}^{n}\left\{\frac{y_i - a_i}{a_i(1-a_i)}\right\}\{a_i(1-a_i)\}\{x_{i,1}\} \\
&= \frac{1}{n}\sum_{i=1}^{n}(a_i - y_i)x_{i,1} \\
&\cdots \\
\frac{\partial L(w_1, w_2, w_3, \cdots, b)}{\partial w_j} &= \frac{1}{n}\sum_{i=1}^{n}(a_i - y_i)x_{i,j} \\
&\cdots \\
\frac{\partial L(w_1, w_2, w_3, \cdots, b)}{\partial b} &= -\frac{1}{n}\sum_{i=1}^{n}\left\{\frac{\partial(y_i \log(a_i) + (1-y_i)\log(1-a_i))}{\partial a_i}\right\}\left\{\frac{\partial a_i}{\partial z_i}\right\}\left\{\frac{\partial z_i}{\partial b}\right\}
\end{aligned} \qquad \text{(식 11-8)}$$

$$= -\frac{1}{n}\sum_{i=1}^{n}\left\{\frac{y_i - a_i}{a_i(1-a_i)}\right\}\{a_i(1-a_i)\}\{1\}$$

$$= \frac{1}{n}\sum_{i=1}^{n}(a_i - y_i)$$

식 (11-8)과 같이 각 파라미터에 대한 그래디언트는 예측값에서 실제값을 뺀 오차 계산 등의 단순한 계산으로 충분하므로, 쉽게 계산할 수 있다[11].

위와 같이 단일 뉴런의 오차 역전파는 로지스틱 회귀와 비슷한 방식으로 쉽게 계산된다. 그러면, 계층이 늘어나면 어떻게 될까? 다음 절에서 살펴본다.

11.5 다계층 인공신경망과 역전파 알고리즘

여러 계층으로 구성된 인공신경망은 다음 그림 11-13과 같을 것이다.

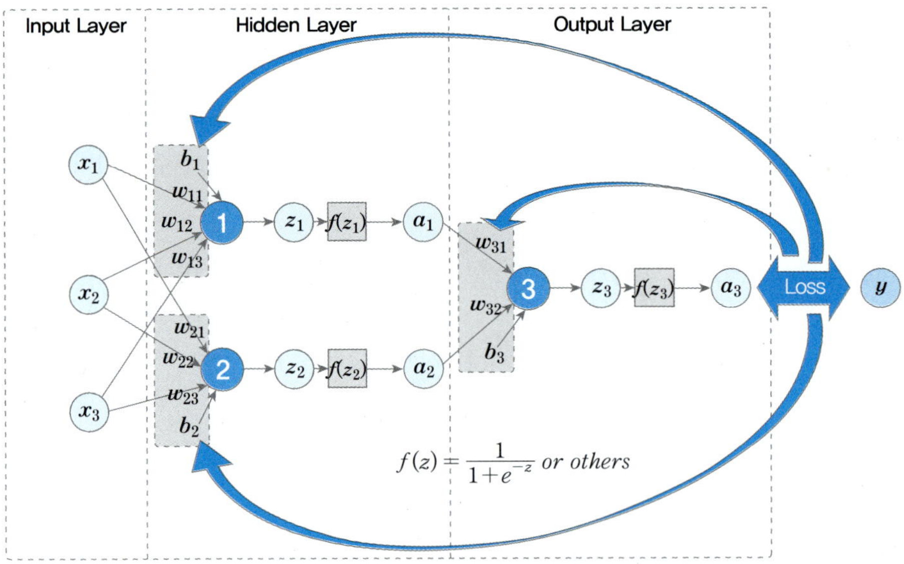

[그림 11-13] 다계층 신경망의 오차 역전파

11) 실제로는 데이터가 매우 큰 경우가 많으므로 모든 데이터포인트에 대해 더하기만 하는 것도 오랜 시간이 걸리는 일이어서, 일부 데이터로만 계산해서 가중치를 수정하고 그다음 일부 데이터로 계산하는 방식으로 하는 경우가 많다. 이렇게 한 번 가중치 수정에 사용하는 데이터를 배치(batch)라고 하는데, 12장에서 다시 설명한다.

그림에서 뉴런의 번호를 편의상 1, 2, 3으로 붙여 보았다. 1, 2번 뉴런은 입력 데이터를 받아서 3번 뉴런으로 출력 신호를 전달하고, 3번 뉴런은 최종 출력을 담당하고 있다. x_1, x_2, x_3는 입력 데이터이다. 여기서 x_1, x_2, x_3를 '**입력층(input layer)**', 3번 뉴런의 계층을 '**출력층(output layer)**'이라고 하고, 그 중간에 있는 1, 2번 뉴런이 있는 계층을 '**은닉층(hidden layer)**'이라고 한다. 여기서 입력층은 그냥 데이터이므로 뉴런이 아니다. 이에 따라 인공신경망의 계층 수를 얘기할 때는 입력층은 제외하고 말하게 되어, 그림 11-13의 신경망은 2계층 인공신경망이 된다.

예측값 a_3을 계산하는 과정은 입력층의 x_1, x_2, x_3으로부터 순차적으로 이루어진다. 먼저, 1번과 2번 뉴런에서 각각 예측값 a_1과 a_2가 다음과 같이 계산된다.

$$\begin{aligned} a_1 &= \frac{1}{1+e^{-z_1}}, \quad \text{여기서 } z_1 = w_{11}x_1 + w_{12}x_2 + w_{13}x_3 + b_1 \\ a_2 &= \frac{1}{1+e^{-z_2}}, \quad \text{여기서 } z_2 = w_{21}x_1 + w_{22}x_2 + w_{23}x_3 + b_2 \end{aligned} \qquad \text{(식 11-9)}$$

이렇게 계산된 a_1과 a_2는 3번 뉴런에 전달되고, 3번 뉴런은 a_1과 a_2를 입력값으로 하여 다음과 같이 최종 출력값 a_3을 계산한다.

$$a_3 = \frac{1}{1+e^{-z_3}}, \quad \text{여기서 } z_3 = w_{31}a_1 + w_{32}a_2 + b_3 \qquad \text{(식 11-10)}$$

그러면 가중치의 학습은 어떻게 이루어져야 하는가? 단일 뉴런의 경우와 마찬가지로, 최종 예측치 a_1과 정답값 y의 오차를 출력층과 은닉층의 뉴런들에 전달해서 가중치를 수정하도록 해야 한다. 먼저, 손실함수를 써보자. 손실함수는 단일뉴런과 동일하게 최종 예측값과 정답값에 대한 엔트로피를 사용한다.

$$L = -\frac{1}{n}\sum_{i=1}^{n}\{y(i)\log(a_3(i)) + (1-y(i))\log(1-a_3(i))\} \qquad \text{(식 11-11)}$$

여기서 $y(i)$와 $a_3(i)$는 i번째 데이터의 정답값, 예측값을 각각 의미한다. 이제 앞에서와 동일하게 손실함수의 미분값으로 그래디언트를 구하면 가중치의 수정방향을 찾을 수 있을 것이다.

먼저, 3번 뉴런의 가중치 및 상수항 w_{31}, w_{32}, b_3으로 손실함수를 미분해보자. 식 (11-8)과 동일한 방식으로 다음과 같이 계산된다.

$$\begin{aligned}
\frac{\partial L}{\partial w_{31}} &= -\frac{1}{n}\sum_{i=1}^{n}\left\{\frac{\partial(y(i)\log(a_3(i))+(1-y(i))\log(1-a_3(i)))}{\partial a_3(i)}\right\}\left\{\frac{\partial a_3(i)}{\partial z_3(i)}\right\}\left\{\frac{\partial z_3(i)}{\partial w_{31}}\right\} \\
&= -\frac{1}{n}\sum_{i=1}^{n}\left\{\frac{y(i)-a_3(i)}{a_3(i)(1-a_3(i))}\right\}\{a_3(i)(1-a_3(i))\}\{a_1(i)\} \\
&= \frac{1}{n}\sum_{i=1}^{n}(a_3(i)-y(i))a_1(i) \\
\frac{\partial L}{\partial w_{32}} &= -\frac{1}{n}\sum_{i=1}^{n}\left\{\frac{\partial(y(i)\log(a_3(i))+(1-y(i))\log(1-a_3(i)))}{\partial a_3(i)}\right\}\left\{\frac{\partial a_3(i)}{\partial z_3(i)}\right\}\left\{\frac{\partial z_3(i)}{\partial w_{32}}\right\} \\
&= \frac{1}{n}\sum_{i=1}^{n}(a_3(i)-y(i))a_2(i) \\
\frac{\partial L}{\partial b} &= -\frac{1}{n}\sum_{i=1}^{n}\left\{\frac{\partial(y(i)\log(a_3(i))+(1-y(i))\log(1-a_3(i)))}{\partial a_3(i)}\right\}\left\{\frac{\partial a_3(i)}{\partial z_3(i)}\right\}\left\{\frac{\partial z_3(i)}{\partial b_3}\right\} \\
&= \frac{1}{n}\sum_{i=1}^{n}(a_3(i)-y(i))
\end{aligned} \quad \text{(식 11-12)}$$

그 다음은 1번과 2번 뉴런이다. 1번 뉴런에 대해 먼저 해보자. 손실함수를 1번 뉴런의 가중치 및 상수항 w_{11}, w_{12}, w_{13}, b_1으로 미분해야 한다. 이 계산이 조금 복잡하다. 먼저 손실함수를 w_{11}으로 미분해보자.

$$\begin{aligned}
\frac{\partial L}{\partial w_{11}} &= -\frac{1}{n}\sum_{i=1}^{n}\left\{\frac{\partial(y(i)\log(a_3(i))+(1-y(i))\log(1-a_3(i)))}{\partial a_3(i)}\right\} \\
&\qquad \frac{\partial a_3(i)}{\partial z_3(i)}\frac{\partial z_3(i)}{\partial a_1(i)}\frac{\partial a_1(i)}{\partial z_1(i)}\frac{\partial z_1(i)}{\partial w_{11}} \\
&= -\frac{1}{n}\sum_{i=1}^{n}\left\{\frac{y(i)-a_3(i)}{a_3(i)(1-a_3(i))}\right\}\{a_3(i)(1-a_3(i))\}\{w_{31}\}\{a_1(i)(1-a_1(i))\}x_1(i) \\
&= \frac{1}{n}\sum_{i=1}^{n}(a_3(i)-y(i))w_{31}(a_1(i)(1-a_1(i)))x_1(i)
\end{aligned} \quad \text{(식 11-13)}$$

식 (11-13)의 형태를 보면 w_{11}에 대한 그래디언트를 구하기 위해서 먼저 손실함수를 a_3으로 미분하고, a_3을 다시 z_3으로, z_3을 a_1로, a_1을 z_1로, 마지막으로 z_1을 w_{11}로 미분하는 일련의 **연쇄미분**을 수행하였다. 이것은 최종 예측치와 정답값 사이의 오차를 이전의 계층으로 순차적으로 전파시키는 형태를 취하고 있다. 이와 같이 최종 오차를 앞의 계층으로 역방향으로 반영한다는 개념에서 이렇게 신경망을 학습시키는 방법을 **역전파 알고리즘(backpropagation algorithm)**이라고 일컫는다.

역전파 알고리즘에 의한 계산 결과가 마지막으로 정리된 식을 보면 최종 예측값과 정답값 사이의 오차에 출력층 가중치를 곱하고, 여기에 은닉층의 출력값을 이용한 계산식을 곱하고, 마지막으로 입력값을 곱하는 식으로 단순화된다. 계층 수가 더 늘어나더라도 계속 곱해지는 항만 늘어나게 되어 비교적 단순한 계산으로 최종 오차를 이전 계층으로 반영할 수 있게 된다.

비슷한 방식으로 w_{12}, w_{13} 및 b_1에 대한 그래디언트도 쉽게 구할 수 있다.

$$\begin{aligned}
\frac{\partial L}{\partial w_{12}} &= \frac{1}{n}\sum_{i=1}^{n}(a_3(i)-y(i))w_{31}(a_1(i)(1-a_1(i)))x_2(i) \\
\frac{\partial L}{\partial w_{13}} &= \frac{1}{n}\sum_{i=1}^{n}(a_3(i)-y(i))w_{31}(a_1(i)(1-a_1(i)))x_3(i) \\
\frac{\partial L}{\partial b_1} &= \frac{1}{n}\sum_{i=1}^{n}(a_3(i)-y(i))w_{31}(a_1(i)(1-a_1(i)))
\end{aligned} \qquad \text{(식 11–14)}$$

2번 뉴런에 대해서도 비슷하게 계산될 것이다. 연쇄미분의 중간과정에서 z_3를 a_1 대신 a_2로 미분해야 2번 뉴런에 대한 가중치에 대해 미분이 가능해질 것이다. 따라서 다음과 같은 연쇄미분 절차로 계산된다.

$$\begin{aligned}
\frac{\partial L}{\partial w_{21}} &= -\frac{1}{n}\sum_{i=1}^{n}\left\{\frac{\partial(y(i)\log(a_3(i))+(1-y(i))\log(1-a_3(i)))}{\partial a_3(i)}\right\} \\
&\qquad \frac{\partial a_3(i)}{\partial z_3(i)}\frac{\partial z_3(i)}{\partial a_2(i)}\frac{\partial a_2(i)}{\partial z_2(i)}\frac{\partial z_2(i)}{\partial w_{21}} \\
&= \frac{1}{n}\sum_{i=1}^{n}(a_3(i)-y(i))w_{32}(a_2(i)(1-a_2(i)))x_1(i) \\
\frac{\partial L}{\partial w_{22}} &= \frac{1}{n}\sum_{i=1}^{n}(a_3(i)-y(i))w_{32}(a_2(i)(1-a_2(i)))x_2(i) \\
\frac{\partial L}{\partial w_{23}} &= \frac{1}{n}\sum_{i=1}^{n}(a_3(i)-y(i))w_{32}(a_2(i)(1-a_2(i)))x_3(i) \\
\frac{\partial L}{\partial b_2} &= \frac{1}{n}\sum_{i=1}^{n}(a_3(i)-y(i))w_{32}(a_2(i)(1-a_2(i)))
\end{aligned} \qquad \text{(식 11–15)}$$

위의 계산은 모두 손실함수가 엔트로피 함수이고 활성화 함수가 시그모이드 함수인 경우를 전제로 계산한 것임에 유의하기 바란다. 손실함수 및 활성화 함수의 형태가 바뀌면 당연히 미분의 계산 결과도 달라지므로 계산된 그래디언트도 달라진다. 그러나 연쇄미분의 절차 자체는 변하지 않으므로, 역전파의 원리는 그대로 적용된다.

그러면, 파이썬으로 역전파의 과정을 원리대로 직접 구현해서 과연 학습이 제대로 이루어지는지 한번 확인해보자.

11.6 원시 데이터의 준비

인공신경망을 실무적으로 활용하는 경우에는 미리 구현되어 있는 패키지를 사용하는 것이 대부분일 것이고, 역전파의 원리대로 직접 구현해서 사용하는 경우는 드물 것이다. 그러나, 한번은 원리대로 구현해보면서 역전파에 의한 학습이 어떻게 이루어지는지를 직접 살펴보고 수학적 절차에 익숙해지는 것이 깊이 있는 이해에 큰 도움이 될 것이다. 또한, 만약 우리의 목적에 부합하는 새로운 신경망을 설계해야 하는 일이 필요하다면 더욱 원리 수준의 깊은 이해가 중요하다.

역전파의 구현 예제를 위해 먼저 데이터를 하나 준비해보겠다. 시각적 기계학습의 예제로서 **MNIST**라는 **손글씨**로 쓴 0에서 9까지의 숫자 데이터가 유명하다[12]. 원래는 가로 세로 28개의 픽셀로 구성된 흑백 이미지인데, 여기서는 예제의 목적으로 이것의 단순화된 버전인 가로 세로 8개의 픽셀로 이루어진 숫자 이미지 데이터를 사용해보자. 단순화된 MNIST 데이터는 사이킷런 패키지에 포함되어 있다. 먼저, 데이터를 읽어들여서 형태를 살펴보자.

```
from sklearn import datasets
dataset = datasets.load_digits()
x_data = dataset.data
y_data = dataset.target

```

12) http://yann.lecun.com/exdb/mnist/

```
6 print('X shape = ', x_data.shape)
7 print('Y shape = ', y_data.shape)
```

사이킷런의 단순화된 MNIST 데이터를 사용하기 위해 먼저 첫 번째 줄에서 sklearn의 datasets 모듈을 읽어들이고, 두 번째 줄에서 datasets.load_digits() 명령을 통해 데이터를 읽어서 dataset이라는 변수에 저장하였다. 이렇게 읽어들인 데이터에서 dataset.data는 8×8의 그림 데이터를, dataset.target은 각 그림의 정답값을 가지고 있다. 3~4행에서 dataset.data를 x_data에, dataset.target을 y_data에 각각 저장하였다.

이렇게 저장된 데이터의 형태를 살펴보기 위해, 6~7행에서 x_data.shape과 y_data.shape을 출력해보았다. 출력 결과는 다음과 같다.

```
X shape =  (1797, 64)
Y shape =  (1797,)
```

x_data의 형태는 1797행 64열의 행렬이고, y_data의 형태는 그냥 1797개의 일차원 배열이다. 즉, 이 데이터셋에는 총 1797개의 손글씨 숫자 그림파일과 정답값이 들어있다. y_data에는 각각의 손글씨가 어떤 숫자를 쓴 것인지가 순차적으로 저장되어 있음을 쉽게 알겠는데, 문제는 x_data이다. x_data에 들어있는 1797개의 각각의 손글씨 그림파일은 64개의 값으로 구성되어 있는 것으로 나타난다. 사실, 이 64개의 값은 8×8 그림의 각각의 픽셀의 밝기를 순차적으로 저장한 것이다. 실제 그림이 어떻게 생겼는지를 알아보기 위해 x_data의 첫번째 그림을 한번 출력해보자. 앞의 코드에서 이어진다.

```
print('First x data = ', x_data[0])
print('First y data = ', y_data[0])

import matplotlib.pyplot as plt
plt.imshow(x_data[0].reshape(8,8))
plt.colorbar()
plt.show()
```

첫번째와 두번째 줄에서 각각 x_data와 y_data의 첫번째 값을 출력해 보았다. 출력 결과는 다음과 같이 나타날 것이다.

```
First x data =  [ 0.  0.  5. 13.  9.  1.  0.  0.  0.  0. 13. 15. 10. 15.  5.  0.  0.  3.
 15.  2.  0. 11.  8.  0.  0.  4. 12.  0.  0.  8.  8.  0.  0.  5.  8.  0.
  0.  9.  8.  0.  0.  4. 11.  0.  1. 12.  7.  0.  0.  2. 14.  5. 10. 12.
  0.  0.  0.  0.  6. 13. 10.  0.  0.  0.]
First y data =  0
```

x_data의 첫번째 값은 0, 0, 5, 13 ... 과 같은 정수값들이 64개 들어있는 벡터이다. 각각의 값은 0에서 15 사이의 값이다. y_data의 첫번째 값은 0인 것으로 보아, x_data의 이 첫번째 손글씨의 정답은 숫자 0일 것이다.

이어지는 4행부터 직접 x_data의 형태를 그림으로 그려보도록 하였다. matplotlib.pyplot을 plt라는 이름으로 불러들여서, plt.**imshow**() 함수를 사용하였다. plt.imshow()는 숫자값들로 구성된 행렬을 그래프로 나타내어준다. 5행에 있는 **reshape**(8,8)은 해당 변수를 8행 8열의 행렬로 형태를 변환하도록 하는 함수이다. 이에 따라, x_data[0].reshape(8,8)은 x_data[0]에 들어있는 64개의 숫자를 8행 8열의 행렬 형태로 바꾸어준다. 이것을 plt.imshow()에 넘겨서 그래프로 나타내었다. 6행에서는 plt.

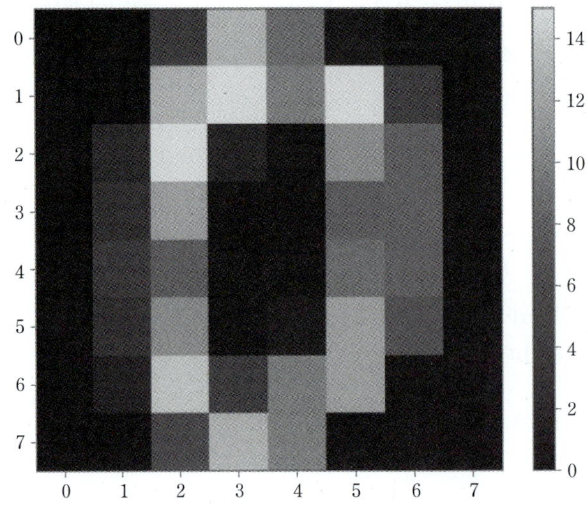

[그림 11-14] 첫번째 손글씨 데이터 그래프

colorbar()를 실행하였는데, 이것은 각 픽셀의 색상에 대응하는 값을 범례로 나타내어준다. 마지막으로 plt.show()로 그래프를 화면에 출력하였다. 출력된 그래프는 그림 11-14와 같다.

그림은 각 픽셀별 값을 색상으로 바꾸어 나타낸다. 가장 낮은 값 0은 짙은 남색으로, 가장 높은 값 15는 밝은 노랑으로 표현된다. 그림에서 이 글씨는 숫자 0을 쓴 것임을 확인할 수 있다. 코드를 수정하여 x_data[1], x_data[2] 등을 출력해 보면 어떤 글씨들이 들어있는지 볼 수 있을 것이다. 전체 코드는 다음과 같다.

예제 **ex11-1.py**

```python
from sklearn import datasets
dataset = datasets.load_digits()
x_data = dataset.data
y_data = dataset.target

print('X shape = ', x_data.shape)
print('Y shape = ', y_data.shape)

print('First x data = ', x_data[0])
print('First y data = ', y_data[0])

import matplotlib.pyplot as plt
plt.imshow(x_data[0].reshape(8,8))
plt.colorbar()
plt.show()
```

11.7 이진분류 기계학습 데이터로 변환

앞에서 손글씨 데이터를 준비하였는데, 정답값이 0부터 9까지의 숫자이다. 즉, 그림을 10가지로 분류해야 한다. 그런데, 우리가 11.5절에서 살펴본 다계층 신경망은 출력 뉴런이 1개인 인공신경망으로서, 0 또는 1의 두 가지로만 정답을 판별하는, 이른바 이진 분류(binary classification) 모델이다. 물론 이를 확장해서 다중 분류 모델을 만드는 것도 그렇게 어려운 것은 아니지만[13], 이에 대해서는 뒤에서 살펴보도록 하고 일단 여기서는 이진 분류 모델을 그대로 따라가면서 구현하는 것을 목표로 해보자. 그러려면 우리의 예제 데이터를 이진 분류 데이터로 변환해야 한다.

가장 직관적으로, 0에서 9까지의 정답값을 좀 바꾸어서, 짝수인지 홀수인지만 판별하도록 해보자. 즉, 손글씨 숫자가 0,2,4,6,8 중 하나이면 정답값을 0으로, 손글씨가 1,3,5,7,9 중 하나이면 정답값을 1로 두도록 하자. 지금 정답값 y_data는 0부터 9까지의 정수이므로, 이를 짝수면 0, 홀수면 1이 되게 바꾸는 가장 간단한 방법은 2로 나누어 나머지를 취하면 되겠다.

이렇게 나머지를 구하는 연산을 모드(mod) 연산이라고 하고, 파이썬에서 모드 연산자는 %기호를 쓴다. 다음과 같이 하면 된다.

```
y_data = y_data % 2
```

한편, x_data는 현재 0부터 15까지의 값인데, 인공신경망의 입력으로 쓸 때는 가급적 값의 범위가 0과 1 사이에 있게 하는 것이 안정적으로 작동한다. 이렇게 하기 위해서는 x_data를 15로 나누어 주면 되겠다.

```
x_data = x_data / 15.0
```

모드 연산이 정수에 대한 연산이다 보니, x_data와 y_data 모두 실수값임을 확실히 해주기 위해, 각각의 변수를 numpy의 float32 형태로 명시적으로 변환해주도록 하자.

```
import numpy as np
y_data = (y_data % 2).astype(np.float32)
x_data = (x_data / 15.0).astype(np.float32)
```

13) 0부터 9까지로 분류하는 모델을 만들려면 출력 뉴런을 10개 두고, 첫번째 뉴런은 0인지 아닌지 판별, 두번째 뉴런은 1인지 아닌지, 세번째 뉴런은 2인지 아닌지... 를 각각 판별하도록 역할 분담을 시키면 된다.

이렇게 하면 y_data에는 0 또는 1의 값들이 주욱 들어가 있을 것이고, 각각은 0이면 짝수, 1이면 홀수임을 의미한다. x_data에는 각 손글씨 그림별로 64개의 0과 1 사이의 소수값이 들어있게 된다.

이제 준비된 데이터를 **학습 데이터**와 **테스트 데이터**로 분할해보자. 사이킷런의 model_selection 모듈의 **train_test_split** 패키지를 활용하면 쉽게 데이터를 학습용과 테스트용으로 분할할 수 있다. 예를 들어, 전체 데이터 중에 20%를 테스트용 데이터로 남겨두고, 80%의 데이터를 학습용으로 쓰고싶다면 다음과 같이 하면 된다.

```
from sklearn.model_selection import train_test_split
x_train, x_test, y_train, y_test = train_test_split(x_data, y_data, test_size=0.2)
```

그러면 x_train에는 학습용 그림 데이터, x_test에는 테스트용 그림 데이터가 저장되고, y_train과 y_test에는 학습용 데이터의 정답과 테스트용 데이터의 정답이 각각 저장된다. 데이터가 잘 만들어졌는지 보기 위해, 학습 및 테스트 데이터의 값을 출력해보는 부분까지 만들어서 실행해보자. 전체 코드는 다음과 같다.

예제 ex11-2.py

```
from sklearn import datasets
dataset = datasets.load_digits()
x_data = dataset.data
y_data = dataset.target

import numpy as np
y_data = (dataset.target %2).astype(np.float32)
x_data = (dataset.data/15.0).astype(np.float32)

from sklearn.model_selection import train_test_split
x_train, x_test, y_train, y_test = train_test_split(x_data, y_data,
                                            test_size=0.2, random_state=7777)
print('# of train data = ', len(y_train))
print('# of test data = ', len(y_test))
print('y_train[32] = ', y_train[32])
print('y_test[120] = ', y_test[120])
```

```
17
18 import matplotlib.pyplot as plt
19 plt.figure(1)
20 plt.imshow(x_train[32].reshape(8,8))
21 plt.title('x_train[32]')
22 plt.colorbar()
23 plt.figure(2)
24 plt.imshow(x_test[120].reshape(8,8))
25 plt.title('x_test[120]')
26 plt.colorbar()
27 plt.show()
```

코드의 8행까지는 데이터를 읽어서 y_data는 짝수냐 홀수냐에 따라 0 또는 1로 바꾸고, x_data는 0과 1 사이의 소수값으로 바꾸는 부분이다. 이어지는 코드 10~12행에서 학습용 데이터와 테스트용 데이터로 분리하였다. test_size=0.2로 하여 전체 데이터 중에서 20%를 테스트 데이터로 쓰도록 했다. 여기서 random_state=7777은 생략해도 되는데, 생략하면 매번 학습 데이터와 테스트 데이터가 임의로 선별되어 실행할 때마다 데이터의 순서가 달라진다. 물론 데이터가 랜덤하게 선별되는 것은 아무 문제 없고 심지어 바람직하지만, 다만 설명의 편의를 위해서 난수 씨드값을 아무 숫자로, 여기서는 7777로 고정하였다. 이렇게 하면 난수가 발생하는 순서가 고정되어 실행할 때마다 동일한 결과가 나타난다.

코드의 13행부터는 데이터 내용을 조금 출력해 보았다. 먼저 학습용 데이터와 테스트용 데이터의 길이를 알아보기 위해 len(y_train)과 len(x_train)을 출력하도록 하였다. 이어지는 15~16행은 학습용과 테스트용 데이터에서 아무 데이터나, 여기서는 각각 32번과 120번 데이터의 정답값을 찍어보도록 하였다. 이 부분의 출력 결과는 다음과 같다.

```
# of train data =  1437
# of test data =  360
y_train[32] =  0.0
y_test[120] =  1.0
```

출력 결과에서 보듯이, 학습용 데이터는 1437건, 테스트용 데이터는 360건이 추출되었고, 학습용 데이터 32번의 정답은 0, 즉 짝수이고, 테스트용 데이터 120번 및 정답은 1, 즉 홀수이다.

그러면 학습용 32번과 테스트용 120번의 글씨가 어떤 모양인지 궁금한데, 이 글씨들을 그림으로 보여주는 부분이 17행 이후이다. 17행에서 matplotlib.pyplot을 plt로 불러오고, 그 다음에 약간 생소한 plt.figure(1)이라는 명령이 등장한다. 일반적으로 그냥 plt의 어떤 그래프 명령을 실행하고 plt.show()를 실행하면 하나의 그래프 윈도우가 그려지는데, 여기서는 두 장의 그래프를 한꺼번에 그려보고자 하였다. 이에 따라, plt.figure(1)이라고 명령한 후에 그림을 그리고, 그 다음에 plt.figure(2)라고 한 다음에 다른 그림을 그린 후에 plt.show()를 호출하면, 앞의 그림을 1번 그림, 뒤의 그림을 2번 그림으로 하여 별도의 창에 그려준 다음에 두 그래프를 동시에 보여준다. 여기서는 1번 그림에는 x_train[32]의 내용을, 2번 그림에는 x_test[120]의 내용을 그려서 나타내도록 하였고, 그래프의 출력 결과는 그림 11-15와 같다.

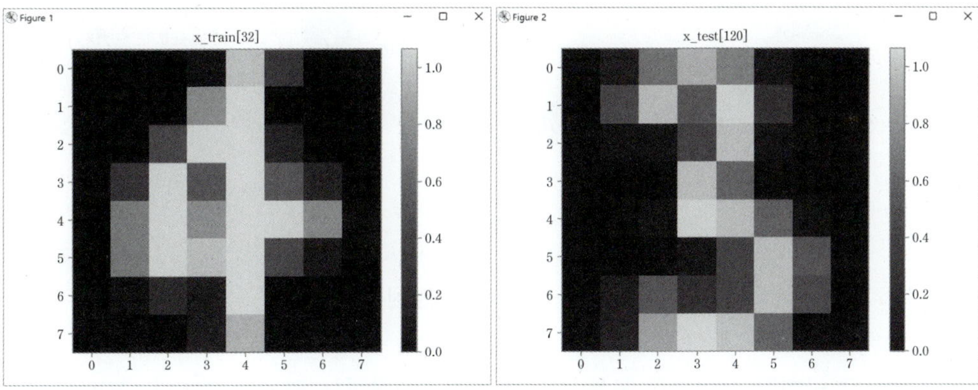

[그림 11-15] 학습 데이터와 테스트 데이터 출력 예

각각 Figure 1, Figure 2라는 제목이 붙은 두 개의 창이 열리고, 각 창에는 x_train[32]와 x_test[120]가 그려진다. 범례를 보면 픽셀값들이 0과 1 사이의 범위로 잘 조정되어서 나타나고 있음을 확인할 수 있다. 여기서 보이듯이, x_train[32]는 숫자 4를, x_test[120]은 숫자 3을 쓴 것이고, 각각 짝수, 홀수이다.

11.8 역전파 알고리즘의 구현

데이터가 모두 준비되었으니 이제 역전파 알고리즘을 구현해보자. 앞의 절에서 준비한 우리의 데이터는 입력값 64개, 출력값은 하나의 값인 이진분류 데이터이다. 그러면 입력층에는 64개의 노드, 출력층에는 한 개의 뉴런이 있다는 사실은 확정되었고, 중간의 은닉층을 몇 계층으로 할지, 또한 몇 개의 뉴런을 넣을지를 결정해야 한다. 여기서는 가장 단순하게, 은닉층은 두 개의 뉴런으로 구성된 하나의 계층으로 하는 것으로 해보자. 그러면, 인공신경망의 구조는 그림 11-16과 같다.

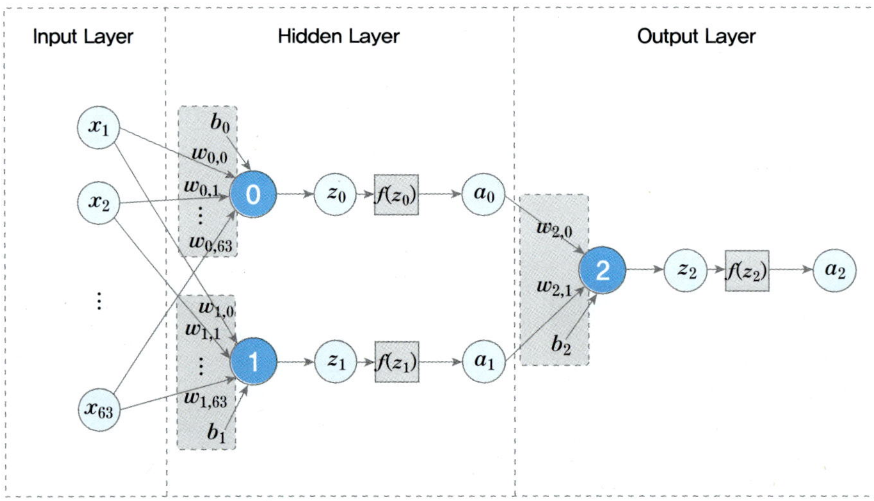

[그림 11-16] 구현하려는 인공신경망 구조

파이썬으로 구현할 것이므로 모든 숫자를 0부터 시작하는 것으로 하였다. 그래서 입력데이터는 x_0에서 x_{63}까지이고, 뉴런의 번호도 0번, 1번, 2번으로 붙여보았다. 나머지 구조는 11.4절과 11.5절에서 나타난 것과 동일하다. 여기서 가중치의 번호는 $w_{i,j}$로 표시되어 있는데, 여기서 앞자리 i는 뉴런의 번호, j는 입력데이터 번호이다. 따라서 $w_{1,7}$이라면 1번 뉴런에서 7번 데이터에 대한 가중치를 의미한다.

먼저, 앞서 11.7절에서 작성했던 데이터를 불러와서 이진분류 데이터로 변환하는 부분을 옮겨온다.

```
from sklearn import datasets
dataset = datasets.load_digits()
x_data = dataset.data
y_data = dataset.target

import numpy as np
y_data = (dataset.target %2).astype(np.float32)
x_data = (dataset.data/15.0).astype(np.float32)

from sklearn.model_selection import train_test_split
x_train, x_test, y_train, y_test = train_test_split(x_data, y_data,
                                         test_size=0.2, random_state=7777)
n = len(y_train)
```

이 부분은 11.7절에서 자세히 살펴보았었다. 입력데이터는 0과 1 사이의 값으로 총 64개가 있고, 출력데이터는 0 또는 1이다. 전체 데이터 중에서 20%를 테스트 데이터로 사용하도록 하였고, 80%의 나머지 데이터를 학습에 사용한다. 마지막 줄에서 n이라는 변수에 학습데이터의 건수를 대입하였다. 11.7절에서 살펴보았던 것과 같이, 학습 데이터포인트 수 n은 1437개가 된다.

이어서 학습 대상이 되는 가중치와 상수항 파라미터를 초기화한다.

```
w0 = np.zeros(64)
b0 = 0
w1 = np.zeros(64)
b1 = 0
w2 = np.zeros(2)
b2 = 0
```

그림 11-16에 나타난 신경망에서 0번, 1번, 2번 뉴런의 가중치와 상수항을 각각 w0, w1, w2와 b0, b1, b2로 나타내었다. 0번과 1번 뉴런은 입력데이터가 64개이므로 가중치를 np.zeros(64)를 이용하여 64개의 값을 가지는 벡터로 만들고 초기값을 모두 0으로 두었다. 2번 뉴런은 0번과 1번 뉴런의 출력값을 입력으로 받아서 입력값이 2개이므로 가중

치도 2개이다. 따라서 w2는 np.zeros(2)로 하여 2개의 값을 갖는 벡터로 만들었다. b0, b1, b2는 상수항이므로 단순히 모두 0으로 하였다.

그러면, 특정 뉴런에서 가중치와 입력데이터를 주면 출력값을 계산해주는 함수를 만들어보자.

```
1  def output(data, w, b):
2      z = b
3      for j in range(len(data)):
4          z += w[j]*data[j]
5      a = 1/(1+np.exp(-z))
6      return a
```

함수 이름은 output으로 하였고, 입력 데이터를 data, 가중치 및 상수항을 w와 b라는 변수로 받도록 하였다. 먼저 z는 모든 가중치와 데이터를 곱하고 b를 더하면 되므로, 두 번째 줄에서 z=b로 두고 이어지는 for 루프에서 데이터 각각에 대응하는 가중치를 곱해서 z에 누적하도록 하였다. 그 다음으로 $1/(1+e^{-z})$를 계산하여 a에 대입하고 이 값을 리턴하면 된다.

이렇게 각 뉴런의 출력값을 계산하는 함수를 활용하면 전체 데이터에 대해서 신경망의 예측값, 즉 최종출력값을 계산하는 함수도 쉽게 만들 수 있다. 함수 이름을 predict라고 하자.

```
def predict(x, w0, b0, w1, b1, w2, b2):
    n = len(x)
    a = np.zeros(n)
    for i in range(n):
        a_hid = np.zeros(2)
        a_hid[0] = output(x[i], w0, b0)
        a_hid[1] = output(x[i], w1, b1)
        a_out = output(a_hid, w2, b2)
        a[i] = a_out
    return a
```

이겨서 predict 함수는 입력 데이터셋 전체가 변수 x로 들어오는 것으로 생각하였다. 2행에서 n에 입력 데이터포인트 갯수를 넣고, 이 갯수만큼 출력값을 계산해서 a에 넣도록 하기 위해 a를 np.zeros(n)을 이용하여 길이 n개의 벡터로 만들었다.

이어서 for 루프를 사용하여 각 데이터포인트에 대한 최종출력값을 계산한다. 4행에서 i를 0부터 n−1까지의 값으로 순차적으로 설정하고, 5행에서는 먼저 0번과 1번 뉴런의 출력값을 저장할 벡터를 a_hid라는 이름으로 만들었다. 그 다음 6행에서는 0번 뉴런의 출력값을 계산하기 위해 x의 i번째 데이터 x[i]와 w0, b0를 output함수에 넘겨서 출력값을 계산하여 a_hid[0]에 저장하였다. 여기서 x[i]는 64개의 값을 갖는다는 점을 기억하자. 7행에서는 동일하게 1번 뉴런의 출력값을 계산해서 a_hid[1]에 넣었다. 이어지는 8행에서는 2번 뉴런에서 최종출력값을 계산하도록 입력값으로 0번과 1번 뉴런의 출력값을 저장한 벡터인 a_hid를 주고, 가중치 w2와 상수항 b2를 함께 output함수에 넘겨서 계산 결과를 a_out에 저장하였다. 9행에서 전체 예측값을 저장할 변수 a의 i번째 요소에 방금 i번째 데이터에 대해 계산된 a_out을 저장하고, 마지막에서 모든 for 루프가 끝난 후에 a를 리턴한다.

이어서 손실함수도 만들어보자.

```
def loss(a, y):
    l = y*np.log(a) + (1-y)*(np.log(1-a))
    return -np.mean(l)
```

손실함수는 간단하다. 예측값 벡터 a와 정답값 벡터 y를 받아서 각 요소에 대한 엔트로피를 계산해 l이라는 이름의 벡터로 만들고, 마지막에서 l의 평균값에 부호를 −로 하여 리턴하였다.

그러면 준비가 다 되었다. 본격적으로 역전파 기계학습 부분을 살펴보자.

```
eta = 0.1
for epoch in range(2000):
    a = predict(x_train, w0,b0,w1,b1,w2,b2)
    print('epoch', epoch, 'loss = ', loss(a, y_train))

```

```
    dw0 = np.zeros(64)
    db0 = 0
    dw1 = np.zeros(64)
    db1 = 0
    dw2 = np.zeros(2)
    db2 = 0
    for i in range(n):
        x = x_train[i]
        y = y_train[i]

        a_hid = np.zeros(2)
        a_hid[0] = output(x, w0, b0)
        a_hid[1] = output(x, w1, b1)
        a_out = output(a_hid, w2, b2)

        for j in range(2):
            dw2[j] += (a_out-y)*a_hid[j]
        db2 += (a_out-y)

        for j in range(64):
            dw0[j] += (a_out-y)*w2[0]*a_hid[0]*(1-a_hid[0])*x[j]
        db0 += (a_out-y)*w2[0]*a_hid[0]*(1-a_hid[0])

        for j in range(64):
            dw1[j] += (a_out-y)*w2[1]*a_hid[1]*(1-a_hid[1])*x[j]
        db1 += (a_out-y)*w2[1]*a_hid[1]*(1-a_hid[1])
    dw0/=n
    db0/=n
    dw1/=n
    db1/=n
    dw2/=n
    db2/=n

    w0 -= eta*dw0
    b0 -= eta*db0
    w1 -= eta*dw1
    b1 -= eta*db1
```

```
43      w2 -= eta*dw2
44      b2 -= eta*db2
```

약간 긴 듯하지만 잘 보면 9장의 회귀분석과 10장의 로지스틱 회귀에서 보았던 것과 거의 동일한 구조이다. 먼저, 학습률을 eta라는 변수로 하여 0.1로 두었다. 그 다음에 for 루프로 2000회 반복하도록 하였다. 즉, 그래디언트를 구하고 가중치를 수정하는 것을 2000번 반복할 예정이다. 이렇게 데이터 전체를 한 번 훑으면서 가중치를 수정하는 것을 **에포크(epoch)**라고 한다. 따라서 달리 말하면 우리는 2000 에포크를 돌릴 예정이라고 할 수 있다.

먼저 3~4행에서는 현재 상황에서의 손실값을 확인해보도록 하였다. 앞서 구현한 predict함수를 써서 현재 가중치를 통한 예측값을 계산하였다. 학습데이터의 전체 입력값 x_train과, 현재의 가중치 및 상수항을 predict 함수에 넘겨서 계산 결과를 a라는 변수로 받았다. 그러면 a는 학습데이터포인트 수만큼의 예측값이 저장된 벡터가 된다. 이어서 4행에서는 현재 계산된 예측값 a와 정답값 y_train을 통해 손실을 계산하여 출력하였다. 회차가 반복될수록 이 손실값이 줄어들기를 기대한다.

이어지는 6~11행에서는 각 가중치 및 상수항 파라미터에 대한 그래디언트를 저장할 변수를 초기화한다. w0, w1, w2에 대한 그래디언트를 dw0, dw1, dw2로, b0, b1, b2에 대응하는 그래디언트를 db0, db1, db2라는 이름의 변수로 두었다. 각 그래디언트 변수의 형태는 대응하는 파라미터와 동일하다.

그 다음은 역전파 방법으로 그래디언트를 계산하는 부분이다. 먼저 각각의 i번째 데이터포인트에 대해 최종출력값과 중간의 은닉층의 출력값이 계산되어야 한다. 12행의 for 루프에서 i를 각 데이터포인트 번호로 사용하기 위해 0부터 n−1까지 움직이도록 하였다. 그 다음으로, i번째 입력데이터 x_train[i]를 x라는 이름으로, i번째 정답값 y_train[i]를 y라는 이름의 변수로 저장하였다. 16~19행은 0번, 1번, 2번 뉴런 각각의 출력값을 계산하는 부분이다. 앞에서 만든 output 함수를 사용하여, 0번과 1번 뉴런의 출력값은 각각 a_hid[0], a_hid[1]에, 2번 뉴런의 출력값은 a_out에 저장하였다.

이어서 21행~23행은 2번 뉴런의 가중치 수정을 위한 그래디언트를 계산한다. 식 (11-12)에 따라, 2번 뉴런에서 $w_{2,j}$ 의 그래디언트는

$$\frac{\partial L}{\partial w_{2,j}} = \frac{1}{n}\sum_{i=0}^{n-1}(a_2(i) - y(i))a_j(i) \quad \text{(식 11-16)}$$

로 계산된다. 식 (11-12)와 달라진 점은 모든 번호가 0부터 시작하므로 a_3가 a_2로 바뀌었고, i가 0부터 시작하는 것으로 바뀌었다. 이 부분을 그대로 옮기면 되는데, 먼저 모든 데이터포인트에 대한 합계를 계산하고 마지막에 n으로 나누는 식으로 구현하도록 하자. 19행에서 데이터포인트 i번에 대한 최종출력값 $a_2(i)$는 a_out으로 계산되어 있다. 18~19행에서 0번 및 1번 뉴런의 출력값은 각각 a_hid[0], a_hid[1]으로 계산되어 있으므로, dw2[0]은 (a_out - y)*a_hid[0]를, dw2[1]은 (a_out - y)*a_hid[1]을 모든 데이터포인트에 대해 누적해서 나중에 n으로 나누면 된다. 이 부분이 21~22행에 그대로 구현되어 있다. 비슷하게,

$$\frac{\partial L}{\partial b_2} = \frac{1}{n}\sum_{i=0}^{n-1}(a_2(i) - y(i)) \quad \text{(식 11-17)}$$

이므로, 23행에서 db2는 (a_out - y)를 계산해서 누적하도록 하였다.

25~27행은 0번 뉴런의 각각의 가중치 $w_{0,j}$와 상수항 b_0에 대한 그래디언트를 계산하는 부분이다. 식 (11-13)과 (11-14)에 따라, $w_{0,j}$ 및 b_0에 대한 그래디언트는 다음과 같이 계산된다.

$$\begin{aligned} \frac{\partial L}{\partial w_{0,j}} &= \frac{1}{n}\sum_{i=0}^{n-1}(a_2(i) - y(i))w_{2,0}(a_0(i)(1 - a_0(i)))x_j(i) \\ \frac{\partial L}{\partial b_0} &= \frac{1}{n}\sum_{i=0}^{n-1}(a_2(i) - y(i))w_{2,0}(a_0(i)(1 - a_0(i))) \end{aligned} \quad \text{(식 11-18)}$$

이 식을 25~27행에 그대로 옮겨놓았다. 먼저 25행에서 j를 입력값 번호로 두고, 26행에서는 각각의 가중치 $w_{0,j}$에 대한 그래디언트 dw0[j]를 계산하기 위해 (a_out - y)*w2[0]*a_hid[0]*(1-a_hid[0])*x[j]를 누적하도록 하였다. 27행에서는 상수항 b_0에 대해서도 같은 방식으로 식 (11-18)을 적용하여 계산하여 db0에 누적하였다.

29~31행에서도 동일하게 1번 뉴런의 $w_{1,j}$와 b_1에 대한 그래디언트 dw1[j]와 db1을 다음 식을 적용하여 계산하였다.

$$
\begin{aligned}
\frac{\partial L}{\partial w_{1,j}} &= \frac{1}{n}\sum_{i=0}^{n-1}(a_2(i)-y(i))w_{2,1}(a_1(i)\,(1-a_1(i)))x_j(i) \\
\frac{\partial L}{\partial b_1} &= \frac{1}{n}\sum_{i=0}^{n-1}(a_2(i)-y(i))w_{2,1}(a_1(i)\,(1-a_1(i)))
\end{aligned}
\qquad \text{(식 11-19)}
$$

이렇게 12행에서 31행까지 이어지는 for문을 통해 모든 데이터포인트에 대해 그래디언트 계산을 위한 값을 누적한 후에, 32~37행에서는 이것을 모두 n으로 나누었다. 이렇게 하면 그래디언트의 값이 잘 계산되었을 것이다.

그래디언트가 얻어지면 11.4절에서 살펴본 것처럼 그래디언트의 반대방향으로 파라미터 값을 조금 조정해 주어야 한다. 학습률을 eta라는 변수에 넣었으므로, 39~44행에서 그래디언트에 eta를 곱한 값을 각 파라미터에서 빼서 가중치 및 상수항을 조정해주었다.

지금까지의 코드를 전체적으로 살펴보면 다음과 같다.

예제 **ex11-4.py**

```
1  import numpy as np
2  from sklearn import datasets
3
4  dataset = datasets.load_digits()
5  x_data = dataset.data
6  y_data = dataset.target
7  x_data = (x_data / 15.0).astype(np.float32)
8  y_data = (y_data % 2).astype(np.float32)
9
10 from sklearn.model_selection import train_test_split
11 x_train, x_test, y_train, y_test = train_test_split(x_data, y_data, test_size=0.2, random_state=7777)
12 n = len(y_train)
13
14 w0 = np.zeros(64)
15 b0 = 0
16 w1 = np.zeros(64)
17 b1 = 0
18 w2 = np.zeros(2)
19 b2 = 0
20
```

```
def output(data, w, b):
    z = b
    for j in range(len(data)):
        z += w[j]*data[j]
    a = 1/(1+np.exp(-z))
    return a

def predict(x, w0, b0, w1, b1, w2, b2):
    n = len(x)
    a = np.zeros(n)
    for i in range(n):
        a_hid = np.zeros(2)
        a_hid[0] = output(x[i], w0, b0)
        a_hid[1] = output(x[i], w1, b1)
        a_out = output(a_hid, w2, b2)
        a[i] = a_out
    return a

def loss(a, y):
    l = y*np.log(a) + (1-y)*(np.log(1-a))
    return -np.mean(l)

eta = 0.1
for epoch in range(2000):
    a = predict(x_train, w0,b0,w1,b1,w2,b2)
    print('epoch', epoch, 'loss = ', loss(a, y_train))

    dw0 = np.zeros(64)
    db0 = 0
    dw1 = np.zeros(64)
    db1 = 0
    dw2 = np.zeros(2)
    db2 = 0
    for i in range(n):
        x = x_train[i]
        y = y_train[i]

```

```
        a_hid = np.zeros(2)
        a_hid[0] = output(x, w0, b0)
        a_hid[1] = output(x, w1, b1)
        a_out = output(a_hid, w2, b2)

        for j in range(2):
            dw2[j] += (a_out-y)*a_hid[j]
        db2 += (a_out-y)

        for j in range(64):
            dw0[j] += (a_out-y)*w2[0]*a_hid[0]*(1-a_hid[0])*x[j]
        db0 += (a_out-y)*w2[0]*a_hid[0]*(1-a_hid[0])

        for j in range(64):
            dw1[j] += (a_out-y)*w2[1]*a_hid[1]*(1-a_hid[1])*x[j]
        db1 += (a_out-y)*w2[1]*a_hid[1]*(1-a_hid[1])
    dw0/=n
    db0/=n
    dw1/=n
    db1/=n
    dw2/=n
    db2/=n

    w0 -= eta*dw0
    b0 -= eta*db0
    w1 -= eta*dw1
    b1 -= eta*db1
    w2 -= eta*dw2
    b2 -= eta*db2

print('w0=', w0)
print('b0=', b0)
print('w1=', w1)
print('b1=', b1)
print('w2=', w2)
print('b2=', b2)
```

이 코드를 실행하면 다음과 같이 점차적으로 손실값이 감소하는 것을 볼 수 있을 것이다. 마지막 부분에는 2000번의 반복이 모두 끝난 후에 최종적으로 학습된 가중치들을 출력하는 부분을 추가해 보았다. 출력된 가중치들이 결국 인공신경망 모델의 학습 결과로 얻어진 본질적 결과물이라고 할 수 있다.

```
epoch 0 loss =  0.6931471805599453
epoch 1 loss =  0.6931463074006508
epoch 2 loss =  0.6931454984682381
epoch 3 loss =  0.6931447489752058
epoch 4 loss =  0.6931440544908313
epoch 5 loss =  0.693143410914574
...
epoch 1999 loss =  0.25495882997388997
w0= [ 0.00000000e+00  1.33923609e-02  2.82681594e-01  4.29265378e-01...
 -5.38874454e-01 -2.08807423e-01 -3.77038646e-01  3.52189848e-02]
b0= -0.03894321885130886
w1= [ 0.00000000e+00  1.33923609e-02  2.82681594e-01  4.29265378e-01...
 -5.38874454e-01 -2.08807423e-01 -3.77038646e-01  3.52189848e-02]
b1= -0.03894321885130886
w2= [3.45352534 3.45352534]
b2= -2.945601679299807
```

코드의 속도나 최적화 등은 신경쓰지 않고 이해를 위해 알고리즘을 최대한 그대로 옮기는데 초점을 둔 코드이므로 실행에는 시간이 좀 걸린다. 2000번의 에포크를 모두 돌고 나면 loss 값이 0.255정도까지 감소하는 것을 볼 수 있다. 더 많은 횟수를 돌리면 손실함수 값이 더 감소할 수도 있겠지만, 이 정도까지 하고 예측 성능을 살펴보자.

11.9 인공신경망 모델의 예측성능

앞서 2000 에포크를 반복하면서 학습된 최종적인 모델을 테스트 데이터에 적용해보자. 앞의 코드에 다음 부분을 이어서 작성해보겠다.

```python
1 predictions = predict(x_test, w0,b0,w1,b1,w2,b2)
2 predLabels=[]
3 for y in predictions:
4     if y<0.5: predLabels.append(0)
5     else: predLabels.append(1)
```

첫번째 행에서는 앞에서 작성한 predict 함수를 활용하였다. 테스트 데이터의 입력값 x_test 전체를 predict 함수에 넘기면서, 이 때 사용할 가중치와 상수항 값들은 조금 전 2000번의 에포크를 통해 학습된 결과를 적용하도록 하였다. 이 결과를 predictions라는 이름의 변수에 대입하였는데, 그러면 이 변수에는 테스트 데이터의 건수만큼의 최종출력값이 벡터로 저장된다. 최종출력값은 0과 1 사이의 확률값이므로, 그 다음 for 문을 통하여 predictions에 있는 각각의 값에 대해서 0.5미만이면 0을, 아니면 1의 값을 리스트 predLabels에 차례로 저장하도록 하였다. 이렇게 하면 predLabels라는 리스트는 테스트 데이터에 대한 0또는 1의 예측값을 가지고 있게 된다.

마지막으로, 이렇게 얻어진 예측값이 얼마나 실제 정답값을 잘 맞추고 있는지 성능지표를 알아보자.

```python
from sklearn.metrics import confusion_matrix
from sklearn.metrics import classification_report
print(confusion_matrix(y_test, predLabels))
print(classification_report(y_test, predLabels))
```

7장에서 성능지표 출력을 위해 사용하였던 sklearn.metrics를 이용하여 혼동행렬과 성능지표들을 출력해 보도록 하였다.

그러면, 앞서 작성하였던 역전파 학습 부분과 최종 예측 및 성능평가부분을 모두 종합한 코드는 다음과 같이 된다.

예제 ex11-5.py

```
import numpy as np
from sklearn import datasets

dataset = datasets.load_digits()
x_data = dataset.data
y_data = dataset.target
x_data = (x_data / 15.0).astype(np.float32)
y_data = (y_data % 2).astype(np.float32)

from sklearn.model_selection import train_test_split
x_train, x_test, y_train, y_test = train_test_split(x_data, y_data, test_size=0.2, 
random_state=7777)
n = len(y_train)
w0 = np.zeros(64)
b0 = 0
w1 = np.zeros(64)
b1 = 0
w2 = np.zeros(2)
b2 = 0

def output(data, w, b):
    z = b
    for j in range(len(data)):
        z += w[j]*data[j]
    a = 1/(1+np.exp(-z))
    return a

def predict(x, w0, b0, w1, b1, w2, b2):
    n = len(x)
    a = np.zeros(n)
    for i in range(n):
        a_hid = np.zeros(2)
        a_hid[0] = output(x[i], w0, b0)
        a_hid[1] = output(x[i], w1, b1)
        a_out = output(a_hid, w2, b2)
        a[i] = a_out
```

```
    return a

def loss(a, y):
    l = y*np.log(a) + (1-y)*(np.log(1-a))
    return -np.mean(l)

eta = 0.1
for epoch in range(2000):
    a = predict(x_train, w0,b0,w1,b1,w2,b2)
    print('epoch', epoch, 'loss = ', loss(a, y_train))

    dw0 = np.zeros(64)
    db0 = 0
    dw1 = np.zeros(64)
    db1 = 0
    dw2 = np.zeros(2)
    db2 = 0
    for i in range(n):
        x = x_train[i]
        y = y_train[i]

        a_hid = np.zeros(2)
        a_hid[0] = output(x, w0, b0)
        a_hid[1] = output(x, w1, b1)
        a_out = output(a_hid, w2, b2)

        for j in range(2):
            dw2[j] += (a_out-y)*a_hid[j]
        db2 += (a_out-y)

        for j in range(64):
            dw0[j] += (a_out-y)*w2[0]*a_hid[0]*(1-a_hid[0])*x[j]
        db0 += (a_out-y)*w2[0]*a_hid[0]*(1-a_hid[0])

        for j in range(64):
            dw1[j] += (a_out-y)*w2[1]*a_hid[1]*(1-a_hid[1])*x[j]
        db1 += (a_out-y)*w2[1]*a_hid[1]*(1-a_hid[1])
```

```
        dw0/=n
        db0/=n
        dw1/=n
        db1/=n
        dw2/=n
        db2/=n

        w0 -= eta*dw0
        b0 -= eta*db0
        w1 -= eta*dw1
        b1 -= eta*db1
        w2 -= eta*dw2
        b2 -= eta*db2

print('w0=', w0)
print('b0=', b0)
print('w1=', w1)
print('b1=', b1)
print('w2=', w2)
print('b2=', b2)

predictions = predict(x_test, w0,b0,w1,b1,w2,b2)
predLabels=[]
for y in predictions:
    if y<0.5: predLabels.append(0)
    else: predLabels.append(1)

from sklearn.metrics import confusion_matrix
from sklearn.metrics import classification_report
print(confusion_matrix(y_test, predLabels))
print(classification_report(y_test, predLabels))
```

코드가 조금 길지만 차근차근 살펴보면 코드의 내용이 눈에 잘 들어올 것으로 믿는다. 코드를 실행하면 2000번의 에포크 반복이 일어나면서 손실값이 점점 감소하고, 최종적으로 학습된 가중치들을 출력한 후에, 성능평가지표들이 출력된다. 최종적으로 출력된 혼동행렬과 성능지표들은 다음과 같을 것이다.

```
[[171  13]
 [ 14 162]]
              precision    recall  f1-score   support

         0.0       0.92      0.93      0.93       184
         1.0       0.93      0.92      0.92       176

    accuracy                           0.93       360
   macro avg       0.93      0.92      0.92       360
weighted avg       0.93      0.93      0.92       360
```

총 360개의 테스트 데이터 중에서 짝수(0)과 홀수(1)이 각각 184건, 176건 있었음을 알 수 있고, 짝수 홀수 모두 예측의 정밀도, 재현률, 정확도, f1−score가 모두 92% ~ 93% 수준에 달하고 있다. 간단한 코드로 이 정도면 꽤 괜찮은 손글씨 인식 모델이 만들어진 것 같다. 인공신경망의 내부를 직접 들여다보면서 구현에 성공하게 된 것을 축하한다!

11.10 맺음말

이번 장에서는 최근의 기계학습기반 예측모델에서 가장 널리 활용되고 있는 인공신경망 모델의 기본 이론을 알아보고, 외부 패키지의 도움을 받지 않고 직접 이론대로 구현해보았다. 실제로는 인공신경망의 각종 기법을 사전에 구현해놓은 패키지를 사용하게 되는 경우가 대부분이겠지만, 인공신경망 동작의 내부를 살펴보는 것은 앞으로의 이해의 깊이를 달리함은 물론, 이를 응용한 다른 모델의 개발이 필요할 때 큰 도움이 될 것이다.

다음 장에서는 인공신경망 모델을 구성하는 여러 요소들의 세부적 내용을 살펴보고, Keras 패키지를 활용하여 인공신경망을 구현하는 방법을 알아보도록 하자.

실·습·예·제

1. 논리합(OR) 관계, 즉 입력값 X=[[0,0], [1,0], [0,1], [1,1]]에 대해 출력값 Y=[0,1,1,1]을 내보내는 단일 뉴런으로 구성된 신경망을 고려한다. 여기서 파라미터의 초기값을 $w_1=1.0$, $w_2=1.0$, $b=-1.0$으로 두고, X=[[0,0], [1,0], [0,1], [1,1]]의 데이터에 대해 1 에포크를 학습하여 파라미터 w_1, w_2, b를 수정하는 코드를 numpy를 이용해 작성하고, 학습 전후의 예측값과 손실함수값을 비교하여 출력하시오. 이때 최적화는 경사하강법을 적용하고, 학습률 $\eta=0.1$로 하시오.

풀이

practice_11-1.py

```python
import numpy as np

def output(x1, x2, w1, w2, b):
    z = w1*x1 + w2*x2 + b
    a = 1/(1+np.exp(-z))
    return a

def loss(a, y):
    l = 0
    for i in range(len(y)):
        l += y[i]*np.log(a[i]) + (1-y[i])*(np.log(1-a[i]))
    l /= len(y)
    return -l

def predict(x_train, w1, w2, b):
    n = len(x_train)
    a = np.zeros(n)
    for i in range(n):
        x1 = x_train[i][0]
        x2 = x_train[i][1]
        a[i] = output(x1, x2, w1, w2, b)
    return a

x_train = [[0,0], [0,1], [1,0], [1,1]]
y_train = [0,0,0,1]
```

```
w1 = 1
w2 = 1
b = -1

pred = predict(x_train, w1, w2, b)
print("initial w1, w2, b = ", w1, w2, b)
print("initial prediction = ", pred)
print("initial loss value = ", loss(pred, y_train))

dw1=0
dw2=0
db=0
for i in range(len(x_train)):
    a = pred[i]
    y = y_train[i]
    x1 = x_train[i][0]
    x2 = x_train[i][1]

    dw1 += (a-y)*x1
    dw2 += (a-y)*x2
    db += (a-y)

dw1 /= len(x_train)
dw2 /= len(x_train)
db /= len(x_train)

eta=0.1

w1 -= eta*dw1
w2 -= eta*dw2
b -= eta*db

pred = predict(x_train, w1, w2, b)
print("improved w1, w2, b = ", w1, w2, b)
print("improved prediction = ", pred)
print("improved loss value = ", loss(pred, y_train))
```

```
initial w1, w2, b =  1 1 -1
initial prediction =  [0.26894142 0.5        0.5        0.73105858]
initial loss value =  0.503204434039084
improved w1, w2, b =  0.9942235355342499 0.9942235355342499 -1.025
improved prediction =  [0.26405461 0.49230649 0.49230649 0.72381144]
improved loss value =  0.4963946025817524
```

학습 전의 예측값은 0.5를 기준으로 했을 때 판별이 곤란한 반면, 학습 후의 예측값은 전반적으로 약간 낮아지면서 0.5를 기준으로 판별했을 때 0, 0, 0, 1로 예측되어 정답값과 동일하게 되는 방향으로 수정되었으며, 손실함수값도 감소하였음을 알 수 있다.

2. 위 실습예제 11－1에서 학습을 10,000 에포크 반복하여 학습 전후의 예측값과 손실함수값을 비교하여 출력하시오.

풀이

practice_11-2.py

```python
import numpy as np

def output(x1, x2, w1, w2, b):
    z = w1*x1 + w2*x2 + b
    a = 1/(1+np.exp(-z))
    return a

def loss(a, y):
    l = 0
    for i in range(len(y)):
        l += y[i]*np.log(a[i]) + (1-y[i])*(np.log(1-a[i]))
    l /= len(y)
    return -l

def predict(x_train, w1, w2, b):
    n = len(x_train)
    a = np.zeros(n)
    for i in range(n):
        x1 = x_train[i][0]
```

```
        x2 = x_train[i][1]
        a[i] = output(x1, x2, w1, w2, b)
    return a

x_train = [[0,0], [0,1], [1,0], [1,1]]
y_train = [0,0,0,1]

w1 = 1
w2 = 1
b = -1

pred = predict(x_train, w1, w2, b)
print("initial w1, w2, b = ", w1, w2, b)
print("initial prediction = ", pred)
print("initial loss value = ", loss(pred, y_train))

eta=0.1
for epoch in range(10000):
    pred = predict(x_train, w1, w2, b)

    dw1=0
    dw2=0
    db=0
    for i in range(len(x_train)):
        a = pred[i]
        y = y_train[i]
        x1 = x_train[i][0]
        x2 = x_train[i][1]

        dw1 += (a-y)*x1
        dw2 += (a-y)*x2
        db += (a-y)

    dw1 /= len(x_train)
    dw2 /= len(x_train)
    db /= len(x_train)

```

```
    w1 -= eta*dw1
    w2 -= eta*dw2
    b -= eta*db

print("improved w1, w2, b = ", w1, w2, b)
print("improved prediction = ", pred)
print("improved loss value = ", loss(pred, y_train))
```

```
initial w1, w2, b =  1 1 -1
initial prediction =  [0.26894142 0.5        0.5        0.73105858]
initial loss value =  0.503204434039084
improved w1, w2, b =  7.437621275434786 7.437621275434786 -11.328986636903174
improved prediction =  [1.20228868e-05 2.00108750e-02 2.00108750e-02 9.71972879e-01]
improved loss value =  0.017216752065095885
```

10,000 에포크 학습 후의 예측값은 약 0.00001, 0.02, 0.02, 0.97로 나타나, 정답값 0, 0, 0, 1에 거의 수렴하였으며, 손실함수값도 상당히 감소하였음을 확인할 수 있다.

연·습·문·제

1. 두 개의 입력값을 받아들이는 단일 퍼셉트론으로 다음의 정답값을 예측하도록 가중치 w_1, w_2를 설정하고, 파이썬으로 퍼셉트론을 구현하여 정답을 정확히 예측함을 보이시오.

a)

입력값		정답값
x_1	x_2	y
0	0	0
0	1	0
1	0	0
1	1	1

b)

입력값		정답값
x_1	x_2	y
0	0	1
0	1	0
1	0	1
1	1	1

c)

입력값		정답값
x_1	x_2	y
0	0	0
0	1	0
1	0	1
1	1	0

2. 예제 프로그램 ex11－5.py를 수정하여 다음의 입력값에 대한 정답값(xor 관계)를 예측하도록 학습시키고 성능리포트를 제시하시오. 필요한 데이터셋은 직접 생성하여 사용하시오.

입력값		정답값
x_1	x_2	y
0	0	0
0	1	1
1	0	1
1	1	1

3. 예제 프로그램 ex11－5.py에서 그래디언트 계산부분을 GradientTape을 사용하도록 수정하시오.

4. 예제 프로그램 ex11－5.py를 은닉층에 3개의 뉴런이 있는 구조로 수정하여 학습시키고 성능리포트를 제시하시오.

5. 예제 프로그램 ex11－5.py을 수정하여, 다음과 같이 3×3의 보드에서 1이 한 줄을 이루었는지를 판별하는 인공신경망을 구현하고 성능리포트를 제시하시오. 필요한 데이터셋은 직접 생성하여 사용하시오.

- 단, 경우의 수를 줄이기 위해 보드상에 있는 1의 개수는 3개로 한정
- 아래 예시에서 Label 1은 한 줄이 만들어졌음을, 0은 만들어지지 않았음을 의미

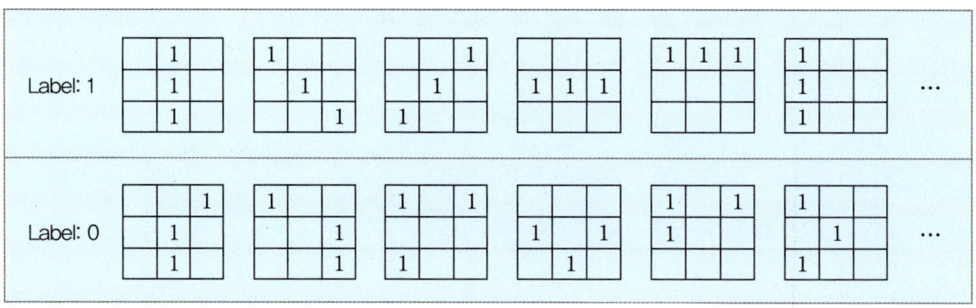

12 CHAPTER 인공신경망 구현과 Keras 패키지

앞의 장에서 인공신경망의 이론적 기초를 살펴보고, 순수하게 원리에만 기반하여 학습과 예측의 과정을 직접 구현해 보았다. 이제, 실무 적용을 위한 좀 더 큰 규모의 인공신경망을 구현하는 것에 대해 살펴보자. 실제 응용을 위해서는 사전에 만들어진 인공신경망 패키지들을 활용하는 것이 여러가지로 효율적이다. 이번 장에서는 실무에서 널리 활용되는 Keras 패키지를 활용하여 인공신경망을 구현해보고, 여러가지 세부적 고려사항에 대해 살펴보도록 하겠다.

12.1 Keras 패키지

Keras는 인공신경망과 딥러닝을 구현하기 위한 패키지로서, 원래는 구글의 별도 프로젝트였으나 지금은 텐서플로우와 함께 배포되고 있다. 파이썬으로 작성된 오픈소스 라이브러리로서 텐서플로우 위에서 구동되며, 구글의 지원 하에 꾸준히 수정 및 성능 향상이 되고 있어 실무에서 널리 사용되고 있다.

Keras는 인공신경망 모델링을 단 몇 줄로 할 수 있게 해준다. 바로 설치해서 예제부터 실행해보자. Keras의 설치는 간단하다. 다음과 같이 cmd 창을 관리자 권한으로 실행 후 pip install keras를 실행하는 것으로 끝이다.

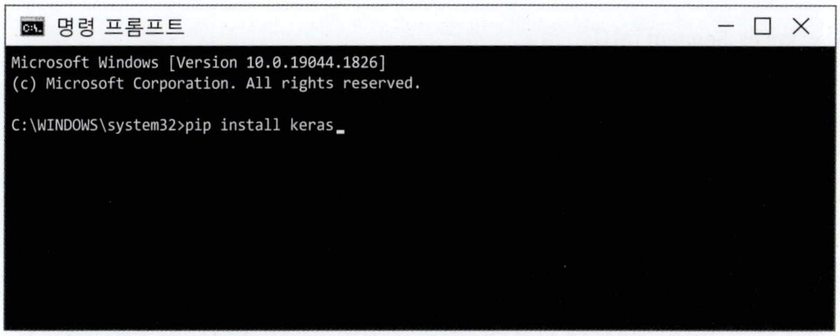

[그림 12-1] pip를 이용한 Keras 설치

설치에는 몇 분정도 소요되며, 성공적으로 설치가 끝나면 바로 파이썬 프로그램에서 Keras 기능을 불러올 준비가 되었다.

그러면, 앞의 11장의 ex11-5.py에서 만들어 보았던 손글씨 숫자를 홀수/짝수로 구분하는 인공신경망을 Keras로 한번 구현해보자. 11장에서 구현했던 인공신경망은 다음 그림 12-2와 같은 구조로 되어 있다. 그림 11-16과 동일한 그림이다.

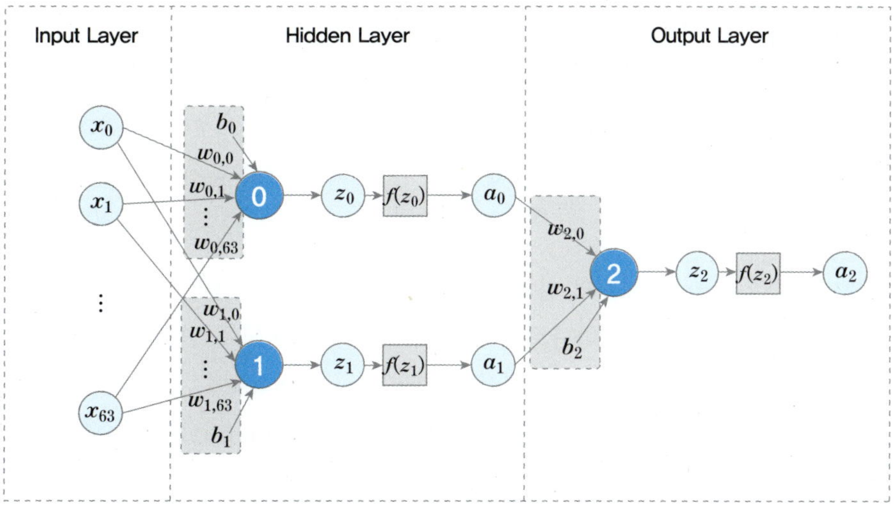

[그림 12-2] Keras로 구현하려는 인공신경망 구조

입력은 64개의 값, 은닉층에 2개의 뉴런, 마지막에 출력층에 1개의 뉴런으로 구성되어 있다. 이 인공신경망을 Keras로 모델링하려면 다음과 같이 쓰면 된다.

```
1 model = keras.Sequential([
2     keras.layers.Dense(2, activation='sigmoid', input_shape=(64,)),
3     keras.layers.Dense(1, activation='sigmoid')
4 ])
```

정말 간결하지 않은가? keras.**Sequential**( )의 괄호 안에 인공신경망의 각 계층을 순차적으로 리스트로 기입해서 넣어주면 된다. 여러 줄로 되어 있지만, 잘 보면 keras.Sequential( ) 안에 리스트가 하나 들어있고, 이 리스트에 두 개의 값이 있는 형태이다.

리스트의 첫 번째 요소는 우리 모델의 은닉층이다. 입력층은 별도로 표시해도 되지만, 대개 은닉층에 **input_shape** 옵션으로 처리해주는 경우가 많다. 여기서는 입력층에 64개의 데이터가 들어가므로 2행의 마지막 부분에서 input_shape=(64,)로 하였다. 입력층 다음의 은닉층은 2개의 뉴런으로 구성되고, 입력층 64개와 모든 링크로 연결된다. 이 계층을 나타내기 위해서 2행에서 keras.layers.**Dense**를 사용했는데, 여기서 Dense는 이번 계층(layer)이 그 이전 계층과 각 노드간 모두 연결되게 한다는 뜻이다. 뉴런이 2개이므로 숫자 2를 기입해 주었고, 뉴런의 활성화함수로는 시그모이드 함수를 쓰고 있으므로, activation='sigmoid'라고 명시해 주었다. 즉, 2행의 keras.layers.Dense(2, activation='sigmoid', input_shape=(64,))를 전체적으로 해석하면, 입력층에 64개의 값이 있고, 그 다음 계층에 2개의 뉴런이 있는데 입력층과 모두 연결되고, 활성화 함수로는 시그모이드함수를 쓴다는 뜻이 된다. 이 자체가 리스트의 하나의 요소이므로, 마지막에 콤마(,)가 찍혀 있다.

콤마 뒤에 3행에서 다음 계층의 설정을 나타내는 요소가 나타난다. 우리 모델상에서 그 다음 계층은 출력층인데, 뉴런 하나로 구성되고 앞의 계층과 모두 연결하면 된다. 활성화함수는 여기서도 시그모이드이다. 그래서 keras.layers.Dense(1, activation='sigmoid')가 되었다. 이렇게 두 개의 값을 가지는 리스트가 keras.Sequential( ) 함수의 괄호 안에 기입되었다.

이어서 이 모델의 손실함수와 최적화엔진을 설정해준다.

```
model.compile(optimizer='SGD', loss='binary_crossentropy')
```

손실함수(loss)는 엔트로피 함수를 사용하는데, keras에서 단일 출력 뉴런에 사용하는 엔트로피 함수는 **binary_crossentropy**라는 이름으로 정의되어 있다. 뒤에서 좀 더 상세히 설명하겠다. **최적화 엔진(optimizer)**은 **SGD**로 하였다. 여기서 SGD는 '**Stochastic Gradient Descent**'의 약자로서, 11장에서 우리가 직접 구현해 보았던 경사하강법, 즉 그래디언트로 개선 방향을 찾아서 파라미터를 조정하는 방법이다[1].

마지막으로 학습 데이터의 입력값과 정답값을 모델에 넣어주고, 학습 반복 횟수인 에포크를 설정해주면 된다. 11장 ex11-5.py에서 구현했던 것과 같이 2000 에포크로 해보자.

```
model.fit(x_train, y_train, epochs=2000)
```

이렇게 해서 모델이 학습되고 나서 직접 예측을 시켜보려면 테스트용 입력데이터를 넣어서 predict 함수를 호출하면 된다.

```
predictions = model.predict(x_test)
```

이렇게 하면 predictions라는 변수로 x_test의 입력데이터 각각에 대한 예측값들이 리스트로 predictions에 저장된다. 우리의 인공신경망 구조상 출력 뉴런은 한 개이고, 이 출력 뉴런이 예측한 값은 확률값에 해당한다. 11장의 ex11-5.py에서와 마찬가지로 0.5를 기준으로 하여 그보다 크면 1로, 아니면 0으로 판단하면 된다.

이게 끝이다. 학습 데이터와 테스트 데이터를 만드는 부분과 마지막에 예측 결과를 정답과 맞추어서 성능지표를 출력하는 부분까지 붙여서 전체 코드를 만들어보면 다음과 같다.

예제 ex12-1.py

```
import numpy as np
from tensorflow import keras
from sklearn import datasets
```

1) 엄밀하게 말하면 우리가 11장에서 구현한 경사하강법은 매 에포크마다 전체 데이터에 대해 그래디언트를 계산하지만, SGD는 일부 데이터에 대해서만 그래디언트를 계산해서 파라미터를 수정하는 것을 반복하는 방식으로서 약간 차이가 있다. 이 때 파라미터를 한 번 수정하기 위해 사용하는 데이터의 크기를 배치(batch)라고 한다. 이에 대해서는 뒤에서 다시 설명한다.

```
4
5  dataset = datasets.load_digits()
6  x_data = (dataset.data/15.0).astype(np.float32)
7  y_data = (dataset.target %2).astype(np.float32)
8
9  from sklearn.model_selection import train_test_split
10 x_train, x_test, y_train, y_test = train_test_split(x_data, y_data,
11   test_size=0.2)
12
13 model = keras.Sequential([
14     keras.layers.Dense(2, activation='sigmoid', input_shape=(64,)),
15     keras.layers.Dense(1, activation='sigmoid')
16 ])
17 model.compile(optimizer='SGD', loss='binary_crossentropy')
18 model.fit(x_train, y_train, epochs=2000)
19
20 predictions = model.predict(x_test)
21 predLabels=[]
22 for y in predictions:
23     if y<0.5: predLabels.append(0)
24     else: predLabels.append(1)
25
26 from sklearn.metrics import confusion_matrix
27 from sklearn.metrics import classification_report
28
29 print(confusion_matrix(y_test, predLabels))
30 print(classification_report(y_test, predLabels))
```

입력 데이터를 만드는 1~10행 부분과, 예측값을 해석해서 성능지표를 출력하는 20행 이후의 부분은 11장의 ex11-5.py에서 구현했던 것과 동일하다. 인공신경망을 구축하고 데이터로 학습해서 예측하는 부분은 12~19행까지가 전부이다. Keras를 이용하면 신경망 구현이 매우 간결해짐을 알 수 있다.

프로그램을 실행해보면 다음과 같이 2000회의 반복이 일어난 후에 성능지표가 표시될 것이다. SGD에서 학습 데이터를 샘플링하는 순서에 약간의 임의성(randomness)이 있어서 최종 지표값은 살짝 다를 수도 있다.

```
Epoch 1/2000
45/45 [==============================] - 0s 488us/step - loss: 0.6999
Epoch 2/2000
45/45 [==============================] - 0s 421us/step - loss: 0.6924
Epoch 3/2000
45/45 [==============================] - 0s 421us/step - loss: 0.6869
...
Epoch 2000/2000
45/45 [==============================] - 0s 443us/step - loss: 0.1443
[[168  11]
 [ 10 171]]
              precision    recall  f1-score   support

         0.0       0.94      0.94      0.94       179
         1.0       0.94      0.94      0.94       181

    accuracy                           0.94       360
   macro avg       0.94      0.94      0.94       360
weighted avg       0.94      0.94      0.94       360
```

2000 에포크를 돌린 결과 손실이 0.1443까지 감소하였고 정확도, 정밀도, 재현율 등의 지표가 94%에 달하고 있다. 우리가 ex11-5.py에서 구현했던 것보다는 동일 에포크를 돌렸는데도 정확도도 높고 실행 속도도 빠르다. 최적화 알고리즘이 약간 다르기 때문인데, 내친김에 인공신경망 기계학습의 최적화 알고리즘의 종류에 대해 살펴보도록 하자.

12.2 Keras의 최적화 알고리즘

최적화 알고리즘(optimization algorithm)은 줄여서 옵티마이저(optimizer)라고 일컫기도 한다. 우리가 11장의 ex11-5.py에서 직접 구현했던 경사하강법(Gradient Descent Algorithm)도 널리 사용되는 최적화 알고리즘 중 하나이다. 그런데, 순수한 경사하강법에는 문제가 하나 있다. 바로, 그래디언트를 한 번 계산하기 위해서 전체 데이터를 전부

훑어야 한다는 점이다. 다음 식을 보자. 식 (11−12)와 (11−13)의 일부를 옮겨왔다.

$$\frac{\partial L}{\partial w_{31}} = \frac{1}{n}\sum_{i=1}^{n}(a_3(i) - y(i))a_1(i)$$
$$\frac{\partial L}{\partial w_{11}} = \frac{1}{n}\sum_{i=1}^{n}(a_3(i) - y(i))w_{31}(a_1(i)(1 - a_1(i)))x_1(i) \quad \text{(식 12−1)}$$

식 (12−1)을 보면 w_{31} 에 대한 그래디언트와 w_{11}에 대한 그래디언트를 구하기 위해 n개의 데이터 전체에 대해 오차를 계산하고 합산해야 한다. 그런데, 기계학습을 위한 데이터는 매우 커서 수십만건, 수백만건에 이르는 경우도 흔한데, 그래디언트를 한 번 구할 때마다 이 전체 데이터에 대해 계산하고, 가중치를 약간 수정한 후에 또 전체 데이터에 대해 그래디언트를 계산하는 것을 반복하는 것에는 상당한 시간이 소요될 것이다. 사실상 그래디언트를 정확히 구한다고 해도, 학습률이 대체로 낮은 값이기 때문에 수정할 수 있는 가중치의 정도는 약간에 불과해서, 그러는 것보다는 차라리 그래디언트를 다소 근사적으로 구하고 가중치 수정을 더 자주 하는 편이 효율적일 것이다.

이러한 아이디어를 적용해서 경사하강법을 수정한 것이 **SGD(Stochastic Gradient Descent)**, 우리말로 **확률적 경사하강법**이다. SGD는 전체 데이터에 대해 모두 계산해서 그래디언트를 구하는 대신, 한 건의 데이터만 가지고 그래디언트를 구한 다음에 이것으로 가중치를 수정하고 또 다음 건의 데이터로 그래디언트를 구해서 가중치를 수정하는 것을 반복하도록 한다. 이렇게 하나씩의 데이터에 대해서만 그래디언트를 계산하면 내리막 경사 방향을 정확히 계산하지는 못하게 되어서 경사면을 따라 매끄럽게 내려가지는 못하지만, 그래도 확률적으로는 전체적으로 경사 내리막 방향으로 가게 될 것이다. 그림 12−3은 경사하강법과 SGD의 수렴 경로를 비교하여 보여주고 있다.

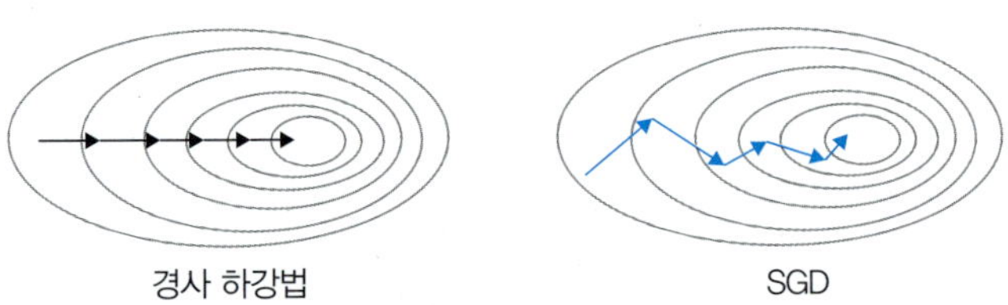

[그림 12−3] 순수한 경사하강법(왼쪽)과 SGD(오른쪽)의 비교

전체 데이터로 그래디언트를 구하는 경사하강법은 내려가는 경사방향을 확실하게 찾아가지만 속도가 느리고, 하나의 데이터만으로 그래디언트를 구하는 SGD는 계산 속도는 빠르지만 경로가 중구난방해서 수렴을 방해할 수 있다. 따라서, 이 둘 사이의 중간쯤 되는 방법으로서 한 번에 일부 데이터들을 가지고 그래디언트를 계산해서 가중치를 수정하고 다음 일부 데이터로 그래디언트를 계산해서 가중치를 수정하는 식으로 하는 방식을 생각할 수 있는데, 이 방법을 **미니배치 SGD(Mini−Batch SGD)**라고 하며, 여기서 그래디언트를 한번 계산할 때 사용하는 데이터 분량을 배치(batch)라고 한다. 만약 배치 크기가 전체 데이터 갯수와 동일하다면 순수한 경사하강법과 동일하게 된다. 반면, 배치 크기가 극단적으로 작아서 1이라면 순수한 SGD가 될 것이다. 따라서 적정한 크기의 배치를 설정하는 것이 알고리즘의 효율성에 영향을 미치게 된다. Keras의 SGD는 기본적으로 미니배치 SGD를 구현하고 있으며, Keras에서는 별도로 지정하지 않으면 배치 크기를 32로 설정한다. 즉, 한 번에 32개씩의 데이터를 보고 그래디언트를 계산해서 가중치를 수정하는 것이다.

한 에포크는 전체 데이터를 한 번 훑어서 지나간 것을 말한다. 순수한 경사하강법에서는 전체 데이터에 대해 계산해서 가중치를 한 번 수정하므로 한 에포크에 그래디언트 계산과 가중치 수정이 한 번 일어난다. 즉 에포크 수와 가중치 수정 횟수가 동일하다. 그러나, SGD에서는 배치 크기만큼의 데이터만 고려해서 그래디언트 계산과 가중치 수정이 이루어지므로, 한 에포크에 여러 번의 가중치 수정이 일어날 수 있다. 예를 들어 데이터 건수가 24만건이고 배치 크기가 32라면 한 에포크에 가중치 수정이 7500회 (=240,000/32) 일어날 수 있게 된다. 이것이 11장의 ex11−5.py에 비해서 동일한 에포크를 돌았는데도 Keras를 사용한 ex12−1.py의 수렴 효율이 높은 이유이다.

SGD 이외에도 Keras에는 보다 진보된 다양한 최적화 알고리즘이 준비되어 있다. Keras에서 활용 가능한 최적화 알고리즘들과 간략한 설명이 표 12−1에 나타나 있다.

〈표 12−1〉 Keras의 최적화 알고리즘 종류

최적화 알고리즘	설명
SGD	'Stochastic Gradient Descent'. 확률적 경사하강법. 그래디언트에 학습률을 곱한 만큼 파라미터를 수정.

Adagrad	'ADAptive GRADient algorithm'. 자주 수정된 파라미터는 학습률을 낮추고 덜 자주 수정된 파라미터에 학습률을 높이는 식으로 파라미터별로 학습률을 달리하여 수렴성을 개선. 학습률을 각 파라미터별 기존 그래디언트의 제곱합의 제곱근으로 나눔. 학습이 진행됨에 따라 학습률이 0에 가까워지는 단점이 있음
RMSprop	'Root Mean Square PROPagation'. Adagrad에서 학습률이 0에 가까워지는 되는 문제를 해결하기 위해 파라미터별 그래디언트의 제곱합 대신 지수평활법에 의한 가중이동평균의 제곱근으로 학습률을 나눔.
Adadelta	Adagrad에서 학습률이 0에 가까워지는 되는 문제를 해결하기 위해 전체 기간의 그래디언트 수정 정도 대신 최근 일정기간 동안의 그래디언트 수정 정도만 고려하도록 함
Adam	'ADAptive Moment estimation'의 약어로서, 최근 그래디언트의 수정 정도뿐 아니라 그래디언트의 모멘텀(관성력)을 고려하여 수렴성 개선과 더불어 부분 최적에 빠지는 문제를 개선
Adamax	Adam에서 학습률 조정을 위한 계수에 L^{∞}(infinity norm), 즉 벡터의 최대값을 사용하도록 변형. 임베딩(embedding) 등 일부 응용에서 Adam보다 우수한 성능을 보임.
Nadam	Adam에 NAG(Nesterov Accelerated Gradient)를 적용한 방법. 여기서 NAG는 모멘텀을 반영할 때 파라미터의 새로운 값 지점의 그래디언트를 함께 고려하여 수렴 안정성을 향상시키는 기법임.

표 12-1에 나타난 최적화 알고리즘별 설명 내용이 모두 이해되지 않아도 너무 걱정하기 말기 바란다. 최적화 알고리즘은 기본적으로 경사하강법에 기반한 **비선형 최적화(nonlinear optimization)** 기법들로서, 내용을 상세히 설명하는 것은 많은 분량이 필요하며 이 책의 범위를 벗어난다[2]. 여기서는 개략적인 최적화 알고리즘의 종류를 이해하는 것으로 충분하다. 모델의 특성에 따라 잘 작동하는 최적화 알고리즘이 다르지만, Adam 최적화 알고리즘이 보편적으로 가장 많이 사용된다.

12.3 활성화 함수의 종류

다음은 **활성화 함수(activation function)**에 대해 알아보자. 활성화함수는 가중치와 상수항의 선형합($z = w_1x_1 + w_2x_2 + \cdots + b$)을 확률값으로 변환해주는 함수이다. 우리는 지금

2) 최적화 알고리즘의 상세한 내용이 필요하다면 Keras 사이트(https://keras.io/ko/optimizers/)나 "Deep Learning(Ian Goodfellow 등)" 등의 관련 서적을 참고하기 바란다.

까지 인공신경망 예제에서는 공통적으로 활성화함수로서 시그모이드 함수를 사용하였다. 이외에도 여러가지 활성화함수가 사용되는데, Keras에서 지원하는 활성화함수 중 자주 사용되는 것에 대해 살펴보겠다.

시그모이드 함수 (sigmoid function)

시그모이드 함수는 로지스틱 함수(logistic function)라고도 하며, 입력값 z에 대해 다음의 함수를 적용한 결과를 제공한다.

$$f(z) = \frac{1}{1+e^{-z}} \qquad \text{(식 12-2)}$$

이 함수는 임의의 $-\infty < z < \infty$를 0과 1사이의 값으로 변환한다. z와 $f(z)$의 관계를 그래프로 나타내면 그림 12-4와 같다. 11장에서 많이 보았던 형태이다.

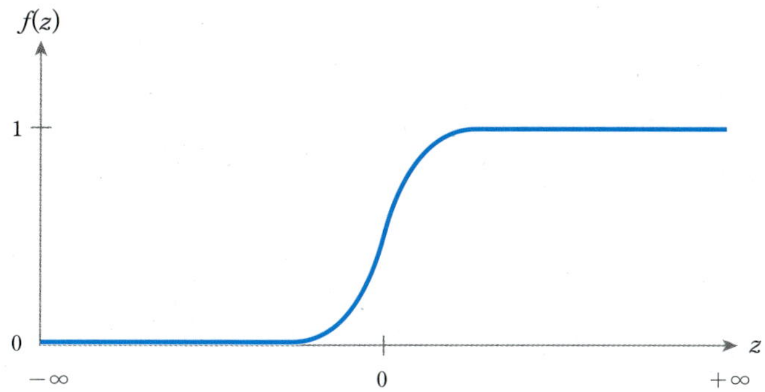

[그림 12-4] 시그모이드 활성화 함수

시그모이드 함수는 최종 출력층에서 출력 뉴런이 단일하고 0또는 1의 분류를 수행하는 이진 분류(binary classification) 용도로 자주 쓰인다.

하이퍼볼릭 탄젠트 함수 (hyperbolic tangent function)

하이퍼볼릭 탄젠트 함수는 기호로는 tanh로 나타내며, 입력값 z에 대해 다음의 함수를 적용한 결과를 제공한다.

$$f(z) = \tanh(z) = \frac{1-e^{-2z}}{1+e^{-2z}} \qquad \text{(식 12-3)}$$

이 함수는 임의의 $-\infty < z < \infty$를 −1과 1사이의 값으로 변환한다. z와 $f(z)$의 관계를 그래프로 나타내면 그림 12-5와 같다.

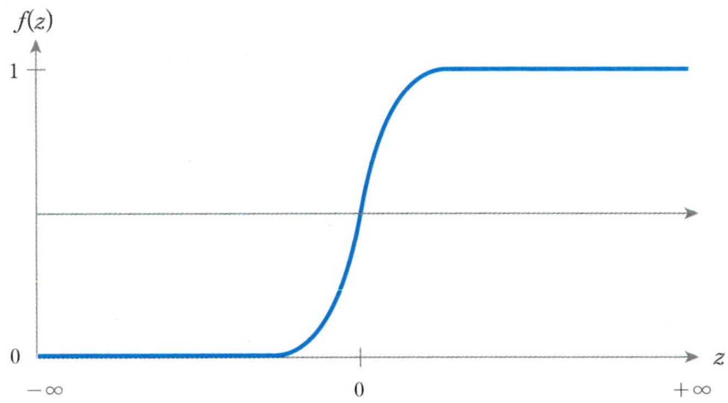

[그림 12-5] 하이퍼볼릭 탄젠트 활성화 함수

하이퍼볼릭 탄젠트 함수도 시그모이드 함수와 마찬가지로 단일한 출력 뉴런을 가지는 이진 분류(binary classification) 용도로 자주 쓰이는데, 함수의 출력값이 1 또는 −1이므로 정답값도 1 또는 −1로 되어 있어야 한다. 두 함수가 S형 곡선이고 용도도 비슷하지만, 시그모이드 함수는 거의 양수의 영역 함수값이 분포하고 있고 함수값의 평균도 양수쪽으로 편중되어 있는 반면, 하이퍼볼릭 탄젠트 함수는 양수 영역과 음수 영역의 볼륨이 동일하고 함수의 평균이 0으로 되어 있어, 실제 학습시에 하이퍼볼릭 탄젠트 함수가 좀 더 평균값이 중심에 잘 수렴하는 경향을 보인다. 이에 따라, 만약 동일한 이진분류 문제에 시그모이드 함수와 하이퍼볼릭 탄젠트 함수 중에서 선택 가능하다면[3], 하이퍼볼릭 탄젠트 함수가 좀 더 좋은 성능을 보이는 것으로 알려져 있다.

ReLU 함수 (Rectified Linear Unit function)

앞에서 살펴본 시그모이드 함수와 하이퍼볼릭 탄젠트 함수는 형태가 S형 곡선이라는 공통점이 있다. 즉, $z=0$ 주변에서는 빠른 경사로 증가하는데, z가 작은 값이나 큰 값이 되면 급격히 기울기가 낮아지면서 거의 평평한, 즉 기울기가 거의 0인 값으로 수렴하게 된

3) 정답값이 0과 1로 되어 있어도 필요하다면 쉽게 −1과 1로 변환할 수 있을 것이다.

다. 이 때문에, z에 대한 그래디언트를 구하면 – 그래디언트가 기울기이므로 – 0에 가까운 값이 나타나는 경우가 많고, 역전파 알고리즘을 적용하면 그래디언트를 연쇄적으로 곱하는 계산을 할 때가 많아서 결국 몇 계층만 올라가도 거의 기울기 값이 0이 되어서 학습이 잘 진행되지 않는 문제가 발생한다. 이러한 문제를 **그래디언트 소실 문제(gradient vanishing problem)**라고 한다.

ReLU('렐루' 또는 '릴루'라고 읽는다) 함수는 그래디언트 기울기 소실 문제를 해결하기 위해 개발된 함수이다. ReLU 함수는 임의의 입력값 $-\infty < z < \infty$에 대해 다음과 같이 정의된다.

$$f(z) = \max(0, z) \qquad \text{(식 12-4)}$$

ReLU 함수의 그래프를 나타내면 그림 12-6과 같다.

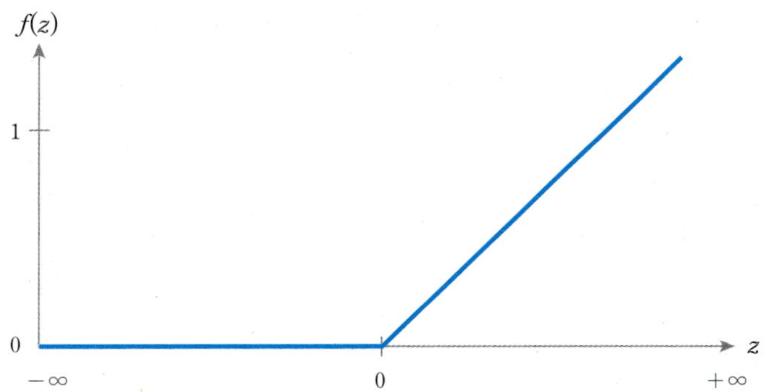

[그림 12-6] ReLU 활성화 함수

ReLU함수의 식과 그래프에서 알 수 있듯이, ReLU함수는 쉽게 말해 양수는 그대로 보내고 음수 입력값은 모두 0으로 만들어 내보내는 함수이다. 이렇게 되면 입력값 z가 양수인 구간에서는 그래디언트가 원래 선형식의 기울기 그대로 보존되고, 음수인 구간에서는 모두 0이 된다. 이것은 두 가지의 중요한 장점을 가진다. 첫 번째로는 시그모이드나 하이퍼볼릭 탄젠트 함수는 z가 커짐에 따라 함수의 기울기가 급격히 0으로 수렴하지만, ReLU 함수에서는 양수인 구간에서 기울기가 그대로 보존되므로 그래디언트 소실 문제가 완화된다는 점이다[4)5)]. 두 번째로는 계산 속도이다. 시그모이드나 하이퍼볼릭 탄젠트 함수는 지수함수의 계산을 필요로 하지만, ReLU 함수는 단순한 선형함수의 미분으로 계산되므로 계산 속도가 매우 빠르다. 이러한 이유로, 실제로 여러 계층으로 구성된 인공신경망에서 ReLU 함수를 사용하는 경우 수렴성이 우수함이 알려져 있으며, 이 때문에 딥러닝에서 은닉층의 활성화 함수로 ReLU가 널리 활용된다.

소프트맥스(softmax) 함수

지금까지 살펴본 시그모이드, 하이퍼볼릭 탄젠트, ReLU 함수는 모두 단일 뉴런의 입력값을 바탕으로 단일 출력값을 제공하는 함수이다. 즉, 단일 뉴런에 붙어있는 활성화 함수이다. 그런데 지금 알아볼 **소프트맥스 함수**는 조금 다르다. 소프트맥스 함수는 출력층에만 적용되며, 출력층에 복수의 뉴런이 있을 때 이 뉴런들 각각의 선형합 z들을 모두 입력으로 받아서 종합한 다음 각각의 뉴런에 대한 출력값을 계산해준다.

예를 들어 생각해보자. 출력층에 뉴런이 3개 있는 인공신경망이 있다고 가정하자. 만약 이진 분류가 목적이었다면 출력층에 뉴런이 하나만 있었으면 될 것이므로, 출력층에 여러 개의 뉴런이 있다는 것은 이 모델이 **다중 클래스 분류(multi−class classification)**를 위한 모델이라는 것을 의미한다. 소프트맥스 함수는 일반적으로 다중 클래스 분류에 적용되는 활성화 함수이다.

출력층에 뉴런이 3개 있다면 각각의 뉴런은 입력된 0과 1사이의 확률값을 내보낼 것이고, 각 뉴런은 입력값이 특정 라벨에 해당하는지의 여부를 판단한다. 예를 들어 그림을 보고 강아지인지 고양이인지 곰돌이인지를 판별하는 인공신경망을 생각해보자. 만약 출력층의 3개 뉴런 각각에 시그모이드 함수를 활성화함수로 사용하였다면, 어떤 그림을 보여주었을 때 이 신경망은 그림 12−7과 같은 출력값을 내보낼 것이다.

4) 음수 구간에서는 0이므로, 역전파에서 여러 그래디언트를 곱하면 충분히 큰 값이거나, 아예 0이거나 하는 값이 된다. 따라서 그래디언트가 0인 시점에는 가중치 개선이 없지만, 그래디언트가 양수인 시점에는 가중치가 의미있게 수정될 수 있게 된다.

5) 음수 구간의 그래디언트가 0이 되는 문제를 개선한 Leaky−ReLU 등의 함수도 있다.

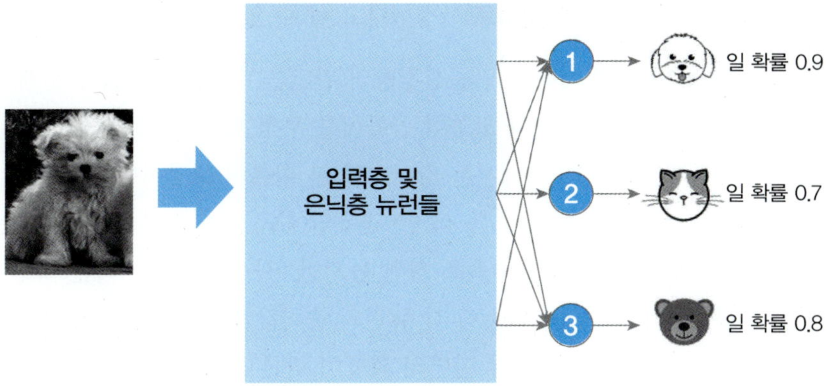

[그림 12-7] 강아지 사진 판별 예 1

여기서는, 사진만 보아서는 강아지같기는 한데 고양이같기도 하고 곰돌이같기도 해서 신경망이 헷갈려하고 있다. 1번 뉴런은 강아지인지 여부를 판별하고, 2번 뉴런은 고양이인지의 여부를, 3번 뉴런은 곰돌이인지의 여부를 판별하는 것을 담당하는데, 각각 강아지일 확률 0.9, 고양이일 확률 0.7, 곰돌이일 확률 0.8을 보고하고 있다. 이런 경우라면, 일단 가장 확률이 높은 강아지로 판단하는 것이 맞겠다. 따라서, 이 신경망은 강아지로 판단했고 확률은 0.9로 보았다고 할 수 있겠다. 이제 다음 그림 12-8을 보자.

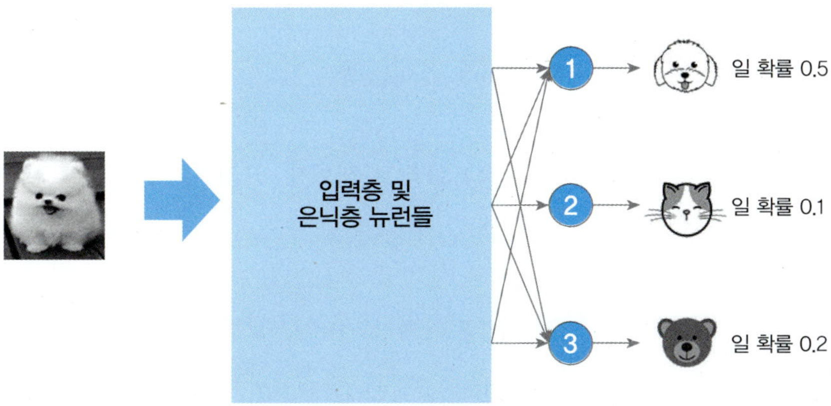

[그림 12-8] 강아지 사진 판별 예 2

여기서는, 전형적인 강아지 같지는 않았지만 고양이나 곰돌이는 아닌 것같다는 강한 짐작을 하고 있다. 강아지일 확률이 0.5이지만, 고양이일 확률은 훨씬 낮은 0.1, 곰돌이일 확률도 낮아서 0.2로 나타나 있다. 여기서도 가장 확률이 높은 것은 강아지이므로, 이 신경망은 강아지로 판단했고 확률은 0.5로 산정했다고 할 수 있겠다.

그림 12-7과 그림 12-8에 나타난 인공신경망의 판단을 비교할 때, 뭔가 문제가 있다. 그림 12-7의 신경망에서는 강아지와 고양이 곰돌이를 무척 헷갈려했는데, 어쨌든 강아지 확률 0.9로 산정되었다. 그림 12-8에서는 강아지로 본 확률이 고양이나 곰돌이에 비해서는 훨씬 높았으므로 강아지일 확신이 좀 더 큰 경우임에도, 강아지일 확률 자체는 0.5에 불과하다. 확률만 보면 앞의 경우가 0.9로 훨씬 높지만, 사실은 강아지라는 확신은 뒤의 경우가 더 높은 경우이다. 이처럼, 단순히 각 뉴런의 출력값만으로 도출된 판단의 확신 정도를 산정하는 것은 문제가 있고, 해당 판단의 확률이 다른 판단의 확률과 얼마나 차이가 있는지를 반영하는 확률 계산이 필요할 것 같다.

이를 고려하는 활성화 함수가 소프트맥스이다. 소프트맥스 함수는 다중 분류 모델에서 여러 개의 출력층 뉴런의 출력값을 종합해서 상대적인 확신의 차이를 반영하여 확률을 조정해준다. 예를 들어 출력층에 세 개의 뉴런이 있고, 각각의 뉴런의 출력값이 z_1, z_2, z_3라면, 소프트맥스 함수는 다음의 식으로 표현된다.

$$
\begin{aligned}
f(z_1) &= \frac{e^{z_1}}{e^{z_1}+e^{z_2}+e^{z_3}} \\
f(z_2) &= \frac{e^{z_2}}{e^{z_1}+e^{z_2}+e^{z_3}} \\
f(z_3) &= \frac{e^{z_3}}{e^{z_1}+e^{z_2}+e^{z_3}}
\end{aligned}
\qquad \text{(식 12-5)}
$$

예를 들어, $z_1=2.2$, $z_2=0.85$, $z_3=1.39$라고 해보자. 그러면, 기존의 시그모이드 활성화 함수를 각각 적용하면

$$
f(z_1) = \frac{1}{1+e^{-2.2}}=0.9, \quad f(z_2) = \frac{1}{1+e^{-0.85}}=0.7, \quad f(z_3) = \frac{1}{1+e^{-1.39}}=0.8 \qquad \text{(식 12-6)}
$$

이 될 것이다. 바로 그림 12-7의 경우이다. 그러나, 여기에 소프트맥스 함수를 적용해보면 다음과 같이 된다.

$$f(z_1)=\frac{e^{z_1}}{e^{z_1}+e^{z_2}+e^{z_3}}=\frac{e^{2.2}}{e^{2.2}+e^{0.85}+e^{1.39}}=0.59$$
$$f(z_2)=\frac{e^{z_2}}{e^{z_1}+e^{z_2}+e^{z_3}}=\frac{e^{0.85}}{e^{2.2}+e^{0.85}+e^{1.39}}=0.15 \qquad \text{(식 12-7)}$$
$$f(z_3)=\frac{e^{z_3}}{e^{z_1}+e^{z_2}+e^{z_3}}=\frac{e^{1.39}}{e^{2.2}+e^{0.85}+e^{1.39}}=0.26$$

한편, 그림 12-8의 경우를 생각해보자. 만약 그림 12-8에서는 $z_1=0$, $z_2=-2.19$, $z_3=-1.372$ 이었다면 기존의 시그모이드 활성화 함수로는

$$f(z_1)=\frac{1}{1+e^{0}}=0.5,\quad f(z_2)=\frac{1}{1+e^{2.19}}=0.1,\quad f(z_3)=\frac{1}{1+e^{1.37}}=0.2 \qquad \text{(식 12-8)}$$

이 되지만, 여기에 소프트맥스 함수를 적용하면

$$f(z_1)=\frac{e^{z_1}}{e^{z_1}+e^{z_2}+e^{z_3}}=\frac{e^{0}}{e^{0}+e^{-2.19}+e^{-1.37}}=0.73$$
$$f(z_2)=\frac{e^{z_2}}{e^{z_1}+e^{z_2}+e^{z_3}}=\frac{e^{-2.19}}{e^{0}+e^{-2.19}+e^{-1.37}}=0.08 \qquad \text{(식 12-9)}$$
$$f(z_3)=\frac{e^{z_3}}{e^{z_1}+e^{z_2}+e^{z_3}}=\frac{e^{-1.37}}{e^{0}+e^{-2.19}+e^{-1.37}}=0.19$$

와 같이 계산된다.

식 (12.7)과 식 (12.9)를 비교해보면, 둘 다 첫 번째 뉴런의 값이 가장 높아서 강아지로 판단하는 것은 동일하지만, 앞의 경우에는 가장 높은 첫 번째 뉴런의 확률이 0.59, 뒤의 경우에는 0.73으로 나타나, 뒤의 경우에서 더욱 확률이 높은, 즉 더욱 강아지일 확신이 높은 상황이라는 점이 잘 반영되고 있다. 또한, 각 경우에서 확률의 합이 1이 되게 해 준다는 점도 확인할 수 있다.

이와 같이, 소프트맥스 함수는 전체 확률의 합이 1이 되게 하면서 상대적인 확률의 차이를 반영한 확신의 정도를 계산해주는 장점이 있어서, 출력층에 두 개 이상의 뉴런이 있는 다중 분류 문제에서 출력층의 활성화 함수로 일반적으로 활용되고 있다.

이상에서 대표적인 활성화 함수인 시그모이드 함수, 하이퍼볼릭 탄젠트 함수, ReLU 함수와 소프트맥스 함수에 대해 살펴보았다. Keras에서는 각각 sigmoid, tanh, relu, softmax로 함수 이름이 지정되어 있으며, 여기서 설명한 함수 이외에도 다양한 활성화함수가 준비되어 있다[6].

12.4 손실 함수의 종류

손실 함수는 인공신경망이 예측한 값과 정답값이 얼마나 일치하는지에 대한 지표이다. 즉, 예측값이 정답값에 가까울수록 낮은 값을 내주는 함수여야 한다. 앞서 11장에서 우리는 손실함수로서 엔트로피 함수를 사용하여 경사하강법을 통한 신경망 학습을 구현해본 바 있다. 이외에도 용도에 따라 활용할 수 있는 다양한 손실함수가 Keras에는 준비되어 있다. Keras에 정의되어 있는 주요한 손실함수를 살펴보자.

mean_squared_error

표현 그대로 **평균제곱오차(MSE: Mean Squared Error)**를 나타낸다. 회귀분석에서 주로 사용되며, 예측값과 정답값의 차이를 제곱한 값의 평균으로 계산된다. 데이터가 n개일 때, 예측값 a_i와 출력값 y_i에 대한 평균제곱오차의 계산식은 다음과 같다.

$$Loss = \frac{1}{n}\sum_{i=1}^{n}(y_i - a_i)^2 \qquad \text{(식 12-10)}$$

binary_crossentropy

이진 분류에서의 엔트로피 함수로서, 앞서 11장에서 구현했던 것과 동일하다. **이진 크로스 엔트로피(binary cross−entropy)**라고 한다. 단일 출력 뉴런이 존재하는 이진 분류 모델에서 사용되며, 데이터가 n개일 때, 예측값 a_i와 출력값 y_i에 대해 다음 식으로 계산된다.

$$Loss = -\frac{1}{n}\sum_{i=1}^{n}\{y_i \log(a_i) + (1-y_i)\log(1-a_i)\} \qquad \text{(식 12-11)}$$

6) Keras에서 제공하는 다양한 활성화 함수는 https://keras.io/ko/activations/를 참고하기 바란다.

categorical_crossentropy

다중 분류에서의 엔트로피 함수로서, **범주형 크로스 엔트로피(categorical cross-entropy)**라고 한다. 이진 분류의 엔트로피 함수와 기본적인 개념은 동일한데, 예측 대상이 되는 정답값이 여럿 중 하나인 경우에 사용한다. 예를 들어 앞에서 그림 12-7처럼 강아지, 고양이, 곰돌이 중 하나를 예측해야 한다고 하자. 만약 강아지라면 정답은 (1, 0, 0)과 같이 주어져 있어야 하고[7], 여기에 대한 예측값은 식 12-7처럼 (0.59, 0.15, 0.26)과 같이 나타나 있을 것이다. 정답이 셋 중 하나이기 때문에, 즉 분류 대상 클래스가 3개이기 때문에 정답값과 예측값 모두 3개의 값을 가지는 벡터로 나타나게 된다. 데이터가 n개일 때, i번째 데이터의 정답값 벡터를 $\boldsymbol{y}_i$ 라고 하고 예측값을 $\boldsymbol{a}_i$ 라고 하자. 또한, $\boldsymbol{y}_i$ 벡터의 j번째 요소를 y_{ij} 라고 하고, 비슷하게 $\boldsymbol{a}_i$ 벡터의 j번째 요소를 a_{ij} 로 나타내자. 분류 대상 클래스의 수를 c라고 하면, 범주형 크로스 엔트로피는 다음과 같이 계산된다.

$$Loss = -\frac{1}{n}\sum_{i=1}^{n}\sum_{j=1}^{c} y_{ij}\log(a_{ij}) \qquad \text{(식 12-12)}$$

예를 들어, 그림 12-7와 12-8처럼 분류 대상 클래스 수가 3개이고, 데이터가 두 건 있다고 해보자. 첫번째 데이터의 정답이 (1, 0, 0), 예측값이 (0.59, 0.15, 0.26)이고, 두 번째 데이터의 정답이 (1, 0, 0), 예측값이 (0.73, 0.08, 0.19)라면 이 두 건의 데이터에 대한 정답값과 예측값으로 범주형 크로스 엔트로피를 계산해 보면 다음과 같을 것이다.

$$\begin{aligned} Loss &= -\frac{1}{n}\sum_{i=1}^{n}\sum_{j=1}^{c} y_{ij}\log(a_{ij}) = -\frac{1}{2}\sum_{i=1}^{2}\sum_{j=1}^{3} y_{ij}\log(a_{ij}) \\ &= -\frac{1}{2}[\{1\cdot\log(0.59)+0\cdot\log(0.15)+0\cdot\log(0.26)\} \\ &\quad +\{1\cdot\log(0.73)+0\cdot\log(0.08)+0\cdot\log(0.19)\}] \\ &= 0.4212 \end{aligned} \qquad \text{(식 12-13)}$$

sparse_categorical_crossentropy

희소 범주형 크로스 엔트로피(sparse categorical cross-entropy)라고 하며, 의미상으로는 앞에서 살펴본 범주형 크로스 엔트로피와 완전히 동일하다. 다만 앞의 범주형 엔트로

7) 이러한 표현 방식을 one-hot encoding이라고 한다.

피 손실함수 categorical_crossentropy와의 차이는 정답값 데이터의 표현 방식에 있다.

정답값 데이터가 (1, 0, 0)과 같은 식으로 분류대상 클래스 갯수만큼의 요소 수를 가지는 벡터로 표현되면 앞의 categorical_crossentropy를 사용한다. 그러나, 데이터가 수십 수백만건일 때 정답값을 모두 저런 방식의 벡터로 표현하는 것은 상당한 메모리의 낭비이다. 이 때문에, 대부분의 데이터에서는 정답이 숫자로 나타나 있다. 예를 들어 분류 대상 클래스가 3가지인 경우라면 첫번째 데이터의 정답은 0, 두번째 데이터의 정답은 1, 세번째 데이터의 정답은 2.. 이런 식으로 정답 라벨을 숫자로 나타내는 경우가 많다. 6장에서 살펴보았던 와인 데이터셋에서도 이런 식으로 0, 1, 2 중 하나의 숫자로 정답이 나타나 있었다.

이렇게 정답이 벡터가 아닌 정수로 나타나는 경우에는 Keras에서는 sparse_categorical_crossentropy를 사용하도록 하고 있다. 데이터 구조에 따른 선택의 차이일 뿐, 계산식은 범주형 크로스 엔트로피와 동일하다.

여기서 살펴본 손실함수들이 가장 자주 사용되지만, 이외에도 Keras에서는 다양한 손실함수가 제공된다. Keras에서 제공되는 다른 손실함수에 대해서는 관련 자료를 참고하기 바란다[8).

12.5 이미지 인식 예제 데이터셋

지금까지 Keras에서의 인공신경망 모델링 방식과, 이 때 고려해야 하는 최적화 알고리즘, 활성화 함수 및 손실함수에 대한 내용을 살펴보았다. 이제 이러한 내용에 대한 이해를 바탕으로 우리가 원하는 다양한 인공신경망을 구현할 준비가 되었다.

지금까지 살펴본 내용을 바탕으로, Keras 패키지를 활용하여 이미지를 인식해서 분류하는 모델을 만들어보자. 실습을 위해 **Fashion MNIST**[9)] 데이터셋을 사용해 보도록 하겠다. Fashion MNIST는 60,000개의 학습용 데이터와 10,000개의 테스트 데이터로 구성되어 있는데, 각 데이터포인트는 흑백으로 된 의류 사진과, 이 의류가 10가지의 구분 중에 어떤 것인지를 나타내는 숫자로 구성되어 있다. 10가지의 의류 구분은 0에서 9까지의

8) https://keras.io/ko/losses/

9) https://www.tensorflow.org/datasets/catalog/fashion_mnist

숫자로 나타나는데, 각 숫자의 의미는 다음 표 12-2와 같다.

〈표 12-2〉 Fashion MNIST 데이터셋의 정답값 의미

정답 라벨	의미
0	T-shirt/top
1	Trouser
2	Pullover
3	Dress
4	Coat
5	Sandal
6	Shirt
7	Sneaker
8	Bag
9	Ankle boot

몇 개의 이미지 샘플을 보면 다음 그림 12-9와 같다.

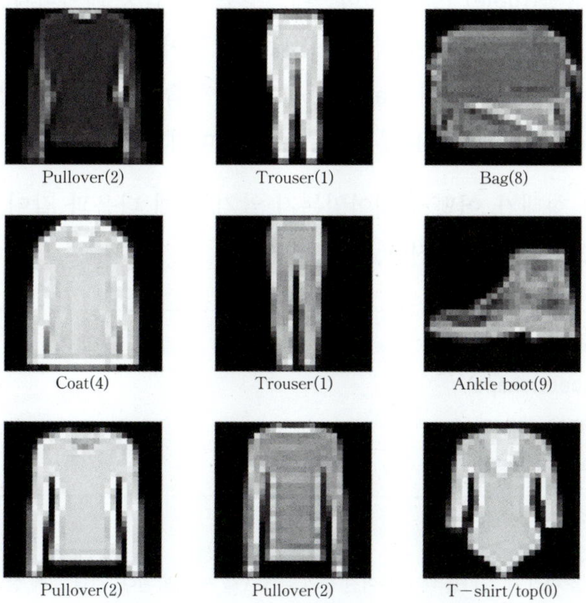

[그림 12-9] Fashion MNIST의 이미지 샘플

사람이 구분하려고 해도 만만치 않아 보인다. 각각의 이미지는 28×28 픽셀로 구성되어 있으며, 각 픽셀의 값은 0에서 255 사이의 값으로서 픽셀의 밝기를 나타낸다.

데이터셋을 직접 한번 불러와 보자. Fashion MNIST 데이터셋은 Keras에 내장되어 있어서 다음과 같은 코드로 쉽게 불러올 수 있다. 처음 실행하면 데이터를 다운로드 받는 데 시간이 좀 걸리지만, 두 번째 이후로는 빠르게 실행된다.

```
from tensorflow import keras
fashion_mnist = keras.datasets.fashion_mnist
(train_images, train_labels), (test_images, test_labels) = \
  fashion_mnist.load_data()
```

코드에서 첫 줄은 keras 패키지를 불러오는 부분이고, 실제로 데이터를 불러오는 부분은 뒤의 세 줄이다. 여기서 끝의 두 줄은 하나의 문장인데 길이가 길어서 편의상 두 줄로 나누었고, 연결된 줄임을 표시해 주기 위해 앞에서 잘린 위치에 '\'기호를 넣었다[10].

Fashion MNIST 데이터는 keras.datasets.fashion_mnist에 들어 있는데, 이것을 fashion_mnist라는 변수에 대입하고, 해당 변수에 대해 load_data() 함수를 실행하였다. 이 함수는 두 개의 튜플(tuple)[11]을 리턴하는데, 각각은 학습용 데이터와 테스트용 데이터를 담고 있다. 각각의 튜플에는 다시 입력값과 정답값이 들어있다. 따라서 위의 코드에서 마지막 행이 실행되면 train_images와 train_labels에는 학습용 이미지와 정답 라벨이 각각 저장되고, test_images와 test_labels에는 테스트용 이미지와 정답 라벨이 각각 저장된다.

읽어들인 데이터 형태가 어떻게 되어있는지 알기 위해 다음과 같이 각 변수의 형태를 출력해보자. 앞의 코드에서 이어진다.

```
print(train_images.shape)
print(train_labels.shape)
print(test_images.shape)
print(test_labels.shape)
```

10) 파이썬에서는 한 문장을 여러 줄로 나눌 때 나누어진 줄의 끝에 '\'을 써주면 된다. 그냥 길게 한 줄로 써도 된다.

11) 리스트와 비슷한 자료형인데, 리스트는 대괄호('[', ']')로 묶는 대신 튜플은 괄호('(', ')')로 묶여지고, 만들어지고 나면 각 요소의 값을 수정할 수 없다는 점이 다르다.

이 코드를 실행하면 다음과 같은 결과를 볼 수 있을 것이다.

```
(60000, 28, 28)
(60000,)
(10000, 28, 28)
(10000,)
```

출력에서 확인할 수 있는 바와 같이, 학습용 데이터에서 입력값인 train_images는 60000개의 28×28 행렬로 구성되어 있고, 출력값인 train_labels는 60000개의 값으로 구성되어 있음을 알 수 있다. 테스트용 데이터는 10000건이고 구조는 동일하다. 데이터를 한번 눈으로 확인해보자. 학습용 데이터의 첫 번째 정답값을 먼저 확인해보겠다. 앞의 코드에서 계속 이어진다.

```
print('Train label 0 = ', train_labels[0])
```

실행해보면 결과가 다음과 같다.

```
Train label 0 =  9
```

표 12-2를 보면 9번 라벨은 'Ankle boot'를 의미한다. 발목까지 오는 부츠라는 의미이다. 그러면, 학습용 데이터 첫 번째의 입력값도 한번 출력해보자.

```
print(train_images[0])
```

실행하면 다음과 같은 출력이 나올 것이다.

```
[[  0   0   0   0   0   0   0   0   0   0   0   0   0   0   0   0   0   0
    0   0   0   0   0   0   0   0   0   0]
 [  0   0   0   0   0   0   0   0   0   0   0   0   0   0   0   0   0   0
    0   0   0   0   0   0   0   0   0   0]
```

```
[ 0   0   0   0   0   0   0   0   0   0   0   0   0   0   0   0   0   0
  0   0   0   0   0   0   0   0   0   0]
[ 0   0   0   0   0   0   0   0   0   0   0   0   1   0   0  13  73   0
  0   1   4   0   0   0   0   1   1   0]
…
[ 0   0   0   0   0   0   0  40  61  44  72  41  35   0   0   0   0   0
  0   0   0   0   0   0   0   0   0   0]
[ 0   0   0   0   0   0   0   0   0   0   0   0   0   0   0   0   0   0
  0   0   0   0   0   0   0   0   0   0]
[ 0   0   0   0   0   0   0   0   0   0   0   0   0   0   0   0   0   0
  0   0   0   0   0   0   0   0   0   0]]
```

잘 살펴보면 28개씩의 숫자가 묶여있는 리스트가 28개 나타나 있고, 각각의 값은 0과 255 사이로 나타나 있다. 이 이미지가 실제로 어떤 형태인지를 알아보기 위해 직접 이미지를 출력해보자.

이미지의 출력에는 11장에서도 사용하였던 matplot.pyplot패키지의 imshow 함수를 활용해보겠다. 다음 코드를 작성한다.

```
import matplotlib.pyplot as plt
plt.imshow(train_images[0])
plt.colorbar()
plt.show()
```

plt.imshow()는 괄호 안에 넣은 행렬을 그림으로 출력해주고, plt.colorbar()는 각 픽셀의 색상별 값에 대한 범례를 보여준다. 실행해보면 다음과 같은 이미지를 볼 수 있다.

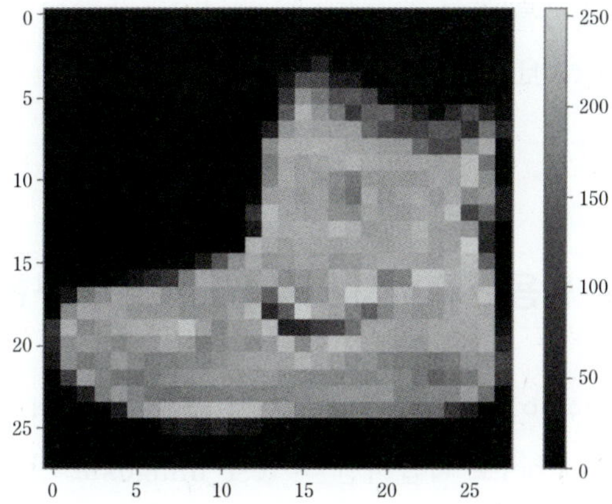

[그림 12-10] 학습용 데이터 0번의 이미지

픽셀 값이 밝은 노란색에 가까울수록 높은 값이고, 0에 가까운 낮은 값은 짙은 남색으로 표현된다.

지금까지 작성한 전체 코드는 다음과 같다.

예제 ex12-2.py

```python
from tensorflow import keras
fashion_mnist = keras.datasets.fashion_mnist
(train_images, train_labels), (test_images, test_labels) = \
    fashion_mnist.load_data()
print(train_images.shape)
print(train_labels.shape)
print(test_images.shape)
print(test_labels.shape)

print('Train label 0 = ', train_labels[0])
print(train_images[0])

import matplotlib.pyplot as plt
plt.imshow(train_images[0])
plt.colorbar()
plt.show()
```

위의 코드에서 0번 숫자를 바꾸어서 학습용 데이터 1번, 2번 등도 출력해보고, 테스트용 데이터도 몇 개 확인해 보기 바란다.

12.6 Keras를 활용한 이미지 인식 인공신경망 구현

이제 위에서 살펴본 의류 이미지 데이터를 모델에 학습을 시켜보겠다. 학습용 데이터인 train_images와 train_label로 학습시킨 후 test_images로 정답을 예측하도록 해서 결과를 확인해보고자 한다.

학습을 시키려면 먼저 신경망의 구조를 만들어야 한다. 학습을 시키려면 인공신경망에 사진을 하나씩 보여주면서 이 사진은 부츠야, 이 사진은 티셔츠야 하는 식으로 알려주어서 신경망이 스스로 의류의 특징을 구별하는 패턴을 깨닫도록 해야 한다[12]. 그러려면 인공신경망에 눈을 달아줘야 한다. 즉, 입력층 노드를 설계해야 한다.

지금 인공신경망에 보여주려는 사진은 28×28 픽셀로 구성되어 있으니, 총 784개의 픽셀이다. 가장 단순하게, 2차원적인 구조는 무시하고, 일렬로 784개의 입력값을 받아들이는 방식으로 구성해보자. 그러면, 입력층에 총 784개의 일련의 값이 들어가게 된다.

다음으로 은닉층을 구성한다. 은닉층의 계층 수와 각 계층의 뉴런 갯수를 정하는 것이 관건이다. 좋은 성능을 내려면 은닉층의 계층 수와 뉴런 갯수를 여러가지로 바꾸어가며 실험해 보아야 하겠지만, 여기서는 단순하게 은닉층을 한 계층만 두고, 은닉층의 뉴런 갯수는 100개정도로 해보자.

마지막으로 출력층을 구성한다. 출력층의 뉴런 갯수는 우리가 구분하려는 클래스의 수에 의해 결정된다. 지금 Fashion MNIST에서는 10가지 중의 하나로 의류가 구분되므로, 출력층에는 10개의 뉴런이 필요하다. 각각의 뉴런을 0번, 1번, 2번... 이라고 해보자. 그러면 0번 뉴런은 방금 보여준 이미지가 0번(T-shirt/top)일 때 1에 가까운 높은 확률값을 내야 하고, 아니면 0에 가까운 낮은 값을 내어 주도록 학습시켜야 한다. 1번 뉴런은 이미지가 1번(Trouser)일 때 1에 가까운 값, 아니면 0에 가까운 값을 내야 한다. 이와 같이,

12) 이렇게 입력값을 보여주고 정답값을 알려주면서 학습시키는 방식을 지도 학습(supervised learning)이라고 한다. 이와 대비되게, 정답값 없이 입력 데이터만으로 학습하는 방식을 비지도 학습(unsupervised learning)이라고 한다.

각각의 뉴런은 각각에 대응되는 라벨에 대해, 입력된 이미지가 해당 라벨인지 아닌지를 판별하는 역할을 수행하게 된다. 즉, 하나의 뉴런은 yes 또는 no만 답할 수 있는 셈이다.

이상에서 구성한 인공신경망의 구조를 그림으로 나타내보면 다음과 같다.

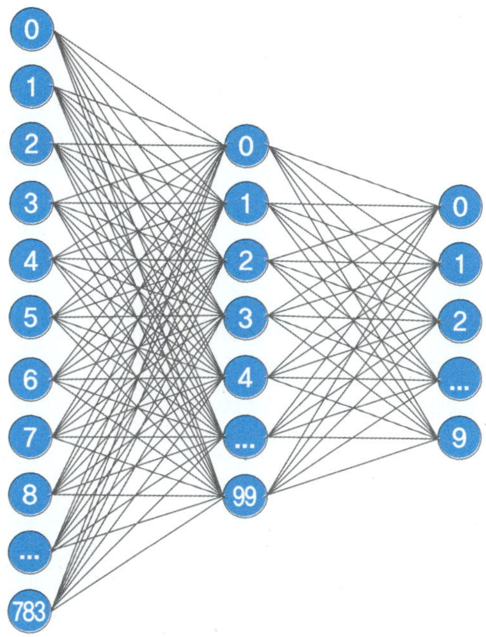

[그림 12-11] Keras로 구현하려는 인공신경망 구조

파이썬에서는 모든 숫자가 0부터 시작하므로, 그림에서 뉴런의 번호도 0번부터 기입하였다.

그러면, Keras로 실제로 그림 12-11의 인공신경망을 모델링해보자. 먼저 데이터를 불러온다.

```
from tensorflow import keras
fashion_mnist = keras.datasets.fashion_mnist
(train_images, train_labels), (test_images, test_labels) = \
  fashion_mnist.load_data()
```

인공신경망에서는 입력 데이터가 0과 1 사이의 값(또는 -1과 1 사이의 값)이 되도록 하는 것이 학습 성능을 높이는 데 도움이 된다. 현재 입력값은 0과 255 사이이므로, 0과 1 사이로 만들기 위해 입력값을 모두 255로 나누어준다.

```
train_images = train_images/255.0
test_images = test_images/255.0
```

그 다음 모델을 정의하자. 앞서 12.1절에서 살펴본 keras.**Sequential**을 사용한다. 코드를 먼저 보자.

```
model = keras.Sequential([
    keras.layers.Flatten(input_shape=(28, 28)),
    keras.layers.Dense(100, activation='relu'),
    keras.layers.Dense(10, activation='softmax')
])
```

keras.Sequential은 각 계층을 순차적으로 기입하여 리스트로 만드는 방식으로 신경망을 모델링한다. 따라서, keras.Sequential의 괄호 안에는 리스트가 들어 있다. 여기서 리스트가 여러 줄로 되어 있어서 잘 눈에 띄지 않을 수 있지만, 대괄호가 열리고 세 개의 값이 콤마(,)로 나뉘어 들어가있는 구조임을 확인하기 바란다.

리스트의 첫 번째 요소는 입력층이다. keras.layers.**Flatten**(input_shape=(28, 28))은 괄호 안에 들어온 28×28 행렬을 일차원적인 벡터로 변환한다. 즉, 784개의 노드가 일렬로 만들어진다.

두 번째 요소는 은닉층이다. 100개의 뉴런을 두도록 하였고, 활성화 함수는 은닉층에 보통 많이 쓰이는 **ReLU**로 지정하였다. keras.layers.**Dense**로 지정하여 입력층의 모든 노드와 은닉층의 모든 노드가 연결되도록 하였다.

세 번째 요소는 출력층이다. 10가지의 라벨을 구분해야 하므로 10개의 뉴런을 두었고, 활성화 함수는 다중 분류에 일반적으로 쓰이는 소프트맥스 함수로 지정하였다. 마찬가지로 keras.layers.Dense로 지정하여 은닉층의 모든 노드와 출력층의 모든 노드가 연결되게 하였다.

이렇게 만들어진 신경망을 model이라는 변수에 저장하도록 하였다. 이어서 model.compile() 함수를 써서 최적화 알고리즘과 손실함수 등을 설정한다.

```
model.compile(optimizer = 'adam', loss = 'sparse_categorical_crossentropy')
```

최적화 알고리즘은 Adam을 사용하였고, 손실함수는 정답값이 0, 1, 2 등의 정수로 나타나 있으므로 sparse_categorical_crossentropy를 사용한다.

이어서 학습용 이미지와 정답을 주고 학습을 진행한다. model.fit() 함수를 사용한다. 에포크는 우선 한 번만 돌려보도록 하자.

```
model.fit(train_images, train_labels, epochs=1)
```

여기까지 실행되면 model 내에 들어있는 신경망을 학습용 데이터를 이용하여 학습시키게 된다. 학습된 신경망에 테스트 데이터를 적용하여 정답을 예측해보자.

```
predictions = model.predict(test_images)
```

이렇게 하면 predictions에는 테스트용 이미지에 대한 예측값이 저장되어 있을 것이다. 제대로 예측했는지 한번 테스트용 이미지 첫 번째에 대해서 이미지와 정답을 출력해보자.

```
import matplotlib.pyplot as plt
print('Test label 0 =', test_labels[0])
print('Prediction 0 =', predictions[0])
plt.imshow(test_images[0])
plt.show()
```

실행해보면 그림 12-12와 같은 신발 그림이 나오고 다음과 같은 출력이 나타날 것이다.

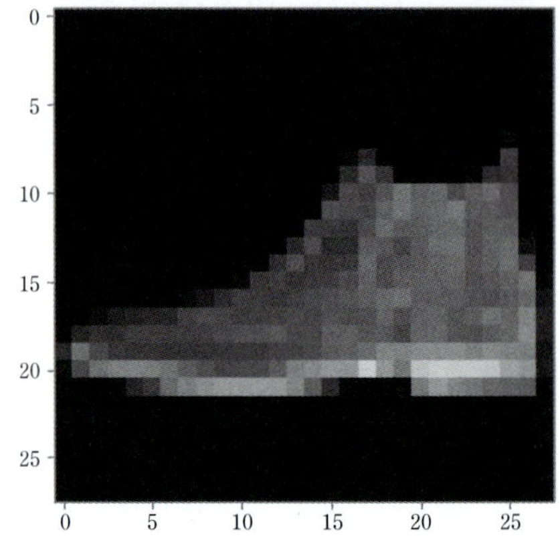

[그림 12-12] 테스트 이미지 0번

```
Test label 0 = 9
Prediction 0 = [2.6515195e-06 1.5080832e-07 3.8006117e-06 1.7151444e-06 2.2985461e-05
 3.2011930e-02 4.0852105e-06 3.1448203e-01 3.7465435e-03 6.4972407e-01]
```

정답은 9번(Ankle boot)이고, 예측값을 보니 10개의 숫자로 구성된 벡터가 나타나 있다. 각각의 숫자는 각 출력층 뉴런이 응답한 확률값을 나타낸다. 이 값들은 실행할 때마다 약간씩 달라질 수 있다. 이와 같이 예측값은 하나의 값으로 나오는 것이라 10개의 값이 나오고 각각의 값은 10가지 의류 각각의 가능성을 이야기해주므로, 우리가 판정을 위한 나름의 기준을 세운다면 10개의 값 중 제일 확률이 높은 것을 선택하는 것이 좋을 것이다.

10개의 값들은 지수적 표현으로 되어 있는데, 잘 보면 10개의 숫자중에 가장 큰 값이 마지막 숫자 6.4972407e-01, 즉 0.64972407이다. 가장 큰 확률을 나타낸 뉴런이 9번 뉴런이므로, 인공신경망의 예측은 9번(Ankle boot)으로 했다고 볼 수 있겠고, 정답을 맞춘 경우이다. 그런데, 7번 뉴런의 확률도 약 0.3145 정도로 나와 있어서, 신경망은 이 그림이 7번일지도 모른다는 생각을 조금 했다는 것을 알 수 있다. 7번은 'Sneaker'이다.

각 출력 뉴런들이 응답한 확률을 좀 더 시각적으로 쉽게 보기 위해, 각 확률값을 막대그래프로 나타내어 보자. 방금 코드의 이미지를 그리는 부분을 다음과 같이 수정한다.

```
1  import matplotlib.pyplot as plt
2  names = ['T-shirt', 'Trouser', 'Pullover', 'Dress', 'Coat',
3           'Sandal', 'Shirt', 'Sneaker', 'Bag', 'Ankle boot']
4  for i in range(30):
5      print('Actual : ', test_labels[i], names[test_labels[i]])
6      plt.subplot(1,2,1)
7      plt.imshow(test_images[i])
8      plt.title('Actual : '+names[test_labels[i]])
9      plt.subplot(1,2,2)
10     plt.bar(names, predictions[i])
11     plt.xticks(rotation='vertical')
12     plt.show()
```

몇 가지 처음 보는 명령어들이 있는데, 조금 살펴보자. 6행의 plt.**subplot**(1,2,x)는 하나의 그림 안에 1행 2열의 그림이 포함되도록 하라는 명령어이고, 여기서 x를 1로 하고 그리면 첫 번째 그림, x를 2로 하고 그리면 두 번째 그림을 그리게 된다. 먼저 plt.subplot(1,2,1)이므로, 1행 2열의 그림 중에 첫 번째 그림을 그리겠다는 의미가 된다. 이어지는 명령은 plt.imshow(test_images[i])이므로 테스트 이미지 i번을 그리게 된다. i는 for 문에 의해 0부터 29까지 변하므로, 처음에는 0번 테스트 이미지를 나타낼 것이다. 이어서 8행에서는 plt.title을 써서 그림에 제목을 붙였는데, 제목 내용에서 'Actual : '이라고 쓴 다음에 names 리스트의 test_labels[i] 번호에 해당하는 값을 나타내도록 하였다. 원래 test_labels[i]는 0부터 9까지의 값인데, 번호로 의류 종류를 알아보기가 어려우므로 2~3행에서 names 라는 리스트를 준비하여 각 번호에 해당하는 의류 이름을 미리 기입해 두었다. 따라서 names[test_labels[i]]는 정답값에 해당하는 의류의 이름이 나타나게 된다.

그 다음 9행에서 plt.subplot(1,2,2)라고 하여 두 번째 그림을 그리겠다고 하였다. 이어지는 10행의 plt.**bar**는 **막대그래프**를 그려주는데, 가로축에는 names 리스트의 각 값이 나타나고, 막대의 높이는 predictions[i]로 하여 예측값 10개 각각의 크기만큼의 막대로 나타나게 하였다. 그 다음 줄의 plt.**xticks**(rotation='vertical')는 x축에 나타날 문자열을 세로로 돌려서 보여준다.

실행해보면 하나씩 그림이 나오고, 그림 윈도우를 닫으면 그 다음 그림이 나타나는 식으로 실행된다. 첫 번째 나타나는 그림은 다음 그림 12-13과 같을 것이다.

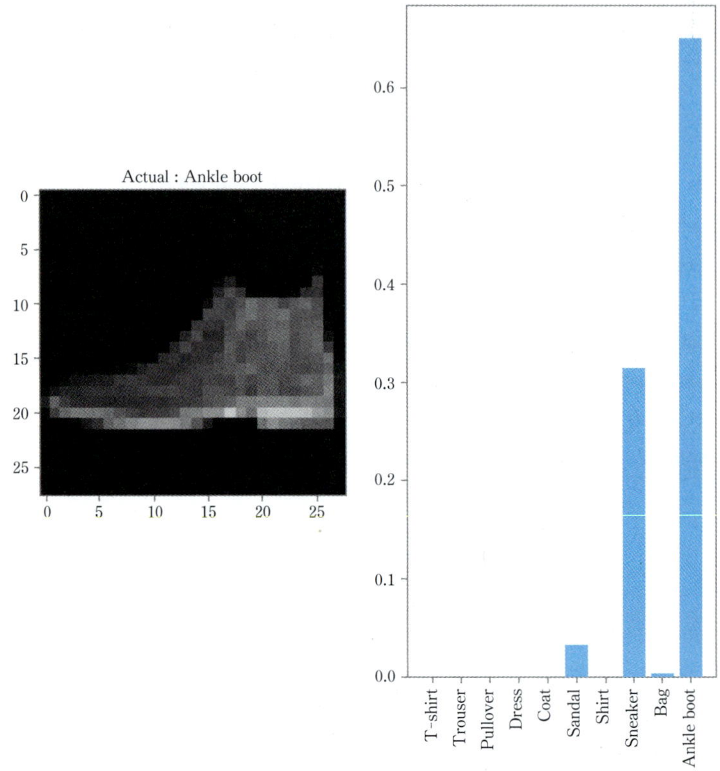

[그림 12-13] 테스트 이미지 0번에 대한 예측

예측 결과를 보면 가장 높은 값으로 'Ankle boot'를 응답하여 정답은 맞았지만, 두 번째 높은 가능성으로 'Sneaker'라고도 생각했다는 사실도 알 수 있다. 이어서 'Sandal'도 약간의 확률을 보이고 있다.

창을 닫으면 그 다음 테스트 이미지와 예측이 나타날 것이다. 실행할 때마다 조금씩 예측 확률이 달라지는데, 이것은 최적화 과정에서 약간의 확률적 임의성(randomness)이 있기 때문이다.

이번 절에서 작성한 전체 코드는 다음과 같다.

예제 ex12-3.py

```
from tensorflow import keras
fashion_mnist = keras.datasets.fashion_mnist
```

```
(train_images, train_labels), (test_images, test_labels) = \
    fashion_mnist.load_data()
train_images = train_images / 255.0
test_images = test_images / 255.0

model = keras.Sequential([
    keras.layers.Flatten(input_shape=(28, 28)),
    keras.layers.Dense(100, activation='relu'),
    keras.layers.Dense(10, activation='softmax')
])
model.compile(optimizer = 'adam', loss = 'sparse_categorical_crossentropy')
model.fit(train_images, train_labels, epochs=1)
predictions = model.predict(test_images)

import matplotlib.pyplot as plt
names = ['T-shirt', 'Trouser', 'Pullover', 'Dress', 'Coat',
         'Sandal', 'Shirt', 'Sneaker', 'Bag', 'Ankle boot']
for i in range(1):
    print('Actual : ', test_labels[i], names[test_labels[i]])
    plt.subplot(1,2,1)
    plt.imshow(test_images[i])
    plt.title('Actual : '+names[test_labels[i]])
    plt.subplot(1,2,2)
    plt.bar(names, predictions[i])
    plt.xticks(rotation='vertical')
    plt.show()
```

12.7 이미지 인식 인공신경망의 성능 평가

앞에서 Fashion MNIST의 의류 이미지를 보고 분류를 예측하는 인공신경망을 구현해 보았다. 이제 에포크를 좀 더 돌려서 학습을 제대로 시킨 다음에, 이 신경망의 예측성능을 평가해보자. 앞의 코드 ex12-3.py에서 model.fit의 epoch 값을 10정도로 하여 10번 반복 학습을 하도록 바꾸어보자. 그리고 model.compile 명령문 내에

metrics=['accuracy']를 추가하면 에포크가 반복되는 과정에서 정확도(accuracy) 값도 계속 출력해준다.

그 다음, model.predict로 예측값을 predictions 변수에 저장한 다음에, 분류 예측을 결정하는 부분을 작성해보자. 현재 predictions 변수에는 각 데이터별로 10개씩의 확률값이 들어가 있다. 우리는 이 중에서 가장 확률이 높게 나타난 번호를 예측값으로 사용하고자 한다. 따라서, predictions의 각 벡터에 대해서 np.argmax를 이용해 가장 높은 값이 나타난 인덱스를 찾아서 이 값을 예측값으로 저장한다. 코드는 다음과 같다.

```
import numpy as np
predicted_labels = []
for p in predictions:
    predicted_labels.append(np.argmax(p))
```

처음에 predicted_labels 변수를 빈 리스트로 초기화한다. 그리고 predictions의 각각의 벡터 p에 대해서 np.argmax(p)를 찾아 이것을 predicted_labels 리스트에 순차적으로 넣는다. 여기서 np.argmax(p)는 p 벡터에서 가장 큰 값을 가지는 인덱스를 리턴하므로, 확률이 가장 높은 번호를 찾아주는 결과가 된다.

이렇게 하면 predicted_labels에는 신경망이 예측한 결과값들이 0부터 9 사이의 숫자로 들어 있을 것이다. 그러면 예측 성능을 평가해보자. 정답 test_labels와 예측값 predicted_labels를 넣어서 성능지표를 출력해 보았다.

```
from sklearn.metrics import classification_report
print(classification_report(test_labels, predicted_labels))
```

전체 코드는 다음과 같다.

예제 ex12-4.py

```
from tensorflow import keras
fashion_mnist = keras.datasets.fashion_mnist
(train_images, train_labels), (test_images, test_labels) = \
```

```
    fashion_mnist.load_data()
train_images = train_images / 255.0
test_images = test_images / 255.0

model = keras.Sequential([
    keras.layers.Flatten(input_shape=(28, 28)),
    keras.layers.Dense(100, activation='relu'),
    keras.layers.Dense(10, activation='softmax')
])
model.compile(optimizer = 'adam', loss = 'sparse_categorical_crossentropy',
    metrics=['accuracy'])
model.fit(train_images, train_labels, epochs=10)
predictions = model.predict(test_images)

import numpy as np
predicted_labels = []
for p in predictions:
    predicted_labels.append(np.argmax(p))

from sklearn.metrics import classification_report
print(classification_report(test_labels, predicted_labels))
```

코드를 실행해 보면 다음과 같이 10번의 에포크를 돌면서 손실함수값과 정확도가 출력되고, 최종적으로 다음과 같이 예측성능지표가 출력될 것이다.

```
          precision    recall  f1-score   support

       0       0.88      0.78      0.82      1000
       1       0.99      0.96      0.98      1000
       2       0.73      0.81      0.77      1000
       3       0.83      0.93      0.88      1000
       4       0.87      0.63      0.73      1000
       5       0.98      0.96      0.97      1000
       6       0.63      0.76      0.69      1000
       7       0.93      0.97      0.95      1000
```

```
           8       0.98      0.96      0.97      1000
           9       0.96      0.95      0.96      1000

    accuracy                           0.87     10000
   macro avg       0.88      0.87      0.87     10000
weighted avg       0.88      0.87      0.87     10000
```

의류 종류마다 예측성능에 약간씩의 차이가 있지만 전체적으로 약 87%의 정확도를 보여주고 있다. 실제 데이터의 사진들을 보면 사람이 분류해도 이 정도 정확도를 얻기 쉽지 않겠다는 생각이 든다. 비교적 단순한 신경망으로도 양호한 예측 성능을 얻을 수 있다는 것이 확인된다.

의류 종류별로 보면 1번에 대한 예측 성능이 가장 높다. 1번은 바지(trouser)인데, 다른 의류에 비해 바지는 가장 특징적이어서 구분이 쉽기 때문일 것이다. 반면, 가장 예측성능이 낮게 나타난 것은 6번이다. 6번은 셔츠(shirt)인데, 실제로 이미지를 보면 셔츠는 풀오버(pullover), 티셔츠(T-shirt) 등 다른 의류와 많이 혼동되기 쉬움을 확인할 수 있다. 사람한테 혼동스러운 것이 인공신경망에서도 혼동되어 나타난다는 것이 흥미롭다.

이번 장에서는 인공신경망의 구현에서 고려되어야 하는 다양한 요소들을 살펴보고, Keras 패키지를 이용하여 직접 의류 이미지 분류 모델을 만들어 보았다. 인공신경망의 이론을 통해 내부 구조를 이해한 바탕 위에서 Keras 패키지를 활용하여 인공신경망을 구현함으로써, 인공신경망이 블랙박스로 느껴지지 않고 내부의 작동 원리가 보여질 수 있기를 바란다. 또한, 이번 장에서 구현해 본 이미지 인식 인공신경망이 비교적 단순한 구조임에도, 사람에게도 혼동될 수 있는 다양성 높은 데이터에서도 분류의 기준이 되는 패턴을 찾아내는 유연성을 보여주고 있다는 점에서, 인공신경망의 확장성과 광범위한 활용성을 다시 한번 확인할 수 있다.

실·습·예·제

1. 배타적 논리합(XOR) 관계, 즉, X=[[0,0], [0,1], [1,0], [1,1]]에 대해 Y=[0,1,1,0]을 출력하는 신경망을 Keras를 이용하여 구현하시오. 단, 신경망은 2계층으로 은닉층에 4개의 뉴런을 두도록 하고, 최적화알고리즘은 Adam을 사용하여 3000 에포크동안 학습시켜 예측값을 확인하시오.

풀이

practice_12-1.py

```
from tensorflow import keras

x_train = [[0,0], [0,1], [1,0], [1,1]]
y_train = [0,1,1,0]

model = keras.Sequential([
    keras.layers.Dense(4, activation='relu', input_shape=(2, )),
    keras.layers.Dense(1, activation='sigmoid')
])

model.compile(optimizer = 'adam', loss = 'binary_crossentropy')
model.fit(x_train, y_train, epochs=3000)
pred = model.predict(x_train)
print(pred)
```

```
[[0.04109568]
 [0.99033946]
 [0.976328  ]
 [0.00664077]]
```

비교적 정답값 0, 1, 1, 0에 가까운 예측값을 나타내고 있다.

2. 사이킷런의 Iris(붓꽃) 예제 데이터를 사용하여 붓꽃의 4가지 특성(sepal length, sepal width, petal length, petal width)로부터 붓꽃의 종류(0, 1, 2)[13]를 예측하는 신경망을 Keras를 이용하여 구현하고, 파일로 제공된 테스트 데이터 'iris_test.csv'에 대해 품종을 예측하여 혼동행렬과 성능 리포트를 출력하시오. 단, 입력값은 사이킷런의 MinMaxScaler 패키지를 이용하여 0과 1 사이의 값으로 정규화하여 사용하시오.

풀이

사이킷런의 MinMaxScaler는 fit_transform( ) 함수에 정규화할 열들을 넣어주면 초기화되며, 이후 해당 열의 값에 대해 transform( )함수를 적용하면 각 열의 범위를 0과 1 사이로 조정해준다. 이를 이용한 코드는 다음과 같다.

practice_12-2.py

```python
from sklearn.datasets import load_iris
from sklearn.preprocessing import MinMaxScaler
import pandas as pd
import numpy as np
from tensorflow import keras

def label(p):
    return np.argmax(p, axis=1)

iris=load_iris()
features = iris.feature_names
iris_train = pd.DataFrame(iris.data, columns=features)
iris_train['target']=iris.target

iris_test = pd.read_csv('iris_test.csv')

sc=MinMaxScaler()
sc.fit_transform(iris_train[features])
iris_train[features] = sc.transform(iris_train[features])
iris_test[features] = sc.transform(iris_test[features])

x_train = iris_train[features]
y_train = iris_train['target']

```

13) 여기서 0은 'setosa', 1은 'versicolor', 2는 'virginica' 품종을 가리킨다.

```
x_test = iris_test[features]
y_test = iris_test['target']

model = keras.Sequential([
    keras.layers.Dense(4, activation='relu', input_shape=(4, )),
    keras.layers.Dense(3, activation='softmax')
])
model.compile(optimizer = 'adam', loss = 'sparse_categorical_crossentropy')
model.fit(x_train, y_train, epochs=1000)
pred = model.predict(x_test)
print('Predicted = ', label(pred))
from sklearn.metrics import confusion_matrix
from sklearn.metrics import classification_report
print(confusion_matrix(y_test, label(pred)))
print(classification_report(y_test, label(pred)))
```

```
Predicted =  [0 0 0 0 0 0 0 0 0 0 1 1 1 1 1 1 1 1 1 1 2 2 2 2 2 2 2 2 2 2]
[[10  0  0]
 [ 0 10  0]
 [ 0  0 10]]
              precision    recall  f1-score   support

           0       1.00      1.00      1.00        10
           1       1.00      1.00      1.00        10
           2       1.00      1.00      1.00        10

    accuracy                           1.00        30
   macro avg       1.00      1.00      1.00        30
weighted avg       1.00      1.00      1.00        30
```

주어진 테스트 데이터에 대해서는 100% 정확한 예측을 수행하였음을 확인할 수 있다.

연·습·문·제

1. 어떤 신경망이 5개의 출력 뉴런이 있다고 가정하자. 각각의 출력 뉴런의 번호를 0부터 4까지 라고 하고, 각 뉴런에서 계산한 선형합이 다음과 같이 주어져 있을 때 각 뉴런의 소프트맥스 함수의 계산 결과를 제시하시오.

   $$z_0 = 1.8,\ z_1 = 2.1,\ z_2 = 3.4,\ z_3 = 2.5,\ z_4 = 0.9$$

2. 10장의 표 10－2의 예제 데이터를 이용하여, 다음의 최적화 알고리즘을 적용하였을 때 3 에포크동안의 x와 손실함수의 변화 과정을 엑셀로 계산하여 제시하시오. 각각의 경우에 손실함수는 엔트로피 함수를, 학습률은 0.01로 적용하시오.

   1) 전통적인 경사하강법(gradient descent)
   2) SGD
   3) 배치크기가 2인 Mini－batch SGD

3. Keras 패키지를 이용하여 다음과 같이 3×3의 보드에서 1이 한줄을 이루었는지를 판별하는 인공신경망을 구현하고 성능리포트를 제시하시오. 필요한 데이터셋은 직접 생성하여 사용하시오.

   - 단, 경우의 수를 줄이기 위해 보드상에 있는 1의 개수는 3개로 한정
   - 아래 예시에서 Label 1은 한 줄이 만들어졌음을, 0은 만들어지지 않았음을 의미

4. Keras 패키지를 이용하여 11장에서 사용했던 8×8 MNIST 손글씨 데이터셋에서 0에서 9까지의 숫자를 인식하는 프로그램을 작성하시오.

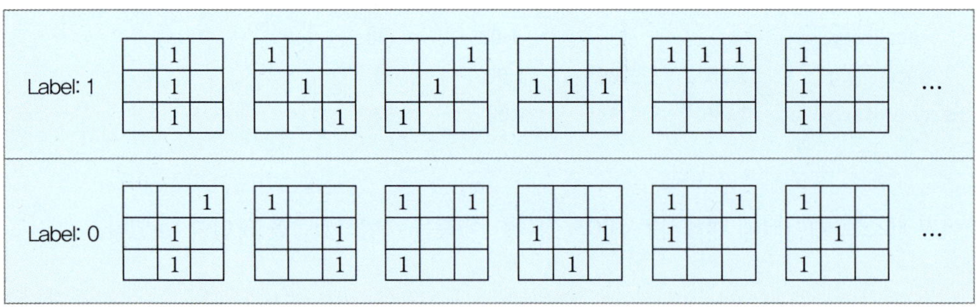

5. 8장의 은행고객이탈 예측모델을 Keras 패키지를 이용하여 인공신경망으로 구현하고, 성능리포트를 제시하시오.

13

CHAPTER

순환신경망과 시계열 예측

많은 데이터는 시간에 따라 변하는 값들이다. 주식가격이나 금리, 제품 수요, 기온, 혈압, 음성신호 등도 그렇고, 잘 인지하지 못하고 있지만 우리가 지금 읽고 있는 이 글도 시간 순서에 의존하는 자료이다. 앞에서부터 글자가 순차적으로 나타나서 그 다음 글자의 해석에 영향을 미치고 있다.

이렇게 시간 순서에 따라 나타나는 데이터를 **시계열 데이터(time-series data)**라고 한다. 이전 장들에서 살펴본 예측모델은 대부분 시간과 관계 없는 데이터들이었다[1]. 예를 들어 12장에서 Fashion Mnist 데이터를 가지고 의류 사진을 보고 종류를 판별하는 신경망을 만들어 보았었는데, 의류 사진은 지금 그 사진만으로 판단하면 되지 그 앞에 무슨 사진이 나왔었는지는 전혀 고려하지 않아도 된다. 그렇지만 주가 예측은 다른 문제이다. 어떤 회사의 오늘 주가가 5만 원이라면 지난 2주 동안 3만 원부터 계속 올라와서 5만 원인 건지, 아니면 7만 원부터 내려서 5만 원인 건지가 앞으로의 주가를 예측하는 데 있어서 완전히 다른 의미를 가진다. 즉, 시계열 데이터의 해석과 이를 바탕으로 한 예측은 이 데이터를 시간 순서로 관찰해야만 할 수 있다.

시간 순서의 관찰이란, 본질적으로 과거 데이터에 대한 '기억'에 의존한다. Fashion Mnist에서 의류 사진을 하나 보고 티셔츠임을 판단한 다음에, 그 다음 사진이 가방임을 판단하기 위해서 앞에서 보았던 것이 티셔츠였음을 기억할 필요는 없다. 그렇지만 주가 예측을 하려면 2주 전에 3만 원이었던 주식이 지금 5만 원까지 온 과정을 '기억'해야만 그 다음 주가를 예측할 수 있다. 통계적 기법으로는 시계열을 다루기 위한 다양한 방법이 있다. 그러나, 우리가 앞 장에서 살펴본 고전적인 인공신경망에는 이러한 시간에 따른 기억

1) 시간에 관계없이 특정 시점에 샘플을 취해 얻은 데이터를 횡단면 데이터(cross-sectional data)라고 한다.

을 유지할 수 있는 방법이 없다. 인공신경망으로 시계열 자료를 처리하려면 어떻게 해야 할까?

인공신경망에서 시간에 따른 기억을 유지하고 이를 바탕으로 시계열 데이터를 해석하고 예측하기 위해 만들어진 방법이 **RNN(순환신경망, Recurrent Neural Network)**이다. 순환신경망은 수치적 시계열 예측 이외에도 텍스트의 이해 및 번역, 챗봇(chatbot)의 구현 등 다양한 분야에서 활용되고 있다. 이번 장에서는 순환신경망의 기본적 이해와 응용 방안에 대해 살펴보도록 하자.

13.1 RNN의 개요

RNN은 자신의 기억을 다음 예측을 위한 입력으로 사용하는 인공신경망이다. RNN의 구조를 그림으로 이해해보자. 먼저, 다음과 같은 간단한 인공신경망을 생각해보자.

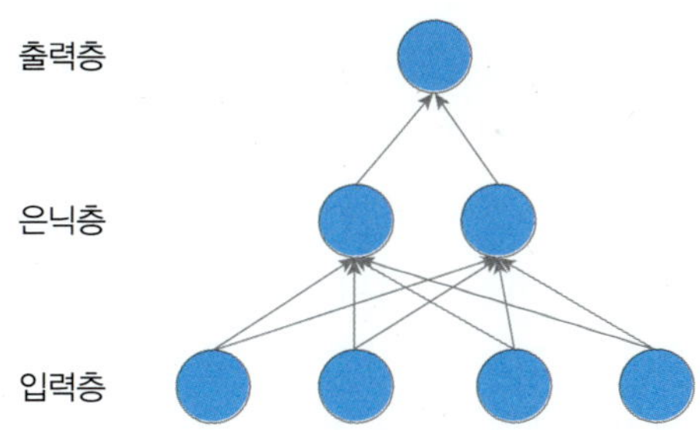

[그림 13-1] 단순한 인공신경망의 예

그림 13-1의 인공신경망은 4개의 값을 입력받아서 2개의 은닉층 뉴런을 거쳐 하나의 값을 출력한다. 이것을 그대로 사용한다면 그 다음 데이터가 들어왔을 때 이전의 데이터가 무엇이었는지를 기억하는 장치가 없다. 이렇게 입력으로부터 단방향으로 순차적으로 은닉층을 거쳐 출력값을 계산하는 형태의 신경망을 **피드포워드(feed forward) 신경망**이라고 한다.

그런데, RNN은 다음 입력이 들어왔을 때 입력 데이터에 추가하여 이전에 가지고 있었던 은닉층의 출력값도 함께 입력으로 고려한다. 이 과정을 그림으로 나타내면 다음과 같다.

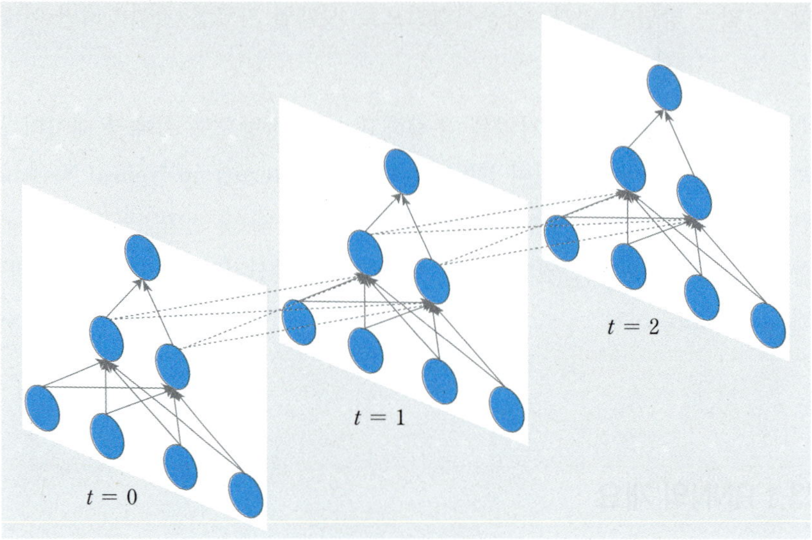

[그림 13-2] RNN의 개념

그림 13-2를 보면, 처음 시점 $t=0$에서는 기존의 신경망과 같이 입력된 4개의 값으로부터 은닉층 뉴런의 출력값이 계산되고, 이것으로부터 최종적으로 출력 뉴런의 값을 계산하였다. 그런데, 다음 시점 $t=1$에서는 은닉층 뉴런의 출력값을 계산할 때 입력된 값들 이외에도 이전 시점 $t=0$에서의 은닉층 출력값들을 함께 입력으로 활용하고 있다. 이어서 $t=2$에서도 이전 시점의 은닉층 출력을 다시 새로운 입력과 함께 활용하고 있다. 이렇게 하면, 특정 시점의 은닉층의 출력은 과거의 입력들로부터 신경망이 나름대로 판단하여 인지한 특징들을 담고 있으므로, 그 다음 시점에 기존의 은닉층 출력값들을 함께 고려함으로서 그 이전 데이터의 특징에 대한 기억을 반영할 수 있게 된다.

여기서 기존 은닉층으로부터 출력되는 값을 '**은닉 상태(hidden state)**'라고 한다. 요약해서 말하자면, RNN은 자신의 은닉 상태를 그 다음 시점에 대한 입력으로 활용하는 신경망 구조라고 할 수 있다. 이 과정을 조금 더 단순하게 나타내면 그림 13-3과 같이 그려볼 수 있다.

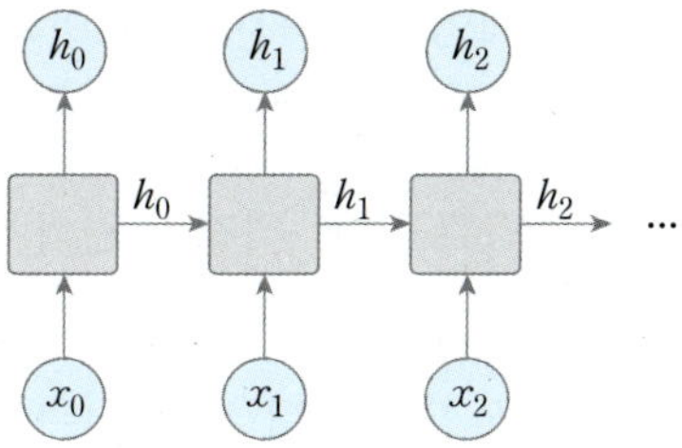

[그림 13-3] RNN의 도식화

그림에서 시간은 왼쪽에서 오른쪽으로 흘러간다. x_0, x_1, x_2는 입력 데이터를 나타내고, h_0, h_1, h_2는 은닉층의 출력값이다. 가운데 은닉층에 여러 개의 뉴런이 있을 수 있지만 여기서는 단순화하여 하나의 사각형으로 나타내었고, 은닉층 위로 출력층 등이 쌓여있을 수 있지만 그림에서는 생략되었다. 시간이 0, 1, 2로 흘러감에 따라 이전의 은닉층, 즉 사각형에서 출력된 값이 새로운 입력값과 함께 현재의 은닉층에 대한 입력으로 사용됨을 단순화하여 나타내고 있다. 여기서 은닉층을 연결하는 화살표는 실제로는 뉴런 갯수만큼 여러 개 그려져야 하지만 하나로 단순화하여 나타내었다는 점을 주의하자.

RNN의 학습은 이전 장에서 살펴본 역전파 학습을 시간 축으로 확장한 **BPTT(Back-Propagation Through Time)**이라는 기법이 사용된다. BPTT는 번역하자면 '시간축으로 확장한 역전파 학습'정도의 의미가 되겠는데, 말 그대로 역전파를 시간을 거슬러 올라가면서 수행하는 방식이다. 그림 13-2를 보면, $t=0$에서는 기존의 신경망과 동일하고, $t=1$에서 새로운 입력값과 정답값이 들어오면 $t=1$의 은닉층의 가중치 뿐 아니라 $t=1$에서 $t=0$의 은닉층으로 연결되는 링크의 가중치도 함께 수정하게 된다. $t=2$에서는 $t=1$로의 연결 및 $t=0$까지의 연결까지 가중치를 수정해 주어야 하게 되어서, 시간이 길어짐에 따라 가중치 수정을 위해 계산해야 하는 양은 계속 늘어나는 문제가 있다. 그래서 실제로는 일정 시간 범위까지만 끊어서 가중치를 수정하는 **Truncated BPTT(Truncated Back-Propagation Through Time)**를 사용한다.

13.2 단순 RNN의 한계

RNN은 학습 방법인 BPTT를 구현하는 것이 다소 복잡하지만 그 아이디어는 명확하다.

출력값을 만들어내는 과정에서 현재 데이터 뿐 아니라 들어오고, 직전까지의 자기 기억도 들어가는 것이다.

이 구조에서 한가지 문제점을 찾을 수 있다. 직전의 기억에는 당연히 그 전 단계의 기억이 들어 있을 것이다. 그리고 그 전 단계의 기억에는 또 그 전 단계의 기억이 들어있을 것이다. 만약 우리가 5일차의 시점에서 계산한다면, 직전의 기억인 4일차 시점의 기억에는 3일차 기억이 일부 남아있을 것이고, 3일차 기억에는 2일차 기억이 일부 남아있을 것이다. 이렇게 거슬러 올라가면 1일차의 기억은 아주 조금만 남아있을 것이다. 학습 과정에서는 더 문제가 된다. 역전파학습의 문제점으로서 그래디언트 소실 문제가 있음을 앞의 장에서 살펴본 바 있다. RNN의 학습방법인 BPTT는 시간축으로 거슬러올라가면서 역전파를 적용하는데, 역전파는 그 특성상 학습 경로가 길어질수록 미분값을 계속 곱해나가게 되어 그래디언트가 0이 되어버리는 문제가 발생한다. 시간이 길어지면 먼 과거에 대해서는 학습이 이루어지기 어려운 것이다. 따라서 단순한 RNN은 주로 단기기억에 의존한다.

그런데, 경우에 따라서는 오래전에 나온 데이터가 한참 나중에 다시 중요한 경우가 많다. 예를 들어 보자.

"비가 와서 ( )을 펼쳤다."

위의 문장에서 괄호 안에 들어갈 말은 '우산'일 것이다. 여기서 '우산'이라는 단어를 유추하기 위해서는 가까운 과거에 나온 '비'를 가지고 생각하는 것으로 충분하다. 그러다, 다음 문장은 어떨까?

"나는 부산에서 어린 시절을 보냈다. 서울로 이사오고 나서 ... (한참 다른 얘기) ... 지금도 ( ) 사투리는 영 고쳐지지가 않는다."

괄호 안에 들어갈 말은 아마도 '부산'일텐데, 이것을 성공적으로 예측하기 위해서는 중간에 다른 이야기들이 한참 나왔더라도 훨씬 이전에 나온 '부산에서 어린 시절을 보냈다'는 정보가 기억되어 있어야 할 것이다.

주식 가격 예측에 적용할 때도 마찬가지이다. 직전의 주가 움직임 뿐 아니라 수개월, 수년 전의 주가나 거래량이 미래의 주가 예측에 중요한 정보가 될 수 있을 것이다. 그런데,

단순한 RNN으로는 이렇게 오랜 과거의 기억을 잘 유지하고 활용하기가 어렵다.

이처럼 과거의 기억이 현재에 영향을 크게 주는 경우가 있으므로, 과거 기억의 비중이 시간에 따라 줄어드는 단순한 RNN은 한계가 있다. RNN의 이러한 문제를 **장기 의존성 문제(long-term dependency)**라고 한다. 이러한 문제를 보완하기 위하여 **단기기억**뿐 아니라 **장기기억**도 함께 유지하면서 학습하는 개선된 순환신경망 모델로서 **LSTM(Long-Short Term Memory)**이 제시되었으며, 이후 LSTM에서 불필요한 요소를 단순화하고 학습성과가 개선된 **GRU(Gated Recurrent Unit)**[2]가 발표되는 등 순환신경망은 계속 발전하면서 활용되고 있다. 다음 절에서는 LSTM 모델에 대해 살펴보겠다.

13.3 LSTM

앞장에서 우리는 단순 RNN이 단기기억만을 활용하기 때문에, 한계가 많다는 것을 보았다. 이를 보완하기 위해 장기기억도 현재의 판단에 함께 활용하기 위해 개선한 것이 **LSTM(Long Short Term Memory)**이다. LSTM도 순환신경망의 일종으로, 우리말로 번역하자면 말 그대로 '장 · 단기기억'을 의미한다. 장기기억은 일단 외워두면 오랜 시간이 지나도 기억이 나는 것들이다. 반면 단기기억은 전화번호를 메모하기 위해 기억하는 것처럼 잠시 기억하는 것이다. LSTM은 뜻 그대로 장기기억과 단기기억을 동시에 활용해 판단하는 기법이다.

LSTM의 구조를 살펴보기 전에, 우리의 뇌를 생각해보며 LSTM을 이해하면 좋을 것 같다. 우리가 오래 기억하는 것은 무엇이 있을까? 일반적으로 중요한 정보들일 것이다. 우리 집 주소, 가족의 전화번호, 나의 생일, 친구의 이름과 같은 것이다. 반대로 금방 잊어버리게 되는 정보에는 어떤 것이 있을까? 어제 카페에서 사용한 와이파이의 비밀번호처럼 잠시 기억했다 잊어버려도 크게 우리에게 중요하지 않은 것들일 것이다. 이렇게 우리는 중요하다고 판단하는 정보를 장기기억으로 저장하곤 한다. 한편으로는 우리의 장기기억 속 내용을 바꾸어야 하는 경우도 있다. 예를 들어, 우리 집이 이사를 갔다면 새로 바뀐 주소로 기억을 수정해야 할 것이다. 그렇지 않으면 지금은 남들이 살고 있는 옛날 우리 집

2) Cho, Kyunghyun; van Merrienboer, Bart; Bahdanau, DZmitry; Bengio, Yoshua (2014). "On the Properties of Neural Machine Translation: Encoder-Decoder Approaches". arXiv:1409.1259.

으로 찾아갈 수도 있을 테니까.

LSTM은 이렇게 장기기억을 유지하면서 필요하면 망각도 할 수 있는 메커니즘을 가지고 있다. LSTM의 구조를 살펴보자.

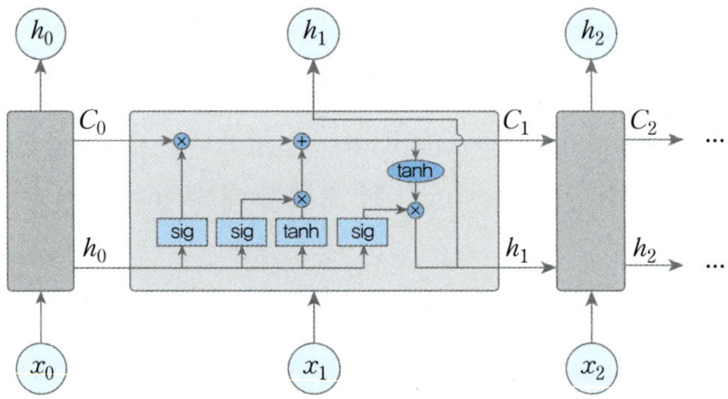

[그림 13-4] LSTM의 구조

그림 13-3의 단순 RNN과 비교해보면, 시간을 따라 넘어가는 링크가 두 개인 점이 RNN과 가장 큰 차이가 남을 알 수 있다. 그림 13-4의 LSTM에서 아래쪽에 있는 링크는 RNN과 마찬가지로 직전의 은닉 상태(hidden state)이다. 여기에 위쪽의 링크가 하나 더 추가되어 있는데, 이것은 셀 상태(cell state)라고 해서 기억을 장기적으로 전달할 수 있도록 한다.

구조를 조금만 더 이해해보기 위해 다음 그림을 보자.

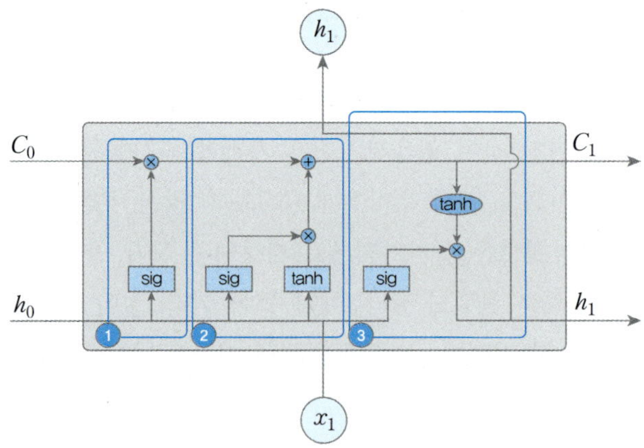

[그림 13-5] LSTM의 작동

그림에서 ①단계는 새로 들어온 데이터 x_1과 직전 기억 h_0이 시그모이드 함수(sig라고 표시되어 있다)를 출력으로 갖는 뉴런 계층을 통과하고 있다. 시그모이드 함수는 0 또는 1을 출력하고, 이 값은 화살표 위로 보면 장기기억 C_0에 곱하도록 되어 있다(곱하기 기호로 표시되어 있다). ①의 시그모이드 함수의 출력이 1이라면 C_0가 그대로 보존될 것이고, 0이라면 C_0를 전부 0으로 만들어서 망각하도록 만들테니, 학습 과정에서 중요도를 판단하여 C_0에 포함된 불필요한 정보는 삭제하는 역할을 하므로, **망각 게이트(forget gate)**로 불린다.

②단계는 새로운 정보를 장기기억에 저장하는 부분으로서 **입력 게이트(input gate)**라 불린다. 기존 기억 h_0와 새로운 데이터 x_1을 시그모이드함수와 하이퍼볼릭 탄젠트 함수(tanh)에 동시에 통과시켜서 두 값을 곱한다. 시그모이드 함수의 출력은 0 또는 1로서, 해당 정보를 기억에 반영하는 강도를 정하고 있고, 하이퍼볼릭 탄젠트 함수는 이렇게 저장될 기억 값을 산출한다. 이렇게 곱해진 값이 셀 스테이트 C_0에 더해지고 있다(위쪽에 + 기호로 표시되어 있다).

③단계는 출력값을 계산하는 부분이다. 장기기억을 보존하는 셀 상태 C_0는 일단 그대로 다음 시점의 셀 상태 C_1으로 내보낸다. 그리고 C_0에 활성화함수 tanh를 적용하여 출력값을 만들고, 이것을 시그모이드 함수 출력과 곱한 값을 h_1으로 내보낸다. ③단계에 있는 시그모이드 함수는 직전의 은닉 상태 h_1과 새로운 데이터 x_1으로부터 계산되어 0 또는 1의 값을 산출하므로, 이 값을 C_0에 곱해줌으로써 기억되어 있는 정보 중에서 특정한 정보만 골라서 출력으로 내보낼 수 있도록 해 준다.

정리하자면, LSTM에는 망각 게이트와 입력 게이트가 있어 데이터의 장기기억 여부와 기존 장기기억에 추가 여부를 결정할 수 있다. 이를 이용하여 새로운 자신의 상태를 수립하고, 이 값을 출력으로 내보냄과 동시에 다음 자신의 상태에 전달하는 방식으로 작동한다. 결과적으로 장기기억과 단기기억을 모두 적용한 의사결정을 할 수 있도록 해 준다.

13.4 LSTM을 통한 주식가격 예측 예제

그러면, 순환신경망으로 **주식가격 시계열 데이터**를 통해 다음날 주가를 예측하는 코드를 직접 한번 만들어보도록 하자. 주가는 직전 수일간의 자료도 중요하지만 수주나 수개월 이전의 매매동향도 영향을 미칠 수 있기 때문에, 단순한 RNN 대신 비교적 먼 과거의 일도 잘 기억하는 LSTM을 사용하기로 한다.

먼저, 주식가격 데이터를 읽어와야 한다. 파이썬으로 주가 데이터를 읽어오는 가장 간단한 방법은 **FinanceDataReader** 패키지를 사용하는 것이다. 패키지를 먼저 설치한다. 설치는 'pip install finance-datareader'로 할 수 있다.

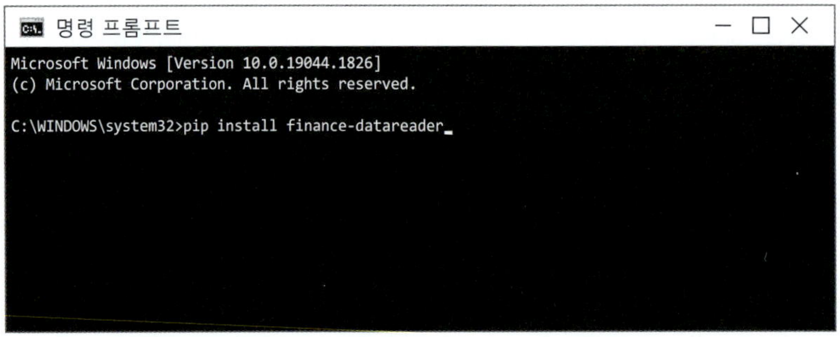

설치가 되고 나면 바로 파이썬에서 데이터를 읽어올 수 있다. 미국 주식의 경우 종목의 티커(ticker)[3]를 통해 불러올 수 있고, 우리나라 주식 가격도 읽어올 수 있는데 코스피 종목 코드(숫자 6자리)를 주면 된다. 예제를 위해 여기서는 미국 코카콜라사의 2010년부터 2019년 말까지의 주가를 불러와 보자.

```
1  import FinanceDataReader as fdr
2  stock = fdr.DataReader('KO', '2010-01-01', '2019-12-31')
3  print(stock)
```

첫 줄에서 FinanceDataReader 패키지를 fdr이라는 이름으로 불러오고, 두 번째 줄에서 fdr.**DataReader** 함수를 통해 주가 데이터를 불러온다. fdr.DataReader 함수에는 종목의 티커(코카콜라는 'KO'), 시작일자, 종료일자를 각각 기입해주면 된다. 읽어온 데이터는 stock이라는 이름의 변수에 저장했는데, 세 번째 줄에서 내용을 출력해 보았다. 출력 결과는 다음과 같다.

3) 알파벳 몇 글자로 되어 있다. 예를 들어 코카콜라의 티커는 'KO'이고, 애플의 티커는 'AAPL'이다.

```
            Close   Open  High    Low      Volume  Change
Date
2015-01-02  42.14  42.26  42.40  41.80   9920000.0 -0.0019
2015-01-05  42.14  42.69  42.97  42.08  26290000.0  0.0000
2015-01-06  42.46  42.41  42.94  42.24  16900000.0  0.0076
...           ...    ...    ...    ...         ...     ...
2019-12-31  55.35  55.20  55.38  54.98   7980000.0  0.0014

[1258 rows x 6 columns]
```

출력 결과를 보면 날짜 이외에 여섯 개의 필드가 들어 있는데, 각각 종가(Close), 시가(Open), 고가(High), 저가(Low), 거래량(Volume) 및 전일대비 가격변동(Change)이다.

예제의 목적이니 간단하게 종가만 가지고 예측해보기로 하자. 종가만 불러와서 prices라는 배열에 넣고 그래프를 출력해본다.

```
1  import numpy as np
2  prices = np.asarray(stock['Close'], dtype='float32')
3  import matplotlib.pyplot as plt
4  plt.figure()
5  plt.plot(stock.index, prices)
6  plt.xlabel('date')
7  plt.ylabel('price')
8  plt.show()
```

2행에서 stock에서 종가 열인 'Close'를 불러와서, 이것을 나중에 형태 변환을 쉽게 하기 위해 numpy 배열로 변환하여 prices라는 변수로 넣었다. 그리고 4행에서 가로축에는 날짜가 나타나 있는 stock.index, 세로축에는 주식 종가 prices를 두고 그래프를 출력하였다. 5~6행에서는 가로세로축의 제목을 써주었다. 출력 결과는 다음과 같을 것이다.

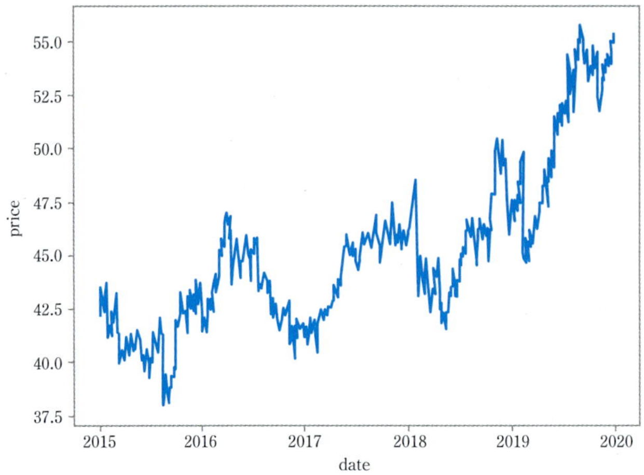

[그림 13-6] 코카콜라의 주가

코로나 팬데믹 직전까지 데이터여서 주가는 좋은 흐름을 보여주고 있다. 그러면, 이 데이터를 우리의 목적에 맞게 가공해보자.

첫 번째로, 값들을 0과 1 사이로 정규화시켜주어야 한다. 신경망은 입력값으로 0과 1 사이의 값을 받아야 안정적으로 동작한다. 실제 주가는 그림 13-6과 같이 수십 달러의 값이므로, 이 값의 범위를 줄여주어야 한다. 가장 쉽게 할 수 있는 방법은 그래프 아래를 자르고 그래프의 높이를 축소해서 1만큼으로 만드는 것이다. 즉,

$$y' = \frac{y - \min(y)}{\max(y) - \min(y)} \qquad \text{(식 13-1)}$$

과 같이 하면 된다. 이를 위한 코드를 작성해보자[4].

```
y = (prices - min(prices))/(max(prices)-min(prices))
print(y)
```

출력 결과를 보면 모든 주가가 다음과 같이 0과 1 사이의 값으로 정규화되어 나타남을 확인할 수 있다.

4) 사이킷런 패키지는 정규화를 위한 MinMaxScaler 기능을 제공하고 있으므로, 이것을 사용해도 된다.

```
[0.23340821 0.23340821 0.25140595 ... 0.97637784 0.9718785  0.97637784]
```

다음은 시계열 학습을 위한 데이터 구조로 변환하는 것이 필요하다. 우리는 과거 일정 기간의 주가로부터 그 다음 날의 주가를 예측하는 모델을 만들고자 한다. 여기서는 과거 60일간의 데이터를 보는 것으로 하자. 만약, 주가 데이터가 1000건이라면, 우리의 데이터는 다음과 같은 모양이 되어야 한다.

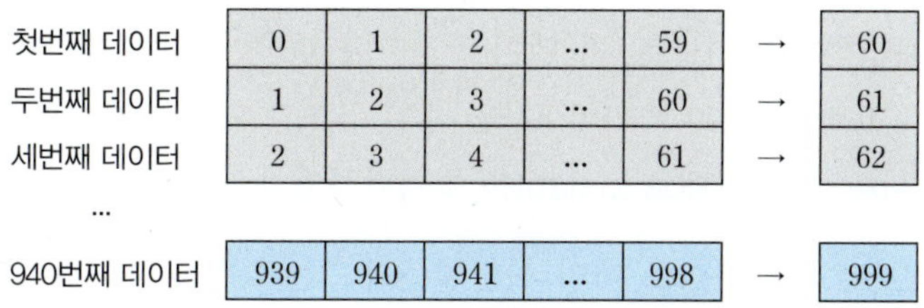

[그림 13-7] 시계열 학습을 위한 데이터 구조

그림에서 보듯이, 첫 날을 0일이라고 할 때, 0일부터 59일까지의 주가가 입력이 되고, 정답값은 60일째의 주가가 된다. 그 다음 데이터는 1일부터 60일까지의 주가가 입력이 되고, 정답값은 61일째의 주가가 되는 식이다. 주가 데이터가 1000일치라면, 마지막 데이터는 939일부터 998일까지를 입력으로 하고 999일을 정답값으로 할 것이므로, 시계열 학습을 위한 데이터 건수는 총 940건이 될 것이다. 즉 (총 데이터 수 - 예측에 사용할 기간)이 가용 데이터 건수가 된다.

그러면, 일차원 배열로 되어 있는 주가 데이터를 그림 13-7과 같은 형태로 바꾸어주기 위한 코드는 다음과 같이 되어야 한다.

```python
window_size = 60
data_length = len(y) - window_size
y_data = np.zeros(data_length, dtype='float32')
x_data = np.zeros((data_length, window_size, 1), dtype='float32')
for i in range(0, data_length):
    y_data[i]=y[i+window_size]
    x_data[i]=y[i:i+window_size].reshape(window_size,1)
```

1행에서 입력에 사용할 기간을 windows_size라는 변수로 두고 60으로 설정하였다. 2행에서는 가용 데이터 건수를 총 데이터 수 len(y)에서 window_size를 뺀 값으로 계산하여 data_length라는 변수에 넣었다. 3행에서는 먼저 정답값 y_data를 데이터 건수 길이만큼의 일차원 배열로 초기화하였다.

4행을 주의 깊게 보자. 입력 데이터의 구조를 정하여 초기화하는 부분이다. 입력 데이터의 행 수는 데이터 길이 data_length임이 분명하다. 각 데이터 건마다 LSTM의 입력으로 쓰기 위한 구조를 만들어 주어야 하는데, Keras의 LSTM은 한번 입력값을 받을 때 (기간 수 × 특성치 갯수)를 입력으로 받는다. 즉, 우리의 경우에는 기간이 60일이고, 특성치는 주식 종가로서 하나 뿐이므로, 각 데이터 건마다 (60 × 1)의 형태가 필요하다. 즉, 입력 데이터는 (data_length × 60 × 1)의 3차원 배열 구조가 되어야 하므로, 4행에서 (data_length, window_size, 1)의 형태로 x_data를 초기화하였다.

그 다음에 5행부터 for 루프로 데이터를 넣는다. i는 0부터 데이터 건수만큼 변화시킨다. 먼저 데이터 i번에 대해 정답값 y_data[i]는 60일 뒤의 주가, 즉 y[i + window_size]로 넣는다. 다음으로 데이터 i번의 입력값 x_data[i]는 i부터 i+59일까지의 주가가 되어야 하므로, y[i:i+window_size][5]를 넣으면 된다. 그런데, x_data가 (data_length, window_size, 1)의 3차원 배열이므로 x_data[i]는 (window_size, 1)의 2차원 배열인 반면, y[i:i+window_size]는 그냥 window_size 갯수만큼의 1차원 배열이어서, 이것을 (window_size, 1)의 2차원 배열로 형태를 바꾸어 주어야 한다. 이를 위해 reshape(window_size, 1) 함수를 사용하였다.

이제 데이터가 구조에 맞추어 준비되었으므로, 사이킷런의 train_test_split 기능을 사용하여 데이터를 학습용과 테스트용으로 나누자. 데이터 중 30%를 테스트용으로 사용하기로 하자. 여기서 주의할 점은, 시계열 데이터에서는 테스트 데이터를 랜덤하게 뽑아오면 무의미해지므로 순서를 유지하면서 나누어야 한다는 점이다. 즉, 앞부분 70%의 기간을 학습용으로, 뒷부분 30%의 기간을 테스트용으로 사용하는 식으로 되어야 한다. 이를 위해서는 train_test_split에서 '**shuffle**=False'의 옵션을 주어야 한다.

```
from sklearn.model_selection import train_test_split
x_train, x_test, y_train, y_test = train_test_split(x_data, y_data,
 test_size=0.3, shuffle=False)
```

5) 파이썬 배열에서 [a:b]는 a번부터 (b-1)번까지의 데이터임을 기억하자.

그러면 데이터는 모두 준비가 된 것 같다. 이제 신경망을 구성하자. 구조를 어떻게 설계할 것인가는 많은 고민이 있어야 하는 부분인데, 우리는 3계층으로 구성된 신경망을 생각해보자. 입력노드에서 들어온 데이터의 형태는 직전 60일간의 주가이므로 (60,1)이다. 우선 첫 번째 은닉층에 LSTM을 30개 놓도록 하자. 그 다음 은닉층에서 LSTM 30개를 한 계층 더 놓고, 마지막 출력층은 내일 주가를 예측하는 것이므로 한 개의 값이 되어야 한다. 그러면, 구조는 다음과 같다. 그림에서 사각형으로 표시된 것은 LSTM이다.

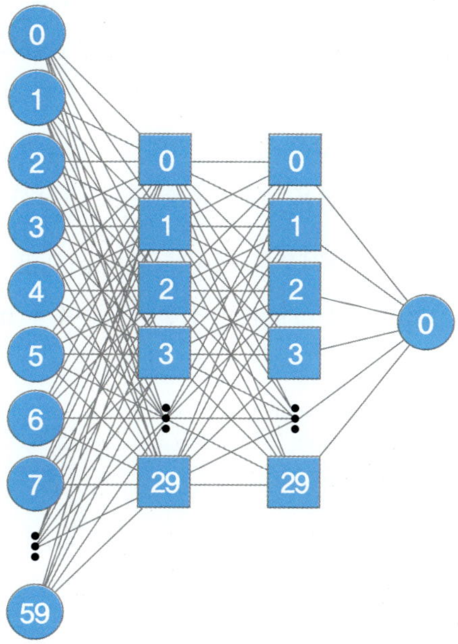

[그림 13-8] 주가 예측을 위한 인공신경망 구조

이 구조를 Keras로 모델링하면 다음과 같다.

```
model = keras.Sequential([
    keras.layers.LSTM(30, return_sequences = True, input_shape=(window_size, 1)),
    keras.layers.LSTM(30, input_shape=(window_size, 1)),
    keras.layers.Dense(1, activation=None),
])
```

코드에는 약간의 설명이 필요하다. 각 LSTM 셀은 60개의 과거 주가를 입력으로 받는다. 일반적으로 각 LSTM의 출력값은 최종적 은닉 상태 h_n로서 단일값이다. 그러나 그림

13-8의 구조에서는 첫 번째 은닉층의 각각의 LSTM 셀은 두 번째 은닉층으로 값을 넘겨주어야 하는데, 두 번째 은닉층에도 각각이 LSTM이어서 60개씩의 순차적인 값을 입력으로 받아야 한다. 따라서, 첫 번째 은닉층의 LSTM은 단일값이 아니라 자신이 시간축을 따라가면서 수정해온 60개의 순차적인 은닉 상태값을 보내주어야 한다. 이것은 Keras에서는 **return_sequences** 옵션에 True 값을 줌으로써 가능하다. 따라서, 위의 코드의 2행에서 첫 번째 계층은 30개의 LSTM을 놓고 입력 형태는 (60,1)로 설정하되 return_sequences=True로 명시하였다. 3행의 두 번째 계층의 LSTM도 입력 형태는 동일하지만, 그 다음 계층이 일반적인 뉴런이어서 출력값은 단일값으로 충분하므로 return_sequences 옵션은 따로 주지 않았다. 4행에서 최종적으로 출력층에는 하나의 뉴런을 두었고, 지금 최종적으로 출력하려는 값은 분류가 아니라 연속적인 값이므로 활성화함수는 쓰지 않았다. 따라서 활성화함수 옵션은 없음(None)으로 설정하였다.

다음으로 최적화 알고리즘은 일반적으로 쓰이는 Adam으로 정하고, 손실함수는 출력값이 연속값이므로 '**mean_squared_error**'로 정한다. 줄여서 '**mse**'로 써도 된다.

```
model.compile(optimizer='adam', loss='mse')
```

이제 데이터를 넘겨주고 학습시키면 된다. 에포크 반복횟수는 30회 정도로 해보자.

```
model.fit(x_train, y_train, epochs=30)
```

학습에는 약간의 시간이 소요되고, 30회의 반복학습이 진행되는 동안 손실이 점차 줄어드는 것이 보일 것이다.

학습이 모두 끝나면 이제 테스트 데이터로 예측을 해보자.

```
pred = model.predict(x_test)
print(pred)
```

이렇게 하면 테스트 입력 x_test를 넘겨서 예측값을 pred라는 변수에 저장하게 될 것이다. 그런데, pred를 출력해보면 예측 결과값이 다음과 같이 모두 0과 1 사이의 값으로 나타나고 있다.

```
[[0.5426115 ]
 [0.54429513]
 [0.5439706 ]
  ...
 [0.9328945 ]
 [0.9372172 ]]
```

처음에 신경망에 학습시켜 준 정답값이 주가를 0과 1 사이로 변환한 값이었으므로, 신경망이 예측하는 값도 0과 1 사이인 것이 당연하다. 이제 이 값을 원래의 주가로 환원시켜야 하겠다. 이를 위해서는 간단하게 식 (13-1)을 y에 대해 정리하면 된다.

$$y = (\max(y) - \min(y))y' + \min(y) \qquad \text{(식 13-2)}$$

이 식에 따라 예측값을 원래 주가로 변환하자. 또한, 비교를 위해 테스트 정답값도 원래 주가로 함께 변환해보자.

```
pred_price = (max(prices)-min(prices))*pred + min(prices)
target_price = (max(prices)-min(prices))*y_test + min(prices)
```

마지막으로, 예측한 주가와 실제 주가를 한 그래프에 같이 나타내어 보자. 예측값 pred_price와 실제 정답값 target_price를 함께 나타내고, plt.legend()로 범례도 붙여 주었다.

```
plt.figure()
plt.plot(target_price, label='actual')
plt.plot(pred_price, label='prediction')
plt.legend()
plt.show()
```

지금까지 설명한 코드를 불필요한 부분을 정리하고 전체적으로 써보면 다음과 같다.

예제 ex13-1.py

```
import FinanceDataReader as fdr
import numpy as np
import matplotlib.pyplot as plt

stock = fdr.DataReader('KO', '2010-01-01', '2019-12-31')
prices = np.asarray(stock['Close'], dtype='float32')
y = (prices - min(prices))/(max(prices)-min(prices))

window_size = 60
data_length = len(y) - window_size
y_data = np.zeros(data_length, dtype='float32')
x_data = np.zeros((data_length, window_size, 1), dtype='float32')
for i in range(0, data_length):
    y_data[i]=y[i+window_size]
    x_data[i]=y[i:i+window_size].reshape(window_size,1)
from sklearn.model_selection import train_test_split
x_train, x_test, y_train, y_test = train_test_split(x_data, y_data,
 test_size=0.3, shuffle=False)

from tensorflow import keras
model = keras.Sequential([
    keras.layers.LSTM(30, return_sequences = True, input_shape=(window_size, 1)),
    keras.layers.LSTM(30, input_shape=(window_size, 1)),
    keras.layers.Dense(1, activation=None),
])
model.compile(optimizer='adam', loss='mean_squared_error')
model.fit(x_train, y_train, epochs=30)
pred = model.predict(x_test)

pred_price = (max(prices)-min(prices))*pred + min(prices)
target_price = (max(prices)-min(prices))*y_test + min(prices)

plt.figure()
plt.plot(target_price, label='actual')
plt.plot(pred_price, label='prediction')
```

```
plt.legend()
plt.show()
```

프로그램을 실행하면 학습이 30 에포크만큼 진행된 후에 예측 주가와 실제 주가를 비교한 결과가 다음과 같이 나타날 것이다. 학습 과정에서 확률적 임의성이 적용되므로 실행할 때마다 결과는 약간씩 다르게 나타날 것이다.

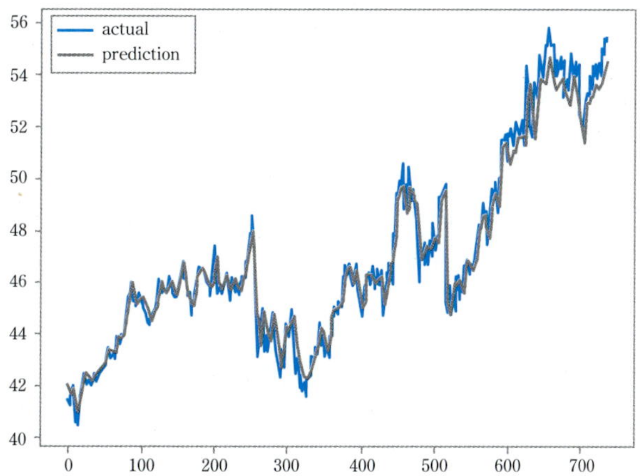

[그림 13-9] LSTM 기반 인공신경망의 주가 예측 결과

우와 엄청난데? 오늘 당장 이 프로그램을 가지고 주식투자로 나서면 대박이 날 거라고 생각한다면 잠깐. 이 예측결과는 직전 60일 주가로 바로 다음날 주가를 예측하고, 그 다음날은 또 직전 60일 주가로 예측하고 이런 식으로 한 것이라는 점을 기억해주기 바란다. 매번 오늘 주가까지 본 상태로 내일을 예측하는 것이니, 웬만큼 추세를 따라가는 것은 당연하다. 예측값을 좀 더 분석해보면 금방 알겠지만, 전일 대비 상승 하락을 그다지 잘 맞추지 못한다. 어디까지나 연습을 위한 프로그램임을 잊지 말고, 투자는 투자자 자신의 판단과 책임에 따라 하도록 하자.

이렇게 간단한 모델로 주가가 예측이 될 수 있었다면 전문투자가들이 이미 활용했을 것이니 정확도가 나오지 않는 것은 당연하다. 좀 더 잘 예측하려면 종가기준 주식 가격뿐 아니라 시가, 고가, 저가나 거래량 등도 활용해야 할 것이고, 보다 근본적으로는 기업의 경영성과나 시장 반응, 경제상황 등에 대한 다양한 정보를 함께 고려하는 정교한 모델이 필요할 것이다. 실제로 다양한 인공지능 기반의 트레이딩 프로그램들이 주식 시장에 참여하고 있으며, AI Powered Equity ETF(AIEQ)[6] 등 인공지능이 운용하는 ETF 등도 좋은 성과를 내고 있다. 혹시 흥미가 생겨서 연구하다가 예측력 높은 모델을 성공적으로 만들어낸다면? 미리 축하한다.

이번 장에서는 시계열 데이터의 해석을 위한 순환신경망의 개념을 살펴보고, 기본적인 RNN의 구조와 이의 학습을 위한 BPTT의 방법에 대해서도 살펴보았다. 또한, 단순한 RNN은 장기 의존성 문제, 즉 장기기억이 필요할 때 이를 잘 유지해 주지 못하는 문제가 있음을 이해하고, 이를 개선하여 장기기억을 유지할 수 있도록 한 LSTM 모델을 알아보았다. 최종적으로 LSTM을 활용하여 주가를 예측하는 프로그램을 작성하면서 Keras로 LSTM을 직접 구현하는 방법을 이해해보았다.

순환신경망은 시계열 데이터가 존재하는 다양한 분야에서 활용되고 있다. 주가나 시장 수요 등 정형적 수치 시계열 데이터 이외에도, 음성이나 영상, 음악 등이 모두 시계열로 나타나며, 특히 자연어 텍스트나 인간의 대화 등은 모두 맥락이 유지되면서 시간에 따라 나타나는 시계열의 특성을 가지고 있다. 이에 따라 다양한 분야에서 순환신경망의 적용되어 활용되고 있으며 다른 인공신경망 모델의 발전에도 많은 영향을 미치고 있다.

6) https://www.nasdaq.com/market-activity/funds-and-etfs/aieq

실·습·예·제

1. FinanceDataReader 패키지를 이용하여 현대차(코스피 코드 '005380')의 2021년 1월 1일부터 12월 31일까지의 주가를 읽어들이고, 여기서 직전 4일간의 종가 및 거래량을 바탕으로 다음날 주가를 예측하기 위한 구조로 학습데이터를 구성하는 프로그램을 작성하시오.

풀이

practice_13-1.py

```python
import FinanceDataReader as fdr
import numpy as np

stock = fdr.DataReader('005380', '2021-12-01', '2021-12-31')
prices = np.asarray(stock['Close'], dtype='float32')
volume = np.asarray(stock['Volume'], dtype='float32')

window_size = 4
data_length = len(stock) - window_size
y_data = np.zeros(data_length, dtype='float32')
x_data = np.zeros((data_length, window_size, 2), dtype='float32')
for i in range(data_length):
    x_data[i]=stock.iloc[i:i+window_size][['Close','Volume']]
    y_data[i]=stock.iloc[i+window_size]['Close']

for i in range(data_length):
    print(stock.index[i])
    print('Feature = ')
    print(x_data[i])
    print('Target = ', y_data[i])
    print()
```

```
2021-12-01 00:00:00
Feature =
[[201000. 741594.]
 [205500. 782923.]
 [206000. 514358.]
```

```
 [206500. 503652.]]
Target =  207500.0

2021-12-02 00:00:00
Feature =
[[205500. 782923.]
 [206000. 514358.]
 [206500. 503652.]
 [207500. 501624.]]
Target =  207500.0
...

2021-12-24 00:00:00
Feature =
[[ 215500. 1024355.]
 [ 213500.  530039.]
 [ 214000.  880326.]
 [ 212000.  659392.]]
Target =  209000.0
```

2. 위의 실습예제 13－1과 예제코드 ex13－1을 활용하여, 2011년 1월 1일부터 2021년 12월 31일까지의 직전 60일간 (종가, 거래량)과 다음날 주가(종가)의 관계를 학습하고, 이를 이용해 2011년 1월 1일부터 2021년 12월 31일까지 다음날 주가를 예측한 결과를 그래프로 나타내시오.

풀이

실습예제 13－1의 코드에서 입력 기간 window_size를 60으로 수정하고, 이를 이용해 예측을 수행하였다.

practice_13-2.py

```python
import FinanceDataReader as fdr
import numpy as np
import matplotlib.pyplot as plt

stock = fdr.DataReader('005380', '2011-01-01', '2021-12-31')
prices = np.asarray(stock['Close'], dtype='float32')
```

```
volume = np.asarray(stock['Volume'], dtype='float32')

minPrice = np.min(stock['Close'])
maxPrice = np.max(stock['Close'])
minVolume = np.min(stock['Volume'])
maxVolume = np.max(stock['Volume'])

stock['Close'] = (stock['Close']-minPrice)/(maxPrice-minPrice)
stock['Volume'] = (stock['Volume']-minVolume)/(maxVolume-minVolume)

window_size = 60
data_length = len(stock) - window_size
y_data = np.zeros(data_length, dtype='float32')
x_data = np.zeros((data_length, window_size, 2), dtype='float32')
for i in range(0, data_length):
    y_data[i]=stock.iloc[i+window_size]['Close']
    x_data[i]=stock.iloc[i:i+window_size][['Close','Volume']]

from sklearn.model_selection import train_test_split
x_train, x_test, y_train, y_test = train_test_split(x_data, y_data,
 test_size=0.3, shuffle=False)

from tensorflow import keras
model = keras.Sequential([
    keras.layers.LSTM(60, return_sequences = True,
                      input_shape=(window_size, 2)),
    keras.layers.LSTM(60, input_shape=(window_size, 2)),
    keras.layers.Dense(1, activation=None),
])
model.compile(optimizer='adam', loss='mean_squared_error')
model.fit(x_train, y_train, epochs=30)
pred = model.predict(x_test)
pred_price = pred*(maxPrice-minPrice)+minPrice
target_price = y_test*(maxPrice-minPrice)+minPrice

plt.figure()
plt.plot(target_price, label='actual')
```

```
plt.plot(pred_price, label='prediction')
plt.legend()
plt.show()
```

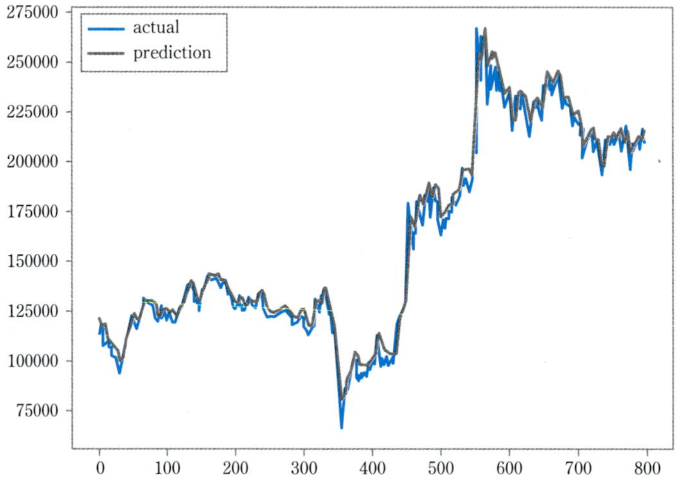

연·습·문·제

1. RNN이 기억을 유지하는 메커니즘과 BPTT에 대해 설명하시오.

2. LSTM이 장기기억을 단순 RNN보다 더 잘 유지할 수 있는 이유에 대해 설명하시오.

3. 예제프로그램 ex13-1.py를 수정하여, 직전 60일 주가를 입력받아서 향후 1년간의 주가를 예측하고 이를 시각화하는 프로그램을 작성하시오. (Hint: $(t-59)$부터 t까지의 주가로 $(t+1)$ 주가를 예측한 후, $(t-58)$부터 예측주가 $(t+1)$까지를 입력으로 하여 $(t+2)$를 예측하는 식으로 반복)

4. 위의 3번에서 작성한 코드를 LSTM 대신 단순 RNN으로 변경하여 결과를 비교해보시오. (keras.layers.RNN 사용)

5. 예제프로그램 ex13-1.py를 수정하여, 종가 이외에도 시가, 고가, 저가, 거래량을 모두 고려하도록 프로그램을 수정하시오.

14 CHAPTER

자연어 처리 기초

인터넷은 언어로 넘쳐난다. 페이스북, 트위터, 네이버, 카카오톡과 같은 소셜 미디어(social media)는 수많은 사람들이 남긴 일상의 대화와 생각들이 표현된 언어로 가득하다. 뉴스에서는 세상이 돌아가는 이야기가 끊임없이 언어로 표현되고, 어떤 기업의 관련된 긍정적이거나 부정적인 뉴스가 나오면 즉각적으로 주가에 영향을 미친다. 정책 당국의 보도자료나 중앙은행의 회의자료는 경제 전망의 중요한 재료가 된다. 고객 리뷰는 구매를 고려하는 사람들에게 큰 영향을 미친다.

이와 같이 언어로 되어 있는 데이터 속에는 비즈니스의 성과를 결정짓는 중요한 정보가 들어 있다. 그러나, 숫자로 되어 있는 **정형 데이터(structured data)**와 달리, 대부분의 언어 데이터는 대량의 텍스트로 표현된 **비정형 데이터(unstructured data)**로서, 이른바 **빅데이터(bigdata)**의 대표적인 유형이다. 이렇게 일상의 언어 표현으로 되어 있는 데이터를 **자연어(natural language)** 데이터라고 하며, 자연어의 분석과 처리를 위한 기술을 통틀어 **NLP(Natural Language Processing)**라고 일컫는다.

자연어 처리 기술은 최근 십여년간 인공지능을 활용하여 가장 눈부시게 발전한 기술 분야 중 하나로서, 비즈니스에서도 광범위하게 활용되고 있다. 이번 장에서는 자연어 처리를 위한 기초적 개념과 방법에 대해 살펴본다.

14.1 BOW 모델과 워드클라우드

컴퓨터로 자연어를 처리하기 위한 첫 번째 단계는 언어를 숫자로 바꾸는 것이다. 결국 통계적 방법이든 인공신경망이든, 애널리틱스는 수학적 방법론을 적용하는 것이기 때문에, 자연어로 되어 있는 텍스트를 우리가 원하는 특성을 반영하는 숫자값들로 변환하는 방법을 설계하는 것이 핵심적인 문제가 된다.

지금, 다음과 같은 문장이 있다고 생각해보자. 편의상 문장부호는 생략했다.

이 영화 완전 강추 진짜 다른 영화

이 문장(문서)을 어떻게 숫자로 바꿀 수 있을까? 단순하게는 글자 수나 단어 갯수를 세는 것부터 해서 다양한 방법이 있겠지만, 우리가 얻어내려는 특성이 반영된 숫자로 만드는 것이 핵심이다. 그렇다면 우리는 이 문장의 어떤 특성에 관심이 있는가?

어떤 쇼핑몰의 고객 리뷰 수십만건이 수집되어 있다고 해보자. 이 중에서 우리 제품에 관련된 리뷰들을 보고 고객들이 무슨 생각을 하는지, 즉 **고객의 목소리(VOC: Voice Of the Customer)**를 파악하려고 한다고 해보자. 아마 리뷰들에서 가장 자주 나타난 의견이 어떤 것들인지가 궁금할 것이다. 의견은 단어로 표현되어 있을 것이니, 가장 자주 나타난 단어들이 무엇인지를 보면 대략적으로 이 리뷰 데이터 더미, 또는 **말뭉치(corpus)**에 나타난 중심 주제를 파악할 수 있게 된다. 이렇게 단어별 등장 빈도를 파악하는 것, 즉 빈도 분석은 자연어 분석의 가장 기초적 단계이다.

위에 나타난 문장에 나타난 단어별로 빈도를 분석해 보면 표 14-1과 같다.

〈표 14-1〉 리뷰 문장의 빈도 벡터

이	영화	완전	강추	진짜	다른
1	2	1	1	1	1

이 문장에 나타난 단어는 ['이', '영화', '완전', '강추', '진짜', '다른']의 총 6가지이다. 이 중에서 '영화'라는 단어가 두 번 나왔고, 다른 단어들은 한 번씩 등장했으므로 각 단어별 등장 횟수 벡터는 (1,2,1,1,1,1)으로 나타낼 수 있다. 이와 같이, 문장 또는 문서에서 나타난 단어들을 순서를 무시하고 횟수만 세어서 숫자로 바꾸는 모델을 가방에 단어를 넣어서 뒤섞어놓은 것 같다고 해서 **BOW(Bag Of Words)** 모델이라고 한다. 그림 14-1은 BOW 모델의 개념을 그림으로 나타내고 있다.

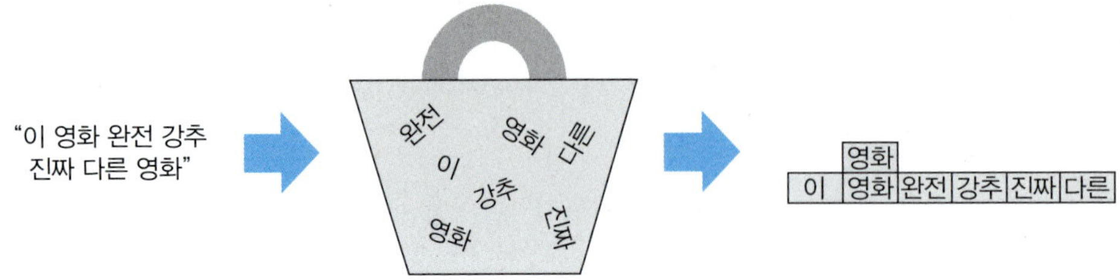

[그림 14-1] BOW 모델의 개념

BOW 모델은 단순하지만 문서의 중심 주제를 쉽게 파악할 수 있도록 해준다. 큰 문서를 BOW로 분석해 보자. 정부는 5년 단위로 국가정보화기본계획을 발표한다. 현재는 제6차 국가정보화기본계획(2018년~2022년)까지 나와 있으며, 곧 다음 5년을 위한 계획이 발표될 것이다. 관련 전문가들이 모여서 IT 트렌드를 예측하고 국가의 지원 및 육성 방향을 정하는 기본이 되므로, 비즈니스 및 투자 계획에 참고할 내용이 많을 것이다. NIA 홈페이지(www.nia.or.kr)에서 다운로드 받을 수 있는데, 제6차 국가정보화기본계획을 한번 다운받아 보자[1].

시간 나면 차분히 읽어보면서 지난 5년간의 정책계획을 현재 시점에서의 IT의 트렌드와 비교하고 다음 5년을 구상하면 좋겠지만, 한 눈에 문서의 중심 주제를 파악하고 싶다면 이 문서를 BOW 모델로 바꾸어보자. 먼저 PDF파일로 되어 있는 문서를 일반 텍스트 파일로 저장한다. PDF를 텍스트로 저장하는 방법에는 여러 가지가 있는데, 간단하게는 MS워드 등의 워드프로세서에서 읽어서 일반 텍스트로 저장하면 된다. 단, 저장할 때 텍스트 인코딩을 표준방식인 'UTF-8'로 지정해야 한다. 독자의 편의를 위해 '정보화기본계획.txt'로 미리 변환해 두었다.

파이썬에서 해당 파일을 읽어오는 코드는 다음과 같다. 프로그램과 동일한 폴더에 텍스트파일이 저장되어 있는 것을 전제로 하고 있다.

```
f = open('정보화기본계획.txt', 'r', encoding='utf8')
texts = []
while True:
    line = f.readline()
    if not line: break
```

1) https://www.nia.or.kr/site/nia_kor/ex/bbs/View.do?cbIdx=66361&bcIdx=20513&parentSeq=20513

```
6     texts.append(line)
7 text = ' '.join(texts)
8 print(text)
```

첫 번째 줄에서는 먼저 텍스트파일을 열어서 f라는 변수 이름으로 저장한다. 텍스트파일이 한글 표준 인코딩인 'utf-8'로 저장되어 있으므로, encoding='utf-8' 옵션을 추가하였다. 그 다음에 텍스트파일의 각 행을 리스트로 저장하기 위해 texts 라는 이름으로 빈 리스트를 생성하였다.

3행부터는 무한루프를 돌면서 텍스트를 한 줄씩 읽어들여서 리스트에 저장한다. 4행의 'line=f.readline()'은 텍스트파일의 각 줄을 읽어들여 문자열로 만들어서 line이라는 변수로 저장한다. 5행에서는 파일을 다 읽었는지를 체크하는데, 만약 파일을 다 읽었으면 line에 빈 문자열(null)이 저장되어서, 'not line' 조건이 참이 되어 break가 실행되고, 루프를 벗어나게 한다. 만약 아니라면 6행으로 진행하고, 내용이 아직 있는 것이므로 line 문자열을 차례로 texts 리스트에 추가한다. while 블록이 모두 실행되고 나면 7행에서 ' '.join(texts)가 실행되는데, 이것은 texts 리스트에 들어 있는 문자열들을 공백(' ') 문자를 사이에 두고 모두 이어붙여서 하나의 문자열로 만들어준다. 예를 들어, texts에 ['나는 학교에 갑니다.', '오늘 중간고사예요 ㅠㅠ']의 두 문장이 들어있었다면, ' '.join(texts)는 이것을 '나는 학교에 갑니다. 오늘 중간고사예요 ㅠㅠ'와 같이 하나의 문자열로 만든다. 7행에서는 이렇게 전체 문서를 하나의 문자열로 만들어서 text라는 변수에 저장하였다. 8행에서 화면에 출력해보도록 했는데, 문서의 내용이 다음과 같이 텍스트로 만들어진 것을 볼 수 있을 것이다.

```
지능정보사회 구현을 위한
제6차 국가정보화 기본계획(2018~2022)


01


H


추진배경 :
초연결 지능화
```

```
패러다임 전환

CHAPTER

01

추진배경
초연결 지능화 패러다임 전환

CHAPTER

  모든 것이 서로 연결되고, 보다 지능화된 사회로 진입
●  인터넷과 컴퓨터 기반의 '정보화'사회를 넘어, 전 세계는 '초연결(Hyper-Connectivity) 지
능화' 사회로 빠르게 진입 …
```

이제 문자열을 단어별로 나누어보자. 명사만 추출해내고 싶은데, 이를 위해서는 **형태소 분석**을 수행해야 한다. 형태소 분석은 문장에서 품사를 구분하여 명사, 동사, 형용사, 부사, 조사, 어미 등으로 단어를 나누어주는 작업을 말한다. 한국어 형태소 분석 프로그램에 여러가지가 있는데, **konlpy**[2)]에는 많이 사용되는 형태소 분석기들을 모아서 파이썬 라이브러리로 제공하고 있으며, 최근에 카카오에서 발표한 **Khaii**[3)]도 많이 활용되고 있다. 하지만, 형태소 분석기를 설치하는 것은 다소 까다롭기 때문에 관심있는 독자는 관련 자료를 참고하기 바라며, 이 책에서는 간단하게 띄어쓰기 단위로만 나누어 분석해보도록 하겠다. 영어의 경우에는 띄어쓰기만으로도 상당히 단어별 구분이 되는 편이지만, 우리말은 조사와 어미의 변화가 다양하여 띄어쓰기만으로는 한계가 있다. 따라서 보다 심층적인 분석을 위해서는 형태소 분석기의 활용이 필요한데, 아직 외래어나 신조어 등의 분석이 일관성 있게 이루어지지 못하는 등 많은 발전이 요구되는 분야이다.

텍스트를 띄어 쓴 단어별로 구분해보자. 공백 단위로 문자열을 나누어 리스트로 만들어 주기 위해서는 split(' ')이라는 명령을 쓰면 된다. 한국어 텍스트에서 단어가 구분되는 문자로는 공백 이외에도 줄바꿈 문자(\n), 마침표, 물음표, 느낌표, 쉼표, 줄표(–), 두점(:), 물결표(~), 슬래시(/) 등이 있을 수 있고, 공문서들에서는 특히 가운뎃점(·)도 단어 구분

---

2) https://konlpy.org/ko/latest/index.html

3) https://github.com/kakao/khaiii

에 많이 사용되는 편이다. 이외에 괄호, 따옴표, 화살표, 참고표(※) 등의 다양한 문장 부호가 있으며, 공문서에서는 다양한 불릿 문자(■, ●, ▶ 등)도 사용된다. 단어별 분석을 위해서는, 이러한 문장 부호들은 모두 공백으로 바꾸어 놓으면 좋을 것 같다. 공백으로 바꾸고자 하는 문자를 모두 하나의 리스트에 넣고, 텍스트 전체에서 리스트의 각 요소에 있는 문자마다 모두 공백으로 교체해보자. 이를 위한 코드는 다음과 같다.

```
1  special = ['\n', '.', ',', '-', ':', '~', '/', '·', '●', '▲', '※',
2             '(', ')', '[', ']', '‘', '’', '→']
3  for c in special:
4      text = text.replace(c, ' ')
5  print(text)
```

뭔가 원시적이면서 노동집약적인 일을 하고 있는 느낌이 든다. 이렇게 텍스트를 분석할 수 있는 형태로 바꾸기 위해 사전 처리하는 작업을 고상한 표현으로 **텍스트 전처리(text preprocessing)**라고 한다. 흔히 요리 재료 손질에 비유되곤 하는데, 지루한 작업이지만 이후의 분석 품질에 큰 영향을 미치므로 소홀히 할 수도 없는 작업이다.

1~3행에서 special이라는 이름의 변수에 공백으로 교체할 문자들을 리스트로 만들어 보았다. 그 다음 4행의 for 루프에서는 special의 각 요소들을 하나씩 꺼내서 c라는 변수에 넣었다. 5행에서 text.**replace**(c, ' ')를 실행하면, text에서 c를 모두 공백(' ')으로 바꾸어주게 되고, 이렇게 바뀐 문자열을 다시 text에 저장하였다. 마지막 줄에서 for 문이 끝난 후에 text를 출력해 보았다. 다음과 같이 특수기호가 모두 공백으로 바뀐 텍스트가 나올 것이다.

```
지능정보사회 구현을 위한  제6차 국가정보화 기본계획 2018 2022     01   H   추진배경   초연결 지능화  패러다임 전환   CHAPTER   01   추진배경  초연결 지능화 패러다임 전환   CHAPTER     모든 것이 서로 연결 되고  보다 지능화된 사회로 진입    인터넷과 컴퓨터 기반의  정보화 사회를 넘어  전 세계는  초연결 Hyper Connectivity  지능화  사회로 빠르게 진입 ...
```

특수기호는 어느정도 정리된 것 같다. 이제 텍스트를 띄어쓰기 단위로 나누어보자. 문자열을 특정한 문자를 기준으로 나누는 명령은 **split**이다. 지금 text라는 변수에 전체 문서가 하나의 문자열로 들어가 있으니, text.split(' ')이라고 하면 공백을 기준으로 text를 분할하여 분할된 **토큰(token)**들을 리스트로 만들어준다.

```
wordList = text.split(' ')
print(wordList)
```

출력 결과는 다음과 같이 공백 단위로 나누어진 토큰들이 리스트에 들어가 있을 것이다.

```
['지능정보사회', '구현을', '위한', '', '', '제6차', '국가정보화', '기본계획', '2018', '2022',
'', '', '', '', '', '', '01', '', '', '', 'H', '', '', '', '추진배경', '', '', '', '초연결', '지능
화', '', '', '패러다임', '전환', '', '', '', 'CHAPTER', '', '', '', '01', '', '', '', '추진배경',
'', '초연결', '지능화', '패러다임', '전환', '', '', '', 'CHAPTER', '', '', '', '', '', '모든', '것
이', '서로', '연결되고', '', '보다', '지능화된', '사회로', '진입', '', '', '', '', '인터넷과', '컴
퓨터', '기반의', '', '정보화', '사회를', '넘어', '', '전', '세계는', '', '초연결', 'Hyper', ...
```

공백 단위로 잘 나누어져서 리스트 wordList에 들어가 있다. 공백 단위로 나누어진 토큰 중에는 빈 문자('')도 상당수 포함되어 있음을 기억해두자.

이제, 각 토큰별 등장 빈도를 세어보자. 여러가지 방법이 있겠지만 가장 간단한 방법은 파이썬의 **딕셔너리(dictionary)** 자료형을 이용하는 방법이다. 딕셔너리는 사전이라는 단어 뜻대로 (키, 값)의 조합을 만들 수 있는데, 우리는 여기서 (단어, 빈도) 형태로 만들어보자. wordList의 각 요소에 대해 그 단어가 처음 등장하면 빈도가 1이므로 딕셔너리에 (해당 단어, 1)이라는 항목을 생성하고, 이미 사전에 있는 단어가 등장하면 딕셔너리에서 해당 단어를 찾아서 빈도값을 하나 증가시키면 된다. 이를 수행하기 위한 코드는 다음과 같다.

```
words = {}
for w in wordList:
    if len(w)==0: continue
    if w not in words: words[w] = 1
    else: words[w] += 1
print(words)
```

처음에 딕셔너리를 words라는 이름의 변수로 초기화해주었다. 그 다음에 for 문을 통해 wordList의 각 토큰을 하나씩 꺼내서 w라는 변수에 넣고 아래의 블록을 반복한다. 3행에서는 단어의 길이 len(w)가 0이면 continue라고 해서 이하를 수행하지 않고 바로 다음 단어로 넘어가라고 하고 있는데, 이것은 리스트에 많이 들어 있는 빈 문자들을 빈도 분석에서 제외하기 위한 것이다. 4, 5행이 핵심이다. 4행에서는 만약 w가 words 딕셔너리에 들어 있지 않으면(not in), 즉 처음 나온 것이면 words에 w라는 항목을 새로 생성하고, 여기에 값으로는 1을 기입하라(words[w]=1)는 명령을 하고 있다. 이어지는 5행에서는 그렇지 않으면(else), 즉 w가 이전에 나왔던 단어라면 해당 항목을 words에서 찾아서 그 값 words[w]를 하나 증가시키라고 하고 있다. for 문이 끝난 후의 출력 결과는 다음과 같을 것이다.

```
{'지능정보사회': 30, '구현을': 9, '위한': 247, '제6차': 8, '국가정보화': 30, '기본계획': 16,
'2018': 9, '2022': 8, '01': 3, 'H': 19, '추진배경': 2, '초연결': 20, '지능화': 90, '패러다임':
5, '전환': 24, 'CHAPTER': 13, '모든': 12, '것이': 1, ...
```

이제 딕셔너리의 항목을 빈도값이 높은 것부터 내림차순으로 한번 정렬해보자.

```
sortedWords = sorted(words.items(), key=(lambda x: x[1]), reverse=True)
print(sortedWords)
```

sorted 명령은 주어진 리스트나 딕셔너리를 정렬해주는 함수이다. 값으로 이루어진 리스트라면 그냥 sorted(해당 리스트)로 충분하다. 그러나, 여기서는 words라는 딕셔너리를 정렬하는데, words의 각 항목은 단어와 빈도값의 두 요소로 구성되어 있고 정렬 기준이 되는 키(key) 값은 두 번째 요소이므로 약간의 추가적 옵션이 필요하다. 먼저, 정렬 대상은 words 딕셔너리에 포함된 항목들, 즉 words.**items**()라고 알려주었다. 그 다음에 정렬 기준값, 즉 **key**를 정해야 하는데, key 옵션에 **lambda 함수**를 써서 각 항목의 두 번째 요소를 기준으로 정렬하라고 지정해 주었다. 여기서 lambda 함수는 순간적으로 함수를 하나 정의해 사용하는 것으로 이해하면 된다. 즉, (lambda x: x[1])은 x에 어떤 값이 들어갔을 때 x의 두 번째 항목 x[1]의 값을 나타내게 된다. sorted 함수에서 key 옵션이 지정되면 정렬 대상이 되는 각 항목을 key에 지정된 lambda 함수에 적용하게 되고, 여기서 words의 각 item의 두 번째 값을 key로 정하게 되는 것이다. 각 item의 두 번째 항목은 빈도값이므로, 빈도값을 기준으로 정렬하게 된다. **reverse**=True 옵션은 이 정렬을 역순, 즉 내림차순으로 하라는 의미이다. 그 다음 줄에서 sortedWords의 내용은 다음과 같이 출력될 것이다.

```
[('등', 444), ('및', 431), ('위한', 247), ('구축', 197), ('데이터', 163), ('지원', 148), ('기반', 148), ('추진', 136), ('개발', 135), ('서비스', 128), ('기술', 107), ('확대', 106), ('통해', 105), ('과기정통부', 105), ('강화', 104), ('디지털', 94), ('등을', 92), ('지능화', 90), ('지능형', 86), ('빅데이터', 85), ('통한', 84), ('활용', 83), ('1', 82), ('AI', 74), ('위해', 74), ('수', 73), ('2', 72), ('조성', 72), ('마련', 71), ('클라우드', 71), ('17', 68), ('3', 67), ('확산', 66), ('4차', 64), ('산업', 63), ('IoT', 63), ('교육', 62), (' 맞춤형', 58), ('18', 56), ('스마트', 56), ('분야', 54), ('플랫폼', 51), ('인공지능', 50), ('국가', 48), ('네트워크', 47), ('4', 47), ('분석', 46), ('있는', 46), ('필요', 45), ('글로벌', 44), ('인프라', 44), ('ICT', 43), ('대한', 43), ('16', 42), ('제고', 42), ('활성화', 42), ...
```

빈도가 높은 단어들을 보니.. 문제가 좀 있다. '등', '및', '위한' 같이 주제와 관계없이 문장에 늘 등장하는 일반적인 단어들이 상위 빈도를 차지하고 있는 것이 보인다. 이런 단어들을 **불용어(stopword)**라고 하는데, 귀찮지만 유의미한 분석이 되기 위해서는 이런 불용어들은 수작업으로 제거해주는 수밖에 없다. 불용어를 리스트에 넣고, 불용어 리스트의 각 항목에 해당하는 단어들은 빈도를 셀 때 아예 제외하도록 하자. 그러면, 앞서 작성했던 딕셔너리를 이용해 빈도를 세는 부분을 수정해야 한다. 한번 정리하고 가는 차원에서, 불용어 제거 부분을 추가하여 지금까지의 코드를 전체적으로 정리해보자.

예제 ex14-1.py

```
f = open('정보화기본계획.txt', 'r', encoding='utf8')
texts=[]
while True:
    line = f.readline()
    if not line: break
    texts.append(line)
text = ' '.join(texts)
special = ['\n', '.', ',', '-', ':', '~', '/', '·', '●', '▲', '※',
           '(', ')', '[', ']', '‘', '’', '→']
for c in special:

```

```
12      text = text.replace(c, ' ')
13  wordList = text.split(' ')
14
15  stopwords=['등', '및', '위한', '통해', '등을', '통한', '활용', '위해',
16      '수', '있는', '필요', '대한', '관련', '있도록', '다양한',
17      '1', '2', '3', '4', '5', '6', '7', '8', '9', '0',
18      '13', '14', '15', '16', '17', '18', '19', '20', '21', '22']
19  words = {}
20  for w in wordList:
21      if len(w)==0: continue
22      if w in stopwords: continue
23      if w not in words: words[w] = 1
24      else: words[w] += 1
25
26  sortedWords = sorted(words.items(), key=(lambda x: x[1]), reverse=True)
27  print(sortedWords)
```

코드를 보면 불용어 처리가 추가된 부분은 14행부터인데, 자주 나오지만 분석 대상이 아닌 단어들을 리스트로 만들어보았다. 물론, 분석의 목적에 따라 불용어는 달라질 수 있다. 1, 2, 3, 4 등의 숫자는 항목 번호들이고, 두 자리 숫자는 원문을 보니 주로 연도 표시에 관련된 것이어서 불용어로 처리하였다.

그 다음 21행부터 나오는 for문에서 23행의 'if w in stopwords: continue'가 추가되었다. 이 부분은 각 단어 w가 stopwords 리스트에 포함되어 있으면(in), continue로 이하 수행하지 말고 바로 다음단어로 넘어가라는 의미이다. 따라서 불용어는 사전에 항목을 만들지 않게 된다.

실행하면 다음과 같은 출력이 나올 것이다.

```
[('구축', 197), ('데이터', 163), ('지원', 148), ('기반', 148), ('추진', 136), ('개발', 135),
('서비스', 128), ('기술', 107), ('확대', 106), ('과기정통부', 105), ('강화', 104), ('디지털',
94), ('지능화', 90), ('지능형', 86), ('빅데이터', 85), ('AI', 74), ('조성', 72), ('마련', 71),
('클라우드', 71), ('확산', 66), ('4차', 64), ('산업', 63), ('IoT', 63), ('교육', 62), ('맞춤형',
58), ('스마트', 56), ('분야', 54), ('플랫폼', 51), ('인공지능', 50), …
```

문서의 중심 주제가 대략 보이기 시작한다. 정부 정책문서에 흔히 나올 것같은 '구축', '지원', '추진' 같은 단어들은 제외하고, 가장 자주 나온 단어들을 보니 '데이터', '디지털', '지능화', '빅데이터', 'AI', '클라우드' 등이 강조되고 있음을 알 수 있다.

큰 문서의 빈도분석을 하는 방법은 이해되었다. 이제 이것을 시각화해보자. 고빈도 단어를 큰 글씨로, 저빈도 단어를 작은 글씨로 나타내어서 특정한 도형 안에 단어들을 그려 넣은 시각화를 **워드클라우드(wordcloud)**라고 한다. 문서의 개략적인 주제를 한 눈에 파악할 수 있어서 널리 사용되고 있다. 파이썬에서 워드클라우드를 사용하기 위해서는 패키지 설치가 필요하다.

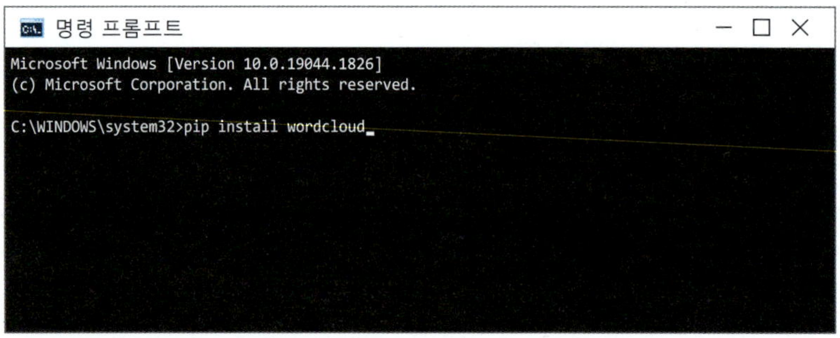

위에 나타난 wordcloud 패키지를 설치하면 부속 패키지들이 함께 설치될 것이다. 여기서, 환경에 따라서는 wordcloud를 설치하다가 다음과 같은 오류가 나타나는 경우가 있다.

```
error: Microsoft Visual C++ 14.0 is required. Get it with "Microsoft Visual C++ Build Tools": https://visualstudio.microsoft.com/downloads/
```

워드클라우드는 C++로 작성된 라이브러리를 포함하고 있어, **Microsoft Visual C++ Build Tools**의 추가 설치가 필요하다. 위와 같은 오류가 나타나는 것은 해당 컴퓨터에 Viual C++ 라이브러리가 설치되어 있지 않기 때문인데, https://visualstudio.microsoft.com/ko/downloads 에서 커뮤니티 버전을 다운로드해서 설치한 후에 다시 'pip install wordcloud'를 실행하면 잘 설치될 것이다[4].

패키지를 성공적으로 설치하였다면 다음 코드를 추가해보자. 코드가 있는 위치에

4) 만약 이렇게 해도 wordcloud가 설치되지 않는다면 설치 파일을 직접 다운로드해서 설치하는 방법이 있다. '파이썬 워드클라우드 설치' 등의 키워드로 구글링하면 설치 방법을 쉽게 찾을 수 있으니 참고하기 바란다.

한글 폰트 파일이 함께 있어야 한다. 공개 폰트 'Kopub World 돋움체 M[5]'의 파일 'KoPubWorld Dotum Medium.ttf'를 코드가 있는 폴더에 함께 복사한다.

```
1  from wordcloud import WordCloud
2  import matplotlib.pyplot as plt
3
4  wordcloud = WordCloud(font_path='./KoPubWorld Dotum Medium.ttf',
5      background_color='white', width=1024, height=1024,
6      max_font_size=100, min_font_size=10, max_words=300,
7      colormap='Dark2').generate_from_frequencies(words)
8  plt.figure()
9  plt.imshow(wordcloud, interpolation='bilinear')
10 plt.axis('off')
11 plt.show()
```

1~2행은 WordCloud 기능과 matplotlib.pyplot을 불러오는 부분이다. 실제 중요한 부분은 4~7행인데, 기본적으로 'WordCloud(옵션들).generate_from_frequencies(words)'의 형태로 되어 있다. **generate_from_frequencies**에 우리가 만든 단어 빈도 딕셔너리를 넘겨주면 워드클라우드를 생성해주는데, 옵션들이 여러가지 설정되어 있다. 여기서 사용된 옵션별 의미를 표 14-2에 정리해 두었다.

〈표 14-2〉 워드클라우드의 옵션별 의미

옵션명	의미
font_path	워드클라우드에 사용할 폰트파일
background_color	워드클라우드 배경색
width	워드클라우드 가로크기 (픽셀 수)
height	워드클라우드 세로크기 (픽셀 수)
max_font_size	가장 큰 글자 크기
min_font_size	가장 작은 글자 크기
max_words	워드클라우드에 나타낼 최대 단어 갯수
colormap	워드클라우드에 사용할 색상표 이름1

5) 문체부와 한국출판인회의에서 제공한 공유 폰트로서, https://gongu.copyright.or.kr/gongu/main/main.do에서 다운받을 수 있다.

실행하면 다음과 같은 워드클라우드 시각화가 나타날 것이다. 실행할 때마다 단어의 위치는 랜덤하게 바뀐다.

[그림 14-2] 워드클라우드 시각화 결과

시각화된 그림을 보면 직관적으로 이 문서의 중심 주제를 파악할 수 있다. 지난 5년간 정부의 정책은 뭐니뭐니해도 데이터(빅데이터), 클라우드, 인공지능에 중점을 두고 있었고, 이를 위한 서비스 및 플랫폼의 기반 조성과 확대를 추진했음을 알 수 있다. 실제 해당 분야에 정부의 지원 정책이 집중되었음을 알고 있다. 주요 정책이 발표되면 한번씩 시각화해보고 미래 계획에 참고해보기 바란다.

독자의 편의를 위해 워드클라우드 시각화 프로그램 전체를 정리하면 다음과 같다.

예제 ex14-2.py

```
f = open('정보화기본계획.txt', 'r', encoding='utf8')
texts=[]
while True:
    line = f.readline()
    if not line: break
    texts.append(line)
text = ' '.join(texts)
special = ['\n', '.', ',', '-', ':', '~', '/', '·', '●', '▲', '※',

```

```
            '(', ')', '[', ']', '‘', '’', '→']
for c in special:
    text = text.replace(c, ' ')
wordList = text.split(' ')

stopwords=['등', '및', '위한', '통해', '등을', '통한', '활용', '위해',
    '수', '있는', '필요', '대한', '관련', '있도록', '다양한',
    '1', '2', '3', '4', '5', '6', '7', '8', '9', '0',
    '13', '14', '15', '16', '17', '18', '19', '20', '21', '22']
words = {}
for w in wordList:
    if len(w)==0: continue
    if w in stopwords: continue
    if w not in words: words[w] = 1
    else: words[w] += 1

sortedWords = sorted(words.items(), key=(lambda x: x[1]), reverse=True)
print(sortedWords)

from wordcloud import WordCloud
import matplotlib.pyplot as plt

wordcloud = WordCloud(font_path='./KoPubWorld Dotum Medium.ttf',
    background_color='white', width=1024, height=1024,
    max_font_size=100, min_font_size=10, max_words=300,
    colormap='Dark2').generate_from_frequencies(words)
plt.figure()
plt.imshow(wordcloud, interpolation='bilinear')
plt.axis('off')
plt.show()
```

BOW 모델에 기반한 **빈도분석**은 자연어 처리의 가장 기본적 방법으로서, 단순하지만 강력한 도구이다. 결국, 중요한 내용은 여러 번 나타나게 되기 마련이다. 이러한 빈도 분석을 통한 중심 주제의 파악 기법은 분량이 큰 문서 이외에도 대량으로 수집된 **고객 리뷰**, 뉴스 등에서 제품에 대한 반응을 이해하거나 기업에 대한 시장 정서를 파악하는 데에도 널리 활용되며, 기계에서 나오는 로그 파일(log file)에서 주요 고장 증상이나 장치명 등을 시각화하는 등 다양한 용도로 활용될 수 있다.

14.2 빈도 벡터와 코사인 유사도

다음 3개의 문장이 있다고 해보자.

문장 A: 이 영화 완전 강추 진짜 다른 영화
문장 B: 진짜 강추 완전 좋은 영화
문장 C: 자막 진짜 엉망

문장 A와 B는 비슷한 내용이다. 그런데 문장 C는 전혀 다른 얘기를 하고 있다. 문장간의 유사도를 본다면 문장 A, B는 유사도가 높고, C는 다른 두 문장과 유사도가 낮게 나와야 할 것이다.

문서의 유사도 측정에 앞서 살펴본 BOW 모델에 기반한 빈도분석을 활용해보자. 위에 나타난 문장 A, B, C 각각을 단어별로 빈도를 분석해 보면 표 14-3과 같다.

〈표 14-3〉 리뷰 문장들의 DTM

단어	이	영화	완전	강추	진짜	다른	좋은	자막	엉망
문장 A	1	2	1	1	1	1	0	0	0
문장 B	0	1	1	1	1	0	1	0	0
문장 C	0	0	0	0	1	0	0	1	1

표 14-3은 문장 A, B, C의 BOW를 합쳐놓은 형태이다. 즉, 문장 A, B, C에 나타난 단어들을 종합해서, 각 단어별 등장 빈도를 벡터로 나타내었다. 이렇게 나타낸 행렬을 문서 단어 행렬(Document-Term Matrix, DTM)이라고 한다.

표에 나타난 단어별 빈도값을 벡터로 이해하면, 두 벡터간의 내적(inner product)을 계산할 수 있다. 벡터 $\boldsymbol{x} = (x_1, x_2, x_3)$와 $\boldsymbol{y} = (y_1, y_2, y_3)$가 있다면, 두 벡터의 내적은 다음과

같이 정의된다.

$$\boldsymbol{x} \cdot \boldsymbol{y} = x_1 y_1 + x_2 y_2 + x_3 y_3 = |\boldsymbol{x}||\boldsymbol{y}| \cos(\theta) \qquad \text{(식 14-1)}$$

즉, 벡터의 내적은 벡터의 각 대응되는 요소값들끼리 곱해서 모두 더한 것이다[6]. 기하학적으로는 각 벡터의 길이와 두 벡터가 이루는 각도 θ의 코사인 값을 곱한 것과 동일한 값이 된다. 따라서, 두 벡터가 원점으로부터 비슷한 방향에 놓여있을수록 내적은 커지고, 원점을 중심으로 서로 직교한다면 0, 반대방향을 가리키고 있으면 내적은 – 값이 된다.

우리가 사용하는 BOW 벡터는 각 요소가 각 단어별 빈도를 나타내므로, 두 문서가 비슷한 단어들이 함께 나타난다면 내적의 값은 높을 것이다. 문장 A, B, C 각각의 빈도 벡터를 $\boldsymbol{a}$, $\boldsymbol{b}$, $\boldsymbol{c}$라고 하면,

$$\begin{aligned} \boldsymbol{a} \cdot \boldsymbol{b} &= (1\times0)+(2\times1)+(1\times1)+(1\times1)+(1\times1)+(1\times0)+(0\times1)+(0\times0)+(0\times0) = 5 \\ \boldsymbol{a} \cdot \boldsymbol{c} &= (1\times0)+(2\times0)+(1\times0)+(1\times0)+(1\times1)+(1\times0)+(0\times0)+(0\times1)+(0\times1) = 1 \end{aligned} \qquad \text{(식 14-2)}$$

와 같이 계산된다. 문장 A와 다른 두 문장의 내적의 값을 보면 문장 A는 B와는 유사도가 높지만 C와는 유사도가 낮다고 할 수 있으므로, 실제 의미의 유사도와 비슷한 결과를 나타낸다.

그러나, 벡터의 단순 내적을 사용하는 데에는 치명적인 약점이 있다. 만약 문장 C가 다음의 C' 과 같았다면 어떻게 될까?

문장 C′ : 자막 진짜 엉망 자막 진짜 엉망 자막 진짜 엉망 자막 진짜 엉망 자막 진짜 엉망 자막 진짜 엉망

그러면 $c' = (0,0,0,0,6,0,0,6,6)$이 되어, $\boldsymbol{a} \cdot \boldsymbol{c}' = 6$이 된다. $\boldsymbol{a} \cdot \boldsymbol{b}$보다 $\boldsymbol{a} \cdot \boldsymbol{c}'$이 더 큰 값이 되어버리는 것이다. 의미상 C나 C′이나 동일한데, 그냥 길이만 길어지면 내적은 길이에 비례해서 늘어나게 된다.

단순 내적의 이러한 문제를 해결하기 위해서, 보통 문서의 빈도 벡터간 유사도를 측정할 때에는 **코사인 유사도(cosine similarity)**라는 방법을 사용한다. 코사인 유사도는 벡터의 내

6) 엑셀의 sumproduct 함수와 완전히 동일하다.

적을 각 벡터의 절대값으로 나눈 값이다. 두 벡터간 코사인 유사도를 $similarity(\boldsymbol{x},\boldsymbol{y})$로 나타내기로 하면,

$$similarity(\boldsymbol{x},\boldsymbol{y}) = \cos(\theta) = \frac{\boldsymbol{x} \cdot \boldsymbol{y}}{|\boldsymbol{x}||\boldsymbol{y}|} \qquad \text{(식 14-3)}$$

와 같이 정의된다. 코사인 유사도를 사용하는 것이 더 바람직한 이유는 명확하다. 단순 내적은 문서의 유사도에 관계없이 문서가 길어지면 내적도 높아지는 문제가 있으므로, 벡터의 절대값으로 나눔으로써 문서의 길이에 의한 영향은 배제하고 문서간에 등장한 단어들의 등장 패턴의 유사성을 측정할 수 있게 된다.

그러면, 벡터의 길이는 각 요소의 제곱합에 루트를 씌운 것이므로

$$|\boldsymbol{a}| = \sqrt{1^2+2^2+1^2+1^2+1^2+1^2+0^2+{}^2+0^2} = 3 \qquad \text{(식 14-4)}$$

이고, 비슷한 방법으로 계산하면 $|\boldsymbol{b}| = 2.24$, $|\boldsymbol{c}'| = 10.39$가 되므로, 문장 A와 B, A와 C′의 코사인 유사도는 다음과 같이 계산된다.

$$\begin{aligned} similarity(\boldsymbol{a},\boldsymbol{b}) &= \frac{\boldsymbol{a} \cdot \boldsymbol{b}}{|a||b|} = \frac{5}{3 \times 2.24} = 0.75 \\ similarity(\boldsymbol{a},\boldsymbol{c}') &= \frac{\boldsymbol{a} \cdot \boldsymbol{c}'}{|a||c'|} = \frac{6}{3 \times 10.39} = 0.19 \end{aligned} \qquad \text{(식 14-5)}$$

위의 계산 결과에서 보듯이, 코사인 유사도를 적용하면 문장 A와 B의 유사도가 A와 C′보다 높게 나타나, 문서 길이에 영향을 받지 않고 의미적 유사도에 부합하는 값을 갈 계산해 준다는 것을 확인할 수 있다. 그러나, 여기에도 문제가 남아있다. 다음 절에서 살펴보자.

14.3 TF-IDF와 문서 유사도 측정

문서의 단어 빈도 벡터에 코사인 유사도를 적용함으로써 문서간 어휘 등장 패턴의 유사

성을 기반으로 하여 유사도를 측정할 수 있음을 살펴보았다. 그런데, 다음 3개의 문장을 보자.

문장 A: 이 영화 완전 강추 진짜 다른 영화
문장 B: 진짜 강추 완전 좋은 영화
문장 C: 이 영화 영화 자막 완전 진짜 완전 엉망

〈표 14-4〉 수정된 리뷰 문장들의 DTM

단어	이	영화	완전	강추	진짜	다른	좋은	자막	엉망
문장 A	1	2	1	1	1	1	0	0	0
문장 B	0	1	1	1	1	0	1	0	0
문장 C	1	2	2	0	1	0	0	1	1

여기서는 문장 C가 의미상 이전 절과 동일하게 부정적인 평가이므로, 문장 A, B에 비해 C의 유사도가 낮아야 한다. 코사인 유사도를 구해보자.

$$|\boldsymbol{a}| = 3,\ |\boldsymbol{b}| = 2.23,\ |\boldsymbol{c}| = 3.46,\ \boldsymbol{a} \cdot \boldsymbol{b} = 5,\ \boldsymbol{a} \cdot \boldsymbol{c} = 58$$

$$similarity(\boldsymbol{a}, \boldsymbol{b}) = \frac{\boldsymbol{a} \cdot \boldsymbol{b}}{|a||b|} = \frac{5}{3 \times 2.23} = 0.75 \qquad \text{(식 14-6)}$$

$$similarity(\boldsymbol{a}, \boldsymbol{c}) = \frac{\boldsymbol{a} \cdot \boldsymbol{c}}{|a||c|} = \frac{8}{3 \times 3.46} = 0.77$$

문장 A와 C의 코사인 유사도가 더 높게 나온다! 왜 이런 결과가 나오는 것인지 차분히 생각해보자.

문장 A와 C의 유사도를 높게 만든 단어들을 보면 '이', '영화', '완전', '진짜' 이다. 그런데, '영화'나 '완전'이나 '진짜' 이런 단어는 모든 리뷰에서 등장하고 있고, '이'도 어느 리뷰에서든 흔히 등장하고 있는 단어라서, 의미 있는 정보를 담고 있는 것으로 보기가 어렵다. 영어에서는 'a', 'the', 'this' 같은 단어들이 이에 해당한다. 따라서, 이렇게 어떤 문서에서든 흔히 등장하는 단어들은 유사도 측정에서 좀 가중치를 낮게 주는 것이 필요하겠다.

이러한 개념에 입각하여, 단어의 빈도를 그 단어가 등장한 문서의 빈도로 나누어주는 방식을 도입한 지표가 **TF-IDF(Term Frequency-Inverse Document Frequency)**이다.

우리말로 해석하자면 '단어 빈도와 문서 빈도 역수' 정도로 해석할 수 있겠다. 어떤 문서에서 단어 w의 TF-IDF는 다음과 같이 정의된다.

$$TF-IDF(w,d,D) = tf(w,d) \times idf(w,D) \quad \text{(식 14-7)}$$

여기서 $tf(w,d)$는 단어 w의 문서 d 내에서의 **빈도(term frequency)**로서, 앞에서 본 그냥 단어 빈도와 동일하다. 여기에 $idf(w,D)$를 곱해주고 있는데, 이것은 문서들이 모여있는 말뭉치 D에서 해당 단어가 등장한 문서의 갯수의 역수 비슷한 개념이다. $idf(w,D)$의 식은 다음과 같다.

$$idf(w,D) = \log\left(\frac{N}{df(w,D)}\right) \quad \text{(식 14-8)}$$

이를 적용하면, TF-IDF는 다음과 같이 나타낼 수있다.

$$\text{TF}-\text{IDF}(w,d,D) = tf(w,d) \times \log\left(\frac{N}{df(w,D)}\right) \quad \text{(식 14-9)}$$

여기서 N은 말뭉치 D에 들어 있는 총 문서 개수($|D|$)이고, $df(w,d)$는 말뭉치 전체에서 단어 w가 등장한 **문서의 갯수(document frequency)**를 말한다. 만약 단어 w가 거의 모든 문서마다 등장한다면 $df(w,D)$는 N에 가까운 값이 될 것이므로, $idf(w,D)$의 값은 거의 0의 값이 될 것이다. 반대로 단어 w가 등장한 문서가 매우 희소하다면 식 14-8의 log 내의 분모가 작아져서 $idf(w,D)$의 값은 커지게 된다. 따라서, $idf(w,D)$의 값은 단어 w가 등장하는 문서가 흔할수록 작은 값을 갖도록 만들어서 단순한 단어 빈도 $tf(w,d)$를 디스카운트 해주는 역할을 한다. 이 때, 단순히 전체 문서 수와 단어 등장 문서 수의 비율을 사용하게 되면, 전체 문서 갯수 N이 크고 단어 등장 문서 수 $df(w,D)$가 작을 때 비율이 너무 커져서 결과를 왜곡하게 될 수 있으므로, log 함수를 적용하여 지나치게 큰 값이 나오지 않도록 한다[7].

그러면, 표 14-4에 나타난 DTM에서 TF-IDF를 계산해 보자. 우선, 문장 A에서 '완전'이라는 단어의 TF-IDF를 계산해보자. 단어빈도 $tf(\text{'완전'},A) = 1$인 것은 명확하다.

---

7) 경우에 따라 특정 단어가 등장한 문서가 하나도 없을 때 분모가 0이 됨에 따라 비율이 무한대가 되어 계산할 수 없는 값이 되어버리는 것을 방지하기 위해 분모에 1을 더해주기도 한다.

'완전'이 등장한 문서의 갯수 $df(\text{'완전'}, D)$는, 3개의 문서에 모두 '완전'이 등장하고 있으므로 $df(\text{'완전'}, D) = 3$이 된다. 전체 문서의 수 $N = 3$이므로, 식 (14-7)과 (14-8)에 따라,

$$TF\!-\!IDF(\text{'완전'}, A, D) = tf(\text{'완전'}, D) = 1 \times \log\left(\frac{3}{3}\right) = 0 \qquad \text{(식 14-10)}$$

이 된다. 즉, '완전'은 모든 문서에 등장하고 있어서, $idf(\text{'완전'}, D)$의 값이 0이 되어, 아무리 여러번 등장해도 TF-IDF의 값은 그냥 0이다. 즉, '완전'이라는 단어는 정보량이 없다.

그러면, 각 문서에서 각 단어의 TF-IDF를 계산해 보자. 반복 계산이 많으므로, 파이썬 함수로 구현하여 계산해 보도록 하겠다. 먼저, 문서 내의 단어빈도를 계산하는 함수 tf(w,d)를 구현해보자. w에 특정 단어 문자열이 들어가고, d에 단어들이 리스트로 들어가 있다고 전제하면, 다음과 같이 쉽게 구현할 수 있다.

```
1  def tf(w, d):
2      cnt = 0
3      for t in d:
4          if t==w: cnt+=1
5      return cnt
```

매우 간결하다. 빈도를 계산할 변수를 cnt라 하고 처음에 0으로 둔다. 다음에 for 문으로 d의 각 요소를 t라고 하고, 4행에서 t가 w와 동일할 때마다, 즉 w와 동일한 단어가 등장할 때마다 cnt를 하나씩 증가시킨다. 마지막에 cnt를 리턴하면 끝이다.

다음은 특정 단어 w가 등장한 문서의 갯수를 계산하는 df(w,D) 함수를 구현해보자. 문서 전체가 들어있는 말뭉치는 각 문서를 담고 있는 리스트가 각 요소가 되는 리스트의 리스트 형태를 취한다고 하자. 그러면, df(w,D)는 다음과 같이 쉽게 구현된다.

```
def df(w, D):
    cnt = 0
    for sent in D:
        if w in sent: cnt+=1
    if cnt==0: cnt = 1
    return cnt
```

문서 갯수를 계산할 변수 cnt를 처음에 0으로 둔다. 그 다음 for 문에서 말뭉치 리스트 D에서 각각의 문서를 나타내는 리스트를 sent라는 이름으로 꺼내온다. 4행에서는 만약 단어 w가 그 문서 sent 안에 있으면 cnt를 하나 증가시키도록 한다. 이것을 각 문서에 대해 반복하면 w가 등장한 문서의 갯수가 cnt에 담겨진다. 5행에서는, 혹시 단어가 한번도 등장하지 않으면 cnt를 최소값을 1로 주도록 했는데, 이는 혹시라도 df(w,D)가 0이 되면 식 (14-8)에서 분모가 0이 되어서 계산 오류가 발생하는 경우를 방지하기 위해서이다. 마지막으로 계산된 cnt를 리턴한다.

다음으로, TF-IDF 값을 계산하는 함수 tfidf(w,d,D)를 구현한다.

```
def tfidf(w,d,D):
    N=len(D)
    return tf(w,d)*np.log(N/df(w,D))
```

tfidf(w,d,D)는, 말뭉치 리스트 D에 들어 있는 문서의 갯수를 N에 대입하고, 식 (14-9)에 따라 tf(w,d)에 log(N/df(w,D))를 곱한다. log 함수가 numpy에 정의되어 있으므로 이 함수 이전에 numpy가 np라는 이름으로 불려와 있어야 한다.

그러면, TF-IDF를 계산하는 함수가 준비되었으므로, 문장 A, B, C의 각 단어에 대해 직접 TF-IDF 값을 계산해보자. 먼저, 데이터를 준비한다. 문장 A, B, C를 각각 sent_A, sent_B, sent_C라는 이름의 리스트로 만들어 보자.

```
1  sent_A = '이 영화 완전 강추 진짜 다른 영화'.split(' ')
2  sent_B = '진짜 강추 완전 좋은 영화'.split(' ')
3  sent_C = '이 영화 영화 자막 완전 진짜 완전 엉망'.split(' ')
4  corpus=[sent_A, sent_B, sent_C]
5  print(corpus)
```

1~3행에서는 리스트의 각 요소를 콤마로 나누어 입력하는 대신, 문장 전체를 단어별로 띄어쓰고, 앞의 절에서 배운 split(' ') 함수를 사용하여 공백 단위로 나누어 리스트로 만들었다. 4행에서는 sent_A, sent_B, sent_C를 다시 리스트로 묶어서 말뭉치를 만들었다. 5행에서 corpus의 내용을 출력해보면 다음과 같이 리스트의 리스트 형태로 잘 들어가 있음을 확인할 수 있다.

```
[['이', '영화', '완전', '강추', '진짜', '다른', '영화'], ['진짜', '강추', '완전', '좋은', '영화'], ['이', '영화', '영화', '자막', '완전', '진짜', '완전', '엉망']]
```

이 데이터를 이용하여 각 문장의 각 단어별로 TF-IDF를 계산하여 출력해보면 된다. 전체 코드를 정리해보자.

예제 **ex14-3.py**

```python
import numpy as np

def tf(w, d):
    cnt = 0
    for t in d:
        if t==w: cnt+=1
    return cnt

def df(w, D):
    cnt = 0
    for sent in D:
        if w in sent: cnt+=1
    if cnt==0: cnt = 1
    return cnt

def tfidf(w,d,D):
    N=len(D)
    return tf(w,d)*np.log(N/df(w,D))

sent_A = '이 영화 완전 강추 진짜 다른 영화'.split(' ')
sent_B = '진짜 강추 완전 좋은 영화'.split(' ')
sent_C = '이 영화 영화 자막 완전 진짜 완전 엉망'.split(' ')
corpus=[sent_A, sent_B, sent_C]
print(corpus)

print('<Sentence A>')
for w in sent_A:
    print(w, tfidf(w,sent_A,corpus))
```

```
29 print('<Sentence B>')
30 for w in sent_B:
31     print(w, tfidf(w,sent_B,corpus))
32 print('<Sentence C>')
33 for w in sent_C:
34     print(w, tfidf(w,sent_C,corpus))
```

1행에서 함수 tfidf(w,d,D)의 로그 계산에 필요한 numpy를 np로 읽어들였다. 26행부터 각 단어별 TF-IDF를 출력하는 부분인데, 26행에서는 문장 제목을 출력하고, 27~28행에서 문장의 각 단어 w에 대해서 tfidf(w,sent_A,corpus)를 출력하였다. 이후에 문장 B, C에 대해서도 반복한다.

출력 결과는 다음과 같다.

```
[['이', '영화', '완전', '강추', '진짜', '다른', '영화'], ['진짜', '강추', '완전', '좋은', '영화'], ['이', '영화', '영화', '자막', '완전', '진짜', '완전', '엉망']]
<Sentence A>
이 0.4054651081081644
영화 0.0
완전 0.0
강추 0.4054651081081644
진짜 0.0
다른 1.0986122886681098
영화 0.0
<Sentence B>
진짜 0.0
강추 0.4054651081081644
완전 0.0
좋은 1.0986122886681098
영화 0.0
<Sentence C>
이 0.4054651081081644
영화 0.0
영화 0.0
자막 1.0986122886681098
```

```
완전 0.0
진짜 0.0
완전 0.0
엉망 1.0986122886681098
```

앞에서 계산해 본대로, '완전'에 대한 TF-IDF의 값은 등장 빈도에 관계없이 모두 0으로 나오고 있다.

이렇게 계산된 TF-IDF 값들을 전체적으로 정리해보면 다음 표와 같다.

〈표 14-5〉 단어별 TF-IDF 값

문서	이	영화	완전	강추	진짜	다른	좋은	자막	엉망
A	0.41	0	0	0.41	0	1.10	0	0	0
B	0	0	0	0.41	0	0	1.10	0	0
C	0.41	0	0	0	0	0	0	1.10	1.10

'진짜', '완전', '영화' 같이 모든 리뷰에 등장하는 단어들에 대한 TF-IDF는 0으로서, 정보량이 전혀 없음을 시사하고 있다. 그러면, 이렇게 계산된 각 문서별 TF-IDF 값의 벡터를 가지고 코사인 유사도를 계산할 수 있을 것이다. 문서 A, B, C의 TF-IDF 벡터를 각각 $\boldsymbol{a}', \boldsymbol{b}', \boldsymbol{c}'$ 이라고 하면,

$$\boldsymbol{a}' = (0.41, 0, 0, 0.41, 0, 1.10, 0, 0, 0)$$
$$\boldsymbol{b}' = (0, 0, 0, 0.41, 0, 0, 1.10, 0, 0)$$
$$\boldsymbol{c}' = (0.41, 0, 0, 0, 0, 0, 0, 1.10, 1.10)$$

이다. 그러면, 문장 A와 B, A와 C 사이에 TF-IDF를 활용한 코사인 유사도를 구해보자. 직접 계산해보면,

$$|\boldsymbol{a}'| = \sqrt{0.41^2 + 0^2 + 0^2 + 0.41^2 + 0^2 + 1.10^2 + 0^2 + 0^2 + 0^2} = 1.24$$
$$|\boldsymbol{b}'| = \sqrt{0^2 + 0^2 + 0^2 + 0.41^2 + 0^2 + 0^2 + 1.10^2 + 0^2 + 0^2} = 1.17 \qquad \text{(식 14-11)}$$
$$|\boldsymbol{c}'| = \sqrt{0.41^2 + 0^2 + 0^2 + 0^2 + 0^2 + 0^2 + 0^2 + 1.10^2 + 1.10^2} = 1.61$$

$$\boldsymbol{a}' \cdot \boldsymbol{b}' = 0.1644,\ \ \boldsymbol{a}' \cdot \boldsymbol{c}' = 0.1644$$

$$similarity(\boldsymbol{a}', \boldsymbol{b}') = \frac{\boldsymbol{a}' \cdot \boldsymbol{b}'}{|a'||b'|} = \frac{0.1644}{1.24 \times 1.17} = 0.11$$

$$similarity(\boldsymbol{a}', \boldsymbol{c}') = \frac{\boldsymbol{a}' \cdot \boldsymbol{c}'}{|a'||c'|} = \frac{0.1644}{1.24 \times 1.61} = 0.08$$

이 되어, TF-IDF 값을 기반으로 코사인 유사도를 구하면 A와 B의 유사도가 0.11, A와 C의 유사도는 0.08이 나와서 실제 의미와 마찬가지로 A와 B의 유사도가 더 높게 나타나고 있음을 확인할 수 있다.

이 코사인 유사도 계산을 위한 코드를 파이썬으로 한번 구현해보자. 먼저, 앞에서 작성한 tfidf 함수를 활용해서 각 문장별로 표 14-5에 있는 단어의 순서대로 TF-IDF를 구해서 벡터에 넣는다.

```
1  wordSet = ['이','영화','완전','강추','진짜','다른','좋은','자막','엉망']
2  tfidf_a=[]
3  tfidf_b=[]
4  tfidf_c=[]
5  for w in wordSet: tfidf_a.append(tfidf(w,sent_A,corpus))
6  for w in wordSet: tfidf_b.append(tfidf(w,sent_B,corpus))
7  for w in wordSet: tfidf_c.append(tfidf(w,sent_C,corpus))
8
9  print('tfidf_a = ', tfidf_a)
10 print('tfidf_b = ', tfidf_b)
11 print('tfidf_c = ', tfidf_c)
```

1행에서 전체 단어 목록을 wordSet 리스트에 정의하고, 2~4행에서 A, B, C의 TF-IDF값을 저장할 리스트를 각각 tfidf_a, tfidf_b, tfidf_c라는 이름의 빈 리스트로 초기화하였다. 5행에서는 wordSet의 각 단어 w에 대해서 tfidf(w, sent_A, corpus)를 호출하여 각 단어 w의 A 문장 내의 출현빈도에 입각한 TF-IDF 값을 계산하여 tfidf_a 벡터에 저장하였다. 6행은 B에 대해, 7행은 C에 대해 계산하여 결과를 출력한다. 출력 결과는 다음과 같이 표 14-5와 동일하다.

```
[0.4054651081081644, 0.0, 0.0, 0.4054651081081644, 0.0, 1.0986122886681098, 0.0, 0.0, 0.0]
[0.0, 0.0, 0.0, 0.4054651081081644, 0.0, 0.0, 1.0986122886681098, 0.0, 0.0]
[0.4054651081081644, 0.0, 0.0, 0.0, 0.0, 0.0, 0.0, 1.0986122886681098, 1.0986122886681098]
```

이제 코사인 유사도를 계산하는 코드를 보자. 코사인 유사도 계산을 위해서는 벡터의 절대값을 계산하는 함수가 필요하다. 이 함수를 magnitude라고 하면, 다음과 같이 쉽게 구현할 수 있다.

```
1 def magnitude(v):
2     m=0
3     for x in v: m += x**2
4     return (np.sqrt(m))
```

첫 행에서 v라는 이름으로 벡터를 받아왔다고 설정한다. 다음으로 절대값을 저장할 변수를 0으로 초기화하고 3행에서 v의 각 요소 x에 대해 x**2, 즉 x의 제곱을 계산하여 m에 누적한 후, 4행에서 m의 제곱근을 계산하여 리턴해준다.

이를 이용하여, 벡터 a와 벡터 b의 코사인 유사도를 계산하는 함수를 similarity라는 이름으로 구현해 보면 다음과 같다.

```
1 def similarity(a,b):
2     dot = np.dot(a,b)
3     ma = magnitude(a)
4     mb = magnitude(b)
5     return(dot/(ma*mb))
```

1행에서 a와 b라는 이름으로 두 벡터가 넘어왔다고 설정하고, 2행에서 a와 b의 벡터 내적을 구해서 dot라는 변수에 저장하였다. 3~4행에서는 a와 b의 절대값을 계산하여 ma와 mb에 저장하였고, 마지막에 식 (14-3)에 따라 내적을 ma와 mb의 곱으로 나눈 값을 리턴하였다.

그러면, 이 함수들을 이용하여 A, B, C의 TF-IDF 벡터인 tfidf_a, tfidf_b, tfidf_c

의 절대값과, (tfidf_a, tfidf_b) 사이의 코사인 유사도, (tfidf_a, tfidf_c) 사이의 코사인 유사도를 각각 출력해보자.

```
print('Magnitude of tfidf_a = ', magnitude(tfidf_a))
print('Magnitude of tfidf_b = ', magnitude(tfidf_b))
print('Magnitude of tfidf_c = ', magnitude(tfidf_c))
print('similarity(tfidf_a, tfidf_b) = ', similarity(tfidf_a, tfidf_b))
print('similarity(tfidf_a, tfidf_b) = ', similarity(tfidf_a, tfidf_c))
```

출력 결과는 다음과 같이 식 (14-11)에서 직접 계산해 본 결과와 동일하다.

```
Magnitude of tfidf_a =  1.2392549651298206
Magnitude of tfidf_b =  1.1710469310432214
Magnitude of tfidf_c =  1.605708527572277
similarity(tfidf_a, tfidf_b) =  0.11328489511234545
similarity(tfidf_a, tfidf_b) =  0.08261893517837965
```

TF-IDF의 값과, 코사인 유사도를 계산하는 코드를 관련 함수와 함께 전체적으로 정리해보면 다음과 같다.

예제 ex14-4.py

```
import numpy as np

def tf(w, d):
    cnt = 0
    for t in d:
        if t==w: cnt+=1
    return cnt

def df(w, D):
    cnt = 0
    for sent in D:
        if w in sent: cnt+=1

```

```
    if cnt==0: cnt = 1
    return cnt

def tfidf(w,d,D):
    N=len(D)
    return tf(w,d)*np.log(N/df(w,D))

def magnitude(v):
    m=0
    for x in v: m += x**2
    return (np.sqrt(m))

def similarity(a,b):
    dot = np.dot(a,b)
    ma = magnitude(a)
    mb = magnitude(b)
    return(dot/(ma*mb))

sent_A = '이 영화 완전 강추 진짜 다른 영화'.split(' ')
sent_B = '진짜 강추 완전 좋은 영화'.split(' ')
sent_C = '이 영화 영화 자막 완전 진짜 완전 엉망'.split(' ')
corpus=[sent_A, sent_B, sent_C]
print(corpus)

wordSet = ['이','영화','완전','강추','진짜','다른','좋은','자막','엉망']
tfidf_a=[]
tfidf_b=[]
tfidf_c=[]
for w in wordSet: tfidf_a.append(tfidf(w,sent_A,corpus))
for w in wordSet: tfidf_b.append(tfidf(w,sent_B,corpus))
for w in wordSet: tfidf_c.append(tfidf(w,sent_C,corpus))

print('tfidf_a = ', tfidf_a)
print('tfidf_b = ', tfidf_b)
print('tfidf_c = ', tfidf_c)

print('Magnitude of tfidf_a = ', magnitude(tfidf_a))
```

```
print('Magnitude of tfidf_b = ', magnitude(tfidf_b))
print('Magnitude of tfidf_c = ', magnitude(tfidf_c))
print('similarity(tfidf_a, tfidf_b) = ', similarity(tfidf_a, tfidf_b))
print('similarity(tfidf_a, tfidf_c) = ', similarity(tfidf_a, tfidf_c))
```

14.4 감정분석

감정분석(sentiment analysis)은 자연어 텍스트에서 나타난 감정을 읽어내는 것이다. 가장 기본적인 감정분석은 리뷰 등의 문서를 읽어서 해당 글에 나타난 글쓴이의 감정이 긍정적(positive)인지 부정적(negative)인지를 판별하는 것이다.

예를 들어, 감정분석은 특정 종목 주식의 투자자 정서를 파악하는 데 활용될 수 있다. 주식과 관련된 게시판에 사람들이 게시한 글을 보고, 사람들이 그 종목에 대하여 긍정적, 부정적으로 생각하는가를 읽어내는 데에도 활용된다. 투자자들의 정서는 향후 주가를 결정하는 것에 영향을 미치는 만큼, 이는 투자에 대한 중요한 지표를 제공할 것이다. 실제로 국내 주식 게시판 등에서도 이를 사용하여 인공지능 기반의 투자 시스템들이 참고하고 있다. 하지만, 이를 악용하여 부정적인 글들을 많이 올리면 게시판 내용 조작이 가능할 수 있기도 하다. 게시판을 보고 있는 사람들의 심리를 조작하거나 게시판에 있는 글을 기반으로 투자의 방향을 결정하는 시스템을 교란할 수도 있다. 이에 대해 시스템은 어떤 것들이 실제로 사람들이 올리는 것이고 어떤 것이 교란을 위해 위조된 반응인지를 잡아낼 수 있는 방식으로 진화해 나갈 것이다.

이외에도 감정분석은 매우 다양한 분야에서 이용되고 있다. 뉴스 등 미디어에서 특정 기업에 대한 시장의 정서나 전반적인 시장 방향에 대한 정서를 읽어낼 수 있고, 실제로 이를 기반으로 투자하는 시스템들이 상당히 좋은 성과를 보여주고 있다. 앞으로 펀드 매니저나 시장 애널리스트가 필요한지에 대한 회의론까지 대두되는 상황일 정도로 감정분석은 그 위력을 보여주고 있다. 마케팅 분야에서도 감정분석은 많이 사용된다. 고객들의 제품이나 서비스에 대한 반응, 고객의 니즈나 소비심리 변화 동향 등을 설문 등에 의존하는 것보다 사람들이 이야기하고 있는 글에서 읽어오는 것이 훨씬 빠르고 때로는 더욱 정확하기 때문이다. 또한, 소프트웨어나 기계 장비가 내보내는 로그파일을 읽어서 해당 기계의 상태(감정?)를 예측하는 데 응용할 수도 있다.

감정분석의 방법에는 긍정어, 부정어 등의 리스트를 만들고 해당 단어들의 포함 빈도를 가지고 판단하는 가장 기초적인 방법부터, 각 단어별로 긍정어, 부정어 등과 동시에 등장하는 확률을 고려하여 단어들의 긍정도를 판단하는 **SO-PMI(Sentiment Oriented Pointwise Mutual Information)**를 활용하는 등의 통계적 방법들이 있고, 인공신경망을 활용하여 문서의 긍정 및 부정 정서를 학습시켜 활용하는 방법이 있다. 다양한 방법 중에서, 여기서는 인공신경망을 통한 감정분석 방법을 살펴보도록 하겠다.

인공신경망을 이용한 감정분석은 기본적으로 문서를 숫자로 된 벡터로 만들어 인공신경망의 입력으로 넣고, 이를 바탕으로 긍정 또는 부정을 출력으로 내보내는 구조로 이루어진다. 이를 그림으로 나타내면 그림 14-3과 같다.

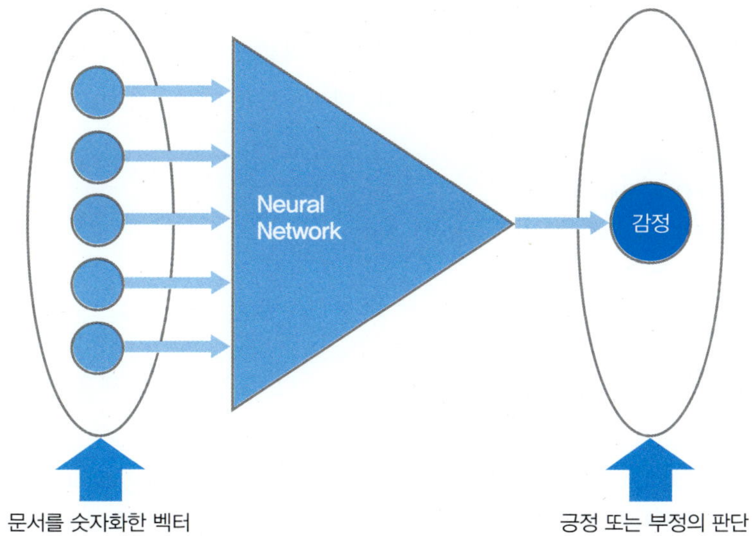

[그림 14-3] 감성분석을 위한 인공신경망 구조

여기서 관건은 문서를 어떻게 숫자로 된 벡터로 만드는가 하는 것이다. 고객 리뷰를 생각해보자. 리뷰는 짧은 것도 있고 긴 것도 있다. 즉, 문서의 길이는 가변적이다. 그러나, 신경망의 입력 노드의 수는 고정적이어야 한다. 그러면, 가변적인 길이를 가지는 문서를 어떻게 고정적인 갯수의 숫자로 바꿀 수 있을 것인가가 핵심적인 문제가 된다.

여기에 대해서 다양한 방법이 있을 수가 있는데, 우리가 가장 먼저 생각해 볼 수 있는 방법이 바로 BOW 모델을 활용하는 것이다. BOW는 문서에 포함된 단어의 빈도만을 나타낸다. 리뷰가 수천만 개 있더라도, 리뷰에 사용되는 단어(어휘)의 총 갯수는 일정할 것이다. 자주 사용되는 단어만 가지고 생각한다면 그 수는 더욱 제한적일 것이다. 예를 들어 자주 사용되는 단어 1000개만 가지고 보아도 해당 리뷰가 긍정적인지 부정적인지를 판단하는 데는 충분할 것이다.

그러면, BOW 모델을 활용하여 각각의 리뷰를 1000개 단어별 빈도값으로 변환하는 방법을 생각해 볼 수 있다. 이렇게 하면 리뷰가 짧든 길든 모든 리뷰는 1000개의 단어별 빈도를 나타내는 숫자로 변환될 것이다. 즉, 일정한 길이를 갖는 벡터값이 된다. 물론, BOW 모델의 한계상 단어가 나타나는 순서는 무시되지만, 리뷰에 나타난 단어들을 보면 리뷰가 긍정적인지 부정적인지를 판단하는 것은 가능할 것으로 생각된다.

그러면, 실제로 예제를 가지고 감정분석을 해보자. 예제 데이터로는 Keras에서 제공하는 영화 리뷰 데이터를 이용하겠다. 이 데이터는 IMDB라는 영화 리뷰 사이트의 데이터인데, 단어를 숫자로 바꾸어놓은 리뷰 내용과 해당 리뷰가 긍정적인지 부정적인지를 나타낸 정답값이 함께 들어 있다. Keras와 **IMDB 데이터셋**을 다음과 같이 import 한다.

```
from tensorflow import keras
from tensorflow.keras.datasets import imdb
import numpy as np
```

Numpy도 나중에 사용할 거라서 함께 불러왔다. 그 다음, 데이터셋을 읽어온다.

```
1 (train_data, train_labels), (test_data, test_labels) = imdb.load_data()
2 print(train_data.shape, train_labels.shape)
3 print(test_data.shape, test_labels.shape)
```

imdb.load_data()로 데이터를 읽어오고, 그 결과를 학습용 데이터인 (train_data, train_labels)와 테스트용 데이터인 (test_data, test_labels)로 나누어 저장하였다. 데이터 구조를 알아보기 위해 2~3행에서 train_data 및 train_labels의 형태, test_data 및 test_labels의 형태를 출력해 보았다. 출력은 다음과 같이 나온다.

```
(25000,) (25000,)
(25000,) (25000,)
```

즉, 학습용 데이터 25000건, 테스트용 데이터 25000건이 각각 들어 있다. 데이터 형태를 보기 위해 학습용 데이터 첫 번째 것, 즉, train_data 0번과 이의 라벨 train_label 0번을 각각 출력해보자.

```
print('Train data 0 = ', train_data[0])
print('Train label 0 = ', train_labels[0])
```

출력 결과는 다음과 같다.

```
Train data 0 =  [1, 14, 22, 16, 43, 530, 973, 1622, 1385, 65, 458, 4468, 66, 3941, 4,
173, 36, 256, 5, 25, 100, 43, 838, 112, 50, 670, 22665, 9, 35, 480, 284, 5, 150, 4,
172, 112, 167, 21631, 336, 385, 39, 4, 172, 4536, 1111, 17, 546, 38, 13, 447, 4, 192,
50, 16, 6, 147, 2025, 19, 14, 22, 4, 1920, 4613, 469, 4, 22, 71, 87, 12, 16, 43, 530,
38, 76, 15, 13, 1247, 4, 22, 17, 515, 17, 12, 16, 626, 18, 19193, 5, 62, 386, 12, 8,
316, 8, 106, 5, 4, 2223, 5244, 16, 480, 66, 3785, 33, 4, 130, 12, 16, 38, 619, 5, 25,
124, 51, 36, 135, 48, 25, 1415, 33, 6, 22, 12, 215, 28, 77, 52, 5, 14, 407, 16, 82,
10311, 8, 4, 107, 117, 5952, 15, 256, 4, 31050, 7, 3766, 5, 723, 36, 71, 43, 530, 476,
26, 400, 317, 46, 7, 4, 12118, 1029, 13, 104, 88, 4, 381, 15, 297, 98, 32, 2071, 56, 26,
141, 6, 194, 7486, 18, 4, 226, 22, 21, 134, 476, 26, 480, 5, 144, 30, 5535, 18, 51, 36,
28, 224, 92, 25, 104, 4, 226, 65, 16, 38, 1334, 88, 12, 16, 283, 5, 16, 4472, 113, 103,
32, 15, 16, 5345, 19, 178, 32]
Train label 0 =  1
```

두 번째 출력문의 결과부터 보면, 0번 데이터의 train_labels 값은 1로 나타나 있다. IMDB 데이터셋에서 1은 긍정적, 0은 부정적인 정서임을 나타낸다. 따라서 해당 리뷰는 긍정적인 리뷰임을 알 수 있다.

그런데, 첫 번째 줄에서 출력한 train_data[0]은 숫자가 주욱 열거되어 있는데, 리뷰의 내용을 우리가 알아볼 수가 없다. 사실, 여기에 나타난 각 숫자는 띄어쓰기로 구분된 영어 단어들인데, 단어를 번호로 나타낸 것이다. 낮은 번호일수록 고빈도 어휘이다. 0, 1, 2, 3은 특수 기호이고, 4부터 시작해서 각 숫자의 의미는 사용 빈도순으로 나열한 단어의 번호이다.

각 숫자를 단어로 바꾸어보자. IMDB 데이터셋에서 0번과 3번은 사용하지 않고, 1번은 문장의 시작, 2번은 미등록 어휘를 나타내는 특수기호이다. 4번이 실제 단어로서는 처음 나타나는 가장 고빈도 어휘인데, 어떤 단어일까?

이를 알아보기 위해, IMDB의 단어별 인덱스를 읽어들여보자.

```
word_index = imdb.get_word_index()
```

imdb.get_word_index()는 IMBD 데이터셋에 사용된 단어를 키로 하여 해당 단어의 빈도순위를 숫자값으로 갖는 딕셔너리 자료형을 제공해준다. 그러면, word_index에는 각 단어별 빈도순위가 들어있게 되는데, 이 데이터셋에서 가장 많이 사용된 단어는 차례로 'the', 'and', 'a' 등으로 나타난다. 확인해보자.

```
print(word_index['the'], word_index['and'], word_index['a'])
```

출력 결과는,

```
1 2 3
```

이렇게 나온다. 이게 좀 헷갈리게 만들어져 있는데, IMDB 데이터셋에서 word_index에 나타난 단어 번호와, 리뷰 데이터를 숫자로 나타낸 단어 번호에 3만큼의 차이가 있다. 즉, word_index에서는 'the'가 1번인데, 실제 리뷰 본문 데이터에서는 4번이 'the'이다. 비슷하게, 리뷰 데이터에서 5번은 'and', 6번은 'a'이다. 즉, 단어 번호에 3을 더해 주어야 리뷰 본문의 단어 번호와 동일해진다.이를 감안하여, 숫자를 주면 단어를 나타내주는 딕셔너리를 하나 만들어보자.

```
1  numToWord = {}
2  numToWord[0]=''
3  numToWord[1]='<시작>'
4  numToWord[2]='<미등록>'
5  numToWord[3]=''
6  for (word, num) in word_index.items():
7      numToWord[num+3] = word
```

1행에서 numToWord라는 이름의 빈 딕셔너리를 만들었고, 2~4행에서는 특수기호 0, 1, 2, 3번에 대응하는 내용을 적당히 써주었다. 5행에서 word_index의 각 항목을 (word, num)에 대입하여 반복하는데, 이렇게 하면 word에는 단어 문자열이, num에는 해당 단어의 인덱스가 1부터 시작하는 숫자로 들어온다. 리뷰 본문 데이터의 실제 단어 번호는 4번부터 시작하므로, num에 3을 더하여 numToWord의 키 값으로 사용하고, 해당 키에 대응하는 단어를 대입하였다. 제대로 되었는지 확인하기 위해 4, 5, 6번에 대응하는 단어를 출력해 보자.

```
print(numToWord[4], numToWord[5], numToWord[6])
```

결과는

```
the and a
```

로 잘 들어있다. 그러면, train_data[0]에 들어 있는 숫자로 된 리뷰를 인간의 언어로 번역해보자.

```
for i in train_data[0]: print(numToWord[i], end=' ')
```

train_data[0]의 각 숫자 i에 대응하는 numToWord[i]를 공백 문자로 이어서 출력하는 내용이다. 출력 결과는 다음과 같다.

```
<시작> this film was just brilliant casting location scenery story direction everyone's really suited the part they played and you could just imagine being there robert redford's is an amazing actor and now the same being director norman's father came from the same scottish island as myself so i loved the fact there was a real connection with this film the witty remarks throughout the film were great it was just brilliant so much that i bought the film as soon as it was released for retail and would recommend it to everyone to watch and the fly fishing was amazing really cried at the end it was so sad and you know what they say if you cry at a film it must have been good and this definitely was also congratulations to the two little boy's that played the part's of norman and paul they were just brilliant children are often left out of the praising list i think because the stars that play them all grown up are such a big profile for the whole film but these children are amazing and should be praised for what they have done don't you think the whole story was so lovely because it was true and was someone's life after all that was shared with us all
```

내용을 보면 영화가 매우 좋다는 얘기이고, 실제로 이 리뷰의 라벨 train_label[0]이 값이 1임을 앞에서 확인한 바 있다.

사실, 기계의 입장에서는 인간의 언어로 번역한 내용은 필요가 없다. 기계에게는 그냥 숫자가 단어이다. “I love you”라고 말하는 대신 [10, 116, 22]라고 하는 식이다. 이미 IMDB 데이터셋에서 단어를 숫자로 바꾸어 놓았으므로, 우리는 BOW 모델을 응용하여 리뷰를 고정 길이의 숫자 벡터로 바꾸어보자. 1000개의 단어별로 각각 해당 리뷰에서 몇 회씩 나타났는지를 값으로 나타내는 것이다. 이렇게 리뷰 데이터 하나를 1000개의 숫자로 된 벡터로 바꾸는 함수를 vectorize라는 이름으로 만들면 다음과 같다.

```python
def vectorize(review_data):
    vec=np.zeros(1000, dtype='float32')
    for x in review_data:
        if x>=1000: continue
        vec[x]+=1
    return vec
```

review_data라는 이름으로 리뷰 데이터가 들어왔다고 설정하고, vec에 1000개짜리 numpy 배열을 만들어서 0으로 초기화한다. 데이터 형은 Tensorflow에서 가장 보편적으로 사용되는 실수형 float32로 하였다. 3행에서 review_data의 각 단어별 번호 x에 대해 1000번 이상은 무시하고, 1000번 미만이면 vec[x]를 1씩 증가시켜서, vec을 리턴하였다. 리뷰 0번을 이 함수로 벡터화해보자.

```
print(vectorize(train_data[0]))
```

출력 결과는 다음과 같다.

```
[ 0.  1.  0.  0. 15.  9.  3.  2.  3.  1.  0.  0.  6.  3.  3.  4. 11.  3.
  3.  2.  0.  1.  6.  0.  0.  4.  3.  0.  2.  0.  1.  0.  3.  2.  0.  1.
  …  0.  0.  0.  0.  0.  0.  0.  0.  0.  0.]
```

총 1000개의 숫자로 구성된 배열이 표시되는데, 0~3번 자리는 특수기호이니 의미가 없고, 4번 자리에 15, 5번 자리에 9, 6번 자리에 3이 있다. 4번이 'the', 5번이 'and', 6번이 'a'이니, 이 리뷰에는 'the'가 15회, 'and'가 9회, 'a'가 3회 나타나 있음을 알 수 있다. 이렇게 하면 IMDB 데이터셋에 들어있는 모든 리뷰 각각을 1000개의 고정된 길이의 벡터로 바꿀 수 있게 된다.

이제 이 벡터를 인공신경망의 입력으로 사용해보자. 한 가지 문제는, 이 벡터를 신경망 입력으로 사용하기 위해서는 0과 1 사이의 값으로 되어 있어야 한다는 점이다. 지금은 1보다 큰 값이 다수 포함되어 있는 상태이다. 빈도의 최대값으로 나누면 되겠지만, 전체 데이터에서 최대 빈도값을 찾아내는 것도 번거로운 일이다. 이를 해결하기 위해 특정 단어의 등장 여부만 표시하도록 해서 그 리뷰에 없는 단어는 0, 한 번 이상 나온 단어는 무조건 1로 두는 방법을 사용해도 충분하다. 우리는 빈도의 개념을 좀 살려서 빈도가 4회 이상이면 1이 되도록 해보자. 즉, 리뷰에 없으면 0, 한 번 나오면 0.25, 두 번 나오면 0.5, 세 번이면 0.75, 네 번 이상 나오면 1이 된다. 그러면, vectorize 함수를 다음과 같이 조금 수정해야 한다.

```
def vectorize(review_data):
    vec=np.zeros(1000, dtype='float32')
    for x in review_data:
```

```
4          if x>=1000: continue
5          if vec[x]<1: vec[x]+=0.25
6      return vec
```

5번째 줄에서 vec[x]의 값이 1 이상이면 더이상 누적하지 않고, 1보다 작을 때에만 0.5씩 더하도록 약간 수정하였다. 이 함수를 사용해서 리뷰 0번을 벡터로 바꾸어보면 [0, 0.25, 0, 0, 1, 1, 0.75, 0.5, 0.75, 0.25, 0 ...] 과 같이 최대값이 1인 벡터로 만들어진다.

그러면, 인공신경망에 train_data의 모든 리뷰를 넣어서 학습시켜보도록 하자. Keras의 신경망 입력으로 사용하기 위해서는 각 데이터포인트가 numpy 배열의 각 행으로 되어 있어야 한다. 이를 위해, train_data의 데이터 건수만큼 길이를 행으로 갖고, 벡터의 고정길이만큼 1000개의 열을 갖는 2차원 배열을 생성해서 각 행에 각 리뷰의 BOW 벡터를 대입한다.

```
1  train_input = np.zeros((len(train_data), 1000))
2  for i, review in enumerate(train_data):
3      train_input[i] = vectorize(review)
```

첫 줄에서 train_input이라는 이름을 2차원 numpy 배열을 만든 후에, for문에서 **enumerate**(train_data)[8]를 이용해서 리뷰 번호를 순차적으로 i에, 각각의 리뷰를 review에 대입하고 train_input의 각각의 i번째 행에 review를 벡터화한 숫자 1000개를 써넣었다.

이제 인공신경망을 구성한다. 입력 노드는 1000개로 고정이고, 출력은 긍정, 부정이 1, 0으로 표현되니 단일 뉴런으로 충분하다. 은닉층의 설계가 관건인데, 여러가지로 실험해서 좋은 설계를 찾아야겠지만 여기서는 2개의 은닉층을 넣고 각 계층에 16개씩의 뉴런을 두도록 하겠다. 즉, 그림 14-4와 같은 3계층 인공신경망으로 설계하였다.

8) for문에서 리스트나 배열 등을 enumerate( )로 둘러싸면 순서대로 두 개씩의 값이 나오는데, 첫 번째는 일련번호(0, 1, 2...), 두 번째는 리스트나 배열의 각 요소이다.

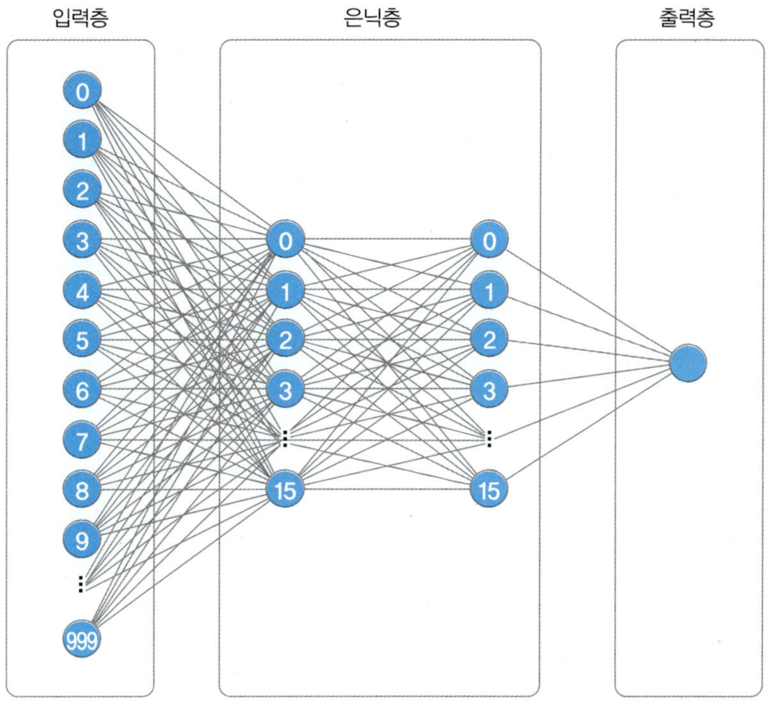

[그림 14-4] 감정분석 인공신경망 설계

그림 14-4의 인공신경망을 Keras로 구현해보면 다음과 같이 된다.

```
1 model = keras.Sequential([
2     keras.layers.Dense(16, activation='relu', input_shape=(1000,)),
3     keras.layers.Dense(16, activation='relu'),
4     keras.layers.Dense(1, activation='sigmoid')])
```

keras.Sequential을 써서 순차적으로 모델링하였는데, 2행에 input_shape으로 1000개의 노드를 두고 은닉층은 16개의 뉴런을 두었으며, 3행에 16개의 뉴런으로 구성된 은닉층을 하나 더 두었다. 은닉층의 활성화함수는 일반적으로 은닉층에 사용되는 ReLU 함수를 사용하였다. 마지막으로 출력층은 뉴런 하나를 두고, 활성화함수로서 단일 뉴런에서 0과 1을 판별할 때 일반적으로 쓰이는 시그모이드 함수를 사용하였다.

이어서 모델의 학습을 위한 최적화 알고리즘과 손실함수를 설정한다.

```
model.compile(optimizer='adam', loss='binary_crossentropy')
```

최적화 알고리즘은 일반적으로 사용되는 Adam으로 하였고, 단일 뉴런을 이용한 이진 분류 모델이므로 손실함수는 binary_crossentropy를 사용하였다.

다음으로 학습용 데이터와 정답을 주고 학습을 시킨다. 반복횟수는 3회로 하자.

```
model.fit(train_input, train_labels, epochs=3)
```

실행하면 학습이 이루어질 것이다. 학습이 완료되면 테스트 데이터에 대해 감정을 예측해보고, 이를 정답에 맞추어보도록 하자. 앞에서 학습 데이터를 변환했던 것과 동일한 방법으로 테스트 데이터를 우리의 신경망 입력에 맞는 형태로 변환한다.

```
test_input = np.zeros((len(test_data), 1000))
for i, review in enumerate(test_data):
    test_input[i]=vectorize(review)
```

이제 이렇게 준비된 테스트 데이터를 가지고 공부정을 예측해보자.

```
pred = model.predict(test_input)
print(pred)
```

model.predict에 test_input을 넣고 예측한 결과를 pred라는 변수에 저장하였다. 예측결과 pred를 출력해보면 다음과 같은 값들이 나올 것이다. 실행할 때마다 값은 약간씩 다를 수 있다.

```
[[0.31578732]
 [0.9974848 ]
 [0.8145757 ]
 ...
 [0.10249561]
```

```
[0.156665  ]
[0.44602486]]
```

이렇게 나온 값은 시그모이드 함수의 출력으로서 0과 1 사이의 확률값이다. 학습시켰던 정답값에서 긍정이 1, 부정이 0이었으므로 이 값은 높을수록 해당 리뷰가 긍정적이라는 뜻이 된다. 즉, 긍정 확률이므로, 0.5를 기준으로 그 이상이면 긍정, 아니면 부정으로 판단하도록 하자.

```
pred_labels=[]
for v in pred:
    if v>=0.5: pred_labels.append(1)
    else: pred_labels.append(0)
```

pred_labels라는 이름의 빈 리스트를 만들고, pred의 각 값에 대해 0.5 이상이면 1을, 아니면 0을 차례로 pred_labels에 저장하였다.

그러면, 테스트 데이터에 대한 예측값 pred_labels와 실제 정답값 test_labels를 비교하여 성능척도를 출력해보자.

```
from sklearn.metrics import classification_report
print(classification_report(test_labels, pred_labels))from sklearn.metrics import
```

출력 결과는 실행 때마다 약간씩 다를 수 있지만, 대체로 다음과 같을 것이다.

```
              precision    recall  f1-score   support

           0       0.88      0.85      0.86     12500
           1       0.86      0.88      0.87     12500

    accuracy                           0.87     25000
   macro avg       0.87      0.87      0.87     25000
weighted avg       0.87      0.87      0.87     25000
```

긍·부정 감정의 예측 정확도가 약 87%로 나타나고, 정밀도와 재현율도 높게 나타나고 있다. 단어의 순서를 고려하지 않고 빈도만 고려한 단순한 BOW 모델을 적용하였고, 신경망 모델도 비교적 단순하게 설계했음에도 상당히 괜찮은 감정분석 시스템이 만들어졌음을 볼 수 있다.

이번 절에서 설명한 감정분석의 전체 코드는 다음과 같다.

예제 ex14-5.py

```
from tensorflow import keras
from tensorflow.keras.datasets import imdb
import numpy as np

(train_data, train_labels), (test_data, test_labels) = imdb.load_data()
print(type(train_data))

print(train_data.shape, train_labels.shape)
print(test_data.shape, test_labels.shape)
print('Train data 0 = ', train_data[0])
print('Train label 0 = ', train_labels[0])

word_index = imdb.get_word_index()
print(word_index['the'], word_index['and'], word_index['a'])
numToWord = {}
numToWord[0]=''
numToWord[1]='<시작>'
numToWord[2]='<미등록>'
numToWord[3]=''
for (word, num) in word_index.items():
    numToWord[num+3] = word
print(numToWord[4], numToWord[5], numToWord[6])

for i in train_data[0]: print(numToWord[i], end=' ')

def vectorize(review_data):
    vec=np.zeros(1000, dtype='float32')
    for x in review_data:

```

```
        if x>=1000: continue
        if vec[x]<1: vec[x]+=0.25
    return vec

print(vectorize(train_data[0]))

train_input = np.zeros((len(train_data), 1000))
for i, review in enumerate(train_data):
    train_input[i] = vectorize(review)

model = keras.Sequential([
    keras.layers.Dense(16, activation='relu', input_shape=(1000,)),
    keras.layers.Dense(16, activation='relu'),
    keras.layers.Dense(1, activation='sigmoid')])
model.compile(optimizer='adam', loss='binary_crossentropy')
model.fit(train_input, train_labels, epochs=3)

test_input = np.zeros((len(test_data), 1000))
for i, review in enumerate(test_data):
    test_input[i]=vectorize(review)

pred = model.predict(test_input)
print(pred)

pred_labels=[]
for v in pred:
    if v>=0.5: pred_labels.append(1)
    else: pred_labels.append(0)

from sklearn.metrics import classification_report
print(classification_report(test_labels, pred_labels))
```

14.5 자연어 처리기술의 발전

이번 장에서는 BOW에 기반한 빈도 통계 중심의 모델까지만 살펴보았지만, 자연어 처리기술은 눈부시게 발전하고 있다. BOW 모델의 기본적인 가정은 문서의 의미가 단어들의 빈도에 의해서 어느정도 결정된다는 것이다. 이러한 가정에서 출발해서 문서의 단어 빈도 분포에 기반하여 문서의 주제를 분류하는 기법으로서 **LDA(Latent Dirichlet Allocation)**가 있다. 비슷한 개념에서 단어간의 연관성을 문장 내에서 동시에 출현한 확률로 파악하는 기법인 **PMI(Pointwise Mutual Information)**가 있고, 이를 응용해서 특정 단어의 긍정도를 긍정어와의 PMI와 부정어와의 PMI의 차이로부터 알아내는 **SO-PMI(Semantic Orientation from Pointwise Mutual Information)**가 있다.

그러나, 당연한 말이지만 문장의 단어 빈도가 같다고 같은 의미일 수가 없다. "딱 좋은 하루"와 "딱 하루 좋은"이 같은 뜻일 수가 없는 것이다. 또한, 빈도만 보고는 말이 되는 문장인지를 판단할 수도 없고, 다음 단어가 무엇인지를 예측할 수도 없다. 따라서 **언어 모델(language model)**이 필요하다. 언어 모델은 단어 순서에 확률을 대응시킨다. "봄꽃 만발한 산길을 걸어가"라는 문장이 나타날 수 있는 확률은 "산길을 봄꽃 걸어가 만발한"의 확률보다는 훨씬 높을 것이다. 그림 14-5와 같이 구글 검색엔진에서 다음 단어들이 추천되는 것이 언어모델을 활용한 좋은 예이다.

[그림 14-5] 구글 검색엔진에서의 검색어 추천

또한, 단어의 벡터화에도 많은 발전이 있어왔다. 특정 단어 또는 단어 시퀀스를 입력받아 어떤 판단을 해야 하는 상황에서는 단어를 숫자 벡터로 바꾸는 일이 필요하다. 가장 단순하게는 단어에 번호를 매기고 단어 갯수만큼의 자리를 가지는 벡터를 정의한 후, 각 단어를 그 단어 번호에 대응되는 자리만 1이고 나머지는 0인 벡터로 만드는 식으로 단어를 벡터화할 수 있다. 이러한 방식을 **원-핫 인코딩(one-hot encoding)**이라고 하는데, 이 방법은 0이 너무 많고 단어간의 연관성이 전혀 표현되지 않아 한계가 있다. 이를 개선하기 위해 단어의 의미적 유사도를 반영하여 단어를 n차원 좌표공간에 배치시키는 방법을 **워드 임베딩(word embedding)**이라고 한다. 대표적으로 Word2Vec, FastText, GloVe, ELMo 등의 방법이 있다. **Word2Vec(Word-to-Vector)**은 특정 단어에서 인접 단어들을 예측하거나(**skip-gram**), 특정 단어의 인접 단어들에서 해당 단어를 예측하도록 하는(**CBOW: Continuous Bag-Of-Words**) 하는 신경망을 구성하여 해당 신경망의 은닉층 출력값을 그 단어의 좌표로 사용하는 방법을 사용한다. 일반적 목적이라면 매번 단어 벡터를 만들지 않아도 대량의 텍스트에 대해 사전 학습된 단어 벡터들이 공개되어 있으므로, 이를 다운로드받아 사용할 수 있다[9]. 나아가 이 아이디어를 확장하면 단어에 벡터를 대응시킬 수 있다면 문서나 문장에도 벡터를 대응시킬 수 있을 것이라고 생각할 수 있다. 이를 위해 각각 **Doc2Vec(Document-to-Vector)**, **Sent2Vec(Sentence-to-Vector)** 등의 방법론들이 개발되어 있으며, 챗봇 등의 다양한 분야에 활용된다.

한편, 문장을 읽어서 컨텍스트를 이해하는 기술도 빠르게 발전하고 있다. 이는 대표적으로 기계번역 등에 사용되는데, 예를 들어 영어 문장 "I am a student"의 각 단어를 LSTM이나 GRU같은 순환신경망에 순차적으로 넣게 되면 신경망은 내부적으로 이 문장의 컨텍스트를 은닉층에 가지고 있게 될 것이다. 이 컨텍스트 벡터와 더불어 "나는"이라는 한국어 단어 벡터를 입력값으로 주고 그 다음 단어를 예측하도록 하면 "학교에 갑니다"가 순차적으로 산출되는 방식이다. 이러한 모델을 **Seq2Seq(Sequence-to-Sequence)**라고 하는데, 이렇게 컨텍스트 벡터를 만드는 부분을 **인코더(encoder)**, 이로부터 새로운 문장을 생성하는 부분을 **디코더(decoder)**라고 하여 **인코더-디코터 아키텍쳐(encoder-decoder architecture)**라고 한다.

인코더-디코더 아키텍쳐에 기반한 Seq2Seq은 기계번역에 좋은 성능을 나타내었으나, 컨텍스트 벡터의 길이가 한정되어 있기 때문에 문장이 길어지면 번역 성능이 저하되는 문

9) https://tfhub.dev/s?module-type=text-embedding&q=word2vec

제가 나타난다. 이의 개선을 위해 디코더에서 다음 단어를 생성해낼 때 컨텍스트 벡터 이외에 해당 시점에 원래 문장의 어떤 단어들에 주로 유의해야 하는지를 나타내는 **어텐션(attention) 벡터**를 함께 넘겨주는 방법이 개발되었고, 이는 기계번역의 성능을 크게 향상시켰다. 여기서 한발 더 나아가, 인코더-디코더 아키텍쳐에서 LSTM이나 GRU같은 순환신경망을 걷어내고 어텐션 벡터만 가지고 사용할 경우 속도와 품질이 더욱 향상될 수 있음이 발표되었고[10], 이렇게 어텐션 벡터만 활용하여 인코더-디코더를 구현하는 방식을 **트랜스포머 아키텍쳐(transformer architecture)**라고 한다. 또한 트랜스포머 아키텍쳐에 기반하여 미리 대량의 텍스트에 대해 학습시켜 둔 언어모델이 제공되고 있으며, 구글에서 제공하는 **BERT(Bidirectional Encoder Representations from Transformers, 2018)**와 엘론 머스크(Elon Musk)가 창립한 OpenAI재단의 **GPT(Generative Pre-trained Transformer)**가 대표적인 사전학습 언어모델이다. GPT는 학습 데이터량을 늘리면서 GPT(2018), **GPT-2**(2019), **GPT-3**(2020)까지 발표되어 있다. 또한, 우리나라의 기업과 연구소들에서 개발한 BERT와 GPT의 한국어 버전도 제공되고 있다[11].

이번 장에서는 자연어처리의 가장 기본적이 되는 빈도분석과 BOW에 기반한 모델들을 살펴보고, 더욱 진보된 자연어 처리기술의 개요와 발전 현황을 살펴보았다. 이번 장에서 살펴본 바와 같이 자연어 처리는 인공지능 분야에사 가장 빠르게 발전하고 있는 분야 중 하나로서, 기술 발전의 속도만 보면 기계가 인간의 언어를 이해하고 말하는 시대가 멀지 않은 것 같은 느낌을 갖게 한다. 결국 인공지능에 기반한 기계와 이를 관리하는 인간이 비즈니스의 파트너로서 협업하는 것이 미래의 기업의 모습이라고 할 때, 인간의 언어를 이해하고 소통하는 것은 효율적인 비즈니스의 수행을 위해 핵심적인 문제가 될 것이므로, 자연어처리에는 대규모의 투자와 연구가 이루어지고 있다. 또한 인터넷과 모바일 환경에 쏟아지는 엄청난 양의 텍스트에서 고객의 마음을 읽어내고 시장 상황을 파악하는 것은 비즈니스의 계획과 의사결정에도 매우 중요한 문제이다. 그러므로 자연어처리는 지금도 그렇지만 앞으로도 비즈니스에서 중요도를 더해갈 것으로 예상된다.

임베딩과 어텐션, 트랜스포머 등 자연어처리의 발전된 기술들을 이 책에서 모두 다루기에는 그 양이 너무 방대하므로 여기서는 자연어처리의 가장 기본이 되는 기법들을 중심으

---

10) Vaswani, Ashish, et al. "Attention is all you need." Advances in neural information processing systems 30 (2017).

11) 한국어 BERT로서 SKT에서 개발한 KoBERT(https://github.com/SKTBrain/KoBERT) 등이 있으며, 한국어 GPT로는 KoGPT(Kakao), KoGPT2(SKT), HyperClova(Naver)등이 있다.

로 살펴보았다. 빈도분석과 BOW 모델, 그리고 이를 개선한 TF-IDF 모델과 TF-IDF 코사인 유사도 등의 고전적인 자연어처리 기법들은 단순한 개념에 바탕을 두고 있지만 활용성이 높아 그 자체로도 널리 활용되며, 나아가 더욱 발전한 이후의 모델들을 이해하는 데 많은 도움이 될 것이다. 이번 장에의 내용에 대한 충분한 이해와 더불어 발전하는 자연어처리 기술에 대해서도 주목하면서 비즈니스의 활용에 대한 인사이트를 갖게 되기를 바란다.

실·습·예·제

1. 다음 4개의 문서를 보고 물음에 답하시오.

문서 1: "this movie is excellent"
문서 2: "this is an excellent film"
문서 3: "this movie is boring"
문서 4: "very boring movie"

1) 각 문서를 단어별 빈도 벡터로 나타내고, 문서간의 빈도 기반의 코사인 유사도를 구하시오. 이 결과에서 문서 1과 가장 유사도가 높게 계산된 문서는 무엇인가? 이 결과의 문제는 무엇인가?

풀이

단어별 빈도 벡터는 다음과 같다.

	this	movie	is	excellent	an	film	boring	very
문서 1	1	1	1	1	0	0	0	0
문서 2	1	0	1	1	1	1	0	0
문서 3	1	1	1	0	0	0	1	0
문서 4	0	1	0	0	0	0	1	1

또한, 각 문서의 빈도 벡터의 절대값은 다음과 같다.

$$|\text{문서 }1| = \sqrt{1^2+1^2+1^2+1^2+0+0+0+0} = 2$$

$$|\text{문서 }2| = \sqrt{1^2+0+1^2+1^2+1^2+1^2+0+0} = 2.236$$

$$|\text{문서 }3| = \sqrt{1^2+1^2+1^2+0+0+0+1^2+0} = 2$$

$$|\text{문서 }4| = \sqrt{0+1^2+0+0+0+0+1^2+1^2} = 1.732$$

각 문서의 빈도 벡터간 내적은 다음과 같다.

	문서 1	문서 2	문서 3	문서 4
문서 1	-	3	3	1
문서 2	3	-	2	0
문서 3	3	2	-	2
문서 4	1	0	2	-

각 문서간 코사인 유사도는 내적을 각 문서의 빈도 벡터의 절대값의 곱으로 나눈 것이므로, 다음과 같이 계산된다.

$similarity(\text{문서}1,\ \text{문서}2) = 3/(2\times2.236) = 0.6708$
$similarity(\text{문서}1,\ \text{문서}3) = 3/(2\times2) = 0.75$
$similarity(\text{문서}1,\ \text{문서}4) = 1/(2\times1.732) = 0.2887$
$similarity(\text{문서}2,\ \text{문서}3) = 2/(2.236\times2) = 0.4472$
$similarity(\text{문서}2,\ \text{문서}4) = 0/(2.236\times1.732) = 0$
$similarity(\text{문서}3,\ \text{문서}4) = 2/(2\times1.732) = 0.5774$

따라서, 각 문서간 빈도 기반의 코사인 유사도는 다음과 같다.

	문서 1	문서 2	문서 3	문서 4
문서 1	-	0.6708	0.75	0.2887
문서 2	0.6708	-	0.4472	0
문서 3	0.75	0.4472	-	0.5774
문서 4	0.2887	0	0.5774	-

빈도 기반의 코사인 유사도를 바탕으로 보면, 문서 1과 유사도가 가장 높은 문서는 문서 3이다. 실제로는 두 문서의 의미가 거리가 멀지만, 많은 문서에 관용적으로 자주 출현하는 'this', 'movie', 'is' 같은 단어들이 문서 1과 문서 3에 공통적으로 등장하면서 빈도로만 보았을 때에는 서로 유사도가 높게 나오는 문제가 있다.

2) 각 문서를 단어별 TF－IDF 벡터로 나타내고, 문서간의 TF－IDF 기반의 코사인 유사도를 구하시오. 이 결과에서 문서 1과 가장 유사도가 높게 계산된 문서는 무엇인가? 이 결과를 1)과 비교했을 때의 장점은 무엇인가?

풀이

TF－IDF 벡터를 구하기 위해, 각 문서에서 나타난 각 단어별 TF－IDF를 계산해야 한다. 문서 1에 대해 계산해보면 다음과 같다.

$$TF\text{-}IDF(\text{'}this\text{'}, \text{문서}1, \text{문서 전체}) = tf(\text{'}this\text{'}, \text{문서}1) \times \log\left(\frac{N}{df(\text{'}this\text{'}, \text{문서 전체})}\right) = 1\times\log\left(\frac{4}{3}\right) = 0.2877$$

$$TF\text{-}IDF(\text{'}movie\text{'}, \text{문서}1, \text{문서 전체}) = tf(\text{'}movie\text{'}, \text{문서}1) \times \log\left(\frac{N}{df(\text{'}movie\text{'}, \text{문서 전체})}\right) = 1\times\log\left(\frac{4}{3}\right) = 0.2877$$

$$TF-IDF(\text{'}is\text{'}, \text{문서}1, \text{문서 전체}) = tf(\text{'}is\text{'}, \text{문서}1) \times \log\left(\frac{N}{df(\text{'}is\text{'}, \text{문서 전체})}\right) = 1 \times \log\left(\frac{4}{3}\right) = 0.2877$$

$$TF-IDF(\text{'}excellent\text{'}, \text{문서}1, \text{문서 전체}) = tf(\text{'}excellent\text{'}, \text{문서}1) \times \log\left(\frac{N}{df(\text{'}excellent\text{'}, \text{문서 전체})}\right) = 1 \times \log\left(\frac{4}{2}\right) = 0.6931$$

비슷한 방법으로, 다른 문서의 각 단어에 대해서도 TF－IDF를 계산하면 다음과 같다.

	this	movie	is	excellent	an	film	boring	very
문서 1	0.2877	0.2877	0.2877	0.6931	0	0	0	0
문서 2	0.2877	0	0.2877	0.6931	1.3863	1.3863	0	0
문서 3	0.2877	0.2877	0.2877	0	0	0	0.6931	0
문서 4	0	0.2877	0	0	0	0	0.6931	1.3863

여기에, 각 문서간 코사인 유사도는 문서간 TF－IDF 벡터의 내적을 각 문서의 TF－IDF 벡터의 절대값의 곱으로 나누면 된다. 이에 따라 각 문서의 TF－IDF 벡터 사이의 코사인 유사도를 구하면 다음과 같다.

	문서 1	문서 2	문서 3	문서 4
문서 1	-	0.3571	0.3407	0.0615
문서 2	0.3571	-	0.0915	0
문서 3	0.3407	0.0915	-	0.4185
문서 4	0.0615	0	0.4185	-

이 결과에서는, 문서 1과 유사도가 가장 높은 문서가 문서 2로 나타나 있다. TF－IDF는 흔히 나타나는 'this', 'movie', 'is' 같은 단어들은 값이 낮게 측정되고, 자주 등장하지 않는 단어들이 나타나면 더 높은 값으로 측정하게 된다. 자주 등장하지 않는 단어들이 함께 나타난 문서들이 실질적으로 의미가 비슷할 가능성이 높으므로, 이에 따라, 실제로 비슷한 의미를 가지는 문서간의 유사도가 더 높게 측정될 수 있는 장점이 있다.

2. 앞의 실습예제 14-1의 계산절차를 활용하여 4개 문서에 대해 각각 1) 빈도 벡터, 2) 문서 1과의 빈도기반 코사인 유사도, 3) TF-IDF 벡터, 4) 문서 1과의 TF-IDF기반 코사인 유사도를 출력하는 프로그램을 작성하시오.

풀이

practice_14-1.py

```
import numpy as np

def magnitude(v):
    m=0
    for x in v: m += x**2
    return (np.sqrt(m))

def similarity(a,b):
    dot = np.dot(a,b)
    ma = magnitude(a)
    mb = magnitude(b)
    return(dot/(ma*mb))

def tf(w, d):
    cnt = 0
    for t in d:
        if t==w: cnt+=1
    return cnt

def df(w, D):
    cnt = 0
    for sent in D:
        if w in sent: cnt+=1
    if cnt==0: cnt = 1
    return cnt

def tfidf(w,d,D):
    N=len(D)
    return tf(w,d)*np.log(N/df(w,D))

texts = [
```

```
    "this movie is excellent",
    "this is an excellent film",
    "this movie is boring",
    "very boring movie"
]

corpus=[]
dict={}
for s in texts:
    corpus.append(s.split(' '))
    for w in s.split(' '):
        if w not in dict: dict[w]=1

wlist = list(dict.keys())

vec = np.zeros((len(corpus), len(wlist)))
for i,s in enumerate(corpus):
    d={}
    for w in wlist: d[w]=0
    for w in s: d[w]+=1
    for j in range(len(wlist)):
        vec[i][j]=d[wlist[j]]
print("<빈도>")
print(vec)

mat=np.zeros((vec.shape[0],vec.shape[0]))
for i in range(vec.shape[0]-1):
    for j in range(i+1, vec.shape[0]):
        z = similarity(vec[i,], vec[j,])
        mat[i][j]=z
        mat[j][i]=z
print("\n<빈도기반 유사도>")
print(mat)

tfidf_vec = np.zeros((len(corpus), len(wlist)))
for i,s in enumerate(corpus):
    d={}
```

```
    for j, w in enumerate(wlist): tfidf_vec[i][j]=tfidf(w,s,corpus)
print("\n<tfidf>")
print(np.round(tfidf_vec,4))

mat=np.zeros((tfidf_vec.shape[0],tfidf_vec.shape[0]))
for i in range(tfidf_vec.shape[0]-1):
    for j in range(i+1, tfidf_vec.shape[0]):
        z = similarity(tfidf_vec[i,], tfidf_vec[j,])
        mat[i][j]=z
        mat[j][i]=z
print("\n<TFIDF기반 유사도>")
print(mat)
```

```
<빈도>
[[1. 1. 1. 1. 0. 0. 0. 0.]
 [1. 0. 1. 1. 1. 1. 0. 0.]
 [1. 1. 1. 0. 0. 0. 1. 0.]
 [0. 1. 0. 0. 0. 0. 1. 1.]]

<빈도기반 유사도>
[[0.         0.67082039 0.75       0.28867513]
 [0.67082039 0.         0.4472136  0.        ]
 [0.75       0.4472136  0.         0.57735027]
 [0.28867513 0.         0.57735027 0.        ]]

<tfidf>
[[0.2877 0.2877 0.2877 0.6931 0.     0.     0.     0.    ]
 [0.2877 0.     0.2877 0.6931 1.3863 1.3863 0.     0.    ]
 [0.2877 0.2877 0.2877 0.     0.     0.     0.6931 0.    ]
 [0.     0.2877 0.     0.     0.     0.     0.6931 1.3863]]

<TFIDF기반 유사도>
[[0.         0.35713039 0.34070355 0.06149999]
 [0.35713039 0.         0.09150961 0.        ]
 [0.34070355 0.09150961 0.         0.41852641]
 [0.06149999 0.         0.41852641 0.        ]]
```

연·습·문·제

1. BOW 가정에 대해 설명하고, 이의 장점과 한계점을 사례를 들어 설명하시오.

2. 인터넷에서 특정 주제로 최근 뉴스 30건 이상을 검색하여 해당 내용을 빈도분석하고 워드클라우드로 시각화하시오.

3. 예제프로그램 ex14-5.py를 참고하여 IMDB의 리뷰를 정해진 길이의 벡터로 변환하고, 이를 바탕으로 특정 리뷰를 선택하면 해당 리뷰와 코사인 유사도가 높은 리뷰 30개를 출력하는 프로그램을 작성하시오.

4. 위 2번에서 IMDB의 리뷰를 벡터로 변환할 때 단순 빈도가 아닌 TF-IDF를 적용하도록 수정하여 결과를 비교하시오.

5. 13장의 LSTM 모델 ex13-1.py를 참고하여 긴 자연어텍스트에서 직전 60글자로부터 그다음 글자를 학습하는 모델을 수립하고, 이를 이용하여 처음 문장 60글자를 입력하면 그 이후 연속하여 스스로 다음 글자들을 계속 생성해내는 프로그램을 작성하시오.
   - 긴 자연어텍스트는 공유마당(https://gongu.copyright.or.kr/gongu/main/main.do) 등을 참고
   - 글자를 숫자벡터로 변환하는 것은 원-핫 인코딩(one-hot encoding) 활용

PART V 처방적 분석모형 (Prescriptive Analytics)

15 CHAPTER 추천 시스템

유튜브 알고리즘은 어떻게 내가 관심있어 할 만한 영상을 딱 집어서 추천해주는지 신기할 때가 많다. 넷플릭스(Netflix)나 디즈니 플러스(Disney Plus)같은 OTT(Over-The-Top) 서비스에서도 내가 본 영화와 비슷하거나 아니면 정말 내가 보고 싶어할 만한 영화가 다음 추천 영화로 뜬다. 뿐만 아니라, 아마존이나 쿠팡 같은 전자상거래 플랫폼에서도 이런 상품도 관심 있으실 것 같은데요 다른 상품들을 추천하면서 추가 구매를 유도한다. 여기서 사용되는 것이 바로 추천 시스템이다. 이번 장에서는 추천 시스템의 원리에 대해 알아보도록 하겠다.

15.1 추천 시스템의 이해

아마존 등과 같은 전자상거래 서비스부터 넷플릭스, 유튜브, 애플 뮤직 등 콘텐츠 서비스까지, 다양한 온라인 플랫폼들은 고객이 조금이라도 오랫동안 자사의 플랫폼 공간에 머무르게 하기 위해 여러 전략을 취하고 있는데 그 중 대표적인 방법이 추천 시스템이다. 추천 시스템을 통해 고객의 취향과 관심에 부합하는 상품과 콘텐츠를 제공함으로써 고객에게 더욱 오래 서비스를 경험하게 하고 추가의 구매를 유도한다. 인터넷 쇼핑을 해본 사람이면 상품이 너무 많아 뭘 사야 할지 몰라 어려웠던 경험이 있을 것이다. 선택 장애가 오면 구매 결정을 내리지 못하고 결국 구매를 포기하는 경우가 발생할 수 있다. 이럴 때 추천 시스템은 나의 취향에 맞는 것을 빠르게 찾아내어 나의 의사결정을 도와준다. 특히 나도 모르는 나만의 취향을 알아내어 취향을 저격할 만한 상품이 추천되었을 때, 해당 쇼핑몰에서의 경험은 더욱 즐거운 것이 될 수 있다.

그렇다면 추천 엔진은 어떻게 나의 취향을 알아내는가? 온라인 쇼핑몰에서의 경우 내가 어떤 상품을 구매했는지, 또는 어떤 상품을 클릭했는지 등 여러 요소들이 축적되어 데이터를 기반으로 나의 취향을 알아낸다. 우리가 인지하지 못하는 동안 쇼핑몰 사이트에서는 내가 구매했던 상품 데이터는 물론, 어떤 상품을 클릭해서 살펴보고 스크롤하고 하는 행동 하나하나가 데이터로 축적되어 분석 대상이 되는 것이다. 이렇게 나의 구매 및 행동 데이터로부터 나의 취향을 알아낸다면, 나의 취향과 비슷한 취향을 가진 사람들이 구매했던 상품을 추천해주거나 나의 취향과 관련 있는 상품을 추천 상품으로 알려주는 것이다. 나에 대해 내가 알고 있는 것보다 쇼핑몰이나 OTT의 추천엔진이 나에 대해 더 많이 이해하고 있을지도 모른다.

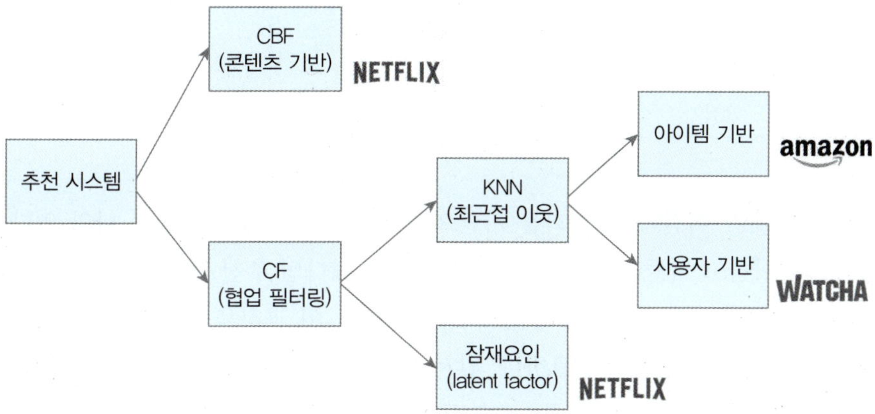

[그림 15-1] 추천 시스템의 종류

그림 15-1은 추천 시스템의 종류를 보여주고 있다. 추천 시스템의 유형은 크게 콘텐츠 기반 필터링(CBF, Content Based Filtering)과 협업 필터링(CF, Collaborative Filtering)의 두 가지로 나누어 볼 수 있다. 또 협업 필터링(CF)은 최근접 이웃과 잠재요인에 기반한 방식으로 나눌 수 있다. 최근에 이용되는 여러 추천 시스템은 콘텐츠 기반 필터링(CBF) 방식과 협업 필터링(CF) 방식 중 하나를 선택하거나 이 둘을 같이 사용해 하이브리드 방식으로 사용한다.

15.2 콘텐츠 기반 필터링 추천 시스템

콘텐츠 기반 필터링(Content Based Filtering, CBF) 추천 시스템은 사용자가 이전에 구매한 아이템 중에서 유사한 아이템들을 추천하는 방법이다. 영화를 예로 들어보자.

〈표 15-1〉 콘텐츠 기반 필터링

구분	영화제목	장르	감독	출연
내가 이전에 본 영화	Arrival	SF, 드라마, 미스터리	드니 빌뇌브	에이미 아담스 제레미 러너
	프로메테우스	SF, 액션, 스릴러	리들리 스콧	노미 라마스 마이클 패스벤더
	마션	SF, 드라마, 코미디	리들리 스콧	맷 데이먼
▼				
추천 영화	블레이드 러너 2049	SF, 액션, 스릴러	리들리 스콧	라이언 고슬링 해리슨 포드

표 15-1에 내가 이전에 본 영화를 기반으로 영화를 추천하는 예시가 나와 있다. 내가 SF 영화를 좋아하고 리들리 스콧 감독 영화를 많이 봤다면 추천 엔진은 나에게 리들리 스콧 감독이 제작한 또 다른 영화를 추천해주는 것이다. 이 과정을 구현하기 위해서는 먼저 영화를 벡터로 표현하는 것이 필요하다. 앞서 14장에서 살펴보았던 단어를 벡터로 바꾸는 것과 비슷하다. 영화의 장르와 감독, 출연진 등을 원-핫 인코딩 등의 방법을 활용하여 숫자 벡터로 만든다. 텍스트나 문서라면 Word2Vec이나 Doc2Vec 등의 방법으로 숫자 벡터로 바꿀 수 있을 것이다. 그 다음에, 벡터들 간에 유사도 함수를 취해 내가 기존에 본 영화와 다른 영화 사이의 유사도를 계산하여 높은 유사도의 영화를 추천해준다. 벡터간의 유사도를 계산하는 방식은 14장에서 문서 벡터간 유사도를 계산하는 것과 비슷하며, 대표적으로 코사인 유사도, 피어슨 상관계수 등이 사용될 수 있다.

이렇게 아이템의 리스트가 주어지고 모든 아이템에 대해 해당 아이템의 콘텐츠가 주어져 있다면, 아이템별 콘텐츠를 벡터화하고 고객이 기존에 구매하였거나 관심을 보인 특정 아이템과 다른 아이템 사이의 벡터 유사도를 계산하여 가장 높은 유사도 결과를 보여주는 아이템을 찾아 추천에 활용하는 방식이 콘텐츠 기반 필터링 방식이다.

콘텐츠 기반 필터링은 다른 사용자의 데이터가 필요하지 않아 새롭거나 대중적이지 않은 아이템에 대한 추천이 가능하고, 사용자에게 추천의 이유를 설명할 수 있는 장점이 있다. 그러나 데이터가 부족한 새로운 고객에 대해서는 추천이 어렵고, 값으로 유형화하기 어려운 특성치들이 존재하는 경우가 많으며, 추천이 단조로워질 수 있는 점이 단점으로 지적된다.

15.3 협업 필터링 추천 시스템

협업 필터링(Collaborative Filtering, CF) 추천 시스템은 많은 사용자들로부터 모은 취향 정보들을 기반으로 개별 사용자가 선호할 것 같은 아이템을 예측해서 추천해주는 기술을 말한다. 취향이 비슷한 사람들을 파악하고 평점이 비슷할 것 같은 아이템을 분석하여 추천에 활용하는 방식이다. 사용자의 개인정보나 아이템 정보가 없이도 추천할 수 있는 것이 가장 큰 장점이다. 협업 필터링은 최근접 이웃(K-Nearest Neighbor, KNN)과 잠재요인(latent factor) 방식으로 나눌 수 있는데 하나씩 설명해보겠다.

최근접 이웃 방식

먼저 최근접 이웃을 사용한 협업 필터링은 간단히 말해, 자기와 취향이 같은 친구들이 무엇을 샀는지 물어보는 것인데, 이는 다시 사용자 기반과 아이템 기반으로 나누어진다. 사용자 기반 협업 필터링은 사용자의 구매 패턴과 유사한 사용자를 찾아서 그 사람이 높은 평점을 준 상품을 추천해주는 것이고, 아이템 기반 협업 필터링은 사용자들이 부여한 평점들의 분포가 유사하게 나타난 상품을 찾아서 추천하는 것이다. 즉 사용자 기반 협업 필터링은 사용자와 사용자 간의 유사도를, 아이템 기반 협업 필터링은 아이템과 아이템 간 유사도를 측정한다는 점에서 차이가 있다.

예시를 가지고 이해해보자. 먼저 사용자 기반 협업 필터링을 살펴보겠다. 다음 표 15-2는 각 사용자별로 여러 아이템에 대해 부여한 평점을 나타내고 있다.

〈표 15-2〉 사용자 기반 협업 필터링을 위한 평점 행렬

아이템 사용자	아이템 A	아이템 B	아이템 C	아이템 D	아이템 E	아이템 F
사용자 1	4	5	2	1	5	2
사용자 2	1	3	5	4	2	5
사용자 3	5	4	2	2	(데이터 없음)	(데이터 없음)

표를 보면서 사용자 3에게 어떤 상품을 추천해줄 것인지를 결정해보자. 사용자 3의 기존 구매한 아이템들에 대한 평점을 보면 사용자 2보다는 사용자 1과 더 유사도가 높다. 여기서 사용자간 유사도는 코사인 유사도 등을 통해 쉽게 계산할 수 있다.

$$similarity(1,3) = \frac{(4,5,2,1)\cdot(5,4,2,2)}{|(4,5,2,1)|\cdot|(5,4,2,2)|} = \frac{46}{6.78\times 7} = 0.97$$
$$similarity(2,3) = \frac{(1,2,4,4)\cdot(5,4,2,2)}{|(1,2,4,4)|\cdot|(5,4,2,2)|} = \frac{29}{6.08\times 7} = 0.68 \qquad \text{(식 15-1)}$$

식 (15-1)의 코사인 유사도 계산결과를 보면 사용자 (1, 3) 사이의 유사도가 (2, 3)보다 높게 나타난다. 즉, 사용자 3은 사용자 1과 더 비슷한 사람인 것이다. 그렇다면 사용자 3에게 아이템 E와 F 중에 어떤 것을 추천하는 것이 좋을까? 당연히 사용자 3과 비슷한 사람인 사용자 1이 더 높은 평점을 준 아이템 E를 추천하는 것이 사용자 3의 취향에 더 부합할 가능성이 높다. 이렇게 어떤 사용자와 유사한 취향을 가진 다른 사용자가 좋아했던 아이템을 추천하는 방식이 사용자 기반 협업 필터링이다.

이번에는 아이템 기반 협업 필터링을 예시를 통해 이해해보자. 표 15-3은 영화 아이템들에 대해 사용자들이 부여한 평점을 보여주고 있다.

〈표 15-3〉 아이템 기반 협업 필터링을 위한 평점 행렬

사용자 아이템	사용자 A	사용자 B	사용자 C	사용자 D	사용자 E
인셉션	4	5	3	2	5
테넷	5	5	1	2	(데이터 없음)
미드나잇 인 파리	2	1	4	5	(데이터 없음)

위의 표를 보면, 사용자 A,B,C,D가 '인셉션'이라는 영화에 대해 4,5,3,2 라는 평점을 주었고, '테넷'이라는 영화에 대해 5,5,1,2, '미드나잇 인 파리'라는 영화에 대해서는 2,1,4,5의 평점을 주었다. 사용자들이 준 평점을 보면 영화 인셉션과 테넷은 아이템 유사도가 높고, 인셉션과 미드나잇 인 파리는 유사도가 낮다. 아이템간 코사인 유사도를 계산해보자.

$$similarity(\text{인셉션}, \text{테넷}) = \frac{(4,5,3,2)\cdot(5,4,2,2)}{|(4,5,3,2)|\cdot|(5,5,1,2)|} = \frac{35}{7.35\times7.42} = 0.70$$

$$similarity(\text{인셉션}, \text{미드나잇 인 파리}) = \frac{(4,5,3,2)\cdot(2,1,4,5)}{|(4,5,3,2)|\cdot|(2,1,4,5)|} = \frac{29}{7.35\times6.78} = 0.58$$

(식 15-2)

그렇다면 사용자 E에게는 어떤 영화를 추천해주어야 할까? 사용자 E는 인셉션에 대해 높은 평점을 부여하였다. 식 (15-2)의 코사인 유사도 계산결과를 보면 아이템간 유사도 측면에서 인셉션과 유사도가 높은 것은 테넷이다. 따라서 사용자 E에게는 영화 테넷을 추천하는 것이 더 취향을 저격할 가능성이 높을 것이다.

잠재요인 협업 필터링

앞에서 최근접 이웃 협업 필터링의 두 갈래인 사용자 기반 협업 필터링과 아이템 기반 협업 필터링에 대해 알아보았다. 이번에는 최근접 이웃 협업 필터링과는 다른 방식인 **잠재요인 협업 필터링(latent factor collaborative filtering)**을 알아보자.

2009년에 있었던 넷플릭스 추천 컴피티션에서 **행렬 분해(matrix factorization)**를 이용한 잠재요인 협업 필터링 방식이 우승을 차지하면서 협업 필터링의 한 축으로 자리매김하게 되었다. 잠재요인 협업 필터링은 **특이값 분해(Singular Value Decomposition, SVD)**라는 기법에 기반하는데, 간단하게만 설명하면 임의의 행렬 A를 특이값 행렬 Σ를 이용해서 다음과 같이 분해할 수 있다는 개념이다.

$$A = U\Sigma V^T$$

(여기서 A는 $(m\times n)$, U는 $(m\times m)$, Σ는 $(m\times n)$, V는 $(n\times n)$) (식 15-3)

갑자기 고급 선형대수학이 등장하는 느낌이지만, 이해되지 않아도 괜찮다. 여기서 중요한 것은 원래 행렬 A에 0이 많다면, 이른바 **희소 행렬(sparse matrix)**이라면 특이값 Σ

의 차원을 더 낮출 수 있고, 나아가 Σ의 차원을 더욱 많이 축소하면 데이터량을 줄이면서도 원래의 행렬 A의 값을 상당부분 근사값으로 복원할 수 있다는 점이다[1]. 이렇게 특이값 Σ의 차원을 축소시켜 행렬을 분해하는 기법을 **Truncated SVD**라고 한다. 식을 보는 것이 더욱 명확하다. 원래의 행렬이 m개의 행과 n개의 열을 가진 $(m \times n)$ 행렬일 때, 특이값을 m이나 n보다 작은 값인 k개로 줄이면,

$$A \simeq U_k \Sigma_k V_k^T = PQ^T \quad \text{(식 15-4)}$$

와 같이 행렬 A를 근사적으로 $(m \times k)$인 행렬 P와, $(n \times k)$인 행렬 Q로 분해할 수 있다. 여기서 P와 Q는 유일하지는 않아서, 분해 결과는 여러가지로 나올 수 있다.

예를 들어 이해하면 쉽다. 사용자와 영화 아이템간의 평점 행렬이 다음과 같다고 하자.

〈표 15-4〉 잠재요인 협업 필터링을 위한 평점 행렬

	에일리언	블레이드러너	프로메테우스	미드나잇 인 파리	라라랜드
사용자 1	4	5	4	1	2
사용자 2		5	5		1
사용자 3	1			5	4
사용자 4	1	1	2	5	

표에서 빈칸은 데이터가 존재하지 않는 부분이다. 실제로 사용자도 매우 많고 영화도 매우 다양할텐데 모든 사용자가 모든 영화를 보는 것이 아니므로, 사용자-영화 행렬은 상당부분이 빈칸으로 존재할 것으로 생각된다.

잠재요인 갯수를 두 개로 하고, 빈칸은 그냥 두고 데이터가 존재하는 요소만 최대한 복원하도록 하면서 특이값 분해를 해보자. 다음과 같이 두 개의 행렬로 근사적으로 분해할 수 있다.

1) 엄밀하게 말하면 특이값 행렬 Σ에서 0이 아닌 대각원소만 남겨도 원래 행렬 A가 완전 복원되지만, 이 갯수보다 Σ의 원소를 더 줄이는 경우에는 원래 행렬 A가 완전 복원되지는 않고 근사값으로 복원된다.

	에일리언	블레이드러너	프로메테우스	미드나잇 인 파리	라라랜드
사용자 1	4	5	4	1	2
사용자 2		5	5		1
사용자 3	1			5	4
사용자 4	1	1	2	5	

=

	요인 1	요인 2
사용자 1	1.63	−1.49
사용자 2	1.59	−1.77
사용자 3	1.83	1.08
사용자 4	1.93	0.91

·

	에일리언	블레이드러너	프로메테우스	미드나잇 인 파리	라라랜드
요인 1	1.22	1.32	1.56	1.96	1.73
요인 2	−1.28	−1.74	−1.23	1.31	0.81

[그림 15-2] 특이값 분해 결과

이렇게 분해된 두 행렬을 통해 실제로 얼마나 원래 행렬이 근사값으로 복원되는지 확인해보자. 그림 (15-2)의 우변의 두 행렬을 곱해보면,

	요인 1	요인 2
사용자 1	1.63	−1.49
사용자 2	1.59	−1.77
사용자 3	1.83	1.08
사용자 4	1.93	0.91

·

	에일리언	블레이드러너	프로메테우스	미드나잇 인 파리	라라랜드
요인 1	1.22	1.32	1.56	1.96	1.73
요인 2	−1.28	−1.74	−1.23	1.31	0.81

=

	에일리언	블레이드러너	프로메테우스	미드나잇 인 파리	라라랜드
사용자 1	3.9	4.8	4.4	1.2	1.6
사용자 2	4.2	5.2	4.7	0.8	1.3
사용자 3	0.9	0.5	1.5	5.0	4.0
사용자 4	1.2	1.0	1.9	5.0	4.1

[그림 15-3] 근사값 복원과 결측치 추정

와 같이 나타나, 원래의 행렬에서 존재하는 값들을 상당히 가깝게 복원하고 있음을 알 수 있다. 아울러, 원래 행렬에서 빈칸이었던 값들도 추정치가 제공되고 있다! 예를 들어 그림 15-3의 오른쪽 행렬을 보면 사용자 2의 에일리언에 대한 예상 평점은 4.2인 반면 사용자 2의 미드나잇 인 파리에 대한 예상 평점은 0.8이어서, 아마 사용자 2에게는 에일리언을 추천하는 것이 좋을 것으로 보인다.

나아가, 그림 15-2의 우변에 나타난 두 행렬은 잠재요인에 대한 인사이트를 제공하고 있다. 두 행렬을 각각 P와 Q^T(Q의 전치행렬)라고 하자. P 행렬은 사용자별로 2개의 요인에 대한 값을 보여주고 있는데, 좌표로 이해하자면 사용자 1,2는 서로 비슷한 위치에, 사용자 3,4는 서로 비슷한 위치에 각각 존재하고 있다. 비슷하게, Q는 다섯 개 영화에 대한 각 요인의 좌표를 보여주고 있는데, 앞의 세 영화와 뒤의 두 영화로 구분되고 있다. 실제로 앞의 세 영화는 SF, 위의 두 영화는 로맨스 장르인데, 표 15-4를 보면 사용자 1,2는 SF를 좋아하는 것 같고, 사용자 3,4는 로맨스물을 좋아하는 것으로 보인다. 이에 따라 Q의 두 잠재요인은 아마 장르에 대한 정보를 담고 있을 것으로 판단된다.

잠재요인 협업 필터링은 이와 같이 대량의 데이터로부터 잠재요인을 식별해내어 존재하지 않는 값에 대한 예측을 제공하여 추천에 활용할 수 있도록 해준다. 또한, 메모리의 효율적 활용도 가능하게 하는데, 예를 들어 사용자가 100만 명 있고 영화가 1만 개 있다면 사용자-아이템 행렬은 100만×1만, 즉 100억 개의 값을 보관해야 한다. 그러나 잠재요인을 100개 정도로 잡는다고 하면 분해된 행렬은 각각 (100만×100)과 (100×1만)이 되어서 각각 1000만 개, 100만 개의 요소를 가져서 총 1100만 개의 값을 보관하는 것으로 충분하다. 상당한 양의 데이터 용량 절감이 가능함을 알 수 있다.

그러나, 앞의 최근접 이웃 기법들에 기반한 사용자 기반이나 아이템 기반 협업 필터링은 왜 이런 추천이 되었는지를 설명할 수 있는 반면, 잠재요인 협업 필터링은 잠재요인의 정확한 의미를 알 수 없는 경우가 많아 사용자에게 이러한 추천이 된 이유를 설명하기가 어렵다. 또한, 새로운 값들이 추가되면 이를 반영하는 것이 어렵다는 것도 단점으로 지적된다.

15.4 장르 유사도 기반 추천 시스템으로 영화 추천 시스템 만들기

앞에서 콘텐츠 기반 필터링 추천 시스템(CBF)에 대해 살펴보았다. 콘텐츠 기반 추천 시스템은 추천하는 아이템과 콘텐츠가 유사한 또 다른 아이템들을 추천해주는 것이다. 예를 들어 영화라면 줄거리, 장르, 출연배우, 감독 같은 요소들이 콘텐츠라고 할 수 있다. 앞에서 살펴본 내용을 바탕으로 직접 영화를 추천해보는 실습을 해보겠다. 여기서는 콘텐츠 기반 필터링의 예로서 장르 유사도 기반 영화 추천 시스템을 만들어보자.

먼저 영화 데이터를 준비해야하는데, **TMDB(The Movie Database)**[2]의 영화 데이터를 활용해 보도록 하자. 직접 수집할 수도 있겠지만, Kaggle에 이미 올려져 있는 데이터셋[3]을 사용해보겠다. 데이터셋은 csv 형식으로 다운받을 수 있는데, 'tmdb_5000_movies.csv'는 다음과 같은 내용으로 구성되어 있다.

---

2) https://www.themoviedb.org

3) https://www.kaggle.com/tmdb/tmdb-movie-metadata

budget	genres	homepage	id	keywords	original_language	original_title	overview	popula
237000000	[{"id": 28, "name": "Action"}, {"id": 12, "nam...	http://www.avatarmovie.com/	19995	[{"id": 1463, "name": "culture clash"}, {"id":...	en	Avatar	In the 22nd century, a paraplegic Marine is di...	150.437
300000000	[{"id": 12, "name": "Adventure"}, {"id": 14, "...	http://disney.go.com/disneypictures/pirates/	285	[{"id": 270, "name": "ocean"}, {"id": 726, "na...	en	Pirates of the Caribbean: At World's End	Captain Barbossa, long believed to be dead, ha...	139.082
245000000	[{"id": 28, "name": "Action"}, {"id": 12, "nam...	http://www.sonypictures.com/movies/spectre/	206647	[{"id": 470, "name": "spy"}, {"id": 818, "name...	en	Spectre	A cryptic message from Bond's past sends him o...	107.376

[그림 15-4] TMDB 영화 데이터셋의 구조

총 4800여개의 영화에 대해 투자된 예산, 장르, 키워드, 언어, 제목 등 영화에 대한 자세한 정보가 잘 정리되어 있다. 우리는 장르만 가지고 영화를 추천해보고자 한다. 제목과 장르 열만 따로 보면, 내용이 다음과 같다.

〈표 15-5〉 TMDB 데이터셋의 제목과 장르 열

original_title	genres
Avatar	[{"id": 28, "name": "Action"}, {"id": 12, "name": "Adventure"}, {"id": 14, "name": "Fantasy"}, {"id": 878, "name": "Science Fiction"}]
Pirates of the Caribbean: At World's End	[{"id": 12, "name": "Adventure"}, {"id": 14, "name": "Fantasy"}, {"id": 28, "name": "Action"}]
Spectre	[{"id": 28, "name": "Action"}, {"id": 12, "name": "Adventure"}, {"id": 80, "name": "Crime"}]
The Dark Knight Rises	[{"id": 28, "name": "Action"}, {"id": 80, "name": "Crime"}, {"id": 18, "name": "Drama"}, {"id": 53, "name": "Thriller"}]
John Carter	[{"id": 28, "name": "Action"}, {"id": 12, "name": "Adventure"}, {"id": 878, "name": "Science Fiction"}]
Spider-Man 3	[{"id": 14, "name": "Fantasy"}, {"id": 28, "name": "Action"}, {"id": 12, "name": "Adventure"}]
Tangled	[{"id": 16, "name": "Animation"}, {"id": 10751, "name": "Family"}]
Avengers: Age of Ultron	[{"id": 28, "name": "Action"}, {"id": 12, "name": "Adventure"}, {"id": 878, "name": "Science Fiction"}]
Harry Potter and the Half-Blood Prince	[{"id": 12, "name": "Adventure"}, {"id": 14, "name": "Fantasy"}, {"id": 10751, "name": "Family"}]

먼저 데이터 전처리를 해보자. 데이터를 읽어들여 제목과 장르만 뽑아서 별도의 데이터 프레임으로 만든다.

```python
import pandas as pd
movie_full_data = pd.read_csv('tmdb_5000_movies.csv')
movie = movie_full_data[['original_title', 'genres']]
```

그 다음에, genres 열의 값을 좀 정리해주어야 한다. 하나의 영화가 여러 장르로 분류되고 있는데 표 15-5를 보면 각 장르마다 id와 장르이름이 "id", "name"이라는 필드 제목과 함께 중괄호로 둘러싸여 있다[4]. 여기서 장르의 이름만 뽑아서 문자열 리스트로 만들어보자. 이를 위한 코드 자체는 매우 간단하다.

```python
1 from ast import literal_eval
2 for i in range(len(movie)):
3     mv = movie.iloc[i]
4     mv['genres'] = literal_eval(mv['genres'])
5     mv['genres'] = [y['name'] for y in mv['genres']]
6 print(movie)
```

3행에서 각 영화 데이터 행을 mv라는 변수로 대입하였다. 4행에서 사용한 ast 패키지의 **literal_eval** 함수는 문자열로 되어있는 값을 콤마(,) 단위로 나누고 키와 값으로 대응되는 딕셔너리들의 리스트로 변환해준다. 그리고 5행에서는 한 줄로 되어 있는 for 문이 있는데[5], 이것은 mv['genres'] 리스트에서 각각의 항목을 y라는 변수로 가져와서 여기서 'name' 키에 해당되는 값들만 가져와 리스트로 묶어주도록 한다. 마지막에서 print(movie)로 출력해보면 결과는 다음과 같이 나온다.

```
                              original_title                                        genres
0                                     Avatar  [Action, Adventure, Fantasy, Science Fiction]
1   Pirates of the Caribbean: At World's End                 [Adventure, Fantasy, Action]
```

4) 이러한 형식을 JSON(JavaScript Object Notation) 포맷이라고 한다.

5) 이것을 list comprehension이라고 한다.

```
2                          Spectre             [Action, Adventure, Crime]
3                  The Dark Knight Rises      [Action, Crime, Drama, Thriller]
4                       John Carter        [Action, Adventure, Science Fiction]
...                              ...                                   ...
```

이제 장르 열의 값이 문자열 리스트로 잘 정리되었다. 그다음 해야 할 일은 장르를 숫자 벡터로 만드는 것이다. 14장에서 감정분석을 위해 영화 리뷰를 숫자 벡터로 만들었던 것을 기억해보자. 존재하는 장르를 전부 열거해서 열로 두고, 각 영화별로 해당하는 열의 값만 1로 하면 숫자로 바꿀 수 있을 것이다. 즉, 다음 표와 같이 하면 된다.

〈표 15-6〉 장르의 벡터화

제목	Action	Adventure	Fantasy	Science Fiction	Crime	Drama	Thriller	Comedy	Romance	...
Avatar	1	1	1	1	0	0	0	0	0	...
Pirates of the Ca..	1	1	1	0	0	0	0	0	0	...
Spectre	1	1	0	0	1	0	0	0	0	...
The Dark Knight..	1	0	0	0	1	1	1	0	0	...
John Carter	1	1	0	1	0	0	0	0	0	...

이를 구현해보자. 먼저 존재하는 모든 장르들을 나열한다.

```
1  all_genres = []
2  for i in range(len(movie)):
3      mv = movie.iloc[i]
4      for g in mv['genres']:
5          if g not in all_genres: all_genres.append(g)
6  print(all_genres)
```

모든 장르를 나열할 all_genres라는 리스트를 초기화하고, 3행에서 각 영화를 mv에 넣은 후, 4~5행에서 각 영화별 장르 리스트인 mv['genres']의 각 항목 g에 대해 만약 g가 all_genres에 없으면 추가하도록 하였다. 마지막에 all_genres를 출력하도록 하였는데,

결과는 다음과 같다.

```
['Action', 'Adventure', 'Fantasy', 'Science Fiction', 'Crime', 'Drama', 'Thriller',
'Animation', 'Family', 'Western', 'Comedy', 'Romance', 'Horror', 'Mystery', 'History',
'War', 'Music', 'Documentary', 'Foreign', 'TV Movie']
```

총 20가지의 장르가 있음을 알 수 있다. 그러면 각 영화의 장르는 20개의 값을 가지는 벡터로 만들 수 있다. 먼저 데이터프레임에 'gvec'이라는 이름의 빈 열을 하나 추가한다.

```
movie = movie.assign(gvec = "")
```

그 다음에, 각 영화별로 장르를 벡터화해서 gvec 열에 저장한다.

```
1  import numpy as np
2  for i in range(len(movie)):
3      mv = movie.iloc[i]
4      vec = []
5      for g in all_genres:
6          if g in mv['genres']: vec.append(1)
7          else: vec.append(0)
8      movie.loc[i, 'gvec'] = np.asarray(vec, dtype='float32')
9  print(movie)
```

방법은 여러가지겠지만, 여기서는 all_genres에 저장된 각 장르명에 대해 순차적으로 영화 장르에 포함되어 있는지를 비교해서 있으면 1, 아니면 0을 붙여나가는 식으로 구현하였다. 3행에서 각 영화 데이터 행을 mv에 넣고, 3행에서 vec이라는 이름의 빈 리스트를 만들었다. 그래고 4행에서 all_genres의 각 장르명을 g에 넣고 5~6행에서는 만약 g가 해당 영화 장르명 리스트인 mv['genres']에 있으면 1을, 아니면 0을 차례로 vec 리스트에 붙여나가도록 하였다. 8행에서는 이렇게 만들어진 vec 리스트를 numpy 배열로 바꾸어 movie 데이터프레임의 해당 위치에 저장하였다. 마지막으로 완료된 후의 movie 데이터프레임을 출력해보면 다음과 같이 나온다.

```
                                 original_title  ...                                               gvec
0                                        Avatar  ...  [1.0, 1.0, 1.0, 1.0, 0.0, 0.0, 0.0, 0.0, 0.0,  ...
1      Pirates of the Caribbean: At World's End  ...  [1.0, 1.0, 1.0, 0.0, 0.0, 0.0, 0.0, 0.0, 0.0,  ...
2                                       Spectre  ...  [1.0, 1.0, 0.0, 0.0, 1.0, 0.0, 0.0, 0.0, 0.0,  ...
3                         The Dark Knight Rises  ...  [1.0, 0.0, 0.0, 0.0, 1.0, 1.0, 1.0, 0.0, 0.0,  ...
4                                   John Carter  ...  [1.0, 1.0, 0.0, 1.0, 0.0, 0.0, 0.0, 0.0, 0.0,  ...
...                                         ...  ...                                                ...
```

장르의 벡터화가 잘 되었음을 확인할 수 있다. 그러면, 이제 이렇게 만들어진 장르 벡터를 가지고 특정 영화와의 유사도를 계산해보자. 유사도 계산 함수는 14장에서 만들었던 코사인 유사도 함수를 가져와서 사용하기로 하자.

```
def magnitude(v):
    m=0
    for x in v: m += x**2
    return (np.sqrt(m))

def similarity(a,b):
    dot = np.dot(a,b)
    if dot==0: return 0
    ma = magnitude(a)
    mb = magnitude(b)
    return(dot/(ma*mb))
```

14장에서 사용했던 것과 동일한데, similarity 함수 내용에서 'if dot==0: return 0' 부분만 추가하였다. 이것은 데이터 중에 간혹 장르가 기입되지 않은 데이터가 있어서, 분모의 절대값이 0이 되어 계산 오류가 발생할 수 있기 때문에 내적이 0이면 바로 유사도를 0으로 리턴하도록 한 것이다.

이제 준비가 다 되었다. 키보드로 영화 번호를 입력받아서 해당 영화의 제목을 보여주고, 그 영화와 유사도가 높은 순서로 10개의 영화를 추천해주도록 만들어보자. 무한루프를 돌면서 수행하고, 키보드 입력 내용이 없으면 루프를 빠져나가도록 해보자. 먼저 입력받는 부분을 만든다.

```
1 while True:
2     movie_num_str = input("\nEnter movie number: ")
3     if movie_num_str == '': break
4     movie_num = int(movie_num_str)
5     print("You selected: ", movie.loc[movie_num, 'original_title'])
```

while True로 무한루프를 돌면서 2행에서 movie_num_str에 영화 번호를 입력받고, 3행에서는 만약 입력 내용이 없이 그냥 엔터를 눌렀으면 루프를 빠져나가고 그렇지 않으면 4행에서 영화 번호를 숫자값으로 바꾸어 movie_num에 저장하도록 하였다. 그리고 마지막에 선택한 영화의 제목을 출력해 주었다.

다음으로, 선택한 영화의 장르 벡터와 다른 모든 영화의 장르 벡터에 대해 유사도를 계산해서 sim_list이라는 이름의 리스트에 저장한다. while 무한루프 안에서 계속되는 부분이다.

```
1     my_vec = movie.loc[movie_num, 'gvec']
2     sim_list = []
3     for i in range(len(movie)):
4         if i==movie_num: sim_list.append(0)
5         else:
6             mv = movie.iloc[i]
7             sim = similarity(my_vec, mv['gvec'])
8             sim_list.append(sim)
```

먼저 my_vec에 선택한 영화의 장르 벡터를 저장한다. 그 다음에 sim_list라는 이름의 빈 리스트를 만들고, 3행부터 각 영화의 행번호를 i라고 하고 이하 내용을 반복한다. 4행에서는 지금 영화 i가 내가 선택했던 영화번호와 동일하면 유사도를 0으로 넣도록 하였다. 그렇게 하지 않으면 동일 영화다 보니 유사도가 1로 나와서 항상 내가 선택한 영화가 가장 먼저 추천영화로 나오게 될 것이다. 5행부터는 i가 다른 영화들일 때 수행되고, 6~7행에서 i번 영화의 장르벡터와 내가 선택했던 영화의 장르벡터 사이의 유사도를 구해서 sim이라는 변수에 넣고, 8행에서 유사도 값을 순차적으로 sim_list에 저장하도록 하였다. 이렇게 하면 sim_list에는 0번 영화부터 마지막 영화까지 순서대로 내가 선택했던 영화와의 유사도 계산결과가 저장되어 있게 될 것이다.

그러면 이제 유사도 벡터에서 가장 높은 값을 가지는 10개를 찾아서, 해당 영화의 제목을 출력하도록 해보자. while 루프 안에서 계속 이어진다.

```
1    y = np.argsort(sim_list)[::-1]
2    print("Recommended:")
3    for i in y[0:10]:
4        print('%4d'%i, '%6.4f'%sim_list[i],movie.loc[i,'original_title'])
```

코드에서 np.**argsort**(sim_list)는 sim_list를 오름차순으로 정렬한 인덱스의 값들을 리스트로 만들어준다. 무슨 말인가 하면, 만약 sim_list의 값이 [0.8, 0.2, 0.3]이었다면 이것을 오름차순으로 정렬하면 [0.2, 0.3, 0.8]일 것이고, 해당되는 인덱스 순서는 [1, 2, 0]일 것이므로, np.argsort는 이 인덱스 순서 [1, 2, 0]을 만들어주는 기능을 한다. 그런데, np.argsort는 오름차순으로 정렬된 인덱스 리스트이므로, [::-1]을 붙여서 역순으로 만들어주었다.[6] 그러면 이것은 sim_list에서 가장 높은 값의 인덱스부터 순차적으로 그 다음 높은 값의 인덱스들을 나타내게 된다. 이 값을 y라는 변수에 저장하였다. 그 다음에 3~4행에서는 y의 처음부터 10개까지의 값을 i에 넣어서 해당 유사도값 sim_list[i]와 해당 번호의 영화제목 movie.loc[i, 'original_title']을 출력하였다. 여기서 영화 번호 i는 정수 4자리로 하기 위해 '%4d'로, sim_list[i]는 소수점 4자리까지 통일하기 위해 '%6.4f'로 포맷을 정해주었다.

실행해서 임의의 영화 번호를 숫자로 넣어보자. 참고로, 영화 번호는 0번부터 4802번까지 범위이다. 처음에 0번, 그 다음에 191번, 49번을 넣어 보았다.

```
Enter movie number: 0
You selected:  Avatar
Recommended:
  61 1.0000 Jupiter Ascending
 232 1.0000 The Wolverine
 870 1.0000 Superman II
  10 1.0000 Superman Returns
 813 1.0000 Superman
```

6) [a:b:c]는 a에서 (b−1)까지 c의 간격으로 값을 골라주고, a와 b가 생략되고 [::c]가 되면 전체 값을 c의 간격으로 선택해주게 된다. 따라서 [::−1]은 전체 값을 −1의 간격으로 선택해주게 되어 전체에 대한 역순의 값을 제공하게 된다.

```
3494 1.0000 Beastmaster 2: Through the Portal of Time
  14 1.0000 Man of Steel
  46 1.0000 X-Men: Days of Future Past
3208 0.8944 Star Wars: Clone Wars (Volume 1)
1390 0.8944 Underworld: Rise of the Lycans

Enter movie number: 191
You selected:  Harry Potter and the Prisoner of Azkaban
Recommended:
 197 1.0000 Harry Potter and the Philosopher's Stone
 341 1.0000 Percy Jackson & the Olympians: The Lightning Thief
 781 1.0000 Inkheart
  37 1.0000 Oz: The Great and Powerful
 143 1.0000 Pan
 114 1.0000 Harry Potter and the Goblet of Fire
 109 1.0000 The Chronicles of Narnia: The Voyage of the Dawn Treader
 368 1.0000 Percy Jackson: Sea of Monsters
 276 1.0000 Harry Potter and the Chamber of Secrets
  63 1.0000 The Chronicles of Narnia: The Lion, the Witch and the Wardrobe

Enter movie number: 49
You selected:  The Great Gatsby
Recommended:
4455 1.0000 Ruby in Paradise
1590 1.0000 Atonement
3145 1.0000 Amour
4000 1.0000 Maurice
1840 1.0000 The Lucky One
3157 1.0000 Jab Tak Hai Jaan
 670 1.0000 Random Hearts
1492 1.0000 The Reader
4643 1.0000 Like Crazy
3161 1.0000 Fiddler on the Roof
```

간단하게 만들어 보았는데도 유사 장르의 영화를 잘 추천해주고 있다. 한번쯤 시간나면 추천에 나온 영화들을 봐야겠다는 생각이 들기도 한다. 전체 코드는 다음과 같다.

예제 ex15-1.py

```python
import pandas as pd
movie_full_data = pd.read_csv('tmdb_5000_movies.csv')
movie = movie_full_data[['original_title', 'genres']]

from ast import literal_eval
for i in range(len(movie)):
    mv = movie.iloc[i]
    mv['genres'] = literal_eval(mv['genres'])
    mv['genres'] = [y['name'] for y in mv['genres']]

all_genres = []
for i in range(len(movie)):
    mv = movie.iloc[i]
    for g in mv['genres']:
        if g not in all_genres: all_genres.append(g)
print(all_genres)

movie = movie.assign(gvec = "")

import numpy as np
for i in range(len(movie)):
    mv = movie.iloc[i]
    vec = []
    for g in all_genres:
        if g in mv['genres']: vec.append(1)
        else: vec.append(0)
    movie.loc[i, 'gvec'] = np.asarray(vec, dtype='float32')

def magnitude(v):
    m=0
    for x in v: m += x**2
    return (np.sqrt(m))

def similarity(a,b):
    dot = np.dot(a,b)

```

```python
    if dot==0: return 0
    ma = magnitude(a)
    mb = magnitude(b)
    return(dot/(ma*mb))

while True:
    movie_num_str = input("\nEnter movie number: ")
    if movie_num_str == '': break
    movie_num = int(movie_num_str)
    print("You selected: ", movie.loc[movie_num, 'original_title'])
    my_vec = movie.loc[movie_num, 'gvec']
    sim_list = []
    for i in range(len(movie)):
        if i==movie_num: sim_list.append(0)
        else:
            mv = movie.iloc[i]
            sim = similarity(my_vec, mv['gvec'])
            sim_list.append(sim)
    y = np.argsort(sim_list)[::-1]
    print("Recommended:")
    for i in y[0:10]:
        print('%4d'%i, '%6.4f'%sim_list[i], movie.loc[i,'original_title'])
```

이번 장에서는 추천 시스템에 대해 살펴보았다. 추천 시스템은 아마존과 같은 온라인 쇼핑몰 및 넷플릭스, 유튜브 등 OTT 서비스 등에서 광범위하게 활용되며, 과다한 선택지가 존재하는 환경에서 고객의 의사결정을 도와주고 서비스의 경험을 향상시키며 추가적인 구매를 유도할 수 있는 중요한 도구이다. 핵심은 유사도를 계산하여 높은 유사도의 아이템을 찾아내는 것인데, 이를 위한 수학적 도구들의 내용을 보면서 추천 시스템의 원리에 대해 이해할 수 있었을 것이다. 또한, 직접 콘텐츠 기반 필터링에 의한 추천 시스템을 구현해보면서 이해의 깊이를 더할 수 있었을 것으로 믿는다. 수학적 원리가 사람의 취향을 읽어낼 수 있다는 점이 흥미롭게 느껴진다. 이번 장에서 살펴본 추천 시스템의 원리를 이해하고 유튜브 추천 알고리즘을 보면 이제 새로운 관점에서 더욱 깊은 통찰을 가질 수 있을 것이다.

연·습·문·제

1. 다음의 사용자-아이템 평점 행렬을 보고 물음에 답하시오.

	에일리언	블레이드러너	미드나잇인 파리	라라랜드
Albert	4	5	2	2
Betty	5	5	1	1
Charlie	1	1	4	5
David	1	2	5	5
Elen	5		1	

1) 사용자 기반 협업 필터링을 통해 사용자 5에게 추천할 영화 아이템을 정하시오.

풀이

Elen과 다른 사용자간의 코사인 유사도를 구한다. Elen의 평점이 '에일리언'과 '미드나잇인 파리'만 주어져 있으므로, 해당 영화 아이템의 평점만 이용하여 유사도를 계산한다.

$$\text{similarity(Elen, Albert)} = \frac{(5,1)\cdot(4,2)}{|(5,1)|\cdot|(4,2)|} = 0.965$$

$$\text{similarity(Elen, Betty)} = \frac{(5,1)\cdot(5,1)}{|(5,1)|\cdot|(4,2)|} = 1.0$$

$$\text{similarity(Elen, Charlie)} = \frac{(5,1)\cdot(1,4)}{|(5,1)|\cdot|(1,4)|} = 0.428$$

$$\text{similarity(Elen, David)} = \frac{(5,1)\cdot(1,5)}{|(5,1)|\cdot|(1,5)|} = 0.385$$

Elen과 유사도가 가장 높은 사용자는 Betty이다. 따라서, Betty가 가장 높은 평점을 부여한 '블레이드러너'를 추천한다.

2) 아이템 기반 협업 필터링을 통해 사용자 5에게 추천할 영화 아이템을 정하시오.

풀이

Elen은 영화 '에일리언'에 높은 평점을 주었다. '에일리언'과 다른 영화 사이의 유사도를 계산하면 다음과 같다. 단, Albert, Betty, Charlie, David의 4명만 모든 영화에 대해 평점을 부여하였으므로, 이들의 평점만을 기반으로 유사도를 계산한다.

$$\text{similarity(에일리언, 블레이드러너)} = \frac{(4,5,1,1)\cdot(5,5,1,2)}{|(4,5,1,1)|\cdot|(5,5,1,2)|} = 0.987$$

$$\text{similarity(에일리언, 미드나잇인파리)} = \frac{(4,5,1,1)\cdot(2,1,4,5)}{|(4,5,1,1)|\cdot|(2,1,4,5)|} = 0.495$$

$$\text{similarity(에일리언, 라라랜드)} = \frac{(4,5,1,1)\cdot(2,1,5,5)}{|(4,5,1,1)|\cdot|(2,1,5,5)|} = 0.473$$

Elen이 높은 평점을 부여한 '에일리언'과 가장 유사도가 높은 '블레이드러너'를 추천한다.

3) 잠재요인 협업 필터링을 통해 사용자 5에게 추천할 영화 아이템을 정하시오. 단, 주어진 사용자—아이템 행렬에 SVD를 적용하여 분해된 두 개의 행렬

$$P = \begin{pmatrix} 1.11 & 1.50 \\ 1.61 & 1.24 \\ -1.03 & 1.72 \\ -0.97 & 1.98 \\ 1.69 & 1.27 \end{pmatrix} \qquad Q = \begin{pmatrix} 1.81 & 1.50 \\ 1.82 & 1.82 \\ -0.88 & 1.96 \\ -1.04 & 2.12 \end{pmatrix}$$

를 활용하시오.

풀이

잠재요인 협업 필터링을 위해서는 잠재요인의 갯수를 정하고 사용자—아이템 평점 행렬을 P, Q의 두 개의 행렬로 분해해야 한다. 주어진 사용자—아이템 평점 행렬을 A라고 하자. 만약 잠재요인의 수를 2개로 정한다면, 주어진 사용자—아이템 행렬이 5×4 이므로, P는 5×2, Q는 4×2의 차원을 가지는 두 개의 행렬을 이용해 $A = PQ^T$로 분해할 수 있다. 여기서는 P와 Q가 주어져 있으므로, PQ^T를 계산하여 원래의 행렬을 근사적으로 복원하면서 누락된 평점을 추정할 수 있다. PQ^T를 계산하면,

$$PQ^T = \begin{pmatrix} 1.11 & 1.50 \\ 1.61 & 1.24 \\ -1.03 & 1.72 \\ -0.97 & 1.98 \\ 1.69 & 1.27 \end{pmatrix} \cdot \begin{pmatrix} 1.81 & 1.82 & -0.88 & -1.04 \\ 1.50 & 1.82 & 1.96 & 2.12 \end{pmatrix} = \begin{pmatrix} 4.3 & 4.8 & 2.0 & 2.0 \\ 4.8 & 5.2 & 1.0 & 1.0 \\ 0.7 & 1.3 & 4.3 & 4.7 \\ 1.2 & 1.8 & 4.7 & 5.2 \\ 5.0 & 5.4 & 1.0 & 0.9 \end{pmatrix}$$

와 같다. 여기서, Elen의 '블레이드러너'에 대한 평점 추정치는 5.4, '라라랜드'에 대한 평점 추정치는 0.9로 계산되었으므로, '블레이드러너'를 추천한다.

2. 앞의 실습예제 15—1의 1), 2), 3)을 각각 계산하는 프로그램을 작성하시오.

풀이

practice_15-2.py

```
import numpy as np

def magnitude(v):
    m=0
```

```
    for x in v: m += x**2
    return (np.sqrt(m))

def similarity(a,b):
    dot = np.dot(a,b)
    ma = magnitude(a)
    mb = magnitude(b)
    return(dot/(ma*mb))

A = np.array([[4,5,2,2],[5,5,1,1],[1,1,4,5],[1,2,5,5],[5,np.NaN,1,np.NaN]])
# 여기서, np.NaN은 누락값을 나타냄

customers = ['Albert','Betty','Charlie','David','Elen']
items = ['Alien', 'Blade Runner', 'Midnight in Paris', 'La La Land']
print('<사용자-아이템 행렬>')
print(A)

print('\n<사용자 기반 협업 필터링>')
vec_elen = A[4,[0,2]]
sim_list = []
cus_list = []
for i in range(4):
    s=similarity(vec_elen,A[i,[0,2]])
    print('Similarity between', customers[4],' and ',customers[i],'=',s)
    sim_list.append(s)
    cus_list.append(customers[i])
most_similar_customer = np.argmax(sim_list)
print('Most similar customer =', cus_list[most_similar_customer])
most_similar_vec = A[most_similar_customer,]
# 이미 본 영화(0번, 2번)는 추천 대상에서 제외
most_similar_vec[0] = 0
most_similar_vec[2] = 0
print('Recommendation =', items[np.argmax(most_similar_vec)])

print('\n<아이템 기반 협업 필터링>')
# Elen은 에일리언(0번 아이템)에 높은 평점을 주었으므로, 에일리언과 유사도가 높은 영화를 찾음
```

```
vec_alien = A[0:4,0] # 에일리언의 사용자별 평점
sim_list = []
item_list = []
for j in range(1,4):
    s=similarity(vec_alien,A[0:4,j])
    print('Similarity between',items[0],' and ',items[j],'=',s)
    sim_list.append(s)
    item_list.append(items[j])
print('Recommendation =', item_list[np.argmax(sim_list)])

print('\n<잠재요인 협업 필터링>')
P=np.array([[1.11,1.50],[1.61,1.24],[-1.03,1.72],[-0.97,1.98],[1.69,1.27]])
Q=np.array([[1.81,1.50],[1.82,1.82],[-0.88,1.96],[-1.04,2.12]])
X = np.dot(P,Q.T)
print(X)
estimated_vec = X[4,]   # 계산된 X행렬의 마지막 행(Elen의 예상 평점)
print('Recommendation =', items[np.argmax(estimated_vec)])
```

```
<사용자-아이템 행렬>
[[ 4.  5.  2.  2.]
 [ 5.  5.  1.  1.]
 [ 1.  1.  4.  5.]
 [ 1.  2.  5.  5.]
 [ 5. nan  1. nan]]

<사용자 기반 협업 필터링>
Similarity between Elen  and  Albert = 0.9647638212377322
Similarity between Elen  and  Betty = 1.0000000000000002
Similarity between Elen  and  Charlie = 0.4280863447390447
Similarity between Elen  and  David = 0.3846153846153847
Most similar customer = Betty
Recommendation = Blade Runner

<아이템 기반 협업 필터링>
Similarity between Alien  and  Blade Runner = 0.987019345383198
Similarity between Alien  and  Midnight in Paris = 0.4946631254546167
```

```
Similarity between Alien  and  La La Land = 0.4729467696627824
Recommendation = Blade Runner

<잠재요인 협업 필터링>
[[4.2591 4.7502 1.9632 2.0256]
 [4.7741 5.187  1.0136 0.9544]
 [0.7157 1.2558 4.2776 4.7176]
 [1.2143 1.8382 4.7344 5.2064]
 [4.9639 5.3872 1.002  0.9348]]
Recommendation = Blade Runner
```

세 방법 모두, Elen에게 Blade Runner를 추천하고 있다.

연·습·문·제

1. 콘텐츠 기반 필터링과 협업 필터링을 비교하여 설명하고, 협업 필터링의 세 가지 방식에 대해 설명하시오.

2. 특이값 분해의 장점에 대해 설명하시오.

3. 예제프로그램 ex15－1.py를 수정하여 장르를 복수로 선택하면 선택된 장르들의 조합과 가장 유사도가 높은 영화들을 추천해주는 프로그램을 작성하시오.

4. 예제프로그램 ex15－1.py를 수정하여 영화를 선택하면 해당 영화와 가장 유사도가 낮은 영화들을 출력해주는 프로그램을 작성하시오.

5. 예제프로그램 ex15－1.py를 키워드의 유사도까지 함께 고려하도록 개선하시오.

16
CHAPTER

비즈니스 계획

이번 장에서는 처방적 분석(prescriptive analythics) 모델 중에서 비즈니스의 계획에 응용될 수 있는 모델에 대해 살펴본다. 비즈니스를 위한 계획은 그 자체로 광범위한 주제이며 비즈니스가 어떤 분야에 있는가에 따라 모델은 매우 다양하게 존재한다. 따라서 비즈니스를 위한 계획을 일반론적으로 다루기보다, 여기서는 다양한 비즈니스 계획의 가장 기본적인 토대가 되는 모형인 선형계획법과 뉴스벤더 모형의 두 가지를 살펴보고자 한다.

16.1 선형계획법의 개요

선형계획법(LP: Linear Programming)은 대표적인 최적화(optimization) 기법의 하나로서, 주어진 제약조건의 범위 내에서 목적함수를 최대화 또는 최소화하는 방법을 제공한다. 선형계획법의 대상이 되는 모형, 즉 선형계획모형(linear programming models)은 목적함수와 제약조건의 식이 모두 일차식으로 나타나고 변수들이 모두 연속적 실수값(real values)을 갖는 것을 전제로 하며, 그래서 '선형(linear)'이라는 이름이 붙어있다. 만약 변수가 정수(integer)이어야 하는 조건이 있다면 이것은 정수계획법(IP: Integer Programming)이라고 하고, 풀기가 매우 어려워진다. 또한 목적함수나 제약식이 일차식이 아닌 변수간의 곱이나 2차, 3차식 등을 포함하거나, 로그함수 등 비선형 함수를 포함하게 되면 비선형계획법(NLP: NonLinear Programming)[1)]이라고 하며 또 다른 수준으로

1) 자연어처리(NLP: Natural Language Processing)와 약어가 같다.

어려운 문제가 된다[2].

선형계획모형은 수학적으로 잘 연구되어 있고 효율적인 최적해 도출 알고리즘도 다양하게 개발되어 있다. 또한 단순한 모형이지만 응용 범위가 넓고 다른 복잡한 최적화 모형의 토대가 되어 수리계획모형(mathematical programming model)에서 매우 중요한 지위를 차지한다.

우선, 선형계획의 간단한 예제를 먼저 보자.

> 한 빵집에서 케이크와 바게트를 판매하고 있다. 케이크 하나를 만드는 데에는 3컵의 밀가루가 필요하고, 오븐에서 45분간 구워야 한다. 바게트는 8컵의 밀가루가 필요하고, 오븐에서 30분간 구워야 한다. 그런데, 지금 빵집에는 20컵의 밀가루가 있고, 영업시작 전까지 3시간만 오븐을 이용할 수 있다. 케이크의 가격은 하나에 $10이고, 바게트는 $6이다. 오늘 빵집의 수익을 최대화하려면 케이크와 바게트를 몇 개씩 만들어야 하겠는가?

만들어 놓은 케이크나 바게트는 모두 팔린다고 가정하자. 당연히 많이 만들면 좋겠지만 제약이 있다. 여기서는 밀가루와 오븐 사용시간이 제약조건으로 작용한다. 제약조건을 지키는 범위에서는 케이크와 바게트의 생산량을 최대화하는 것이 수익에 도움이 될 것이다.

문제의 구조를 잘 살펴보면 1) 케이크와 바게트의 생산량을 정해야 하는데, 2) 수익을 최대화하고 싶으나, 3) 밀가루와 오븐시간이 제한되어 있다는 세 가지의 요소로 정리될 수 있다. 이러한 요소들을 각각 결정변수(decision variables), 목적함수(objective function), 제약조건(constraints)이라고 하며, 선형계획모형을 구성하는 세 가지 기본적 요소가 된다.

그러면, 위 문제의 결정변수, 목적함수, 제약조건을 순서대로 정의해보자. 우선, 결정변수는 케이크와 바게트의 생산량이 되겠다. 각각 변수 X1, X2로 나타내기로 하자.

```
X1 = 케이크의 생산량
X2 = 바게트의 생산량
```

다음으로 목적함수를 정의하자. 수익의 최대화가 목적이니 수익을 나타내는 식이 목적

2) 사실 인공신경망의 최적화에 적용하였던 경사하강법 등은 모두 비선형계획법 모형의 일종이다.

함수가 된다. 케이크와 바게트의 가격과 수량을 각각 곱하여 더한 값이 수익이 될 것이다. 이를 식으로 나타내면 다음과 같다.

```
Maximize 10*X1 + 6*X2
```

마지막으로 제약조건을 정의해 보겠다. 제약조건은 밀가루의 양과 오븐의 사용 시간이다. 이를 각각 식으로 나타내어 보자. 제약식은 보통 'subject to'라는 키워드 아래에 표현한다. 그리고 이 문제는 제품의 생산량을 결정하는 문제이니 결정변수의 값이 음수가 될 수 없어서, 모든 변수는 0보다 크거나 같다는 조건도 함께 넣어준다.

```
subject to
  3*X1 +  8*X2 <= 20     (밀가루 양 제약조건)
 45*X1 + 30*X2 <= 180    (오븐 가동시간 제약조건)
      X1,X2 >= 0
```

모든 요소가 다 정의되었다. 이렇게 만든 선형계획모형을 정리하면 다음과 같다.

```
Maximize 10*X1 + 6*X2

subject to
           3*X1 +  8*X2 <=  20    (밀가루 양 제약조건)
          45*X1 + 30*X2 <= 180    (오븐 가동시간 제약조건)
                 X1, X2 >= 0

(여기서, X1 = 케이크의 생산량, X2 = 바게트의 생산량)
```

16.2 도해법을 이용한 선형계획모형 최적해 계산

선형계획모형을 수립하였으니, 한번 최적해를 구해보자. 우선 **도해법(graphical solution method)**을 이용해 손으로 풀어보면서 해법의 원리를 알아보도록 하겠다. 도해법은 각각의 결정변수를 좌표축으로 나타낸 공간에서 제약조건을 다각형으로 표시하여 제약조건의 범위 안에 있는 '**실행가능영역(feasible region)**'을 구하고, 이 가능영역 내에서 **최적해(optimal solution)**를 찾는 방법이다.

우선, 결정변수 각각을 좌표축으로 하는 공간을 준비해보자. 우리의 문제에는 결정변수가 두 개이므로, 2차원 평면이 우리가 탐색하려는 해의 전체를 나타내는 공간이 된다. 여기서 각 변수가 0 이상으로 제약되어 있으므로, 우리가 생각할 수 있는 모든 결정변수의 값은 그림 16-1에 나타난 좌표공간상에 표현될 수 있다.

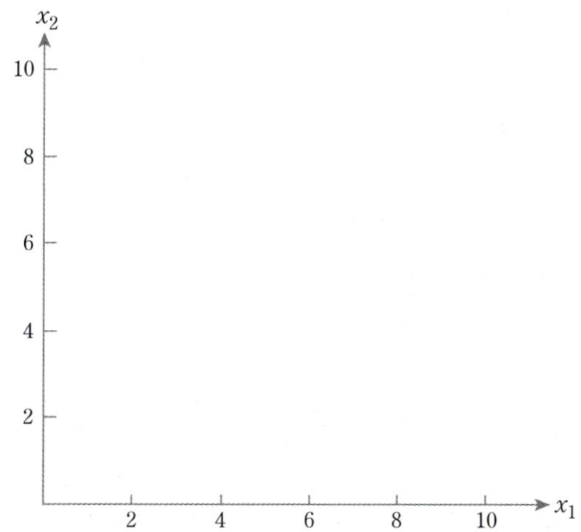

[그림 16-1] 결정변수 값의 좌표공간

이 공간에 첫 번째 제약조건인 밀가루 양의 제약조건을 그려보자. 밀가루 양의 제약조건은 3*X1+8*X2〈=20이므로, 그림 16-2처럼 3*X1+8*X2=20의 선을 그려서 그 아래의 파란 색 영역이 밀가루 양의 제약조건을 충족하는 값의 영역이 된다.

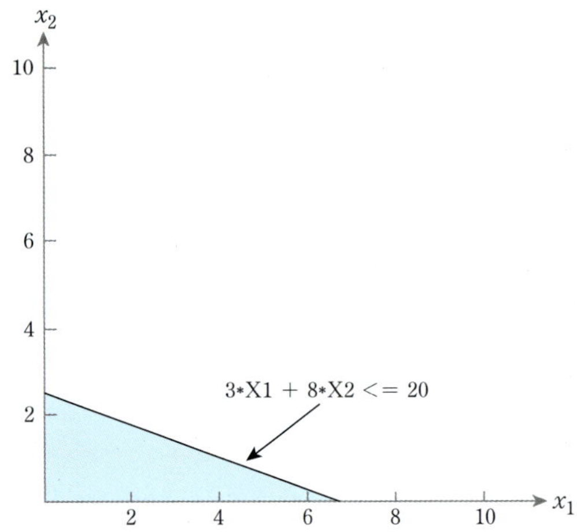

[그림 16-2] 밀가루 양 제약조건 충족 영역

다음으로, 두 번째 제약조건인 오븐의 가동시간 조건 45*X1+30*X2〈=180을 그려보자. 빨간색으로 표시하여 앞의 그림에 겹쳐서 그려보면 그림 16-3과 같이 된다.

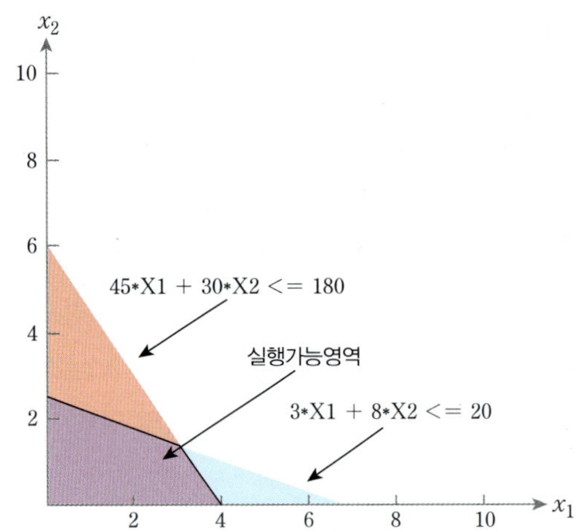

[그림 16-3] 모든 제약조건을 충족하는 실행가능영역

그림 16-3에는 우리가 고려해야 하는 모든 제약조건이 반영되어 있다. X1과 X2가 0 이상인 것을 전제로 한 영역에서, 밀가루의 양에 대한 제약조건을 충족하는 영역은 파란색으로, 오븐 시간 제약조건을 충족하는 영역은 빨간색으로 표시되었다. 그러면 이 두 영

역이 겹치는 부분, 즉 그림에서 보라색으로 표시된 부분은 모든 제약조건을 충족하는 영역이 될 것이다. 이 영역이 실행가능영역이 되며, 이 영역 내의 어떤 점이든 일단 우리가 실행할 수 있는 값이긴 한 것이다. 그래서 이 영역 내에 있는 각각의 점들을 실행가능해(feasible solution)라고 한다.

이제 이 영역에 들어 있는 무수한 실행가능해들 중에서 수익을 최대화하는 점을 찾으면 된다. 이를 위해 먼저 수익을 아무 값이나 정해보고 그 수익을 만들 수 있는 점들을 찾아보자. 예를 들어 목표수익을 소심하게 $10로 정해보자. 우리의 목적함수는 10*X1 + 6*X2이므로, (X1=10, X2=0)이면 $10의 수익을 얻을 수 있다. 또는 (X1=0, X2=1.67)이어도 $10의 수익을 얻을 수 있다[3]. 이렇게 실행가능영역 내에서 $10의 수익을 창출할 수 있는 모든 가능한 (X1, X2)의 조합을 그림으로 나타내어 보면 그림 16-4와 같이 직선으로 나타난다.

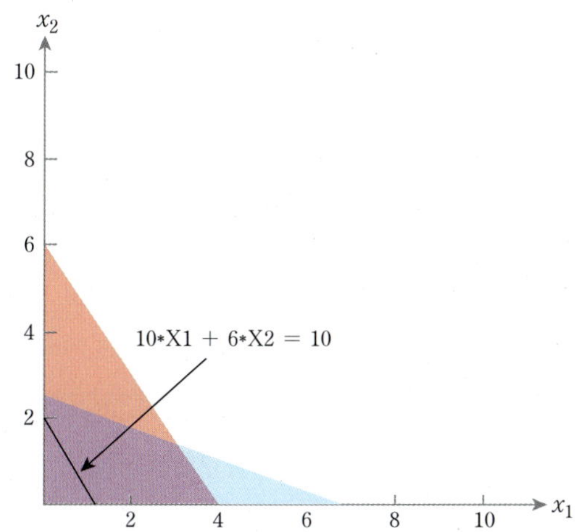

[그림 16-4] 수익 $10를 창출하는 실행가능해

그러면, 실행가능영역 안에서 수익 $20를 창출할 수 있는 실행가능해가 있으면 더욱 좋을 것이다. $30이나, $40면 더욱 좋을 것이다. 이렇게 차근차근 목표수익을 높여가면서 실행가능영역 내에서 해당 수익을 창출할 수 있는 직선을 그려보자. 이를 위해 그림 16-5에 목적함수 10*X1+6X*2에 10, 20, 30, 40을 대입하여 해당되는 선을 그려보았다. 목

3) 바게트를 1.67개 만든다는게 현실적으로 말이 안되지만 선형계획법의 가정상 모든 변수가 연속적 실수값을 가질 수 있도록 허용되어야만 한다. 해가 꼭 정수여야 한다면 정수계획법을 사용해야 한다.

적함수의 값이 커질수록, 직선이 바깥쪽으로 이동하는 것을 볼 수 있다. 예를 들어 $30의 수익을 창출할 수 있는 점들은 실행가능영역 안에서 무수히 많음을 확인할 수 있다. 그러나, $40까지 목표수익을 올려보면, 10*X1+6*X2=40을 만족하는 (X1, X2)는 대부분 실행가능영역 바깥에 있고, 유일하게 (X1=4, X2=0)만 실행가능영역에 걸쳐 있는 것을 볼 수 있다. 이것보다 더 목표수익을 올리면 실행가능영역에 걸쳐지는 점은 하나도 없게 된다. 즉, 수익을 $40보다 더 올리는 것은 현재의 제약조건에서는 불가능하다.

따라서, 최대로 가능한 목적함수의 값은 $40이고, 이때 결정변수의 값은 X1 = 4, X2 = 0이 된다. 즉, 케이크만 4개 만들고 바게트는 만들지 않는 것이 주어진 자원 하에서는 수익이 최대화되는 해가 되고, 이때 얻을 수 있는 수익은 $40인 것이다.

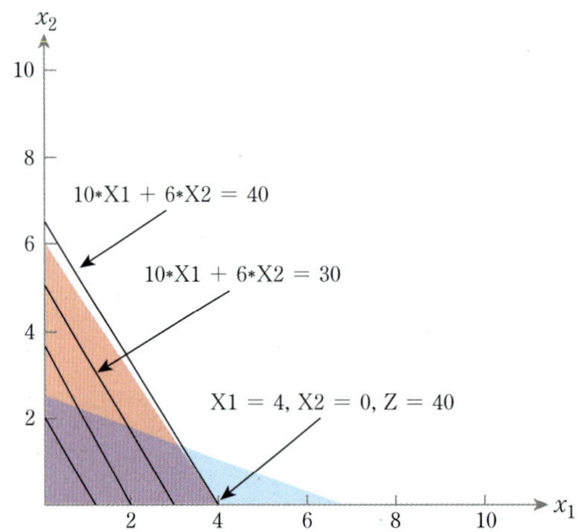

[그림 16-5] 도해법에 의해 구해진 최적해

도해법을 이용해 선형계획모형의 최적해를 구해보았는데, 이 방법은 그림으로 실행가능영역을 표현할 수 있을 때에만 적용 가능하다. 여기서는 결정변수가 2개여서 2차원 평면으로 쉽게 그릴 수 있었지만, 결정변수가 3개만 되어도 3차원 공간을 그리는 것은 매우 어려워지고, 결정변수 4개부터는 아예 그려볼 수도 없다. 따라서 기하학적 그래프에 의존하지 않고 선형계획모형의 최적해를 구하기 위한 **심플렉스법(simplex method)** 등의 다양한 해법이 있으며, 최적해를 계산해주는 다양한 소프트웨어도 개발되어 있다. 우리는 파이썬을 이용해 선형계획모형의 최적해를 구해보자.

16.3 Pulp 라이브러리

파이썬의 PuLP[4] 라이브러리를 이용하여 선형계획법을 풀어보도록 하겠다. 우선 PuLP 라이브러리를 설치한다.

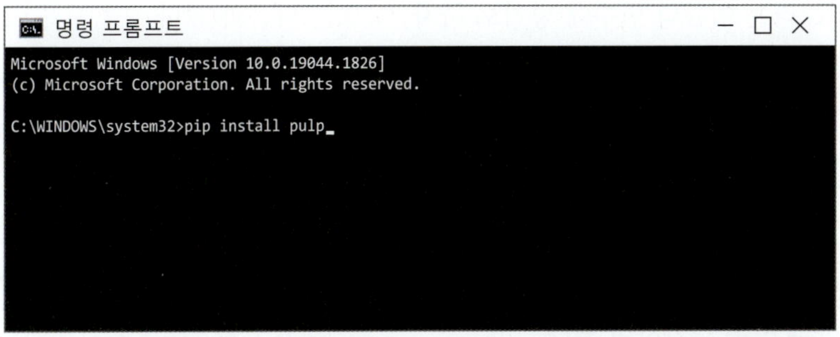

이제 코드를 보자. 파이썬 코드에서 PuLP 라이브러리의 기능들을 사용하기 위해 PuLP를 불러온다. 'import pulp'로 불러와도 좋겠지만, 그러면 매번 pulp.을 함수이름 앞에 붙여주어야 하니 'from pulp import *'를 써서 pulp의 모든 함수명을 그냥 사용할 수 있도록 하자.

```
from pulp import *
```

이어서 우리가 앞에서 만든 선형계획모형을 코드로 작성한다. 우선, LpProblem 명령어로 선형계획모형을 하나 생성하여 이름을 적당히 정하고, 이것이 최대화인지 최소화인지를 설정해야 한다. 우리의 예제는 빵집의 수익 최대화를 목표로 하니 문제의 이름은 'bakery_problem'으로 하고, 목표는 수익함수를 최대화하는 것이므로 'LpMaximize'로 설정한다. 만약 문제의 목표가 비용함수 등의 최소화라면 'LpMinimize'로 설정하면 된다. 모델을 생성하여 LP라는 이름의 변수에 저장하자.

```
LP = LpProblem("bakery_problem", LpMaximize)
```

4) https://coin-or.github.io/pulp/

다음으로 결정변수를 작성해보자. 결정변수는 'LpVariable(이름, 하한값, 상한값, 카테고리)'의 형식으로 작성한다. 카테고리는 값의 형태를 지정하기 위해 사용한다. 기본값은 Continuous로 설정되어있고, 정수형인 Integer, 0-1의 값만을 가질 수 있는 Binary 중 선택할 수 있다. 우리는 하한값과 상한값을 모두 제약조건에 추가하고, 카테고리는 Continuous를 그대로 사용할 것이기 때문에, 변수 이름만 입력하겠다. 결정변수를 생성하여 X1, X2라는 이름의 변수에 넣기로 하자. 코드는 다음과 같다.

```
X1 = LpVariable("cake")
X2 = LpVariable("baguette")
```

다음으로 목적함수를 설정한다. 앞에서 모형을 생성하여 저장했던 변수 LP에 다음과 같이 목적함수 식을 추가하면 된다.

```
LP += 10*X1 + 6*X2
```

이제 제약조건을 LP에 추가하겠다. 앞에서 작성한 제약조건을 그대로 코드로 옮기겠다. 코드는 다음과 같다. 목적함수식과 달리 부등호까지 함께 입력하고 있는 것에 주목하자.

```
LP += 3*X1 + 8*X2 <= 20
LP += 45*X1 + 30*X2 <= 180
LP += X1 >= 0
LP += X2 >= 0
```

이제 모든 준비가 끝났으니 최적해를 구해보자. '.solve()'를 이용하면, 컴퓨터에서 문제를 풀고, 목적함수의 최적값을 구해준다. 코드는 다음과 같다.

```
LP.solve()
```

이를 실행하면 다음과 같은 실행과정이 출력될 것이다.

```
Optimal - objective value 40
After Postsolve, objective 40, infeasibilities - dual 0 (0), primal 0 (0)
Optimal objective 40 - 1 iterations time 0.002, Presolve 0.00
Option for printingOptions changed from normal to all
Total time (CPU seconds):       0.01   (Wallclock seconds):       0.00
```

출력 내용을 보면 최적 목적함수값이 40으로 되어 있고, 이는 우리가 앞에서 도해법으로 구했던 최대수익과 동일하다. 이제 각 결정변수의 값을 알아보자. LP.variables()에서 요소를 하나씩 꺼내와서 이름(.name)과 값(.varValue)을 출력하면 된다. 최종적으로 최적 목적함수값(.objective)도 함께 출력해본다.

```python
for v in LP.variables():
    print(v.name, '=', v.varValue)
print("Total profit is ", value(LP.objective))
```

전체 코드를 정리해보면 다음과 같다.

예제 ex16-1.py

```python
from pulp import *

LP = LpProblem("bakery_problem", LpMaximize)
X1 = LpVariable("cake")
X2 = LpVariable("baguette")
LP += 10*X1 + 6*X2
LP += 3*X1 + 8*X2 <= 20
LP += 45*X1 + 30*X2 <= 180
LP += X1 >= 0
LP += X2 >= 0
LP.solve()
for v in LP.variables():
    print(v.name, '=', v.varValue)
print("Total profit is ", value(LP.objective))
```

코드를 실행하면 다음과 같은 결과가 출력될 것이다.

```
baguette = 0.0
cake = 4.0
Total profit is  40.0
```

실행결과를 보니 케이크를 4개 만들고, 바게트를 만들지 않는 것이 빵집의 수익이 최대화되는 것으로 나오고, 이때의 수익이 $40이다. 앞에서 도해법을 이용해 푼 값과 같은 것을 확인할 수 있다.

간단한 예제를 선형계획모형으로 만들고, 이를 파이썬으로 풀어보았다. 문제를 정확하게 이해하고, 이를 모형화할 수 있다면 코드를 구현하고 문제를 푸는 것은 어렵지 않다. 다음 절에서는 조금 더 복잡한 의사결정 문제를 선형계획법으로 해결해보자.

16.4 선형계획법을 이용한 의사결정 예제

이번에는 결정변수와 제약조건이 더 많은 복잡한 예제를 풀어보자. 결정변수가 많은 문제의 경우 도해법을 이용해 문제를 푸는 것이 불가능하므로, 파이썬을 이용해서 풀어보도록 하겠다.

먼저 문제를 살펴보고, 결정변수와 목적변수, 제약조건을 파악해보자. 문제가 복잡하더라도 선형계획법을 푸는 방법은 변하지 않는다. 고려할 사항이 더 많아질 뿐이다.

'행복한 소시지'는 소시지를 만드는 기업이다. 이 공장은 닭고기, 소고기, 돼지고기, 전분을 배합해 소시지를 만든다. 재료들은 하루에 닭고기 200파운드, 소고기 300파운드, 돼지고기 150파운드, 전분 400파운드가 들어오고, 각 원료의 가격은 파운드 당 $0.2, $0.3, $0.5, $0.05이다.

'행복한 소시지'는 원료의 배합에 따라 일반 소시지, 소고기 소시지, 고기만 소시지를 판매한다. 일반 소시지는 소고기와 돼지고기를 합친 비율이 10% 이하이고, 닭고기의 비율이 20% 이상이어야 한다. 소고기 소시지는 소고기의 비율이 75% 이상이어야 한다. 고기만 소시지는 전분이 들어가지 않고, 소고기와 돼지고기를 합친 비율이 50% 이하여야 한다.

일반 소시지는 파운드 당 $0.9, 소고기 소시지는 $1.25, 고기만 소시지는 $1.75에 판매된다. 이때 '행복한 소시지'의 수익이 최대화되는 생산량을 구하시오.

앞에서 본 예제보다 고려할 사항이 많아 보이지만, 차근차근 풀어나간다면 선형계획모형을 수립할 수 있다. 우선, 결정변수부터 정의하겠다. 결정변수는 각 원료가 각 소시지의 생산에 투입되는 수량이다. 이를 Xij (i = 원료, j = 소시지)의 형태로 표현하겠다. 원료와 소시지의 앞글자를 따서 이를 변수로 표현하면 다음과 같다.

```
Xij = 각 원료가 소시지의 생산에 투입되는 수량
i = c, b, p, s (c: chicken, b: beef, p: pork, s: starch)
j = r, b, m (r: regular, b: beef, m: meat)
```

이어서 목적함수를 정의하자. 목적함수는 수익의 최대화이다. 수익은 소시지의 가격에서 원료의 가격을 뺀 값으로 표현할 수 있다. 목적함수를 정의하면 다음과 같다.

```
Maximize 0.7*Xcr + 0.6*Xbr + 0.4*Xpr + 0.85*Xar
       + 1.05*Xcb + 0.95*Xbb + 0.75*Xpb + 1.20*Xab
       + 1.55*Xcm + 1.45*Xbm + 1.25*Xpm + 1.70*Xam
```

다음으로 제약조건을 정의한다. 제약조건은 각 원료의 수량에 대한 제약과 소시지의 원료 비율에 대한 제약으로 나누어 생각할 수 있다. 이를 정리하면 다음과 같다.

```
subject to
Xcr + Xcb + Xcm ≤ 200 (닭고기의 수량 조건)
Xbr + Xbb + Xbm ≤ 300 (소고기의 수량 조건)
Xpr + Xpb + Xpm ≤ 150 (돼지고기의 수량 조건)
Xar + Xab + Xam ≤ 400 (전분의 수량 조건)
0.9*Xbr + 0.9*Xpr - 0.1*Xcr - 0.1*Xar ≤ 0 (일반 소시지의 비율 조건)
0.8*Xcr -0.2*Xbr - 0.2*Xpr - 0.2*Xar ≥ 0 (일반 소시지의 비율 조건)
0.25*Xbb - 0.75*Xcb - 0.75*Xpb - 0.75*Xab ≥ 0 (소고기 소시지의 비율 조건)
Xam = 0 (고기만 소시지의 비율 조건)
0.5*Xbm + 0.5*Xpm - 0.5*Xcm - 0.5*Xam ≤ 0 (고기만 소시지의 비율 조건)
Xij ≥ 0
```

결정변수, 목적함수, 제약조건을 모두 정의하였다. 수립된 선형계획모형을 정리하면 다음과 같다.

```
Maximize 0.7*Xcr + 0.6*Xbr + 0.4*Xpr + 0.85*Xar
       + 1.05*Xcb + 0.95*Xbb + 0.75*Xpb + 1.20*Xab
       + 1.55*Xcm + 1.45*Xbm + 1.25*Xpm + 1.70*Xam

subject to
  Xcr + Xcb + Xcm ≤ 200 (닭고기의 수량 조건)
  Xbr + Xbb + Xbm ≤ 300 (소고기의 수량 조건)
  Xpr + Xpb + Xpm ≤ 150 (돼지고기의 수량 조건)
  Xar + Xab + Xam ≤ 400 (전분의 수량 조건)
  0.9*Xbr + 0.9*Xpr - 0.1*Xcr - 0.1*Xar ≤ 0 (일반 소시지의 비율 조건)
  0.8*Xcr -0.2*Xbr - 0.2*Xpr - 0.2*Xar ≥ 0 (일반 소시지의 비율 조건)
  0.25*Xbb - 0.75*Xcb - 0.75*Xpb - 0.75*Xab ≥ 0   (소고기 소시지의 비율 조건)
  Xam = 0 (고기만 소시지의 비율 조건)
  0.5*Xbm + 0.5*Xpm - 0.5*Xcm - 0.5*Xam ≤ 0 (고기만 소시지의 비율 조건)
  Xij ≥ 0

(Xij = 각 원료가 소시지의 생산에 투입되는 수량. 여기서
   i = c, b, p, s (c: chicken, b: beef, p: pork, s: starch),
   j = r, b, m (r: regular, b: beef, m: meat) )
```

이제 선형계획모형을 파이썬을 이용해 풀어보자. 우선, Pulp를 import하고 문제를 정의하자. 이름은 **'sausage_problem'**으로, 목표는 최대화로 지정하겠다.

```python
from pulp import *
LP = LpProblem("sausage_problem", LpMaximize)
```

결정변수를 작성해보자. 이번 문제에서는 결정변수의 하한값을 0으로 지정해 각 변수가 0 이상이라는 조건을 미리 추가하겠다. 변수 이름 다음에 0을 추가하면 된다. 코드는 다음과 같다.

```
Xcr = LpVariable("Xcr",0)
Xbr = LpVariable("Xbr",0)
Xpr = LpVariable("Xpr",0)
Xar = LpVariable("Xar",0)
Xcb = LpVariable("Xcb",0)
Xbb = LpVariable("Xbb",0)
Xpb = LpVariable("Xpb",0)
Xab = LpVariable("Xab",0)
Xcm = LpVariable("Xcm",0)
Xbm = LpVariable("Xbm",0)
Xpm = LpVariable("Xpm",0)
Xam = LpVariable("Xam",0)
```

다음으로 목적함수를 앞에서 모델을 저장한 변수 LP에 추가하겠다. 코드는 다음과 같다. 한 줄이 길어서 여러 줄로 나누었는데, 파이썬에서 한 줄을 여러줄에 나누어 쓸 때는 줄 끝에 '\'기호를 넣으면 된다.

```
LP += 0.7*Xcr + 0.6*Xbr + 0.4*Xpr + 0.85*Xar \
   + 1.05*Xcb + 0.95*Xbb + 0.75*Xpb + 1.20*Xab \
   + 1.55*Xcm + 1.45*Xbm + 1.25*Xpm + 1.70*Xam
```

이제 제약조건을 LP에 추가하겠다. 앞에서 작성한 제약조건을 그대로 코드로 작성하면 된다. 코드는 다음과 같다. 제약조건에서 등호(=)는 파이썬 코드에서 '=='로 표시됨에 유의하자.

```
LP += Xcr + Xcb + Xcm <= 200
LP += Xbr + Xbb + Xbm <= 300
LP += Xpr + Xpb + Xpm <= 150
LP += Xar + Xab + Xam <= 400
LP += 0.9*Xbr + 0.9*Xpr - 0.1*Xcr - 0.1*Xar <= 0
LP += 0.8*Xcr - 0.2*Xbr - 0.2*Xpr - 0.2*Xar >= 0
LP += 0.25*Xbb - 0.75*Xcb - 0.75*Xpb - 0.75*Xab >= 0
LP += Xam == 0
LP += 0.5*Xbm + 0.5*Xpm - 0.5*Xcm - 0.5*Xam <= 0
```

이제 준비는 끝났다. 이제 모형을 최적화하고 각 변수의 값을 출력하면 된다.

```
LP.solve()

for v in LP.variables():
    print(v.name, '=', v.varValue)
print("Total profit is ", value(LP.objective))
```

전체 코드는 다음과 같다.

예제 **ex16-2.py**

```
from pulp import *

LP = LpProblem("sausage_problem", LpMaximize)
Xcr = LpVariable("Xcr",0)
Xbr = LpVariable("Xbr",0)
Xpr = LpVariable("Xpr",0)
Xar = LpVariable("Xar",0)
Xcb = LpVariable("Xcb",0)
Xbb = LpVariable("Xbb",0)
Xpb = LpVariable("Xpb",0)
Xab = LpVariable("Xab",0)
Xcm = LpVariable("Xcm",0)
Xbm = LpVariable("Xbm",0)
Xpm = LpVariable("Xpm",0)
Xam = LpVariable("Xam",0)

LP += 0.7*Xcr + 0.6*Xbr + 0.4*Xpr + 0.85*Xar \
    + 1.05*Xcb + 0.95*Xbb + 0.75*Xpb + 1.20*Xab \
    + 1.55*Xcm + 1.45*Xbm + 1.25*Xpm + 1.70*Xam

LP += Xcr + Xcb + Xcm <= 200
LP += Xbr + Xbb + Xbm <= 300
LP += Xpr + Xpb + Xpm <= 150
LP += Xar + Xab + Xam <= 400
```

```
LP += 0.9*Xbr + 0.9*Xpr - 0.1*Xcr - 0.1*Xar <= 0
LP += 0.8*Xcr - 0.2*Xbr - 0.2*Xpr - 0.2*Xar >= 0
LP += 0.25*Xbb - 0.75*Xcb - 0.75*Xpb - 0.75*Xab >= 0
LP += Xam == 0
LP += 0.5*Xbm + 0.5*Xpm - 0.5*Xcm - 0.5*Xam <= 0

LP.solve()

for v in LP.variables():
    print(v.name, '=', v.varValue)
print("Total profit is ", value(LP.objective))
```

코드를 실행한 결과는 다음과 같이 출력된다.

```
Xab = 100.0
Xam = 0.0
Xar = 300.0
Xbb = 300.0
Xbm = 0.0
Xbr = 0.0
Xcb = 0.0
Xcm = 125.0
Xcr = 75.0
Xpb = 0.0
Xpm = 125.0
Xpr = 0.0
Total profit is  1062.5
```

내용을 살펴보니 일반 소시지는 닭고기와 전분으로만, 소고기 소시지는 소고기와 전분으로, 고기만 소시지는 돼지고기와 전분으로 생산하는 것을 볼 수 있다.

앞 예제보다 변수도 많고, 제약조건도 고려할 사항이 많았다. 그러나 결정변수와 목적함수, 제약조건을 정의하면 이를 코드로 구현하는 것은 어렵지 않다. 결국 가장 중요한 것은 현실의 문제에서 핵심적인 요소를 파악하여 모형화하는 역량이다.

16.5 뉴스벤더 모델의 개요

뉴스벤더 모델(newsvendor model)은 **신문판매원 모형** 또는 **단일기간재고모형**으로 번역되며, 일회성 확률적 수요환경에서의 최적 생산량(또는 주문량)을 결정하기 위한 모형이다. 뉴스벤더 모델은 매우 단순하지만 공급망의 **생산판매계획(S&OP: Sales and Operations Planning)** 수립 등 더욱 복잡한 대규모의 의사결정 시스템의 근간을 형성하는 중요한 모형이다.

가장 기본적인 형태의 뉴스벤더 모델은 다음과 같은 구조를 가진다

- 수요는 일정기간동안만 발생한다.
- 수요기간동안의 수요량은 확률적이다.
- 생산은 수요기간 이전에 완료되어야 하며, 수요기간동안 추가 보충은 없다.
- 수요기간동안 제품은 생산비보다 높은 가격으로 판매된다.
- 수요기간이 끝나고 남은 잔존재고는 생산비용보다 낮은 가격으로 전량 처분된다.

뉴스벤더 모델의 핵심은 **재고부족(understock)**과 **재고과잉(overstock)** 상황의 비대칭성에 있다. 무슨 말인가 하면, 재고가 수요기간 중에 모자라게 되면 추가 보충이 불가능하므로 재고부족상황이 되고, 이 때에는 추가 수요가 있어도 모두 판매기회상실로 이어지므로, 추가 수요마다 제품 판매가와 생산비의 차이만큼의 기회비용이 발생한다. 즉, 벌 수 있는 판매마진을 잃었다는 뜻이다. 반대로 생산량이 과다하여 수요기간이 끝날때까지 재고가 남아있게 되면 남은 잔존재고는 생산비 이하로 처분해야 하므로 잔존재고 갯수마다 생산비와 잔존가격의 차이만큼 손실이 발생하게 된다. 여기서 제품 판매가와 생산비의 차이를 **재고부족비용(understock cost)**라고 하며, 보통 기호로 C_u로 나타낸다. 또한 생산비와 잔존가격의 차이를 **재고과잉비용(overstock cost)**라고 하며, 보통 C_o로 나타낸다. 만약 제품 개당 정상판매가를 p, 생산비를 c, 잔존가격을 s라고 하면

$$\begin{aligned} C_u &= p - c \\ C_o &= c - s \end{aligned} \qquad \text{(식 16-1)}$$

로 나타낼 수 있다.

모형을 더 전개하기 전에, 잠시 생각을 해보자. 이름에서 시사하는 바와 같이, 이 모형은 옛날 소년들이 길거리에서 신문을 팔고 있던 상황을 묘사하고 있다[5]. 새벽에 신문배급소에서 개당 100원에 신문을 사온다고 하자. 오늘 하루동안은 신문을 500원에 팔 수 있다. 그런데 오늘이 다 갈때까지 남은 신문은 그냥 버려야 한다고 하면 잔존가는 0이 된다. $p=500$, $c=100$, $s=0$ 이므로, 재고부족비용과 재고과잉비용은

$$\begin{aligned} C_u &= p-c=500-100=400 \\ C_o &= c-s=100-0=100 \end{aligned} \qquad \text{(식 16-2)}$$

로 계산된다. 오늘 평균 300명 정도 고객이 있을 것이라고 예정해보자. 새벽에 신문배급소에 가서 신문을 몇 부를 사 와야 할까?

길거리에서 신문을 파는 소년의 마음이 되어보자. 수요는 300부보다 많을 수도 적을 수도 있으므로, 생각을 잘 해야 한다. 만약 내가 오늘 신문을 팔다가 중간에 다 팔리고 없다고 하자. 또 다른 손님이 와서 물어본다. "꼬마야 신문 없니?" "앗 방금 다 팔렸는데요" "아 그래? 저쪽 가서 사야겠네." 방금 400원을 잃었다. 추가 보충은 없기 때문이다. 반대로, 만약 오늘이 다 가기까지 안 팔린 신문이 남았다고 하자. 그냥 버려야 하므로 개당 100원의 손실이 발생한다. 모자라면(재고부족) 400원 손실, 남으면(재고과잉) 100원 손실이다. 모자라는 것이 더 큰 손실이므로, 약간 남을 정도로 신문을 사 오는 것이 합리적이다.

평균인 300부보다 약간 많이 사 오는 것이 좋다는 것은 알겠는데 그렇다면 몇 부를 준비해야 할 것인가? 여기에 수요의 확률분포에 대한 예측이 필요하다. 안타깝게도 대부분의 수요예측은 '값'만 예측하지 '값의 변동성'까지 예측하지 않는 경우가 많다. 300부를 예측하고 추가의 정보가 없다면, 그냥 300부를 사 오는 수밖에 없다. 게다가, 실제 사람들을 대상으로 이런 환경에서의 모의실험을 해보면 합리적인 최적보다는 수요예측에 맞추는 방향으로, 즉 남거나 모자라는 양을 최소화하는 것을 위주로 의사결정을 하는 경향이 있다는 것이 알려져 있다. 즉, 평균 수요량을 예측해서 거기에 맞추는 양을 생산(또는 주문)하려는 경향이 있다는 말이다. 이것은 최적과는 거리가 멀다.

만약 신문의 수요가 평균이 300이고, 표준편차가 150인 정규분포를 따른다고 가정해보자. 수요량을 x로 나타내고 수요의 확률밀도함수를 $f(x)$라고 할 때, 주문량(생산량)이 Q

5) 원래 이름이 뉴스보이(newsboy) 모델이었다.

이면 기대이익 $\Pi(Q)$는 다음과 같이 계산될 수 있다.

$$\Pi(Q) = -cQ + \int_0^Q \{px + s(Q-x)\} f(x)dx + \int_Q^\infty pQf(x)dx \qquad \text{(식 16-2)}$$

엄청난 기호에 당황하지 말기 바란다. 이것을 계산하는 것은 이 책의 목적이 아니니까. 각 항의 의미만 잘 살펴보자. 처음에 c의 가격으로 Q개를 주문했으니 cQ만큼 비용이 먼저 쓰였다($-cQ$). 그 다음에 수요가 주문량 Q개 이하로 발생한다면 개당 p의 가격으로 x개를 팔고 $(Q-x)$개가 남아서 개당 s만큼의 잔존가를 회수할 것이므로 $px+s(Q-x)$만큼의 수익이 발생할 것이다. 이것에 확률을 곱하여 계산한 항이 $\int_0^Q \{px+s(Q-x)\}f(x)dx$이다. 마지막으로 수요가 Q를 초과하는 경우에는 수요만큼 다 판매할 수는 없고 Q개만 판매하게 되므로 pQ만큼의 수익이 발생하게 되어 $\int_Q^\infty pQf(x)dx$ 항에서 계산되었다. 이 식을 전개하여 정확한 이익을 계산하는 방법은 공급사슬관리 분야의 관련 교재[6]를 참고하기 바라며, 여기서는 파이썬을 통한 시뮬레이션으로 이익을 계산해보자.

16.5 뉴스벤더 모델의 이익계산을 위한 파이썬 시뮬레이션

이번 절에서는 뉴스벤더 모델의 기대이익을 계산하는 시뮬레이션을 파이썬으로 구현한다. 이를 위해 수요를 난수로 발생시켜 판매상황을 논리대로 구현해보도록 하겠다.

먼저, numpy를 import하고 관련 비용값들을 설정한 후, 식 (16-1)에 따라 C_u와 C_o를 계산해두자.

```
import numpy as np
p=500
c=100
s=0
Cu=p-c
Co=c-s
```

6) 서용원 등, 「공급사슬관리(개정판)」, 생능출판사

그 다음에, 평균과 표준편차를 정하고 해당 평균과 표준편차를 가지는 정규분포(normal distribution)를 따르는 난수를 발생시켜보자. 파이썬에서 정규분포를 따르는 난수는 np.random.normal(mu, sigma)로 발생시킬 수 있다. 여기서 mu는 평균, sigma는 표준편차값이다. 그러면, 어떤 날의 수요량 x는 다음과 같이 만들어낼 수 있다.

```
mu=300
sigma=150
x = np.random.normal(mu, sigma)
if x<0: x=0
```

마지막 줄에 있는 if x<0: x=0은 정규분포는 -값이 나올 수도 있기 때문에 혹시 음수값의 난수가 발생했을 경우에 최소수요량을 0으로 만들어주기 위함이다.

그러면 수요가 x일 때의 이익을 계산해보자. 주문량이 Q라는 변수로 주어져 있다고 하면, 먼저 초기 구매비로 c*Q만큼이 소요되었을 것이므로, 이익은 -c*Q에서 시작한다.

```
profit = -c*Q
```

그 다음에 수익을 더해준다. 수요량 x가 주문량 Q 이하이면 매출이 p*x만큼 발생할 것이고, 잔존량은 (Q-x)일테니 잔존가로 s*(Q-x)만큼 추가로 얻게 된다. 그렇지 않고 x가 Q보다 크면 최대로 팔 수 있는 양은 Q개까지이니 매출 p*Q가 발생하고 잔존량은 없다. 따라서 이 상황을 코드로 만들면 다음과 같다.

```
profit = -c*Q
if x<=Q: profit += p*x + s*(Q-x)
else:profit += p*Q
```

기대이익을 계산한다는 것은 수요가 발생하고 이익을 결산하는 일을 수없이 반복해서 평균이익을 구하는 것과 동일하므로, 위의 과정을 많이 반복해서 이익의 평균을 계산해야 한다. 100,000번 정도 반복하면서 매번 계산된 이익을 더한 후에 최종적으로 100,000으로 나누어 평균값을 출력해보자. 이를 반영한 전체 코드는 다음과 같다.

예제 ex16-3.py

```python
import numpy as np
p=500
c=100
s=0
Cu=p-c
Co=c-s
mu=300
sigma=150

Q=300
n=100000
sum = 0
for i in range(n):
    x = np.random.normal(mu, sigma)
    if x<0: x=0
    profit = -c*Q
    if x<=Q: profit += p*x + s*(Q-x)
    else: profit += p*Q
    sum += profit
avg = sum/n
print("Order Quantity = ", Q)
print("Expected profit = ", avg)
```

위의 코드에서는 주문량 Q를 300으로 해보았다. 즉, 평균 수요량에 맞추어 신문을 사오는 경우의 기대이익을 알아보고자 한 것이다. 실행할 때마다 난수를 사용하므로 결과는 약간씩 다르지만 대체로 다음 값 전후로 출력될 것이다.

```
Order Quantity =  300
Expected profit =  90725.46723097205
```

300부를 준비했을 때의 예상 이익은 수식을 이용한 계산으로 약 90,079원정도가 된다. 시뮬레이션 결과도 대체로 이 숫자 부근으로 나오는 것을 확인할 수 있을 것이다. 그러면 300부가 최선인지 다음 절에서 알아보자.

16.6 뉴스벤더 모델의 최적 주문량

뉴스벤더 모델에서 최적 주문량을 계산하는 방법에는 여러가지가 있다. 유도 과정은 공급사슬관리나 생산운영관리 분야의 관련 교재를 참고하기 바라며, 여기서는 결과만 살펴보자. 재고부족비용이 C_u, 재고과잉비용이 C_o로 주어져 있을 때,

$$\alpha = \frac{C_u}{C_o + C_u} \tag{식 16-3}$$

는 **임계율(critical ratio)**이라고 일컬어지며, **최적 서비스수준**을 나타낸다. 즉, 수요량의 α만큼을 대응하는 것을 목표로 하는 것이 최적이라는 의미이다. 식 (16-2)에 나와 있는 우리 예제의 비용구조를 적용해보면,

$$\alpha = \frac{C_u}{C_o + C_u} = \frac{400}{100 + 400} = 0.8 \tag{식 16-4}$$

이 되어, 최적 서비스수준은 80%이다. 즉, 수요의 80%를 충족하는 것을 목적으로 하는 주문량을 결정하는 것이 이익을 최대화한다는 의미이다. 즉, 그림 16-6과 같이 확률밀도함수 곡선의 누적 면적이 80%가 되게 하는 x값을 찾으면 되는데, 이는 엑셀함수 NORM.

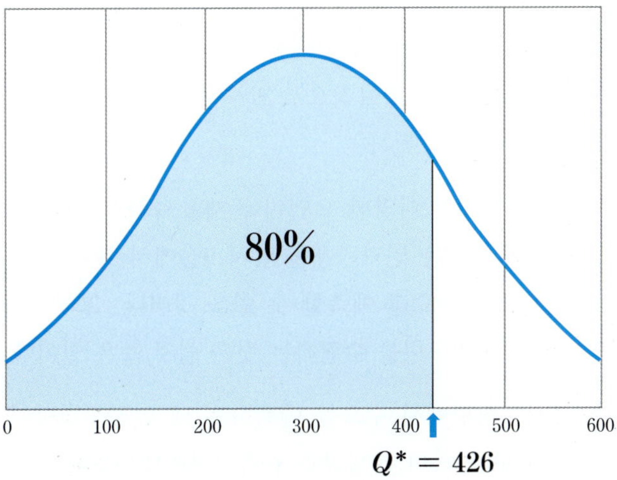

[그림 16-6] 최적 주문량의 결정

INV()로 쉽게 계산할 수 있다. 수요량이 평균 300, 표준편차 150인 정규분포를 따른다면 이 값은 NORM.INV(0.8, 300, 150)으로 계산되어 약 426이다. 즉, 426개를 주문하는 것이 이익을 최대화한다는 의미가 된다.

우리의 기대이익 시뮬레이션 코드에서 Q=426으로 바꾸어서 돌려보자. 대략 다음과 같은 값이 나올 것이다.

```
Order Quantity =  426
Expected profit =  99649.7226621867
```

수식 계산에 의한 정확한 값은 99,640원 정도이다. 시뮬레이션 결과도 이 값 근처로 나오는 것을 확인할 수 있을 것이다.

수요 평균에 맞추어 300부를 가져오면 하루 이익이 약 90,079원인데 비해, 수요의 변동성을 고려한 뉴스벤더 모델을 적용하여 426부를 가져오면 이익이 약 99,640원이다. 의사결정 최적화를 통해 얻어진 이익의 증가분이 약 10.6%에 달한다! 의사결정에서 수요의 변동성을 고려하는 것이 얼마나 중요한지 확인할 수 있다.

16.6 인공신경망 적용을 위한 데이터 생성과 평균수요 생산 시뮬레이션

뉴스벤더 모델은 수요의 확률적 변동성을 고려하여 생산량 또는 주문량을 최적화할 수 있게 해준다. 그러나 수요가 순수하게 확률적으로 발생하는 것이 아니라 다른 외부요인들로부터 영향을 받는 경우에는 어떻게 될까?

실제로는 수요에 영향을 미치는 다양한 요인이 존재할 수 있을 것이다. 수요 결정 요인들을 찾아서 이것이 수요에 미치는 인과관계를 앞서 9장에서 살펴본 회귀분석 등의 방법으로 수식화한 다음, 이것으로 수요를 예측할 수 있을 것이다. 그러나, 수요에 영향을 줄 수 있는 요인이 다양하다면 회귀모형을 수립하는 것은 쉽지 않은 일이다.

복잡한 영향요인이 있는 상황에서 수요를 예측하는 데 인공신경망이 활용될 수 있다. 인공신경망은 그 유연성으로 인하여 특성값과 결과값 사이의 숨어있는 패턴을 찾아서 근사함수를 만들어준다. 그런데, 단순히 수요의 값을 예측하는 것으로는 부족함을 앞에서 뉴스벤더 모델을 통해 살펴본 바 있다. 인공신경망은 일반적으로 평균수요값을 예측하고, 회귀분석은 예측치의 변동성에 대한 지표를 함께 제공하지만 이를 뉴스벤더모델에 넣어서 주요의 영향요인의 값에 따른 최적 생산량(주문량)을 계산하는 식을 산출하는 것은 상당히 어려운 문제가 된다. 그렇다면 인공신경망이 수요가 아니라 최적 생산량을 바로 예측하도록 학습시킬 수는 없을까?

인공신경망을 비즈니스 계획의 수립에 활용하는 것은 최근 관심이 높은 분야이다. 대표적으로 뉴스벤더 모델의 의사결정 문제에 인공신경망을 적용하기 위한 연구들이 활발하게 제시되고 있다. 여기서는 Oroojlooyjadid 등(2020)[7]에서 제시된 모형을 응용하여 수요에 영향을 미치는 특성치를 기반으로 최적 생산량을 제공하는 인공신경망의 기본 구조를 설계하고 구현해 보도록 하겠다.

우선, 데이터가 있어야 하는데 여기서는 예제의 목적으로 가상의 데이터를 만들어 사용하기로 하자. 간단한 예제로서 냉면 가게를 고려해 보자. 냉면의 수요는 기온이 높아질수록 증가하고, 온도가 t도일 때 이 식당의 냉면의 수요 d는 평균 $5t+50$으로 나타난다고 하자. 또한, 냉면의 수요에는 변동성이 있는데 평소에는 평균수요 대비 약 ±50%의 변동성이 있으나 날씨가 비가 오면 변동성이 ±60%로 증가한다고 가정하자. 대략 온도가 30도이면 평균 200그릇 정도 팔리는데 비가 오면 표준편차가 120그릇정도 된다는 의미가 되겠다. 이에 따라, 일일 수요를 d라고 하고, 기온이 t이고 날씨가 w일 때(w=0이면 보통, w=1이면 비) d의 평균을 μ_d, 표준편차를 σ_d라고 하면, 수요 d는

$$\mu_d = 5t + 50$$
$$\sigma_d = \begin{cases} 0.5\mu_d, & if\ w = 0 \\ 0.6\mu_d, & if\ w = 1 \end{cases} \qquad \text{(식 16-5)}$$

인 정규분포로 나타나게 된다.

기온은 0도와 30도 사이에서 균일한 확률로 랜덤하게 나온다고 가정하고, 날씨는 보통(w=0)일 확률이 70%, 비가 올(w=1) 확률이 30%라고 하자. 이런 상황에서 우선 10건의 데이터를 만들어보자. 파이썬의 numpy에서 **균등분포**는 np.random.**uniform**(최소값, 최대값, 데이터갯수)으로 생성할 수 있고, 0 또는 1이 발생하는 분포는 시행횟수 1인 **이항분**

7) Oroojlooyjadid, A., Snyder, L. V., & Takáč, M. (2020). Applying deep learning to the newsvendor problem. IISE Transactions, 52(4), 444-463.

포로 볼 수 있으므로 np.random.**binomial**(1, 성공확률, 데이터갯수)로 만들어낼 수 있다. 데이터를 만드는 코드는 다음과 같다.

```
1  import numpy as np
2  n=10
3  temp = np.random.uniform(0, 30, n)
4  weather = np.random.binomial(1, 0.3, n)
5  demand = np.zeros(n, dtype='float32')
6  for i in range(n):
7      mu_d = 5*temp[i] + 50
8      if weather[i]==0: sigma_d = 0.5 * mu_d
9      else: sigma_d = 0.6 * mu_d
10     d = np.random.normal(mu_d, sigma_d)
11     if d<0: d=0
12     demand[i] = d
13 print(temp)
14 print(weather)
15 print(demand)
```

3~4행에서 기온을 temp에, 날씨는 weather에 각각 n개씩의 균등분포와 이항분포 값을 만들어 넣었다. 5행에서 수요를 저장할 배열 demand를 n개의 요소로 초기화하고, 각각의 요소에 대해 7행에서는 수요의 평균, 8~9행에서는 날씨가 0인지 1인지에 따라 수요의 표준편차를 각각 식 (16-5)와 같이 계산한다. 10행~12행에서 이렇게 계산된 수요의 평균과 표준편차를 가지고 정규분포 난수를 만들어 d에 넣고, d가 음수이면 0으로 바꾼 후, demand[i]에 차례로 저장하면 데이터가 만들어진다. 마지막에 temp, weather, demand를 출력해 보았다. 출력 결과는 난수이므로 다양하게 나오겠지만 대체로 다음과 같을 것이다. 차례로 기온, 날씨, 수요량이다.

```
[ 2.1806825   0.75857485  8.32267316  9.05014197 16.89969309 23.35055747
 19.74189414 16.72264722  8.50543526  4.31712682]
[0 0 1 0 1 1 0 0 1 0]
[ 83.88534    27.00036   112.39334    48.647255   25.693317 103.13888
 176.96065   102.95215   115.89846    56.839222]
```

수요 데이터가 만들어졌으므로 비즈니스를 설정하자. 냉면 한 그릇의 원가는 2000원, 판매가는 8000원이라고 가정하고, 그날 만들어서 남은 냉면은 폐기처분하여 잔존가는 0이라고 가정하자. 문제를 간단히 하기 위해 냉면은 식당이 문을 열기 전에 뽑아놓아야 하고 영업중에 추가로 만드는 것은 불가능하다고 가정한다.

그러면, 먼저 평균수요대로 냉면을 만드는 경우의 기대이익을 시뮬레이션해보자. 앞에서 만들었던 뉴스벤더 시뮬레이션 코드를 조금 수정하면 된다. 거의 비슷하므로 전체 코드를 바로 보면 다음과 같다.

예제 **ex16-4.py**

```
import numpy as np
n=100000
temp = np.random.uniform(0, 30, n)
weather = np.random.binomial(1, 0.3, n)
demand = np.zeros(n, dtype='float32')
for i in range(n):
    mu_d = 5*temp[i] + 50
    if weather[i]==0: sigma_d = 0.5 * mu_d
    else: sigma_d = 0.6 * mu_d
    d = np.random.normal(mu_d, sigma_d)
    if d<0: d=0
    demand[i] = d

p=8000
c=2000
s=0
Cu=p-c
Co=c-s

sum_profit = 0
sum_Q = 0
for i in range(n):
    mu_d = 5*temp[i] + 50
    Q = mu_d
    d = demand[i]
    profit = -c*Q
```

```
27         if d<=Q: profit += p*d + s*(Q-d)
28         else: profit += p*Q
29         sum_Q += Q
30         sum_profit += profit
31
32     avg_Q = sum_Q/n
33     avg_profit = sum_profit/n
34     print("Production Quantity = ", avg_Q)
35     print("Expected profit = ", avg_profit)
```

앞부분 2행까지는 데이터를 만드는 부분인데 데이터 갯수 n을 10만건으로 하였다. 그 뒷부분의 13행부터 코드는 앞에서 작성한 시뮬레이션 코드(ex16-3.py)와 거의 비슷하다. 23행에서 기온 temp[i]에 대응하는 평균수요 mu_d를 식 (16-5)에 따라 계산하였다. 지금은 생산량을 평균수요대로 하는 상황을 고려하고 있으므로 24행에서 Q를 mu_d로 두었다. 그다음은 26~28행에서 생산량 Q, 수요량 d일 때의 이익을 계산하고, 나중에 평균생산량과 평균이익을 계산하기 위해 29~30행에서 Q와 profit을 누적하였다. 마지막에 n으로 나누어 평균생산량과 평균이익을 구하고 출력해 보았다.

실행하면 출력 결과는 다음과 같이 나올 것이다. 난수를 이용하므로 값은 약간 다를 수 있다.

```
Production Quantity =  125.08164059686352
Expected profit =  545344.130352181
```

생산량을 수요 평균값에 맞추므로 기온이 높을 때에는 많이 만들고 낮을 때에는 적게 만들텐데, 전체적으로 평균 하루에 125그릇 정도를 만들고 있다. 기온 평균이 15도이고 15도일때 평균수요가 5*15+50=125이니 당연하다. 그리고 이때 일일 기대이익은 약 555,536원으로 계산되었다.

우리는 평균수요대로 생산하는 것이 최적이 아님을 알고 있다. 그러나 기온과 날씨에 따라 수요의 분포가 계속 바뀌므로 이런 경우에 뉴스벤더 모델을 적용해서 최적생산량을 정하는 것도 쉬운 일이 아니다[8].

8) 이 정도까지는 잘 해보면 계산할 수는 있다.

16.7 인공신경망을 활용한 생산계획 최적화 구현

생산계획 최적화에 인공신경망을 적용해보자. 인공신경망을 이 문제에 적용함에 있어 핵심적인 아이디어는 손실함수에 비용의 비대칭성을 고려하는 것이다(Oroojlooyjadid 등, 2020). 우리가 여기서 만들어야 하는 인공신경망은 분류가 아니라 연속값 예측이므로 손실함수로서 일반적으로는 평균제곱오차(mean square error) 등을 사용할텐데, 이것은 정답값에 비해 예측값이 일정량 큰 경우와 작은 경우의 손실이 동일하다. 즉 대칭적이다. 따라서 이 손실함수값을 최소화하는 방향으로 학습하면 나중에 이 신경망은 학습한 정답값에 최대한 가까운 값을 예측하는 방향으로 최적화될 것이다. 예를 들어 이 신경망에 기온과 날씨를 주고 수요를 학습시켰다면 나중에 기온과 날씨에 대응하는 수요량을 비슷하게 예측하게 될 것이다.

그러나, 우리는 지금 인공신경망이 수요를 예측하는 대신 최적생산량을 산출하는 방향으로 학습을 시키고자 한다. 그러려면 손실함수가 바뀌어야 한다. 신경망이 예측한, 아니 그렇다기보다는 신경망이 결정한 생산량 대비 실제 수요를 보고, 만약 생산량이 수요보다 크면 재고과잉비용 C_o에 재고과잉량을 곱한 값이 손실이 되어야 할 것이고, 생산량이 수요보다 작으면 재고부족비용 C_u에 재고부족량을 곱한 값이 손실이 되어야 할 것이다. 식으로 정리하면 다음과 같다.

$$Loss(Q,d) = \begin{cases} C_o \cdot |Q-d|, & \text{if } Q \geqq d \\ C_u \cdot |Q-d|, & \text{if } Q < d \end{cases} \quad \text{(식 16-6)}$$

이런 손실함수는 Keras에 기본적으로 들어있는 것이 아니므로, 손실함수를 직접 만들어 써야한다. 즉 맞춤형 손실함수(custom loss function)를 직접 구현해야 한다. 손실함수 이름을 inventory_loss라고 해보자. 그러면 코드는 다음과 같이 된다.

```
p=8000
c=2000
s=0
Cu=p-c
Co=c-s
import tensorflow as tf
```

```
7  def inventory_loss(demand_true, q):
8      stock = q-demand_true
9      is_understock = stock < 0
10     inventory_error = tf.abs(stock)
11     understock_loss = Cu*inventory_error
12     overstock_loss = Co*inventory_error
13     return tf.where(is_understock, understock_loss, overstock_loss)
```

앞부분에는 비용관련 계수와 재고부족비용, 재고과잉비용을 계산하였다. 그 다음에 7행의 inventory_loss 함수를 정의하면서 실현된 수요(demand_true)와 생산량(q)의 두 개의 값을 받아오도록 하였다. 처음에 생산량에서 실현 수요를 빼서 stock에 저장했는데, 만약 이것이 양수이면 재고과잉상태, 음수이면 재고부족상태일 것이다. 9행에서 is_understock은 이 정보를 담고 있는데, 계산식이 논리식 (stock〈0)이므로 재고부족상태일 때 1, 아니면 0의 값을 갖게 된다. 10행에서 생산량과 실현수요량의 차이의 절대값을 구해서 inventory_error라고 하고, 11~12행에서 재고부족손실을 understock_loss에, 재고과잉손실을 overstock_loss에 미리 계산해둔다. 마지막에 tf.where 함수를 써서 둘 중 하나의 값을 리턴해 주었는데, tf.where는 첫 인자로 들어온 값이 0인지 1인지에 따라 1이면 두 번째 인자를, 아니면 세 번째 인자를 리턴해주는 함수이다. 따라서 재고부족상태이면 understock_loss의 값이, 재고과잉상태이면 overstock_loss의 값이 리턴된다.

이후는 앞 장들에서 살펴보았던 인공신경망 코드와 비슷하다. 먼저 학습 데이터를 만들자. 입력값으로 두 개의 특성값이 있으므로, (데이터 갯수, 2)의 형태로 입력데이터가 만들어져야 한다. 그리고 신경망에 쓰기 위해서 입력값을 0과 1 사이로 규모를 조정해야 한다는 점도 잊지 말자.

```
x_train = np.zeros((n,2), dtype='float32')
x_train[:,0] = (temp - min(temp))/(max(temp)-min(temp))
x_train[:,1] = weather
demand_train = (demand - min(demand))/(max(demand)-min(demand))
```

신경망 입력값을 넣기 위한 x_train이라는 (n, 2) 배열을 초기화하고, x_train의 0번 열에 아까 앞에서 만들어 놓은 기온 데이터를 0과 1 사이 값으로 조정하여 저장하였다. 여기서 값을 조정하는 것은 13장에서 살펴본 것과 동일한데, 최소값을 빼고 범위길이로 나누어주면 된다. 또한, 여기서 x_train의 0번 열은 x_train[: , 0]으로 표현되는데, 행 인덱스가 들어가야 될 자리에 ':'를 넣으면 모든 행에 대해서라는 뜻이 된다. 따라서 x_train[: , 0]는 첫번째 열 전체를 의미하게 되고, 여기에 기온 데이터를 넣었다. 마찬가지로 x_train[: , 1]은 두번째 열 전체를 말하고, 여기에 날씨 데이터를 저장하였다. 마지막에 정답값에 해당하는 수요데이터도 규모를 조정하여 demand_train이라는 변수에 저장하였다.

이제 신경망을 구성하자. 입력 데이터는 두 개이고, 은닉층에 두 개의 뉴런을 넣고, 출력층에 연속값을 출력하는 하나의 뉴런을 둔다. 구조를 그림으로 나타내면 다음과 같다.

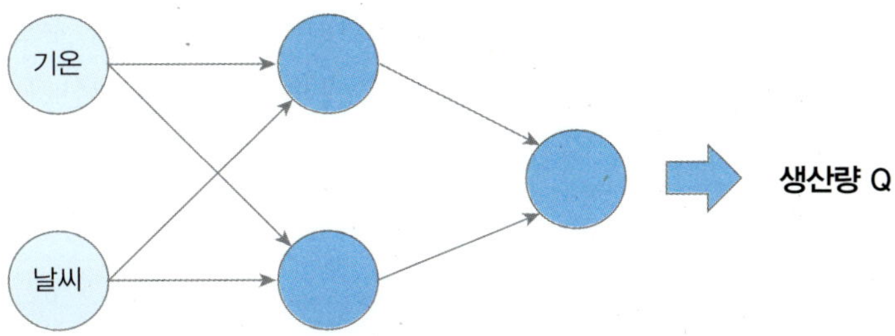

[그림 16-7] 생산량을 도출하는 인공신경망 구조

Keras로 이를 구성하는 코드는 다음과 같다.

```
from tensorflow import keras
model = keras.Sequential([
    keras.layers.Dense(2, input_shape=(2,), activation='sigmoid'),
    keras.layers.Dense(1, activation=None),
])
```

은닉층에 활성화함수로 시그모이드 함수를 주었고, 출력층에는 연속값을 출력해야 하므로 활성화함수를 두지 않았다.

그 다음에 최적화알고리즘과 손실함수를 정하고 학습을 시키면 되는데, 이 때 우리가 직접 만든 맞춤형 손실함수인 inventory_loss로 손실함수를 지정하면 된다. 코드는 다음과 같다.

```
model.compile(optimizer='adam', loss=inventory_loss)
model.fit(x_train, demand_train, epochs=20)
```

손실함수 설정에서 loss=inventory_loss로 설정해서, 우리가 만든 맞춤형 손실함수인 inventory_loss 함수를 적용하도록 하였다. 마지막으로 입력과 정답값을 주고 20 에포크 반복하도록 하였다.

이제 생산량을 예측 – 이라기보다는 '결정'해보자. 손실함수를 수요를 맞추기보다는 비대칭적 재고오차손실을 최소화하도록 구성하였기 때문에 재고과잉비용과 재고부족비용의 상대적 크기에 따라서 계산된 생산량 값은 수요 대비 클 수도 작을 수도 있을 것이다. 테스트 데이터를 10000건 구성하여 x_test에 넣고 예측하게 한 후 계산된 생산량의 평균을 우선 한번 살펴보자.

```
1 n_test=10000
2 temp_new = np.random.uniform(0, 30, n_test)
3 weather_new = np.random.binomial(1, 0.3, n_test)
4 x_test = np.zeros((n_test,2), dtype='float32')
5 x_test[:,0]=(temp_new - min(temp))/(max(temp)-min(temp))
6 x_test[:,1]=np.random.binomial(1, 0.3, n_test)
7 pred = model.predict(x_test)
8 Q = pred*(max(demand)-min(demand))+min(demand)
9 print("Mean of Q = ", np.mean(Q))
```

6행까지는 테스트 데이터를 생성하는 부분으로서 앞에서 학습데이터를 만들던 방법과 비슷하다. 7행에서 모델을 통한 예측을 수행하여 pred라는 변수에 저장하였고, 학습시킬 때 정답값을 0과 1 사이로 조정하였기 때문에 신경망의 출력값도 0과 1사이의 값일 것이므로, 9행에서 다시 원래의 규모로 환원하여 Q라는 변수에 저장하였다. 마지막 줄에서 Q의 평균을 출력해 보았다. 전체 코드는 다음과 같다.

예제 **ex16-5.py**

```
import numpy as np
n=100000
temp = np.random.uniform(0, 30, n)
weather = np.random.binomial(1, 0.3, n)
demand = np.zeros(n, dtype='float32')
for i in range(n):
    mu_d = 5*temp[i] + 50
    if weather[i]==0: sigma_d = 0.5 * mu_d
    else: sigma_d = 0.6 * mu_d
    d = np.random.normal(mu_d, sigma_d)
    if d<0: d=0
    demand[i] = d

p=8000
c=2000
s=0
Cu=p-c
Co=c-s
import tensorflow as tf
def inventory_loss(demand_true, q):
    stock = q-demand_true
    is_understock = stock < 0
    inventory_error = tf.abs(stock)
    understock_loss = Cu*inventory_error
    overstock_loss = Co*inventory_error
    return tf.where(is_understock, understock_loss, overstock_loss)

x_train = np.zeros((n,2), dtype='float32')
x_train[:,0] = (temp - min(temp))/(max(temp)-min(temp))
x_train[:,1] = weather
demand_train = (demand - min(demand))/(max(demand)-min(demand))

from tensorflow import keras
model = keras.Sequential([
    keras.layers.Dense(2, input_shape=(2,), activation='sigmoid'),
```

```
    keras.layers.Dense(1, activation=None),
])
model.compile(optimizer='adam', loss=inventory_loss)
model.fit(x_train, demand_train, epochs=20)

n_test=10000
temp_new = np.random.uniform(0, 30, n_test)
weather_new = np.random.binomial(1, 0.3, n_test)
x_test = np.zeros((n_test,2), dtype='float32')
x_test[:,0]=(temp_new - min(temp))/(max(temp)-min(temp))
x_test[:,1]=np.random.binomial(1, 0.3, n_test)
pred = model.predict(x_test)
Q_prop = pred*(max(demand)-min(demand))+min(demand)
print("Mean of Q_prop = ", np.mean(Q_prop))
```

실행 결과는 난수로 인한 변동이 있겠지만 대체로 다음과 같을 것이다.

```
Mean of Q_prop =  169.59798
```

앞에서 평균수요를 그대로 생산량으로 썼던 경우와 비교하면 확실히 다른 값이다. 이제 인공신경망을 통해 도출된 생산계획의 성과를 시뮬레이션 해보자.

16.8 인공신경망을 활용한 생산계획의 성능 시뮬레이션

생산량을 제시해주는 인공신경망을 구현하였으므로, 여기서 나온 생산량대로 생산량 Q를 정하였을 경우 기대이익이 얼마인지를 시뮬레이션하여 성능을 비교하고자 한다. 시뮬레이션을 위한 코드는 이미 앞에서 만들어 두었기 때문에 그대로 사용하면 된다.

앞에서 작성하였던 인공신경망 프로그램에서 최종적으로 테스트용 입력데이터 x_test와 이것에 대응하는 신경망의 생산량 출력값 Q_prop이 산출되어 있다. 이제 이 값을 이용해서 시뮬레이션하겠다. 시뮬레이션을 위한 코드는 다음과 같다. 앞의 인공신경망 프로그램에 이어지는 코드이다.

```
1  sum_profit = 0
2  sum_Q = 0
3  for i in range(n_test):
4      mu_d = 5*temp_new[i] + 50
5      if weather_new[i]==0: sigma_d = 0.5 * mu_d
6      else: sigma_d = 0.6 * mu_d
7      d = np.random.normal(mu_d, sigma_d)
8      if d<0: d=0
9      Q = Q_prop[i]
10     profit = -c*Q
11     if d<=Q: profit += p*d + s*(Q-d)
12     else: profit += p*Q
13     sum_Q += Q
14     sum_profit += profit
15 avg_Q = sum_Q/n
16 avg_profit = sum_profit/n
17 print("Production Quantity = ", avg_Q)
18 print("Expected profit = ", avg_profit)
```

앞서 작성하였던 시뮬레이션 코드(ex16-3.py 및 ex16-4.py)와 거의 동일하다. 3행에서 n_test만큼 반복수행하도록 하였고, 각 i일자마다 temp_new[i]를 기온, weather[i]를 날씨로 사용하여 이에 대응하는 mu_d와 sigma_d를 계산하였다. 7행에서 mu_d와 sigma_d로 정규분포 난수를 생성하여 수요 d로 사용하였으며, 9행에서는 앞에서 인공신경망에 의해 산출된 생산량 Q_prop[i]만큼 생산하도록 하였다. 나머지 이익 계산과 평균 출력 등은 동일하다.

앞의 생산계획 인공신경망 코드(ex16-5.py)와 종합한 전체 코드는 다음과 같다.

예제 ex16-6.py

```
import numpy as np
n=100000
temp = np.random.uniform(0, 30, n)
```

```
weather = np.random.binomial(1, 0.3, n)
demand = np.zeros(n, dtype='float32')
for i in range(n):
    mu_d = 5*temp[i] + 50
    if weather[i]==0: sigma_d = 0.5 * mu_d
    else: sigma_d = 0.6 * mu_d
    d = np.random.normal(mu_d, sigma_d)
    if d<0: d=0
    demand[i] = d

p=8000
c=2000
s=0
Cu=p-c
Co=c-s
import tensorflow as tf
def inventory_loss(demand_true, q):
    stock = q-demand_true
    is_understock = stock < 0
    inventory_error = tf.abs(stock)
    understock_loss = Cu*inventory_error
    overstock_loss = Co*inventory_error
    return tf.where(is_understock, understock_loss, overstock_loss)
x_train = np.zeros((n,2), dtype='float32')
x_train[:,0] = (temp - min(temp))/(max(temp)-min(temp))
x_train[:,1] = weather
demand_train = (demand - min(demand))/(max(demand)-min(demand))

from tensorflow import keras
model = keras.Sequential([
    keras.layers.Dense(2, input_shape=(2,), activation='sigmoid'),
    keras.layers.Dense(1, activation=None),
])
model.compile(optimizer='adam', loss=inventory_loss)
model.fit(x_train, demand_train, epochs=20)

n_test=100000
```

```
temp_new = np.random.uniform(0, 30, n_test)
weather_new = np.random.binomial(1, 0.3, n_test)
x_test = np.zeros((n_test,2), dtype='float32')
x_test[:,0]=(temp_new - min(temp))/(max(temp)-min(temp))
x_test[:,1]=np.random.binomial(1, 0.3, n_test)
pred = model.predict(x_test)
Q_prop = pred*(max(demand)-min(demand))+min(demand)

sum_profit = 0
sum_Q = 0
for i in range(n_test):
    mu_d = 5*temp_new[i] + 50
    if weather_new[i]==0: sigma_d = 0.5 * mu_d
    else: sigma_d = 0.6 * mu_d
    d = np.random.normal(mu_d, sigma_d)
    if d<0: d=0
    Q = Q_prop[i]
    profit = -c*Q
    if d<=Q: profit += p*d + s*(Q-d)
    else: profit += p*Q
    sum_Q += Q
    sum_profit += profit

avg_Q = sum_Q/n
avg_profit = sum_profit/n
print("Production Quantity = ", avg_Q)
print("Expected profit = ", avg_profit)
```

실행 결과는 다음과 같다. 결과는 실행할 때마다 약간씩 다를 수 있다.

```
Production Quantity =  [170.34726]
Expected profit =  [587996.61056]
```

앞의 16.6절에서 보았던 평균수요대로 생산하는 경우와 비교해보자. 16.6절의 결과에서는 평균생산량이 수요량 평균과 동일한 125개정도였고 이에 대응하는 일일 기대이익은 약

545,344원이었다. 그런데 동일한 데이터를 가지고 재고비용의 비대칭성을 반영한 손실함수를 이용해 학습시킨 신경망은 평균 170개정도의 생산량을 제안하고 있으며, 이에 대응하는 기대기익은 약 587,996원정도로 산정되었다. 이익의 개선율이 약 7.8%에 달하고 있다! 게다가, 이 신경망은 기온 및 날씨에 따라 차별화된 생산량 계획을 제시할 것이다.

예제에서는 수요에 영향을 주는 요인으로써 기온과 날씨의 두 가지를 고려하였지만, 실제의 수요환경에서는 수요 영향요인이 더욱 다양하고 모호하며, 수요 영향요인과 수요량 사이의 관계도 명확하게 나타나지 않는 경우가 많다. 이렇게 수요예측이 복잡한 상황에서도 인공신경망은 유연하게 적용될 수 있으며, 산출된 생산계획도 우수한 성과를 보인다는 연구결과들이 많이 발표되고 있다.

이번 장에서는 선형계획법과 뉴스벤더 모형을 통해 비즈니스 애널리틱스의 의사결정과 계획 모형, 즉 처방적 모형에 대해 살펴보았다. 두 모형 모두 그 자체로도 널리 활용될 뿐 아니라 다른 더욱 정교한 모형들의 근간이 되어 비즈니스 계획과 의사결정에서 매우 중요한 위치를 차지하고 있다.

선형계획모형에서는 모형 수립부터 파이썬의 PuLP 패키지를 이용한 최적해 도출까지의 과정을 살펴보았다. 이 모든 과정 중에서 가장 중요하고 결과의 품질을 결정하는 부분은 단연 모형 수립, 즉 모델링이다. 현상을 모두 모델에 담을 수는 없으므로, 어떤 요소들이 비즈니스 현안에서 핵심적인 고려요소인지를 식별하고 여기서 어떤 관계가 분석의 핵심인지를 파악하는 통찰력이 필요하다. 그러한 통찰을 갖기 위해서는 직접 최적해까지 도출하는 분석의 경험이 축적되어야 하므로, 최적해 분석을 위한 도구에 익숙해지는 것이 중요한 문제가 된다.

또한, 뉴스벤더 모델에서는 모형의 구조와 의사결정의 핵심 고려사항을 살펴보았다. 수요 변동성이 비용 비대칭성과 결합하여 단순히 수요예측을 추종한 계획을 수립하는 것에 비해 상당한 수준의 성과 개선이 가능함을 확인하였다. 특히, 뉴스벤더 모형을 대상으로 하여 인공신경망을 비즈니스 계획에 활용하는 방안과 그 성과에 대해 살펴보았다. 데이터 가용성이 폭증하고 있는 환경에서 데이터에 기반한 비즈니스 계획의 지능화에 있어 인공신경망 등 인공지능 기반의 기법들의 적용은 최근 많은 관심을 모으고 있으며 빠른 발전을 보이고 있는 분야이다. 다소 난이도가 높을 수 있지만 충분한 시간을 두고 직접 구현해보면서 내재된 원리를 살펴보면 비즈니스의 혁신을 위한 통찰력을 갖는 데 많은 도움이 될 것이다.

실·습·예·제

1. A Tech는 두 가지의 컴퓨터 서버 제품을 생산한다. 서버 1은 개당 80만원, 서버 2는 개당 50만원의 이익을 제공한다. 서버를 생산하는 데에는 부품이 필요하며 조립시간 및 테스트시간이 필요한데, 각 서버의 대당 부품 필요량과 조립, 테스트 소요시간은 다음과 같다.

구분	서버 1	서버 2
부품	20개	15개
조립시간	100시간	50시간
테스트시간	40시간	60시간

현재 부품은 500개, 조립시간 및 테스트시간은 각각 2000시간, 1200시간이 가용한 상태이다. 여기서 A Tech의 이익을 최대화하는 서버 1과 서버 2의 생산 대수와 이 때의 이익을 계산하기 위한 LP 모형을 수립하고, 이를 PuLP 패키지를 이용하여 구현하시오.

풀이

서버 1의 생산대수를 X1, 서버 2의 생산대수를 X2라고 하면 LP 모형은 다음과 같이 수립할 수 있다.

$$
\begin{aligned}
&\textit{maximize}\ \ 80X1+50X2\\
&\textit{subject to}\\
&\qquad 20X1+15X2 \leqq 500\\
&\qquad 100X1+50X2 \leqq 2000\\
&\qquad 40X1+60X2 \leqq 1200\\
&\qquad X1,\ X2 \geqq 0
\end{aligned}
$$

이를 PuLP를 활용하여 파이썬으로 구현하면 다음과 같다.

practice_16-1.py

```
from pulp import *

LP = LpProblem("A_tech_problem", LpMaximize)
X1 = LpVariable("X1",0)
X2 = LpVariable("X2",0)

LP += 80*X1 + 50*X2
```

```python

LP += 20*X1 + 15*X2 <= 500
LP += 100*X1 + 50*X2 <= 2000
LP += 40*X1 + 60*X2 <= 1200

LP.solve()

for v in LP.variables():
    print(v.name, '=', v.varValue)
print("Total profit is ", value(LP.objective))
```

출력 결과는 다음과 같다.

```
X1 = 15.0
X2 = 10.0
Total profit is  1700.0
```

서버 1은 15대, 서버 2는 10대를 생산하는 것이 최적이며, 이 때의 이익은 1700만원이 된다.

2. 어떤 신문판매원이 새벽에 신문배급소에서 개당 100원에 신문을 사와서 그날 하루동안은 신문을 500원에 팔 수 있고, 남은 신문은 잔존가 없이 폐기처분한다고 하자. 수요는 비가 오지 않으면 평균 300부, 비가 오면 평균 200부로 예측되며, 수요의 변동성은 평균 대비 약 50%로 나타난다. 비가 올 확률은 30%이다. 이 때, 다음 물음에 답하시오.

1) 비가 오지 않을 때와 비가 올 때 각각의 최적 신문 주문량을 엑셀을 사용하여 계산하시오.

풀이

c=100, p=500, s=0이므로 식 (16−1)에 따라 Cu=400, Co=100이고 이에 따라 식 (16−4)을 적용하면 최적 임계율은 400/(100+400) = 0.8이 된다. 이를 적용하면, 비가 오지 않을 때는 수요의 평균이 300, 표준편차는 300*0.5 = 150이므로, 엑셀 함수 norm.inv(0.8, 300, 150)을 통해 약 426개의 주문량이 최적으로 계산된다. 한편, 비가 올 때에는 수요의 평균이 200, 표준편차는 200*0.5 = 100이므로, 엑셀 함수 norm.inv(0.8, 200, 100)을 통해 최적 주문량은 약 284개가 된다.

2) 예제코드 ex16−6.py을 참고하여, 비가 오지 않을 때와 비가 올 때 각각의 수요를 정규분포 난수로 발생시켜 맞춤형 손실함수를 통해 인공신경망이 최적 생산량을 학습하도록 하

시오. 이렇게 학습된 신경망에서 비가 오지 않을 때와 비가 올 때 각각의 최적 생산량을 예측시켜 출력하여 1)의 계산결과와 비교하시오.

풀이

예제코드 ex16−6.py에서는 수요를 결정하는 요인이 기온과 날씨였지만, 이 문제에서는 날씨로 단일하다. 또한, 최종 예측은 비가 오지 않을 때와 비가 올 때의 두 가지 입력 데이터에 대해서만 수행하면 된다. 즉, 비가 오지 않는 날을 입력값 0으로, 비가 오는 날을 입력값 1로 하면 테스트용 데이터는 [[0], [1]]에 대해서면 예측하여 출력하면 된다. 이를 반영하여 ex16−6.py를 수정한 코드는 다음과 같다.

practice_16-2.py

```
import numpy as np
n=100000
weather = np.random.binomial(1, 0.3, n)
demand = np.zeros(n, dtype='float32')
for i in range(n):
    if weather[i]==0: mu_d = 300
    else: mu_d = 200
    sigma_d = mu_d * 0.5
    d = np.random.normal(mu_d, sigma_d)
    if d<0: d=0
    demand[i] = d

p=500
c=100
s=0
Cu=p-c
Co=c-s

import tensorflow as tf
def inventory_loss(demand_true, q):
    stock = q-demand_true
    is_understock = stock < 0
    inventory_error = tf.abs(stock)
    understock_loss = Cu*inventory_error
    overstock_loss = Co*inventory_error
    return tf.where(is_understock, understock_loss, overstock_loss)
x_train = np.zeros((n,1), dtype='float32')
```

```
x_train[:,0] = weather
demand_train = (demand - min(demand))/(max(demand)-min(demand))

from tensorflow import keras
model = keras.Sequential([
    keras.layers.Dense(2, input_shape=(1,), activation='sigmoid'),
    keras.layers.Dense(1, activation=None),
])
model.compile(optimizer='adam', loss=inventory_loss)
model.fit(x_train, demand_train, epochs=20)

x_test=np.array([[0],[1]])
pred = model.predict(x_test)
print("Q for weather 0 = ",pred[0]*(max(demand)-min(demand))+min(demand))
print("Q for weather 1 = ",pred[0]*(max(demand)-min(demand))+min(demand))
```

출력 결과는 다음과 같다. 난수로 인해 실행 때마다 값은 약간씩 달라질 수 있다.

```
Q for weather 0 =  [428.45837]
Q for weather 1 =  [286.44336]
```

위 1)번의 결과와 비교해보면 직접 계산으로 얻은 최적 생산량과 유사한 값을 신경망이 학습하여 출력하고 있음을 확인할 수 있다.

연·습·문·제

1. 선형계획법의 세 가지 구성요소를 설명하시오.

2. 다음 문제를 선형계획법으로 모형화하고, PuLP 패키지를 사용하여 최적해를 구하시오.

어떤 회사에서 공장으로부터 창고로 제품을 운송하기 위한 최적계획을 수립하고자 한다. 이 회사의 공장을 A, B, C, 창고를 1, 2, 3 이라고 하자. 공장 A는 6,000단위, B는 4,000, C는 10,000 단위의 제품을 공급하며, 창고 1은 8,000, 창고 2는 5,000, 창고 3은 7,000 단위의 제품을 필요로 한다. 각 공장에서 각 창고로의 단위운송비용은 다음과 같이 주어져 있다. 총 운송비용을 최소화하기 위해서는 어느 공장에서 어느 창고로 얼마만큼의 양을 운송해야 하는가?

(단위: 만원)

	1	2	3
A	8	5	2
B	7	3	6
C	4	9	5

3. 뉴스벤더모델에서 $C_u \gg C_o$ 인 상황과 $C_u \ll C_o$ 인 상황의 예를 하나씩 들고, 각 경우에서 임계율(critical ratio)와 주문량은 어떻게 나타나는지 수요의 평균과 비교하여 설명하시오. 또한, 예제프로그램 ex16-3.py을 활용하여 각각의 상황을 시뮬레이션하여 설명을 입증하시오.

4. 예제프로그램 ex16-6.py에서 날씨에 의한 효과는 없다고 하고(는 항상 0) 기온에 의한 수요변동만 고려하도록 프로그램을 수정하시오. 또한, 기온에 따른 평균수요량과 인공신경망이 추천한 생산계획량을 그래프로 비교하여 시각화하시오.

5. 4번의 프로그램에서 $C_u \ll C_o$ 인 상황이 되도록 비용 파라미터들을 조정하여 실행하고, 이때의 기온에 따른 평균수요와 생산계획량을 비교하여 시각화하시오.

찾아보기

ㅁ

ㅂ

ㅅ

ㅇ

ㅈ

ㅊ

S

T

U

V

W

X

Z